中共北京市委党校
Party School of Beijing Municipal Committee of C.P.C.

北京行政学院
Beijing Administration Institute

北京市情研究文辑

第四辑

中共北京市委党校（北京行政学院）
北京市情研究中心

编著

中国社会科学出版社

图书在版编目(CIP)数据

北京市情研究文辑. 第四辑/中共北京市委党校(北京行政学院)北京市情研究中心编著. —北京：中国社会科学出版社，2022.12
ISBN 978-7-5227-1054-9

Ⅰ.①北… Ⅱ.①中… Ⅲ.①北京—概况—文集
Ⅳ.①K921-53

中国版本图书馆 CIP 数据核字(2022)第 220184 号

出 版 人	赵剑英
责任编辑	张　玥
责任校对	牛　玺
责任印制	戴　宽

出　　版	中国社会科学出版社
社　　址	北京鼓楼西大街甲 158 号
邮　　编	100720
网　　址	http://www.csspw.cn
发 行 部	010-84083685
门 市 部	010-84029450
经　　销	新华书店及其他书店
印　　刷	北京明恒达印务有限公司
装　　订	廊坊市广阳区广增装订厂
版　　次	2022 年 12 月第 1 版
印　　次	2022 年 12 月第 1 次印刷
开　　本	710×1000　1/16
印　　张	23
插　　页	2
字　　数	445 千字
定　　价	119.00 元

凡购买中国社会科学出版社图书，如有质量问题请与本社营销中心联系调换
电话：010-84083683
版权所有　侵权必究

《北京市情研究文辑》(第四辑)
编委会

总　　　编　朱柏成
副　总　编　袁吉富　刘红雷

主　　　编　马小红
执 行 主 编　潘志宏
副　主　编　李学俭　于书平
编委会委员
　　　　　　马小红　李学俭　于书平
　　　　　　潘志宏　杨乐怡　王宇琛

前　言

《北京市情研究文辑》（以下简称《文辑》）作为中共北京市委党校（北京行政学院）北京市情研究中心牵头策划和编辑的连续出版物，从2019年起，已出版三辑。三年是一个轮回的周期，需要总结，也需要提升。

前三辑的《文辑》，从板块设计上我们基本上采用了6＋1的格局，即党的建设和五大建设，再加上综合篇，力图全面反映北京市情。这样的编辑思路，尽管覆盖全面，但不能反映出北京特色、首都特色。中华人民共和国成立后，作为国家首都和超大城市，北京的发展经历了"首都建设""首都经济"到"首都发展"的历史阶段，尤其是党的十八大以来，围绕"建设一个什么样的首都、怎样建设首都"这一重大时代课题，北京紧扣首都城市性质、聚焦首都城市战略定位、履行首都职责使命，创造中国特色大国首都的发展模式，推动习近平新时代中国特色社会主义思想在京华大地落地生根、开花结果，形成了具有首都特色的生动实践，这些实践活动需要进行理论阐释，需要平台集中展示。

基于以上思考，今年出版的《北京市情研究文辑》（第四辑），在前三辑的基础上对板块名称进行了更新，将"6＋1"的板块改为"党的建设""经济高质量发展""法治建设""全国文化中心建设""超大城市治理与民生建设""生态文明建设"6个板块，以突出北京特色。

在征稿和选稿上，充分发挥四支团队的力量。市情研究中心队伍、北京市委党校教研人员、北京党校系统研究人员和校外专家学者被采纳的稿件数量相当，趋向均衡。

需要说明的是，作为一个已出版三年的连续出版物，《文辑》存在一定的路径依赖，旧的模式难以完全突破，新的设想需要逐步实现。目前的板块设计尚不能完全反映北京市上一年度的工作重点，文章内容也存在宏观把控不够、质量需要提升的问题，这是我们今后需要着力改进的地方。

推动市情研究中心的创新发展，是中共北京市委党校（北京行政学院）校院"六个一流"建设计划的一项重要内容。《北京市情研究文辑》要成为北京市情研究中心有一定品牌效应的研究成果，需要我们矢志不渝、精益求精地以首善标准为要求，为研究的高质量发展持续耕耘。

马小红

2022年8月于北京

目　　录

一　党的建设 / 1

中国共产党早期北京革命活动凝结着伟大建党精神 ………… 杨云成 / 3

传承长辛店红色基因　弘扬伟大建党精神 ……………… 李　燕 / 10

党建引领提升基层治理水平的探索与实践
　　——以北京市经开区为例 ……………………… 康井泉 / 19

党建引领物业参与社区治理的探索与思考
　　——以北京市朝阳区为例 ………… 白如冰　冯雪梅　李　平 / 27

党建引领新时代首都基层社会治理研究
　　——以首都公安机关为例 ……………………… 冯新红 / 33

二　经济高质量发展 / 43

优化产业布局、培育优质财源的探索与思考 …………… 张亚亮 / 45

优化营商环境的经验与建议
　　——以中关村西城园为例 ……………………… 范秀晖 / 65

首都农业主体大数据平台建设研究
　　………………… 赵　莉　李德刚　蔡芬芬　刘铁军 / 85

"三权分置"背景下京郊农村宅基地退出困局
　　与制度解构 …………………………………… 刁琳琳 / 93

特色产业带动乡村振兴的路径探索与经验启示
　　——以北京市密云区为例 ………… 陈娟娟　陈　娜　杨树明 / 104

三　法治建设 / 113

在新起点上全面推进法治政府建设 …………… 金国坤　孙超然 / 115

"接诉即办"：宪法批评建议权实施的首都实践 …………… 李昊光 / 127

矛盾纠纷"一站式受理，多部门对接"的
　　探索与实践 …………………………………………… 申艳丽 / 136

北京市公共文化服务立法研究 ………………… 宫怡君　张思雅 / 147

四　全国文化中心建设 / 157

北京市公共文化服务体系示范区的建设成效
　　与发展趋势 …………………………………………… 于书平 / 159

全民阅读背景下北京实体书店扶持路径研究 …………… 李铁牛 / 169

北京市"博物馆之城"建设与思考 ………………………… 宋忠惠 / 181

北京运河文化遗产的历史与现状
　　——以北京通州佑民观为例 ………………………… 潘志宏 / 188

北京迁台文人的"北平怀旧热"与北平记忆 ……………… 王宇琛 / 200

法源寺文保区有机更新的实践与思考 ………… 谢　惠　张晓光 / 211

五　超大城市治理与民生建设 / 221

简论北京城市总体规划 ……………… 尹德挺　古之叶　王　霏 / 223

"回天地区"大数据助力基层治理创新研究 ……………… 李月亮 / 238

大部制背景下延庆街道改革研究 ………………………… 邵　静 / 245

短视频微观叙事下北京城市形象的感性传播
　　——以北京冬奥会为例 ……………………………… 杨乐怡 / 253

通州与北三县公共服务均等化发展的理论逻辑
　　与实现路径 …………………………………………… 刘李红 / 265

北京市失能老人特征及差异性分析 …………… 崔书锦　闫　萍 / 275

北京智慧养老的实践与思考 ……………………………… 郑　澜 / 290

六　生态文明建设 / 301

"双碳"目标下京津冀城市群低碳社会建设研究 ………… 陆小成 / 303

北京"双碳行动"的形势、意义和路径研究 ……………… 黎　皓 / 314

北京市环保产业发展的影响因素研究 ………… 孟　帆　洪佳豪 / 324

首都生态涵养区乡村振兴路径研究
　　——以北京市怀柔区为例 ················· 张英洪　刘　雯 / 334
北京城市副中心加强移动源污染防治的探究与思考 ········· 郭　玮 / 344

后　记 ··· / 355

一　党的建设

中国共产党早期北京革命活动凝结着伟大建党精神

杨云成[*]

摘　要： 北京在中国共产党创建史上处于独特地位、独特贡献和独特价值，为全国统一党组织的建立和发展提供了思想、人才、组织等方面准备。本文从宣传论战、组织建设、敢于牺牲和对党忠诚四个方面，利用大量史实证明中国共产党早期北京革命活动在中华民族追求民族独立和发展进步的历史进程中具有的里程碑意义，揭示了其中凝结的伟大建党精神。

关键词： 早期北京革命活动；伟大建党精神；马克思主义

北京在中国共产党创建史上处于独特地位，它是新文化运动的重要舞台、五四运动的策源地、中国共产党的主要孕育地、马克思主义与工人运动的较早结合地、北方革命运动的旗帜。

北京在中国共产党创建史上也具有独特贡献，"南陈北李，相约建党"肇始于此，马克思主义的传播最早发轫于此，北方革命运动的旗帜在此。党的大召开时北京党组织的成员最多，北京的影响辐射至河北、天津、山东、内蒙古等北方多个区域，为全国统一党组织的建立和发展提供了思想、人才、组织等方面准备。

北京在中国共产党创建史上还具有独特价值，北大红楼、《新青年》编辑部旧址、京报馆旧址、李大钊烈士陵园、陶然亭慈悲庵、中山公园来今雨轩等数十处早期革命活动旧址所承载的历史，是中国思想启蒙和民族觉醒的转折

---

[*] 杨云成，博士，中共北京市委党校（北京行政学院）党史党建教研部副主任，副教授，主要研究方向为党的自我革命、党内法规、党内监督。

点，是中国新民主主义革命的伟大开端，在近代以来中华民族追求民族独立和发展进步的历史进程中具有里程碑意义。

习近平总书记在庆祝建党一百周年大会上正式提出了伟大建党精神并系统阐述了其内涵，这是中国共产党人的精神之源。中国共产党早期在北京的革命活动无疑凝结着这种伟大的建党精神。

一　妙手著文章，在宣传论战中，坚信马克思主义必然能够改造中国

十月革命一声炮响，给我们送来了马克思列宁主义，中国先进分子开始用无产阶级世界观和方法论分析中国社会的前途命运。李大钊在《法俄革命之比较观》《庶民的胜利》《Bolshevism的胜利》《我的马克思主义观》等文章中区分了俄国社会主义革命与法国资产阶级革命，歌颂了十月革命的伟大意义，成为中国最早的马克思主义传播者。邵飘萍的《新俄国之研究》《综合研究各国社会思潮》《劳农政府与中国》等著作也为人们了解马克思主义提供了途径。在传播马克思主义中，《晨报》《京报》《每周评论》等刊物以及马克思主义研究会也发挥了重要作用。除创办刊物、著书立作外，李大钊、瞿秋白、邓中夏、高君宇等进步青年在北大红楼举办马克思主义讲习会、组建北大平民教育演讲团、在北京各大高校开设《社会主义》《唯物史观研究》等课程，向青年学生、广大群众等介绍马克思主义理论。党的一大召开后，北京党组织依然将宣传马克思主义作为一项重要工作，引导了一大批工人阶级先进分子快速成长。

马克思主义在中国的传播与工人运动的结合，遭受到帝国主义和封建势力的"抵制""严防""查禁"，五四运动前后兴起的其他社会思潮也对马克思主义进行"攻击""笔伐"。先是以胡适为代表的一部分资产阶级知识分子否认马克思主义在中国的适用性，主张多研究些实际问题，少谈些"空洞主义"。后是以黄凌霜为代表的无政府主义者攻击马克思主义主张的无产阶级专政。李大钊、陈独秀等依托《新青年》《每周评论》等先后发表《三论问题与主义》《讨论无政府主义》《马克思学说与中国地主阶级》《自由与秩序》等，对这些攻击的本质进行揭露，并较早提出了推动马克思主义与中国革命实际结合的问题。在同各种社会思潮的辩论中，马克思主义的真理愈辩愈明，越来越多的知识分子开始信仰马克思主义。通过宣传、论战、指导工人运动中，早期的马克思主义者们坚信社会主义运动"实非现在资本家的政府所能防遏得住的"[①]，马克

[①]《李大钊全集》第2卷，人民出版社2006年版，第262页。

思主义是"能改造世界之学说",并断言"社会主义之来临,乃如夜之继日,地球绕日之一样确实"①。

弘扬伟大建党精神,广大党员干部要在统观早期无产阶级革命家的毕生追求中体悟马克思主义的真理力量。"试看将来的环球,必是赤旗的世界"②。他们强调对待马克思主义我们应当"勇往奋进以赴之""断头流血以从之""瘅精瘁力以成之",即便是在生命最后关头也当如此。李大钊英勇就义前发出的"不能因为反动派今天绞死了我,就绞死了伟大的共产主义,共产主义在中国必然得到光辉的胜利"③的呐喊,就是共产党人坚持真理、坚守理想的生动体现。弘扬伟大建党精神,广大党员干部也要在把握中华民族历经磨、难实现跨越式发展的辉煌历程中坚定对马克思主义的信念。从内无民主、外不独立到实现民族独立、人民解放,从"只能造茶碗茶壶"到"彻底摆脱被开除球籍的危险",从世界舞台边缘的弱走向世界舞台中央的强,取得这些伟大社会革命的胜利,靠的是坚定不移地以马克思主义为指导。习近平总书记指出:"中国共产党为什么能,中国特色社会主义为什么好,归根到底是因为马克思主义行!"④

"四个中心"是党中央赋予北京的城市战略定位,也是引领我们这座城市发展的定向标和导航仪。弘扬伟大建党精神,广大党员干部还应当在统筹推进"四个中心"功能建设、提升"四个服务"水平中坚持用马克思主义武装头脑,推动习近平新时代中国特色社会主义思想在京华大地落地生根、开花结果。

二 铁肩担道义,在成立早期组织、开展工人运动中,勇担民族复兴之使命

1840年鸦片战争之后,中国逐步沦为半殖民地半封建社会,国家蒙辱、人民蒙难、文明蒙尘,中华民族遭受了前所未有的劫难。各种社会救亡方案纷纷出台,但大多以失败告终。初具共产主义思想的知识分子愈发认识到"今日国家所有之势力,皆不能为国家之中心势力,以支撑此风雨飘摇之国家"⑤。正如习近平总书记在庆祝建党一百周年大会上的讲话所指出的,"中国迫切需要新的思想引领救亡运动,迫切需要新的组织凝聚革命力量"。⑥ 随着马克思

---

① 《李大钊全集》第4卷,人民出版社2006年版,第207页。
② 《李大钊全集》第2卷,人民出版社2006年版,第263页。
③ 郑德荣、朱阳:《中国共产党历史讲义》,吉林人民出版社1986年版,第101页。
④ 《习近平重要讲话单行本》(2021年合订本),人民出版社2022年版,第94页。
⑤ 《李大钊全集》第2卷,人民出版社2006年版,第121页。
⑥ 《习近平重要讲话单行本》(2021年合订本),人民出版社2022年版,第86页。

主义广泛传播和革命形势的发展,以李大钊、陈独秀等为代表的早期马克思主义者认为虽然谈论马克思主义的人多了起来,但是"我们现在还要急急组织一个团体,这个团体不是政客组织的政党,也不是中产阶级的民主党,乃是平民的劳动家的政党"[①]。这个政党是俄国式的以马克思主义为指导的"强密精固的组织",以此方能担当改造中国之责任。"南陈北李,相约建党"之后,李大钊立即着手建党的准备工作。1920年10月,北京共产主义小组在沙滩北大红楼正式成立,同年11月更名为中国共产党北京支部,与上海的共产党组织遥相呼应,分别成为中国北方和南方革命运动的中心。

北京共产党组织成立后,立即着手无产阶级革命运动的准备工作。将传播马克思主义作为一项重要使命和责任,创办劳动补习学校,组建工会组织,将提高工人文化水平与传播马克思主义结合起来;积极引导进步社团投身民族复兴之运动,陶然亭慈悲庵以"联合进步团体,共谋改造社会的意义"的"五团体会议"、中山公园来今雨轩召开的少年中国学会茶话会等是典型体现。此外,北京的党组织还积极帮助天津、唐山、太原、内蒙古等其他地区建立党团组织。党的一大召开之后,北京党组织积极响应相关号召,不断加强自身建设,扩大马克思主义宣传,组织工人运动,掀起了北方地区工人运动的高潮,以实际行动诠释了伟大建党精神的践行初心、勇担使命。

弘扬伟大建党精神,广大党员干部要在认识上深刻领会早期共产党人矢志改造中国的初心与担当。面对灾难深重的中国,他们以高度的历史责任感,博览群书,遍访世界,寻求"挽狂澜于既倒、扶大厦之将倾"的救亡之策,这是他们的初心。这种初心和使命是激励共产党人不断前进的根本动力。习近平总书记强调:"一切向前走,都不能忘记走过的路;走得再远、走到再光辉的未来,也不能忘记走过的过去,不能忘记为什么出发。"[②] 弘扬伟大建党精神,广大党员干部要在实践中立足中华民族伟大复兴战略全局和百年未有之大变局,深刻理解首都的发展与党和国家的使命已经紧紧联系在一起,建设好伟大社会主义祖国的首都、迈向中华民族伟大复兴的大国首都、国际一流的和谐宜居之都是我们义不容辞的责任;立足首都城市战略定位,全力推动首都发展,是北京未来发展的纲和魂。只有以"功成不必在我、建功必定有我"的担当作为,才能回答好"建设什么样的首都,怎样建设首都"的时代课题;只有在知行合一中立足岗位积极作为,才能华丽谱写出第二个百年奋斗目标新征程中的北京篇章。

---

① 《李大钊全集》第3卷,人民出版社2006年版,第271页。
② 《习近平重要讲话单行本》(2021年合订本),人民出版社2022年版,第13页。

三 以青春之我创建青春之民族，在启迪民众、对敌斗争中，甘将热血沃京华

马克思主义认为，在革命斗争中，一切反动落后的统治阶级，都不会轻易地退出历史舞台，都会出于自身利益的需要而竭力反抗进步阶级的革命，并为维护自己的统治而费尽心机。由此导致革命中的牺牲不可避免。"在废除人类间的阶级，在灭绝人类间的僭擅"中，"流血的事，非所必要，然亦非所敢辞"①。这种不怕牺牲、英勇斗争的精神，在中国共产党早期北京革命活动中得到充分体现。

高君宇是第一批加入北京共产党组织的成员之一，1925 年因病去世。他曾以"我愿生如闪电之耀亮，我愿死如彗星之迅忽"明志，随时准备着为革命付出生命。出生在传统知识分子家庭的缪伯英，怀揣教育救国之理想来到北京，在李大钊的影响下，成为党的历史上第一位女党员，后积劳成疾，病危之际，留下了"既以身许党，应为党的事业牺牲……未能战死沙场，真是恨事"②的壮志豪言。面对高压的反共局面以及"宣传赤化，主张共产，不分首从，一律死刑"的反动告示，大批共产党员并没有被吓倒。李大钊被捕后，面对敌人威逼利诱，镇定自若，坦然处之，言罢"民不畏死，奈何以死惧之"，第一个走上绞刑台，从容就义。北京共产党早期组织成员中，为革命事业英勇牺牲的还有邓中夏、范鸿劼、何孟雄、张太雷、邵飘萍、李昆等。他们的牺牲，不是为做英雄而死，也不是为做烈士而死，而是为了救助劳动界的同胞脱离资产阶级的压制而死，为他们所信仰的马克思主义而死。习近平总书记指出："一百年来，中国共产党团结带领中国人民，以'为有牺牲多壮志，敢教日月换新天'的大无畏气概，书写了中华民族几千年历史上最恢宏的史诗。"③中国共产党早期北京革命活动以及共产党员的英勇牺牲精神是这恢宏史诗中浓墨重彩的一笔。

敢于斗争、敢于胜利，是中国共产党不可战胜的强大精神力量。一百年来，我们党之所以在危难之际能够绝处逢生，在挫折之后能够毅然奋起，在失误之后能够拨乱反正，在苦难之中能够百折不挠，凭借的就是不怕牺牲、英勇斗争的强大精神。当前，弘扬伟大建党精神，广大党员干部就是要努力增强政治定力，牢牢扭住推动创新发展、加强"两区"建设、推动京津冀协同发展、优化营商环境等发展改革的重点任务，在进行具有许多新的历史特点的伟大斗争中发扬将革命

---

① 《李大钊全集》第 4 卷，人民出版社 2006 年版，第 62 页。
② 《中国共产党北京历史》，北京出版社 2019 年版，第 26 页。
③ 《习近平重要讲话单行本》（2021 年合订本），人民出版社 2022 年版，第 90 页。

进行到底的精神，"下先手棋""打主动仗"，不断提高斗争本领。同时，辩证地看待首都常态化新冠疫情防控下面临的压力与挑战，理性分析国内、国外的形势，强化底线思维和风险意识，在推动首都高质量发展中既防"黑天鹅"，又防"灰犀牛"，坚决维护首都社会安全稳定。始终同一切弱化党的先进性、损害党的纯洁性的问题作坚决斗争，也是敢于斗争的一项重要内容，广大党员干部要不断增强我们党自我净化、自我完善、自我革新、自我提高的能力，永葆共产党人政治本色。

四　拯救国群是在君子，在拯救苦难同胞于苦海中，坚贞不屈、不负人民

大批共产党员英勇斗争、无畏牺牲、甘于奉献，背后是对党的忠贞和对人民的赤子情怀。对党忠诚是中国共产党人首要的政治品质，也是检验真假共产党员的试金石。习近平总书记指出："我们党一路走来，经历了无数艰险和磨难，但任何困难都没有压垮我们，任何敌人都没能打倒我们，靠的就是千千万万党员的忠诚。"[①] 这种高尚品质并不是某一历史阶段的特殊体现，它始于中国共产党的早期革命者，贯穿于党的百年发展历史。"钊自束发受书，即矢志努力于民族解放之事业，实践其所信，励行其所知，为功为罪，所不暇计"，[②] 体现出共产党领袖的大无畏气概和坚贞不屈以及对革命事业的坚守、对党组织的忠贞以及对党员同志的关爱。"就是骨头烧成灰，我邓中夏还是共产党员"[③] 的豪迈也是对共产党忠贞的诠释和对永不叛党誓言的坚定执行。这些都表明共产党自成立之日起就从来不缺埋头苦干的人、拼命硬干的人、舍生取义的人。

不负人民，是中国共产党人鲜明的崇高情怀。中国共产党一经诞生，就把为中国人民谋幸福、为中华民族谋复兴确立为自己的初心使命。从陈独秀的"即使全世界都陷入了黑暗，只要我们几个人不向黑暗附和、屈服、投降，便能够自信有拨开云雾见青天的力量"，[④] 到李大钊的"立志改造旧中国，拯救苦难同胞出苦海"[⑤]，再到邓中夏"我不做官，我要做人民的公仆……要开创

---

① 《立志做党光荣传统和优良作风的忠实传人，在新时代新征程中奋勇争先建功立业》，《人民日报》2021年3月1日第1版。
② 《李大钊全集》第5卷，人民出版社2006年版，第230页。
③ 江苏省档案局编：《档案记忆·红旗飘飘》（人物篇），东南大学出版社2018年版，第199页。
④ 《陈独秀书信集》，新华出版社1987年版，第471页。
⑤ 《唐山文史资料》第12辑，第27页。（非公开出版物）

一个人人有饭吃、人人有衣穿的新天地",①等等,这些早期的共产党员之所以敢于冲决历史之桎梏,荡涤历史之积秽,挽回民族之青春,背后的坚守靠的就是这种不负人民的高尚情怀。习近平总书记指出:"江山就是人民、人民就是江山,打江山、守江山,守的是人民的心。"②对党忠诚、不负人民的大公无私,是早期北京共产党人精神境界中的鲜明特质。

对党忠诚,不负人民,既是政治标准,也是实践要求。弘扬伟大建党精神,广大党员干部在保持对党的绝对忠诚上,要坚决做到"两个维护",认真贯彻"三个一""四个决不允许"以及"看北京首先从政治上看"的政治要求,严格执行重大事项请示报告制度,正确处理好"都"与"城"的关系,确保习近平总书记和党中央交办的任务件件有着落、件件有成效;同时,也要牢记习近平总书记的"继续为实现人民对美好生活的向往不懈努力,努力为党和人民争取更大光荣"③的伟大号召,继续深化党建引领"吹哨报到"改革,完善"接诉即办"机制,以"每月一题"专攻"难啃的骨头",切实解决好群众身边的操心事、烦心事、揪心事,自觉将同代人的完美和幸福与自身的完美和幸福结合起来,在为同代人的幸福而奋斗中实现自身的价值。

参 考 文 献

[1]《习近平重要讲话单行本》(2021年合订本),人民出版社2022年版。
[2]《立志做党光荣传统和优良作风的忠实传人,在新时代新征程中奋勇争先建功立业》,《人民日报》2021年3月1日第1版。
[3]《深入分析南水北调工程面临的新形势新任务,科学推进工程规划建设提高水资源集约节约利用水平》,《人民日报》2021年5月14日第1版。
[4]《习近平重要讲话单行本》(2021年合订本),人民出版社2022年版。
[5]《李大钊全集》,人民出版社2006年版。
[6]《中国共产党北京历史》,北京出版社2019年版。
[7] 郑德荣、朱阳:《中国共产党历史讲义》,吉林人民出版社1986年版。
[8]《陈独秀书信集》,新华出版社1987年版。
[9] 新华社总编室:《领航中国,红色启示》,中共党史出版社2012年版。

---

① 新华社总编室:《领航中国,红色启示》,中共党史出版社2012年版,第52页。
② 《深入分析南水北调工程面临的新形势新任务,科学推进工程规划建设提高水资源集约节约利用水平》,《人民日报》2021年5月14日第1版。
③ 《在庆祝中国共产党成立100周年大会上的讲话》,《人民日报》2021年7月1日第2版。

传承长辛店红色基因 弘扬伟大建党精神

李　燕*

摘　要：党的二十大把弘扬伟大建党精神写入大会主题，郑重宣誓了新征程上的精神状态。北京长辛店是中国北方工人运动的摇篮，是中国共产党在北京孕育的红色沃土。本文以北京长辛店红色资源为研究对象，通过分析长辛店革命实践中蕴含的伟大建党精神及在伟大建党精神的形成过程中所起的作用，探讨传承长辛店红色基因、弘扬伟大建党精神的时代价值。新时代传承长辛店红色基因有助于进一步发扬伟大建党精神，以长辛店红色基因推动新时代北京丰台高质量发展，成为在新征程上创造新业绩、取得新辉煌的强大精神动力。

关键词：长辛店；红色基因；伟大建党精神；红色资源

在庆祝中国共产党成立100周年大会上，习近平总书记指出："一百年前，中国共产党的先驱们创建了中国共产党，形成了坚持真理、坚守理想，践行初心、担当使命，不怕牺牲、英勇斗争，对党忠诚、不负人民的伟大建党精神，这是中国共产党的精神之源。"[①] 党的二十大把弘扬伟大建党精神写入大会主题，郑重宣誓了新征程上的精神状态，再次强调了弘扬伟大建党精神的重大意义。伟大建党精神彰显着党的初心使命、性质宗旨，是立党、兴党、强党的精神原点、思想基点，是迈进新征程、奋进新时代的强大动力。中国共产党成立前后，以李大钊为代表的先进知识分子，把长辛店作为传播与实践马克思主义

---

* 李燕，学士，中共北京市丰台区委党校，副教授，主要研究方向为中共党史、基层党建、长辛店革命历史。

① 《在庆祝中国共产党成立100周年大会上的讲话》，人民出版社2021年版，第7页。

的重要阵地，开展革命活动，彰显了中国共产党的先驱们特有的精神风貌，这种精神风貌是伟大建党精神集中而生动的写照。

初心如磐，使命在肩。在我国开启全面建设社会主义现代化国家新征程之际，长辛店红色基因以其超越时空的特有生命力，继续在丰台发挥不可替代的功能作用，成为弘扬伟大建党精神、推动新时代北京丰台高质量发展、实现"妙笔生花看丰台"的"红色引擎"。

一 长辛店革命活动对伟大建党精神的生动诠释

长辛店革命活动是中国共产党北方早期革命的一颗红星，在中国共产党的创建和伟大建党精神锻造中释放出自己巨大的能量。在长辛店革命活动中，中国共产党的先驱们彰显出崇高的精神风貌，以实际行动诠释了坚持真理、坚守理想，践行初心、担当使命，不怕牺牲、英勇斗争，对党忠诚、不负人民的伟大建党精神，是中国共产党伟大建党精神集中、具体、生动的体现。

（一）长辛店革命活动，彰显了共产党人坚持真理、坚守理想的坚定信仰

坚持真理、坚守理想的坚定信仰，就是以李大钊、邓中夏为代表的早期马克思主义者来到北京长辛店，克服工学矛盾，与工人群众紧密结合，把马克思主义的真理、共产主义的理想带到工人群众中，点燃了无产阶级革命的星星之火，所展现出的不屈不挠、上下求索的精神。

"十月革命的一声炮响，给我们送来了马克思列宁主义。"[1] 李大钊、邓中夏、张太雷等进步的知识分子，迅速转变为坚定的马克思主义者。根据马克思主义基本原理，中国马克思主义者将工人群体视为发动革命的核心力量。于是，一些具有初步共产主义思想的知识分子开始"往民间去"，来到长辛店、走到工人中，将马克思主义真理和共产主义理想的火种播撒到3000多工人心田里。

1920年10月，北京共产主义小组成立后，李大钊派邓中夏等人到长辛店开展工作，与当地工人建立联系。在与长辛店工人的接触中，北京的共产主义知识分子越来越认识到工人阶级的重要性。为了加强对工人的宣传，启发工人群体的阶级觉悟，北京的共产主义知识分子决定在长辛店成立劳动补习学校。1921年1月，长辛店劳动补习学校正式开学。开办初期，中国共产党北京支部的重要成员李大钊、邓中夏、罗章龙、张太雷、高君宇等人轮流担任教员。

---

[1] 《毛泽东选集》第四卷，人民出版社1991年版，第1471页。

劳动补习学校教材都由教员自己编写，内容取材于《共产党月刊》《向导》《苦力》《劳动界》及国际通讯英、德、法文版本资料。教材虽然理论性很强，但是教员们都能以通俗的语言、生动的事例，讲工人为什么受苦受穷、为什么要组织起来，讲外国工人怎样与资本家做斗争，讲怎样组织工会和政党。

长辛店劳动补习学校虽然只开办了两年，但马克思主义的科学真理和共产主义的美好愿景辐射并温暖到劳苦工人的心头。工人们开阔了眼界，提升了阶级意识，逐渐认识到，马克思主义就是工人的主义，共产主义就是工人的盼头，参与经济斗争与政治斗争的热情被充分地激发出来。马克思主义真理的种子，与工人们翻身求解放的强烈渴望相结合，终于发展成为坚不可摧和无坚不摧的坚定信仰。

（二）长辛店革命活动，见证了共产党人践行初心、担当使命的伟大情怀

践行初心、担当使命的伟大情怀，就是以李大钊、毛泽东为代表的早期共产党人，为探索救国救民真理，从激发工人爱国热情、到开展革命斗争实践，从成立铁路工人会，到在工人中创建党的早期组织，使北京长辛店成为锻造共产党人践行初心、担当使命的红色熔炉。

1918年秋，北京华法教育会在长辛店开设了留法勤工俭学预备班。中国共产党的伟大先驱毛泽东，当时作为湖南新民学会的代表，为推动湖南籍学生参加留法勤工俭学活动，探求救国济民之路，两次来到长辛店，看望湖南籍学员。期间，毛泽东不仅深入工厂调查研究，了解工人生活、工作情况，而且嘱咐新民学会学员们，要抱着新民学会"改造中国、改造世界"的使命到工人当中去，启发工人的救国心，提高工人觉悟，团结起来拯救中国。他还向学员们传授自己在长沙创办工人夜校的经验，引导学员帮助工人办好夜校，使工人结成与资本家斗争的坚固劳工团体。1919年5月4日，五四运动爆发，预备班学员与工人投入到这场伟大的爱国运动中。他们组织了"救国十人团"，到车间、到车站、到近郊向工人、旅客和农民宣传五四爱国运动。长辛店工人的爱国活动热火朝天，与受到学生们的影响，与毛泽东进行的思想启迪和爱国主义思想的教育密切相关。

推动工人运动、促进革命斗争，归根结底要把工人组织起来。成立工会组织，就是组织工人的第一步。在北京共产党早期组织和长辛店工人的共同要求和努力下，1921年5月1日，长辛店京汉铁路工人会正式成立。工会成立后，在北京共产党早期组织的领导下，开展维护工人的合法权益斗争，显示出工人阶级的强大威力。《共产党》月刊盛赞长辛店工会为"北方劳动界的一颗明星"，北京长辛店被誉为"北方的红星"。为了推动马克思主义与工人运动的紧

密结合，加强党对工人运动的领导，北京党组织在长辛店发展工人党员，先后于1921年10月、1922年8月成立党小组、建立党支部。工人党组织的建立，标志着中国共产党"为民族谋复兴、为人民谋幸福"的初心使命切实成为长辛店工人斗争的目标；标志着长辛店工人斗争，从自发的"为我"的斗争上升为自觉的为民族独立和人民解放的斗争，而且这种斗争在此后的英勇斗争中不断得到巩固和升华。

（三）长辛店革命活动，培育了共产党人不怕牺牲、英勇斗争的崇高品格

不怕牺牲、英勇斗争的崇高品格，就是面对强大而凶恶的敌人，中国共产党的先驱们在北京长辛店的革命斗争中不怕流血牺牲，在任何时候、任何情况下都不改其心、不移其志、不毁其节，充分彰显出共产党人和工人阶级先锋队的应有品格和大无畏气概，这种品格和气概在革命实践中进一步得到锤炼和提升。

"为有牺牲多壮志，敢教日月换新天。"要奋斗就会有牺牲，在中国共产党的领导下，北京长辛店的工人阶级特别是其中的先进分子，以大无畏的精神投身于拯救民族危亡、追求人民解放的伟大斗争中。党的二大召开后，中国共产党领导的工人运动空前高涨，长辛店工人运动也发展到了一个新的阶段。1922年8月，刚刚参加完党的二大的邓中夏，在李大钊的指示下，亲自组织领导了长辛店工人"八月罢工"。3000多名工人手持"不得食不如死""打破资本专制"等标语参加罢工。面对军警的武力镇压，长辛店工人表示："兵来则死，兵不来亦死，与其日日受压迫受饥饿而死，毋宁兵来饮弹而死，如必欲派兵至此认从君便。"最后，京汉铁路局不得不接受了工人的全部条件，罢工取得全面胜利，大大提升了共产党威信，"头顶共产党，怀据革命心，手拿团结刀，别离妻子，死也光荣"的歌谣在长辛店群众中广为流传。

1923年的京汉铁路工人大罢工，是中国共产党领导的第一次工人运动高潮的顶点，北京长辛店是罢工的策源地和发生地。在罢工中，长辛店工人坚决服从党和总工会命令，英勇斗争。面对北洋军警的抓捕，史文彬等不畏强敌，高呼："革命不怕死，怕死不革命""争不到自由，争不到人权不罢手，死也不能屈服"。为了营救被捕工友，工人纠察队副队长、共产党员葛树贵手握大锤，带领三千多工人冲向火神庙警察局："工友们！他们用武力，我们也用武力对待，他们有枪，我们有血，打死一个有十个"。军警开枪，葛树贵等三人当场牺牲，三十多人重伤，轻伤无数……

京汉铁路工人大罢工失败了，但工人不怕牺牲的革命斗争精神薪火相传，生生不息。英勇的长辛店工人没有因此而畏缩，反而更加激发了不断斗争的革

命气魄，擦干血迹，继续战斗。

（四）长辛店革命活动，锤炼了共产党人对党忠诚、不负人民的坚定意志

对党忠诚、不负人民的坚定意志，就是在长辛店革命活动中，面对强大的敌人、残酷的环境，中国共产党的先驱们历经艰险和磨难的形成的品质，不被任何困难压垮，不向任何敌人屈服，凸显对党和人民的赤胆忠心。

敌人的力量异常强大，斗争的环境异常残酷，是中国革命的一个重要特点。这就决定了中国共产党人在斗争中必须具备对党忠诚、不负人民的意志品格。李大钊是中国共产党的创党先驱，是传播革命思想的先觉者，是长辛店革命活动的直接领导者和指导者，曾亲自到长辛店指导工作。北京共产党早期组织成立前后，李大钊等人从五四运动中认识到工人阶级蕴含的伟大力量，发出"到劳工中间去"的号召，他多次派邓中夏、张国焘、何孟雄等人到长辛店机车厂开展工作，创办劳动补习学校，宣传马克思主义，组建工会，发展党员，领导并取得了"索薪斗争"的胜利。因为领导北方地区党的工作，宣传马克思主义，指导工人运动，1927年4月，李大钊在北京被捕入狱。在狱中的22天，李大钊经受多次秘密审讯，敌人用尽种种刑罚，他宁死不屈，以大无畏的革命精神慷慨赴死。在《狱中自述》中，他回顾了自己壮烈的、革命的一生，把一切都由自己承担起来，以掩护一同被捕的青年同志们。在绞架下，李大钊发表了最后一次慷慨激昂的演说，说道："不能因为今天你们绞死了我，就绞死了伟大的共产主义！我们已经培育了很多同志，如同红花的种子，撒遍各地！我们深信，共产主义在世界、在中国，必然要得到光荣的胜利！"李大钊牺牲时，年仅38岁。在中国共产党早期北京革命活动中，李大钊同志不改其心、不移其志、不毁其节，正是因为有了对党的事业的无限忠诚，有了代表最广大人民根本利益的坚定立场。

永定河水东逝去，青山太行颂风流。李大钊、史文彬、张德惠、陈励懋、洪永福、王俊、吴春溪、崔玉春……，数不尽的浩然英名，讲不完的英雄故事，都凝结成"对党忠诚、不负人民"的赤胆忠心，被收录在史册里；都化作激励后来人生命不息、战斗不止的冲锋号角，回荡在燕京大地寥廓的长空里。

二 传承长辛店红色基因，弘扬伟大建党精神的时代价值

伟大建党精神蕴含的时代价值历久弥新。传承长辛店红色基因，深刻理解和领会长辛店红色基因所蕴含的中国共产党伟大建党精神的时代价值，对于走好全面建设社会主义现代化国家新的赶考之路，以实际行动贯彻落实党的二十

大决策部署,对于回答好"中国共产党为什么能",全面推进中华民族伟大复兴具有重大意义。

(一)能够激励中国共产党人筑牢信仰之基坚守初心使命

长辛店革命历史是革命先辈们在民主革命时期探寻初心和践行使命的生动呈现。初步掌握马克思主义理论的早期中国共产党人,深入长辛店宣传革命思想,实践革命理论,寻找革命基础,用实际行动诠释了共产党员的坚定信仰。长辛店的革命之路就是中国共产党来时的路,"不忘初心、牢记使命",这初心和使命就是长辛店革命精神的内核,是中国共产党人在寻求救国救民、实现中华民族伟大复兴之路上,以坚定的理想信念把马克思主义普遍真理与中国革命的具体实践相结合的伟大产物。

党的二十大报告擘画了新时代中国特色社会主义的宏伟蓝图,全面建设社会主义现代化国家的新征程已开启。面对时代条件和社会环境的不断变化,面对各种风险诱惑,党员干部应该做信念坚定的表率,不忘初心、牢记使命,以"风雨不动安如山"的姿态迎接各类挑战。传承长辛店红色基因,弘扬伟大建党精神,首先要做的就是坚定理想信念,提高政治站位,牢记党的宗旨,解决好世界观、人生观、价值观这个"总开关"问题,自觉用习近平新时代中国特色社会主义思想这一马克思主义中国化的最新成果武装头脑、指导实践、推动工作。

(二)能够激励中国共产党人担当使命勇于奋斗

长辛店革命历史反映了先辈们在民主革命时期对马克思主义理论的艰辛探索与生动实践。初步掌握马克思主义理论的共产党人,派遣早期组织成员深入长辛店这一北京产业工人的重要聚集区,通过创办劳动补习学校、组建工会等方式,开展经济斗争与政治斗争。中国共产党成立之后,早期中国共产党人深入长辛店领导工人运动,号召工人阶级发挥卓越的先锋模范作用,勇于实践,勇于探索,体现了早期中国共产党人的使命担当。

中华民族伟大复兴的新征程已开启,改革进入攻坚期和深水区。新时代、新征程,党员干部既要有坚定的理想信念,更要担当起该担当的责任,练就过硬的本领,做到知行合一,理论与实际相结合,在带头干事创业上有作为。作为新时代党员干部,打好改革攻坚战,实现中华民族伟大复兴,依然需要传承长辛店红色基因,弘扬伟大建党精神,激励中国共产党人担当使命,勇于奋斗,永远做滚滚历史车轮的排头兵。

（三）能够激励中国共产党人做到"两个维护"增强斗争本领

正是因为有了党的坚定领导，长辛店工人运动由最初的革命火种，发展为熊熊烈焰；正是因为有了党的坚强领导，长辛店工人勇于斗争，成为中国革命的主力军。尽管由于"二七惨案"的发生，党领导的中国工人运动遭受严重挫折，但一心向党、不怕牺牲的斗争精神是永存的，中国工人阶级并没有被反动势力暂时的强大而吓倒。共产党人及时总结经验教训，调整策略，确立了建立革命统一战线的方针，使中国革命进入一个新的发展时期。敢于斗争、善于斗争的精神是我们党在长期的革命、建设、改革开放实践中形成的重要武器、不断取得成功的制胜法宝。

当今世界正经历百年未有之大变局，中华民族伟大复兴正处在关键时期，我们必须进行具有许多新的历史特点的伟大斗争。新时代传承长辛店红色基因，弘扬伟大建党精神，就是要弘扬一心向党、不怕牺牲的斗争精神，坚持和加强党的全面领导，坚定捍卫"两个确立"、坚决做到"两个维护"，让伟大斗争精神在新时代中国特色社会主义伟大实践中进一步发扬光大。

三 长辛店红色基因助推新时代北京丰台高质量发展

红色基因如何在新时代延续？在我国踏上全面建设社会主义现代化国家、向第二个百年奋斗目标进军之际，应更加重视发挥长辛店红色资源的重要作用，以实际行动进一步传承红色基因，把长辛店红色基因打造成弘扬伟大建党精神、推动新时代北京丰台高质量发展的助力器。

（一）强化研究、注重普及，进一步树立保护传承的理念

首先是强化研究力量、打造研究阵地，让研究成果成为推动丰台区域发展的精神动力。依托高校、党校等学术力量，加强对长辛店党史、革命史的研究，加强长辛店对弘扬伟大建党精神重要价值的研究。其次是进一步推动长辛店红色文化的普及工作。对于广大市民群众，在重要时间节点，要举办红色文化展，组织市民参观；对于党员、干部群体，要加强丰台党史、革命史的学习；对于学生群体，要编辑出版丰台党史、革命史教材，让他们了解丰台、热爱丰台；对于其他群体，要根据单位、部门特色，有重点地进行宣讲教育，让丰台的红色文化融入每个人的心灵。最后是立足丰台，面向未来，做好"二七文化"的传承保护，防止"二七文化"的流失。随着北京城市的发展，有着120年历史的二七厂改造、转型，老厂房已彻底停产。厂区内从20世纪初到

21世纪初的建筑交错，堪称北京，乃至中国铁路制造的"活历史"，如今已变身"中车二七厂1897科技文化创新城"。如何传承保护好二七文化，是1897科创城面对的重大课题。

（二）发挥红色文化资源价值，持续打造丰台红色品牌

红色资源只有被充分利用起来，才真正有生命力。一方面，要把握红色文化和旅游融合发展趋势，结合长辛店棚户区改造工程，整合红色资源，建设红色文化精品项目。通过培育一批文旅融合示范点，点亮长辛店红色文化新起点，建设一批高品质的红色文化旅游景点，以此推动区域经济发展。另一方面，加大宣传力度、营造浓厚氛围，通过在主流媒体刊发、播发稿件，推出长辛店红色文化系列专题报道，通过电影、电视、戏曲等形式，广泛宣传丰台红色文化亮点，通过网络、微博、微信等信息化媒体，打响长辛店红色资源品牌，提升丰台红色文化资源的知名度和影响力。

（三）用好用活红色文化资源，不断深化红色基因在新时代的传承

首先是发扬长辛店工人永立时代潮头、勇担时代重任的精神境界和历史担当，引领社会主义现代化强国建设。中华人民共和国成立后，长辛店铁路工人传承革命精神，意气风发地投身社会主义建设大潮中，出色地完成了党和祖国赋予"二七"的特殊历史使命。党的十八大以来，"二七人"在长辛店革命精神的指引下，按照北京市疏解非首都功能的总体要求，配合企业进行产业转型升级，实现了华丽转身。其次是弘扬长辛店工人大国工匠精神，引领新时代北京丰台轨道交通产业，助力丰台区"十四五"高质量发展。丰台是北京市发展轨道交通产业的主要承载区，中关村科技园丰台园聚集了以中国中铁、中国通号、中铁高新和交控科技等为代表的轨道交通企业143家，已连续五年实现轨道交通产业集群总收入突破千亿元。构建了从科技研发、勘察设计、智能控制到工程建设和运营服务的全产业链，形成了以"一个创新型集群、一个国家级试点、两个国家级基地"和"两个市级基地"为特色的轨道交通产业集群，助力中国高铁领跑世界。最后是在长辛店红色基因的熏陶下，丰台区涌现了许多优秀的代表人物，例如热爱公安事业、牺牲在工作岗位上的丰台区"优秀共产党员"石福胜；入选北京榜样的长辛店镇张家坟村卫生所乡村医生武起义等。相关部门应联合起来，对这些人物进行重点追踪宣传，将他们的创业、奉献甚至牺牲的人生经历推向全社会。在全社会掀起"学英雄、见行动"的活动，从而激发全社会的热情，推动丰台更好更快发展。

参 考 文 献

[1] 《在庆祝中国共产党成立 100 周年大会上的讲话》，人民出版社 2021 年版。
[2] 《在党史学习教育动员大会上的讲话》，《求是》2021 年。
[3] 中共中央党史研究室：《中国共产党历史》第一卷，中共党史出版社 2011 年版。
[4] 中共北京市委党史研究室：《中国共产党北京历史》第一卷，北京出版社 2011 年版。
[5] 罗章龙：《椿园载记》，生活·读书·新知三联书店 1984 年版。
[6] 邓中夏：《中国职工运动简史（1919—1926）》，人民出版社 1953 年版。
[7] 中国铁路史编辑研究中心、全国铁路总工会工运理论政策研究室：《二七革命斗争史》，当代中国出版社 1993 年版。
[8] 中共丰台区委党史资料征集办公室：《丰台党建资料》，中共丰台区委党史资料征集办公室，2011—2013 年。
[9] 中共北京市丰台区委党史资料征集办公室编：《丰台地区革命斗争史料选编》第 1 册，中共北京市丰台区委党史资料征集办公室，1994 年。丰台史话编纂委员会：《丰台史话》，中华书局 2021 年版。
[10] 北京共产主义组织的报告：《建党以来重要文献选编（1921—1949）》第 1 册，中央文献出版社 2011 年版。
[11] 心美：《长辛店旅行一日记》，《晨报》1920 年 12 月 21 日。
[12] 王建伟、李在全：《寻找革命之基础——中国共产党创建史中的长辛店工人运动》，《北京党史》2018 年第 3 期。
[13] 张国庆：《长辛店与中国共产党的创建》，《北京党史》2017 年第 5 期。
[14] 杨军：《邓中夏对马克思主义中国化的初步探索及贡献》，《甘肃社会科学》2009 年第 5 期。

党建引领提升基层治理水平的探索与实践
——以北京市经开区为例

康井泉[*]

摘 要：北京经济技术开发区（简称：北京经开区）是北京市唯一同时享受国家级经济技术开发区、国家高新技术产业园区、服务业扩大开放示范区和自贸区优惠政策的国家级经济技术开发区，是首都营商环境水平的重要展示窗口，高端产业云集，注册企业近3万家。为有效提升非公党建和基层治理水平，北京经开区始终坚持党建引领区域营商环境优化、提升为企业服务水平、促进企业发展，不断探索产业社区基层治理的有效模式，创新设立亦企服务港，努力构建党建引领为企服务专属体系。通过打造实体化运行平台、构建高效化的服务机制、创建个性化的服务载体、加强立体化的服务保障，不断凝聚区域高质量发展的红色动能。在探索党建引领产业发展和社区治理过程中积累的宝贵经验和启示：牢牢把握党建引领这个核心，牢牢把握整合资源这个关键，把党建工作嵌入多元服务过程，增强组织黏性，提升企业认同度。

关键词：党建引领；非公经济；北京经开区；亦企服务港；基层治理

北京经开区作为首都高质量发展的开路先锋，立足首都全国科技创新中心"三城一区"建设和"四区一阵地"功能定位，伴随创新驱动、转型升级、产城融合的发展步伐，非公企业党建经历了从无到有、从小到大、从弱到强的发展历程，初步探索形成了具有经开区特点的非公党建新格局。其中，亦企服务

---

[*] 康井泉，硕士，中共北京经开区工委党校、北京市非公经济组织党校常务副校长、经开区"两新"工委委员，主要研究方向为党建、干部素质提升、干部执行力、公文写作。

港作为经开区工委进一步加强非公企业党建和基层治理的创新举措,在提升党建引领服务企业水平和基层治理能力、壮大经济发展新动能、打造北京改革开放和高质量发展新高地方面发挥着重要的作用。

一 建设背景:有效提升非公党建和基层治理水平

(一)中央、市委有要求

党的二十大报告指出:"坚持和完善社会主义基本经济制度,毫不动摇巩固和发展公有制经济,毫不动摇鼓励、支持、引导非公有制经济发展"。新时代十年以来,以习近平总书记为核心的党中央高度重视非公党建、基层治理工作。习近平同志强调,"非公有制企业的数量和作用决定了非公有制企业党建工作在整个党建工作中越来越重要,必须以更大的工作力度扎扎实实抓好"[①]。中共中央、国务院印发《关于加强基层治理体系和治理能力现代化建设的意见》,强调要坚持党对基层治理的全面领导,把党的领导贯穿基层治理全过程、各方面。2019年,北京市委做出调整和优化开发区管理体制的重大决策部署,出台《关于加快推进北京经济技术开发区和亦庄新城高质量发展的实施意见》,高位谋划和推动北京经开区发展,为北京经开区注入强大发展动力,同时也对北京经开区各项工作提出新的、更高的要求。如何将中央、市委要求部署贯彻落实到位,需要结合北京经开区实际找到具体的工作抓手。

(二)企业有需求

北京经济技术开发区是北京市唯一同时享受国家级经济技术开发区、国家高新技术产业园区、服务业扩大开放示范区和自贸区优惠政策的国家级经济技术开发区,是首都营商环境水平的重要展示窗口,高端产业云集,注册企业近3万家。优化营商环境、提升为企服务水平、促进企业发展是各项工作的重中之重。面对经开区企业数量多、服务链条长、服务需求不一的实际情况,经开区工委、管委会探索建设亦企服务港,通过构建上下贯通、横向联动的工作枢纽,来统筹服务企业的各种力量、调动服务企的各种资源,充分发挥党建工作在优化营商环境、创新基层治理、做实为企服务的引领作用,构筑为企党务、政务、服务合一的"务联网"。

[①] 2012年3月21日,习近平同志在全国非公有制企业党建工作会议上的讲话。

（三）工作有基础

2007年，北京经开区成立党建联络员办公室，是全国第一家专责非公党建工作的事业单位。2016年，启动党建项目经理试点工作，向企业对点派出业务骨干作为党建项目经理，进一步深化联系企业制度。2019年4月，经开区借助北京市委推行"街乡吹哨、部门报到"改革机制契机，在原有党群工作站的基础上挂牌亦企服务港，探索建立符合经开区区情的党建引领发展新思路、新途径、新方法——"企业吹哨、部门报到"。2020年7月，经开区印发《关于加强党建引领推进亦企服务港建设的实施意见》，推动亦企服务港建设迈上新台阶。

二　主要做法：构建党建引领为企服务的专属体系

经开区工委、管委会本着"居民事务找街镇、企业事务找服务港"的原则，以街镇辖区管理为基础，科学划分为11个服务片区，每个片区建立一个亦企服务港，建立"阵地建到园区边、力量沉到港里面、服务送到厂门口、支部设到生产线"的全网格体系，实现亦企服务港对区内企业服务全覆盖。坚持企业在哪里，党组织就工作到哪里、服务就覆盖到哪里。根据经开区和亦庄新城规划，经开区河西、核心、路东三个片区设立6个港，台湖、马驹桥、旧宫、瀛海各设1个港，长子营、青云店、采育地区的工业园区共设1个港。

亦企服务港主要职能包括：党建指导、政务服务、接诉即办、企权维护、企业互动、群团联系、企情搜集、调研建议、文明创建。通过履行这九个职能，着力打造集党建指导基地、"接诉即办"企业专席、政务服务绿色通道、"七促"数据中心、亦城文明客厅五大功能于一体的党建引领为企服务综合体，最终实现"党建全统领、区域全覆盖、力量全动员、服务全响应、问题全处理"的企业服务目标。

为确保亦企服务港建设不流于形式、取得实实在在的成效，北京经开区从做实服务平台、健全服务机制、拓宽服务载体、加强服务保障等方面入手，着力构建党建引领为企服务专属体系。

（一）坚持党建引领，打造实体化运行平台

亦企服务港既是党建引领"企业吹哨，部门报到"工作机制的日常工作落实平台，又是党建引领基层治理体系的实体化运行平台。

1. 人员配备方面。坚持全方面选派、任期制管理，建立"总干事＋"工作队伍，整合工作力量。每个亦企服务港配备一名总干事，为工委派驻任期制

中层管理岗副职（副处级），三年为一任期。港内依据职能分工，统筹安排党建指导员、工会、青年汇等工作人员在港工作，其中平均每港党建指导员1—3人，工会工作人员、社区青年汇专职社工1—2人。同时工委、管委会每年在每个亦企服务港安排至少一名干部下沉锻炼，充分发挥亦企服务港的平台作用，促进干部在一线成长。工委、管委会新入职人员必须在亦企服务港先实习工作至少半年才正式分配到职能部门工作，真正促进年轻干部到基层锻炼成长。

2. 管理体制方面。坚持职能重构、流程再造，亦企服务港直接对工委、管委会负责。日常事务由经开区"两新"工委管理，不单独承接工委、管委会各机构交办的工作。特殊情况下确需亦企服务港完成的工作任务，应报工委审批，并实行清单制管理。亦企服务港的日常基础性服务与经开区重点企业服务包、服务管家机制良性互补，共同织密对企服务网络，实现为企服务事项全覆盖。

3. 工作统筹方面。统筹党群服务站、新时代文明实践所、工会服务站、社区青年汇、政务服务中心等机构体系的为企服务内容，明确入港事项。赋予亦企服务港党群服务站和新时代文明实践所的职能，实现职能入港；在亦企服务港内试点设立政务服务分中心，整合引入工会服务站的对企服务内容，实现服务入港；各职能部门及公共服务机构通过亦企服务港平台对市区两级重要对企政策进行宣传解读、组织企业开展各类活动，实现活动入港；安装各类政务及公共服务智能终端设备，实现设备入港。

（二）坚持主动服务，构建高效化的服务机制

亦企服务港变被动服务为主动服务，通过建立健全各项机制，有效统筹协调资源，及时反馈企业诉求，缩短响应时间，提升服务质量，推动各项工作职能准确落实，各环节衔接顺畅高效。

1. 吹哨报到机制。亦企服务港接获企业相关问题和诉求，即启动吹哨报到机制，明确主责部门、协同部门和解决时限，派单给主责部门，由主责部门牵头解决并向服务港反馈结果，服务港对主责、协同部门的响应情况、问题的解决情况和企业的满意情况进行追踪记录。吹哨报到机制用于职能部门层级的事项协调。

2. 书记接待日机制。拓宽政企沟通渠道，亦企服务港定期组织"企业党组织书记接待日"，由经开区工委、管委会领导干部到各亦企服务港接待企业党组织书记，听取问题诉求。原则上每位领导干部每月至少参加一次接待日活动。

3. 党建双报到机制。鼓励引导经开区企业基层党组织和在职党员到其所在片区的服务港报到，参与服务港的服务事项和志愿活动。双报到的情况纳入

企业党组织的考核激励体系，作为评选优秀党员和先进基层组织的重要依据。

4. 政策首发通报机制。关系到经开区重要发展方向、重要工作事项或者其他需要及时向企业发布、解读的区级重要文件、政策，职能部门首先向亦企服务港通报，并就文件内容对各港负责人和工作人员进行培训，便于各港对企业宣传贯彻到位。中央及北京市发布的涉及经开区的重大政策文件由业务主责部门负责首发通报。职能部门应通过亦企服务港平台组织政策宣讲解读会、答疑会等，使政策快速落地。

5. 专题会商机制。成因复杂，积累时间长的疑难问题、多家企业反映的共性问题和书记接待日中未在规定时限内解决的问题应启动专题会商机制，由主责部门的分管领导牵头处理。对于企业诉求反映出来的深层次问题，亦企服务港应单独或与涉及的职能部门一道进行深入的调查研究，形成调研报告。

此外，还建立了党建孵化机制、涉企情况速通机制、公益动员机制等，聚焦为企业服务，践行一线工作法，不断完善高水平的问题解决机制，构建高效率的党建服务体系。

十二项工作机制

1.网格化高效服务机制	2.书记接待日机制	3.党建双报到机制
4.党建孵化机制	5.吹哨报到机制	6.亦企开放日机制
7.公益动员机制	8.政策首发通报机制	9.涉企情况速通机制
10.专题会商机制	11.通报汇报机制	12.考核督促机制

图1　亦企服务港十二项工作机制

（三）坚持凝心服务，创建个性化的服务载体

营商环境服务不仅是企业全生命周期审批服务，更是伴随企业成长、发展的凝心服务。为此，经开区不断创新为企服务载体，拓展综合性多元服务，丰富政企互动方式，扩宽企业诉求表达渠道，及时获得企业急切需求、真实需求，从需求出发，积极响应企业的诉求。

1. 创建"亦企开放日"活动品牌，牵头为园区和企业搭建针对性强、专业水平高的交流活动平台。引导企业将慈善资金和公益活动辐射到亦庄新城范围和经开区对口援助重点地区，切实履行企业社会责任。如：台湖港以区域发展论坛形式举行"亦企开放日"，整合政企资源、学者智慧，为企业提供了解亦庄新城区域未来发展方向以及合作交流的平台，宣传新城优势，加深企业对亦庄新城的了解。

2. "亦企成长计划"通过送课到企业的方式，丰富企业员工的精神文化生活，为企业员工工作学习注入新动能。在北京新能源汽车技术创新中心，健康管理师苏春雨围绕颈椎和腰椎病防治及办公室健身方法等内容，现场体验式教学；在嘉捷企业汇B座10层，创作型摄影师、职业油画家、资深设计师时铁力围绕"影像资料制作与应用"，深入浅出地剖析解读摄影艺术；在光联工业园，中国职业经理人协会授权讲师陈则围绕"Excel助力企业高效办公"，让学员们迅速掌握Excel运用和数据处理等技巧。

亦企服务港发挥企业和企业、企业和职能部门之间的"纽带"作用，结合党史学习教育"我为群众办实事"的实践活动，组织"亦企沙龙"等系列活动，始终贯彻用心用情用力，为企业办实事、做好事、解难题。

（四）坚持资源整合，加强立体化的服务保障

工委、管委会各机构和驻区各职能单位高度重视亦企服务港的建设工作，在行动落实、推进上形成合力，认真履行部门职责分工，积极配合亦企服务港建设及日常工作开展，为亦企服务港建设提供强有力的保障。

1. 经费保障方面，明确亦企服务港建设经费及日常运行经费标准，保障经费来源。规范亦企服务港日常经费使用，制定经费使用管理办法。按照经开区工委年度重点工作要求，安排亦企服务港人员到位、设备到位、资金到位。

2. 设施保障方面，制定亦企服务港场地建设标准，按照标准进行服务港办公场地选址。对服务港场地进行整体设计，按照统一形象、统一标准、统一功能对服务港进行建设装修及办公设施配备。每港都设有红色书屋，提供书籍阅览和电子资料查询，为企业党员群众学习提供内容支撑；统一安装政务视频会议系统，保障远程会议交流服务；提供活动场地，解决片区内企业，特别是企业党组织的会议和活动场地的需求；按照经开区政务服务中心的整体布局安排，在有条件的港内设置政务服务自助终端设备，方便企业办理政务事项。

3. 制度保障方面，按照"企业考核服务港、服务港考核职能部门"原则，建立亦企服务港相关事项专项考评指标体系、服务港绩效考评体系。部门对企业问题诉求的"三率"（响应率、解决率、企业满意率）情况、列入会商机制的问题解决情况、被企业投诉及改正情况、向服务港提供资源支持和培训情况等纳入专项考核。建立亦企服务港事项专项对接机制，工委、管委会各机构及驻区各职能局明确服务港事项联络人，明确为企业服务事项对接渠道及流程。与新城范围内台湖、马驹桥、旧宫、瀛海、采育、长子营、青云店地区当地镇党委政府建立联系，对接新城范围内亦企服务港的建设事宜，建立双方日常联络机制。

三　工作成效：凝聚区域高质量发展的红色动能

通过两年多的实践和探索，亦企服务港通过党建引领，营造了政企沟通"零距离"、企业办事"零障碍"、为企服务"零投诉"的良好营商环境。

1. 非公企业党组织地位和作用得到较大提升。通过亦企服务港推动"企业吹哨、部门报到"，坚持以党建为引领，以党组织为"吹哨"主体，为各类企业党组织赋能，有力提升了党组织在企业中的话语权和影响力，对开展好各类所有制企业党建工作，发挥企业党组织和党员作用，起到了积极的推动作用。截至2020年底，北京经开区规模以上非公企业占比达到47.7%，工业企业产值前100名企业中90%以上实现党的组织和工作覆盖。

2. 为企业服务营商环境得到有效提升。工委领导深入企业，开展书记接待日活动，面对面征求意见，同时充分发挥亦企服务港集党务、政务为一体的综合中心作用，通过高效化服务机制，持续不断缩短响应时间、提升服务质量、改善营商环境、推动企业发展，为企业排忧解难，为经开区高质量发展做出积极贡献。2019年以来累计接待、走访、调研企业3180余家，解决企业问题、诉求、建议1754个，企业满意率达100%。

3. 制约企业发展问题的困难得到快速解决。亦企服务港坚持问题导向，针对企业反映的问题，能立即解决的就地解决，不能立即解决的一事一记，提交有关部门进行解决，真正做到"事事有着落、件件有回音"。2021年，在企业复工复产工作中，开展"走遍新城"和重点企业服务保障工作，为企业纾困解需465件，最终实现分管领域46761名企业员工"零感染"，2600余家企业复工复产率100%，推动"问题全处理"目标落到实处。

4. 基层治理的水平得到进一步提升。亦企服务港坚持促进企业发展是第一要务，为企业服务是第一宗旨。疫情期间，亦企服务港对60平方公里范围内的257个地块进行实地走访，完成996个实体逐一标注，访企情、听民意、解难题、促发展，变企业"出门寻策"为政府"上门问需"，变"接诉即办"为"未诉先办"，变帮助解决具体问题为提升整体营商环境，极大促进了经开区基层治理水平提升。

四　经验启示

亦企服务港探索过程中积累了许多宝贵经验和有益启示，概括起来，主要有以下几方面。

1. 必须牢牢把握党建引领这个核心。坚持把党建作为联系各方的纽带，深入推进党建工作全覆盖，通过基层党组织牵引平台搭建和体制机制设计，架起联系企业的连心桥，建起服务企业的"前哨站"。

2. 必须牢牢把握整合资源这个关键。"亦企服务港"整合经开区工委、管委会各项为企服务的资源，面向企业提供全方位、网格化服务，成为整合各类治理主体和服务主体的"黏合剂"。

3. 必须主动下沉赋能，将党建工作嵌入多元服务过程中。通过各种对接机制为企业提供包括政策解答、人才推介、融资支持、风险提示在内的多元服务，有效解决了以往多头沟通不畅、互动交流不了解实情、机械烦琐操作等弊病，同时将党建业务生动嵌入其中，进一步拓宽了为企业赋能的渠道。

4. 必须增强组织黏性，提升企业的认同度。"亦企服务港"有效激发了企业对经开区的归属感，通过不断推进体制、机制创新，已成为服务企业、孵化党组织的"前哨站"。作为集信息汇聚、政企沟通、党建交流、人才储备为一体的党务政务服务综合体，能够较好适应经开区工作特色，让企业切实感受到党组织的政治领导力、思想引领力、群众组织力和社会号召力。

党建引领物业参与社区治理的探索与思考
——以北京市朝阳区为例

白如冰　冯雪梅　李　平[*]

摘　要： 2020年3月，《北京市物业管理条例》正式公布，物业管理成为北京市城市治理的一项中心工作。为落实《北京市物业管理条例》，朝阳区出台了工作方案，制定了三年行动计划，确保重点工作有序推进。各街乡以此为工作抓手，进一步促进物业管理融入社区治理，以解决好小区服务最后"一公里"的难题。本文通过研究北京市朝阳区来广营地区广达路社区坚持党建引领、充分发挥多元共治作用的工作背景、主要做法、取得成效，以"广事儿直达"物业管理体系为研究对象，探索进一步改进和提升基层物业管理新格局，推动"法治物业、智慧物业、品牌物业"建设的方法。

关键词： 党建引领；物业管理；社区治理；"广事儿直达"

一　工作背景

北京市朝阳区来广营地区广达路社区位于北五环来广营出口处，东起广顺北大街，西至来广营北路，南临来广营西路，北到来广营4号路，社区总面积约1平方公里，居民万余人。社区内有居民楼、商街、写字楼和科技园区，外来人口在居民中占比过半，产业园区林立，社会组织众多。由于一些历史遗留

---

[*] 白如冰，硕士，中共北京市朝阳区委党校副校长，主要研究方向为基层党建；冯雪梅，硕士，中共北京市朝阳区委党校科研办公室副主任，主要研究方向为基层社会治理；李平，北京市朝阳区来广营地区广达路社区党委书记。

问题，社区存在诸多管理难题。

一是社区多方协同治理执行不到位，未形成齐抓共管的工作格局。目前广达路社区投诉较多问题集中反映在暖气改道、房屋设计、群租房、规范化停车、垃圾分类等方面。绝大多数业主将这些纠纷和问题都归因于物业公司，但仅靠物业公司自身力量无法协调解决，而物业公司与其他各方力量的合作机制尚未建立，社区治理缺乏有效途径致使问题搁置，久而久之成为死角难题。

二是物业缺乏监管和考评机制，制度存在盲区。广达路社区物管会成立时间较短，服务监管工作没有真正地开展，导致物管会尚未充分发挥作用，不仅业主缺乏对物业相关政策的了解，物业也缺乏相对应的服务质量、服务内容的考评机制。

三是物业服务流程不完善，精准捕捉居民诉求能力及治理水平不高。对居民合理诉求依旧采用电话沟通、纸质记录的形式，存在问题漏记、漏解决、解决不及时等情况。

四是物业管理与社区治理存在两张皮现象。一方面，以物业服务为基础的"物"的管理能力有限，社区服务"人"的治理鞭长莫及，需要重新思考双方在基层社会治理框架中的定位和作用；另一方面，物业服务、管理理念和制度措施不能完全适应现阶段的居民期待和社区治理需求。

二 主要做法

（一）完善党建联动体系，落实交叉任职的协同工作机制

广达路社区从制定议事规则、工作流程，建立联动巡查、联动分析、联动处置工作机制等方面着手，理顺社区、物管会、试点物业三方关系，推动多方党建联动，建立并落实双向进入、交叉任职的联合运行工作机制，实现党建引领下社区治理与物业管理融合并进。

一是强化社区—物业双向进入，交叉任职。以三年为一任职期限，由广达路社区党委书记担任物业服务公司质量义务总监，负责及时收集、了解业主及居民对物业服务公司的意见，监督物业服务公司工作品质，协助建立完善物业管理体系，调和物业服务公司与业主及居民之间的关系。物业服务公司总经理担任来广营地区党建工作协调委员会广达路社区分会委员，负责积极配合社区完成重点工作任务，全面把控"聚力朝来"云平台"码"上报相关工作服务质量，接受质量义务总监的监督指导，实现物业服务与社区治理同频共振。

二是社区党委与物业公司分工协作，形成治理合力。社区党委负责宣传党

的路线、方针、政策和国家的法律法规，贯彻落实上级党组织的决议；牵头召开物业管理双向进入、交叉任职联席会，组织、协调、研究、解决所辖社区服务中的各类问题；指导物业管理委员会的组建和换届改选等工作；指导、督查小区物业管理委员会和物业服务公司的工作；参与解决矛盾纠纷，维护社区和谐。物业服务公司负责按照物业服务合同，对房屋及配套设施和相关场地进行维修、养护、管理，维护相关区域内的环境卫生和安全秩序；定期向物业管理委员会公布物业服务项目、收支情况和专项资金使用情况；积极协助社区党委推行物业管理双向进入、交叉任职工作机制，形成工作共同体。

三是分别明确工作流程，助力社区治理提质增效。在日常工作中，物业服务公司工作人员每日保持"聚力朝来"云平台后台在线，及时查看是否产生新的工单，如果发现描述不清晰等情况，电话联系上报人进行核实，对于不属于物业服务范围的工单，即刻联系社区协调解决；社区社工则每日至少登录后台两次，查看是否产生新的工单，如果发现描述不清晰等情况，电话联系上报人进行核实，不属于本社区的问题，即刻上报地区。在工作日期间，所有上报问题要在24小时之内派单，派单后48小时之内反馈情况；在节假日期间，物业服务公司和社区必须安排管理员值班，所有上报问题要在72小时之内派单，派单后48小时之内反馈情况；对于由物业服务公司自行解决和与社区联合解决的工单，需在5天内处理完毕。

（二）搭建党建智能化平台，探索数据溯源治理模式

一是充分运用"聚力朝来"智慧党建平台暨掌上社区治理平台。2019年，来广营地区围绕"不忘初心、牢记使命"主题教育贯彻落实"未诉先办"理念实施"聚力朝来"党建项目，搭建了"聚力朝来"智慧党建平台暨掌上社区治理平台，发挥党建引领作用，强化社会动员，倡导社会单位参与社区治理，提升精细化治理水平。广达路社区充分利用"聚力朝来"云平台"码"上报功能，建立居民投诉—社区整理派单—物业接单—问题处理—结果反馈的全流程追踪机制，规范居民问题上报与物业解决问题流程，并组织开展相关功能的使用培训与推广活动。

二是创建"小聚客服"，梳理居民来电、来访台账，细化问题分类、找准问题成因，追根溯源掌握民生诉求，确保物业、社区相关工作内容有机融合、深度协同；收集群众反馈信息，及时为居民答疑解惑，推动社会治理和服务重心向基层下移、提升老百姓的参与感、获得感、安全感；开发了垃圾分类相关功能板块，线上推出"聚力行"习惯养成的"云"打卡挑战赛、家庭生活垃圾分类创意征集等系列活动，线下开展桶站执勤督导工作，采取线上线下、宣传

督导相结合的工作方式，推动垃圾分类落细落实。

三是动员三方力量参与共建。发动物业、社会组织、社区居民三方共同参与社区建设。建立了一支居民自治队伍，通过小部分人带动大部分人开展"码"上报功能推广、垃圾分类宣传、便民服务、文化娱乐等多样化公益活动；根据服务性质，将自治团队拆分细化为"广达之声""广达路议事"等志愿队伍，落实"上报、处理、反馈"闭环，促进"社区、物管会、物业"三驾马车齐头并进，同向发力。同时，社区常态化收集居民心愿清单，举办心愿认领启动仪式，公布物业服务清单，让居民切身参与到物业服务全流程的监督工作中。

（三）强化社区党委领导，量化物业工作考评机制

在社区党委的领导下，建立辖区物业服务质量综合评价机制。健全住宅小区物业服务质量综合评价指导意见，完善物业服务管理项目考核标准。

一是物业服务公司自查机制。物业服务公司负责人定期检查"聚力朝来"云平台数据，抽查完成工单情况，通过电话回访等方式，询问居民处理意见，并形成检查台账。

二是物管会季度考查机制。物管会选取成员代表组成检查小组，每隔一个季度，对平台工单数量、完成情况进行抽查，并对物业服务公司自查台账进行复核，及时了解居民反馈情况，同时形成检查台账。

三是社区党委评定机制。复核物管会季度考查台账，并抽查部分工单进行电话回访，询问是否满意；社区党委根据平台数据对试点物业公司、辖区居民骨干及志愿者进行表彰，进行年度考评，评选出"最美广达"榜样人物。2021年，评选出"最美广达"榜样人物20人。

（四）发挥地区党建优势，推动社区物业精细化管理

一是成立物管会功能型党支部，以支部建设带动社区治理，把基层党建作为社区精细化管理的重要抓手。用好在职党员资源优势，发挥居民党员、志愿者队伍等社区骨干的引领作用，依法有序组织业主和群众参与物业管理和基层治理。结合地区"八巡"工作法，组织党员走访居民，听取对物管会工作的意见建议。发挥地区党建工作协调委员会物业行业分会优势，为社区综合治理重大事项提供政策咨询、疑难问题研究和矛盾纠纷调解，探索与社区物业服务企业联动体系。

二是在"聚力朝来"平台上开发党建引领物业管理模块，展示"八巡"任务、垃圾分类、便民服务等物业工作大数据，量化物业工作内容。例如，"聚

力朝来"云平台上的"码上报"功能,实现群众需求"四更",推动"为群众办实事"更加高效。即"上报更快一步:由社区和物业直接接单、当即回复,一步到位,省去问题流转的过程;追踪更强一步:微信扫码和拨打电话两种渠道上报的问题,都会实时记录在社区和物业的平台系统上;办事更前一步:集中归纳、系统分析、有效梳理上报问题,帮助社区进行问题预判;反馈更近一步:问题解决后,居民可针对问题的解决程度,在平台上进行满意度评价。"

三是开展党建主题教育,常态化收集居民心愿清单,举办心愿认领启动仪式,公布试点物业服务清单,促进基层党建成为社区精细化管理的重要抓手,通过强党建,实现强治理、强发展。

三 取得成效

(一)汇聚社区党建合力,提高社区党组织的组织力

通过"广事儿直达"物业管理体系,成功地把社区、志愿者、居民、物业、社会单位等多方力量凝聚在社区党委周围,提高了社区党组织的凝聚力和战斗力。社区党委通过线上线下相结合的方式,进一步激发群众参与社区建设热情。除通过"聚力朝来"平台开展线上党建工作以外,还在线下开展理论宣讲、文化惠民、环境保护等丰富多彩的文明实践活动。截至2022年4月,各类活动参与量达2000余人次,其中党员、"双报到"党员参与占比47.8%;线上开展党建、书法、剪纸、公益反哺等培训直播类活动28场,直播观看量达7000余人次,收到居民点赞3万余次。

(二)智慧党建平台便捷高效,破解社区治理难题

"广事儿直达""码"上报功能的上线,实现了群众需求直达、物业工作直达、精细治理直达,以高效的工作做到了群众需求的"四更",具体表现在:上报更快一步;追踪更强一步;办事更前一步;反馈更近一步。自运行以来,"码"上报共接收到1740件工单,已完成1700余件。响应率、解决率、满意率均达到100%。

(三)党建与物业深度融合,推动了品牌物业建设

通过社区党建工作和物业管理工作的深度融合,建立社区量化物业工作考评机制,引导物管会做好对物业的工作考核与评定,评选最美广达榜样物业代

表，推动了"法治物业、智慧物业、品牌物业"建设。社区联动物业更频繁、更有效。"广事儿直达"项目实施以来，社区全体社工和物业41名员工全员入驻平台，线上线下累计值班近10000小时，确保人员在线、服务在线、反馈在线。项目实施以来，物业工单接单平均时长15分钟，响应率100%，完工时间平均1小时，居民对社区和物业服务好评率不断提升。

四 进一步改进和提升工作的思考

一是推广智能化平台的广泛运用。"广事儿直达"项目试点工作虽然得到了居民的普遍支持，但一些居民尚未掌握"聚力朝来"平台使用及"码"上报功能操作方法。下一步应广泛宣传，加大居民对社区工作的了解，持续开展借助"聚力朝来"云平台宣传推广"码"上报功能与使用社区相关活动，帮助更多居民掌握平台使用及功能操作方法的同时，能更好地参与到社区治理当中。

二是加强数据分析运用。把现有分散的工单进行分类整合，实现智能抓取、研判、预警问题，及时发现和排除安全隐患，实现数据支撑下的高效精细治理。让居民遇事有地方"讨说法""找办法"，实现"小事不出小区、大事不出社区"，切实把群众的一件件具体事情办好、一个个问题解决好，着力把实事办实、好事办好。

三是持续问需于民。居民按需"点单"、在线"下单"，社区、物业及时"接单"、完成"订单"，让服务更及时、精准、高效。形成诉求矛盾一站式接收、一揽子调处、全链条解决的综合系统。

四是整合社区资源。挖掘细化更多辖区资源，依托"聚力朝来"持续打造广达路社区项目品牌，总结项目成效，形成一套可复制推广的项目经验，将项目在社区所有物业普推。

参 考 文 献

[1] 宋贵伦、杨积堂：《党建引领下的社区物业共治》，《前线》2020年第5期。
[2] 孙大军：《积极探索党建引领社区治理的有效途径》，《党建研究》2021年第3期。
[3] 吴沂城：《现代服务业与物业管理产业发展》，《城市开发》2017年第19期。
[4] 薛萍：《如何做好住宅小区的物业管理工作》，《中外企业家》2017年第26期。
[5] 赵中华：《政府视角下的北京市物业管理条例》，《城市开发》2020年第11期。

党建引领新时代首都基层社会治理研究
——以首都公安机关为例*

冯新红**

摘　要：加强党建引领首都基层社会治理是深入贯彻推进国家治理体系和治理能力现代化的需求，也是新时代党建的政治要求和历史使命。在打造共建、共治、共享的首都基层社会治理格局中，唯有加强党建的有效引领，不断优化和升级社会治理体系，才能克服社会治理中存在的各种短板，解决好基层社会治理中的"最后一公里"难题。在首都基层社会治理实践中，公安机关立足首都"四个中心"功能定位，坚持和发展新时代"枫桥经验"，落实"接诉即办"机制，创新基层警务治理模式，完善社会治安防控体系，实施"一窗通办"服务改革等，形成基层社会治理的"首都经验"，探索新时代首都公安基层社会治理的优化路径，促进更平安建设北京。

关键词：党建引领；首都；基层；社会治理；公安机关

党的十九届四中全会审议通过的《中共中央关于坚持和完善中国特色社会主义制度、推进国家治理体系和治理能力现代化若干重大问题的决定》指出，坚持和完善中国特色社会主义制度、推进国家治理体系和治理能力现代化，是全党的一项重大战略任务。[①] 党的二十大报告指出，"要完善社会治理

---

* 本文系北京市社会科学基金规划项目"'接诉即办'背景下首都公安机关警民沟通机制重塑"（项目编号：21GLB031）的阶段性研究成果。

** 冯新红，硕士，北京警察学院思想政治理论部讲师，主要研究方向为公安党建、公安管理。

① 参见《中共中央关于坚持和完善中国特色社会主义制度、推进国家治理体系和治理能力现代化若干重大问题的决定》，《共产党员》2019年第23期。

体系。"① 因此在党中央的统一领导下，在基层社会治理格局中如何充分发挥基层党组织领导的核心作用、以改革创新精神探索加强基层党组织引领社会治理的路径，成为一项重要而迫切的任务。

一　加强党建引领下首都基层社会治理的现实意义

基层社会治理是国家治理体系的基石。加强党建引领新时代首都基层社会治理是新时代党建的政治要求，是首都功能的必然要求，也是优化基层社会治理的内在要求。

（一）党建引领下首都基层社会治理是新时代党建的政治要求

中国特色社会主义进入新时代，我国社会主要矛盾已经转化为人民日益增长的美好生活需要和不平衡、不充分的发展之间的矛盾。② 坚持以人民为中心的发展思想，就要不断完善推进国家治理体系和治理能力现代化，着力解决社会治理"最后一公里问题"，解决"不平衡、不充分"的发展问题，不断增强人民群众的获得感、幸福感、安全感。

党建引领社会建设和社会治理是新时代党的执政能力和执政基础巩固的政治工程。③ 党的基层组织建设是确保党的路线方针政策与决策部署贯彻实施的基础。基层党组织是领导基层治理和团结动员群众推动改革发展的坚强战斗堡垒。十九届四中全会在总结国家制度和国家治理体系显著优势时，将党的领导制度优势摆在首位，这是推进国家制度和治理体系建设的根本政治要求。凸显了党的领导制度体系的统领地位，抓住了国家治理的根本和关键。④

（二）党建引领下首都基层社会治理是首都功能定位的必然要求

习近平总书记在 2014 年视察北京时强调，"建设和管理好首都，是国家治理体系和治理能力现代化的重要内容"⑤。这一论述赋予了首都社会治理独特的地位。北京作为首都，作为首善之区，是承担着"四个中心"战略功能和

---

① 《高举中国特色社会主义伟大旗帜　为全面建设社会主义现代化国家而团结奋斗——在中国共产党第二十次全国代表大会上的报告》，《人民日报》2022 年 10 月 26 日第 1 版。
② 参见《决胜全面建成小康社会　夺取新时代中国特色社会主义伟大胜利——在中国共产党第十九次全国代表大会上的报告》，人民出版社 2017 年版。
③ 参见叶敏《新时代党建引领社会治理格局的实现路径》，《湖南师范大学学报》2018 年第 4 期。
④ 参见崔守滨《习近平关于社会治理重要论述研究》，硕士学位论文，东北师范大学，2021 年。
⑤ 石晓冬、王吉力：《从新总规看首都超大城市治理转型》，《前线》2018 年第 4 期。

"四个服务"的超大城市,首都治理现代化是国家治理现代化进程的重要标杆。

首都工作关乎"国之大者","看北京首先要从政治上看"①,首都的基层社会治理必须坚持党的领导。习近平总书记指出,"首都的安全稳定在全国社会稳定大局中具有特殊重要意义""首都稳全国稳"②。首都是全国的政治中心,首都的稳定对全国社会稳定具有决定性影响和辐射作用,维护好首都安全稳定具有极端重要性。首都地位要求必须坚持首都意识和首善标准,统筹做好各项工作,确保首都社会大局和谐稳定。维护好首都安全稳定是各级党委政府的重大政治任务,是首都社会治理工作的第一责任,这些都离不开党的政治引领和政治保障作用的发挥。

(三)党建引领下首都基层社会治理是优化社会治理的内在要求

党对社会治理的认识是一个不断深化的过程。党的十八届三中全会通过的《中共中央关于全面深化改革的若干重大问题的决定》,首次以"社会治理"取代"社会管理",标志着党在社会治理理论认识中一个重大发展。党的十八届五中全会提出构建"全民共建共享的社会治理格局"。党的十九大报告提出,在新时代,要"打造共建共治共享的社会治理格局。加强社会治理制度建设,完善党委领导、政府负责、社会协同、公众参与、法治保障的社会治理体制,提高社会治理社会化、法治化、智能化、专业化水平"。③ 党的二十大报告指出,"健全共建共治共享的社会治理制度,提升社会治理效能④"。

随着社会治理实践和理论的发展,社会治理需要多种社会力量和社会主体参与是必要的,但在诸多参与力量中如果没有党建的引领,就会出现"九龙治水"现象,社会综合治理效果就大打折扣,基层社会治理的"最后一公里"难题就不会破解。因此,在打造共建共治共享的社会治理格局进程中,多种共建力量的调动和整合需要党建引领,这是优化社会治理效果的内在要求。所以,2021年《中共中央国务院关于加强基层治理体系和治理能力现代化建设的意见》提出要"完善党全面领导基层治理制度"。⑤

---

① 本报评论员:《牢记看北京首先要从政治上看——论学习宣传落实市第十三次党代会精神》,《北京日报》2022年7月4日第1版。
② 王小洪:《不断提升维护首都安全稳定工作水平》,《学习时报》2017年10月2日第1版。
③ 叶敏:《新时代党建引领社会治理格局的实现路径》,《湖南师范大学学报》2018年第4期。
④ 《高举中国特色社会主义伟大旗帜 为全面建设社会主义现代化国家而团结奋斗——在中国共产党第二十次全国代表大会上的报告》,《人民日报》2022年10月26日第1版。
⑤ 《中共中央国务院关于加强基层治理体系和治理能力现代化建设的意见》,《人民日报》2021年7月12日第1版。

二 党建引领在基层社会治理中的作用

"党政军民学,东西南北中,党是领导一切的"①。在打造共建共治共享社会治理格局中,党的领导贯穿基层社会治理的全过程、各方面。根据《中共北京市委北京市人民政府关于加强基层治理体系和治理能力现代化建设的实施意见》,党建引领在基层社会治理中的作用表现为政治引领、组织引领、能力引领和机制引领四个方面。②

(一) 政治引领

党的政治建设是党的根本建设。政治引领是党建引领作用的首要表现。坚持政治引领是社会治理方式现代化中体现中国道路的特色标志,是我们党领导社会治理工作的宝贵经验,是进行新的伟大斗争的现实需要。③ 在基层社会治理格局中,基层党组织发挥着战斗堡垒的作用,党员干部起着先锋模范作用。通过严格落实基层党建工作责任制,强化基层党组织建设,不断加强党风廉政建设,坚持抓党建、带队建、促发展,有助于将全面从严治党落到实处,有助于党员干部自觉做到旗帜鲜明讲政治。通过政治引领,可有效提升基层党组织的领导力,有助于基层党组织战斗堡垒作用和党员先锋模范作用的发挥。

(二) 组织引领

"党的政治路线确定后,干部就是决定性的因素。"④ 在基层社会治理中,"基层党组织通过完善党组织统一领导和基层治理组织结构,""注重把党组织推荐的优秀人选通过一定程序明确为各类组织负责人,确保依法把党的领导和党的建设有关要求写入各类组织章程"⑤ 等方式,全面提升基层党组织的组织引领,加强了基层党组织的核心领导地位,增强了战斗堡垒作用,凝聚了基层

---

① 《十九大以来重要文献选编(上)》,中央文献出版社 2019 年版,第 14 页。

② 参见《中共北京市委北京市人民政府关于加强基层治理体系和治理能力现代化建设的实施意见》,《北京日报》2022 年 5 月 30 日第 1 版。

③ 参见陈一新《加强和创新社会治理(深入学习贯彻党的十九届五中全会精神)》,《人民日报》2021 年 1 月 22 日第 9 版。

④ 《毛泽东选集》第二卷,人民出版社 1991 年版,第 526 页。

⑤ 《中共北京市委北京市人民政府关于加强基层治理体系和治理能力现代化建设的实施意见》,《北京日报》2022 年 5 月 30 日第 1 版。

活力，推动社区居民积极参与社区组织的发展建设，巩固了基层治理基础，在多元的社会治理格局中，为社会综合治理提供了强有力的组织保障。

（三）能力引领

提升基层社会治理能力，重在提升基层党员干部的治理能力。通过实施支部书记"头雁工程"，培养专业化基层治理人才；通过实施"穿警服的副书记"，提升化解基层各类矛盾、维护社区平安稳定的能力；通过基层干部教育培训工作，提升开展基层治理和群众工作的本领。可见，通过能力引领，充分发挥基层党员干部在联系服务群众最前沿凝聚社会力量的优势，全面提升基层党组织的号召力，有助于解决社会治理的共治性短板问题，进一步提升基层社会治理的效率。

（四）机制引领

矛盾无处不在、无时不在，社会中存在矛盾并不可怕。面对社会矛盾和社会冲突，正确的方法是创新社会治理方法，完善社会治理机制，防范、化解矛盾，解决冲突。在打造共建共治共享的社会治理格局中，通过创新发展"接诉即办"机制、建立回应型法律治理机制、构建多元化矛盾解决机制、完善群防群治防控机制、完善政府信息公开机制等，发挥党建机制引领，有助于全面提升基层党组织的凝聚力，凝聚社会治理力量，护航社会治理效力。

三 党建引领下新时代首都公安基层社会治理的基本经验

基层是党的执政之基、力量之源。中国特色社会主义进入新时代，基层社会治理在国家治理体系中的地位和作用越来越重要。首都公安机关通过落实"接诉即办"机制，开展警务机制改革、设置"穿警服"的副书记、打造群防群治工作品牌、实践"一窗通办"服务改革等，不断推动社会治理重心下移，探索出党建引领基层社会治理的一条有效途径。

（一）"接诉即办"机制

"接诉即办"机制是首都基层社会治理的重大创新和成功实践，实质上反映的是在党建引领下以人民为中心的发展思想，以问题为导向的综合治理工作理念。2019年1月1日开始，北京市对12345市民服务热线进行创造性改造，形成了以"接诉即办"为牵引的超大城市治理新机制。2020年10月北京市出台《关于进一步深化"接诉即办"改革工作的意见》，明确提出"未诉先办"。

2021年北京市出台《北京市接诉即办工作条例》，标志着北京市"接诉即办"改革不断深化发展。首都公安机关聚焦响应率、解决率和满意率三个评价指标，通过建立科学的考评机制促进"三率"不断提升，优化警民沟通机制，解决了很多之前想解决而没有解决的问题，打通了首都基层社会治理"最后一公里"难题，极大地提高了首都治理体系和治理能力现代化水平。

（二）"两队一室"警务机制改革

社会治理离不开平安北京建设，派出所工作是整个公安工作的基础，社区警务建设是基础中的基础。大力加强和改进派出所工作，增强派出所实力、激发派出所活力、提升派出所战斗力，推动警务工作重心下移、警力下沉、保障下倾，有助于进一步夯实平安根基。北京市公安局通过机关警力前置改革，为基层补充了大批警力，最大限度地保障警力投入到百姓的身边。在机关警力前置的基础上实施了"两队一室"警务运行机制改革。"两队一室"指的是社区警务队、打击办案队和综合指挥室。通过改革真正实现了基层警力回归社区，实现了警务合成作战机制，实现了打击办案更加专业高效。据统计，通过以上警务机制改革，北京全市社区入室盗窃发案同比大幅下降，破案同比大幅上升，人民群众安全感、满意度达到历史最高水平。

（三）"穿警服"副书记工作机制

党员社区民警兼职社区（村）党组织副书记工作机制是首都公安机关为全面贯彻习近平新时代中国特色社会主义思想，加快推进首都社会治理体系和治理能力现代化，发挥党建引领机制，坚持和发展新时代"枫桥经验"，推进城市精细化管理，推动社区党组织共建共治共享建设而创新的一项工作机制。工作中，广大"穿警服"的副书记充分发挥职能优势和桥梁纽带作用，加强互联互动机制建设，推动党务、政务、警务有机融合，不断探索共建共治共享社区治理新模式，为平安社区建设注入新动力、展现出新气象。通过创新推动党员社区民警兼职社区（村）党组织副书记工作机制，加强了公安派出所与街道、社区的联系沟通，拓宽了警民沟通的渠道。

（四）"群防群治"工作机制

首都公安机关始终把坚持好、贯彻好党的群众路线，坚持好、发展好新时代"枫桥经验"作为根本遵循，积极适应新形势、新任务提出的新挑战、新要求，在坚持中创新，在创新中发展，始终保持"枫桥经验"与时代同步、与改革同行。群防群治工作的传统和优势始终在首都公安工作被传承和发展。"朝阳群众""西城大妈""石景山老街坊"等群众工作品牌，成为首都公安工作中一支不可替代的重要辅助力量，为夯实公安工作基础、创新基层社会治理机制、打击违法犯罪、化解社会矛盾纠纷提供了重要帮助，有效提升人民群众的获得感、幸福感和安全感，充分体现了共建共治共享的社会治理理念。

（五）"一窗通办"公安服务改革

党的二十大报告指出，"维护人民根本利益，增进民生福祉，不断实现发展为了人民，发展依靠人民、发展成果由人民共享，让现代化建设成果更多更公平惠及全体人民。""深化简政放权、放管结合、优化服务改革。"[1] 首都公安机关以便民惠民利民为出发点，借助智慧警务深入改革创新，先后推出了多项新举措，逐步完善服务标准和水平，在降低经济成本、时间成本的同时，促进了服务品质和公平公正，极大提高了管理服务的效率和质量。首都公安机关通过科技赋能"放管服"改革，积极探索实践公安服务"一窗通办"，通过整合优化服务事项，依托服务中心，确保各警种警务服务事项100%实现"一窗通办"。如通州分局建立了87项进驻事项清单，群众在任意一台自助服务终端机上都可以办理相关业务。北京市公安局24项便民利企新举措已惠及274万余人次。[2]

四　党建引领下新时代首都公安基层社会治理的优化路径

社会治理永远在路上。优化基层社会治理、加强基层建设，关键是体制创新，要突出党建引领，不断创新社会治理机制。北京作为首都，要牢牢把握"四个中心"战略定位，提高"四个服务"水平，完善社会治理体制，健全共建共治共享机制，深化"接诉即办"改革，完善社会治安防控体系，推进城市精细化智慧化管理，创新首都基层社会治理方式，确保人民安居乐业、社会安定有序、国家长治久安。

（一）完善基层社会治理体制，构建社会治理新格局

优化首都基层社会治理要着眼于国家长治久安、人民安居乐业，建设更高水平的平安北京；要坚持完善社会治理体制，健全党组织领导的自治、法治、

---

[1] 《高举中国特色社会主义伟大旗帜　为全面建设社会主义现代化国家而团结奋斗——在中国共产党第二十次全国代表大会上的报告》，《人民日报》2022年10月26日第1版。

[2] 参见徐婷、唐娜《轻触指尖，随时随地轻松办证》，《人民公安报》2022年7月3日第4版。

德治相结合的基层治理体系；要构建党委领导、政府负责、群团组织助推、社会组织协同、人民群众积极参与的社会治理新格局。优化首都公安基层社会治理要进一步坚持发展新时代"枫桥经验"，积极支持引导社会力量参与基层治理，强化统筹联动、协同配合，推动社会组织协同治理，强化志愿服务品牌建设，增强群众参与社会治理热情，构建基层"群众自治圈""社会共治圈"。"发展壮大群防群治力量，营造见义勇为社会氛围，建设人人有责、人人尽责、人人享有的社会治理共同体。"[1]

（二）深化"接诉即办"改革，健全主动治理机制

党的二十大报告提出，"完善正确处理新形势下人民内部矛盾机制，加强和改进人民信访工作，畅通和规范群众诉求表达、利益协调、权益保障通道。"[2]"接诉即办"机制改革取得了很好的效果，是党建引领首都基层社会治理创新的典范。好的机制要继续坚持、巩固、完善、发展、提升。首先要坚持党建引领，全面落实《北京市接诉即办工作条例》，推动各治理主体协同合作，实现政府治理和社会调节、居民自治良性互动，提高精准度，增强实效性。其次要坚持问题导向，总结经验、发现问题、解决问题。总结完善如"每月一题"的先进经验，总结"未诉先办"的先进做法；同时对发现的新问题进行归纳分析，进一步从价值观念、运行机制、驱动机制来深化改革、优化考核。最后要充分利用互联网、大数据等技术，利用校局合作和人才智库等优势，进一步优化工作机制，更加方便群众反映诉求，更加快捷地解决问题，健全主动治理机制，推动首都治理体系和治理能力现代化。

（三）完善社会治安防控体系，推动更高水平的平安北京建设

"国家安全是民族复兴的根基，社会稳定是国家强盛的前提。"[3] 建设更高水平的平安中国是共产党的初心和使命，是新时代人民群众的需求，也是社会治理的目标。作为首善之区的北京，首都公安机关坚持首善标准，树立标杆意识，始终把维护政治安全摆在首位，坚决维护首都安全稳定。工作中要始终坚持"万无一失、一失万无"思维，坚持"精治、共治、法治"原则，坚

---

[1] 《高举中国特色社会主义伟大旗帜 为全面建设社会主义现代化国家而团结奋斗——在中国共产党第二十次全国代表大会上的报告》，《人民日报》2022年10月26日第1版。

[2] 《高举中国特色社会主义伟大旗帜 为全面建设社会主义现代化国家而团结奋斗——在中国共产党第二十次全国代表大会上的报告》，《人民日报》2022年10月26日第1版。

[3] 《高举中国特色社会主义伟大旗帜 为全面建设社会主义现代化国家而团结奋斗——在中国共产党第二十次全国代表大会上的报告》，《人民日报》2022年10月26日第1版。

持"情指行"一体化，全面推进立体化、信息化社会治安防控体系建设。要坚持问题导向，"强化社会治安整体防控，推进扫黑除恶常态化，依法严惩群众反映强烈的各类违法犯罪活动。"① 依法严厉打击突出违法犯罪，不断净化治安环境。要统筹推进政治安全、社会安全、公共安全等各项工作，增强基层社会治安防控能力，有效化解影响首都安全的各种风险，打造更高水平的平安北京。

（四）推动社会治理重心下移，加强精细化、智慧化治理

党的二十大报告指出，"完善网格化管理、精细化服务、信息化②支撑的基层治理平台"。实践证明，只有充分发挥党建引领作用，坚持重心下移、力量下沉，改革创新基层体制机制，才能使城市治理的"最后一公里"更加畅通，服务群众的神经末梢更加灵敏，"难点"变"亮点"。天下大事必作于细。精细化治理要坚持"细致、精致、极致"工作作风，完善网格化工作体系建设，构建网格化管理、精细化服务、信息化支撑、开放共享的基层管理服务平台。通过网格化管理变过去"上面千条线，基层一根针"为"上面千条线，基层一张网"，把管理服务延伸至社会的最末梢。精细化治理要实施"互联网＋基层治理"行动，统筹推进智慧城市、智慧社区基础设施建设、提升基础设施智能化水平。通过智慧警务建设深化"放管服改革"，深化"无疫社区（村）"创建与智慧平安小区建设融合等，不断提升服务效率和治理水平。

"时代是出卷人，我们是答卷人，人民是阅卷人"③。首都社会治理应坚持首善标准和标杆意识，勇立潮头再出发，在党建引领"一流治理"的路上，打造共建共治共享的社会治理格局，捍卫国家政治安全、维护社会安定、保障人民安宁，服务首都社会经济发展，为建设国际一流的和谐宜居之都奠定坚实基础。

参 考 文 献

[1]《高举中国特色社会主义伟大旗帜　为全面建设社会主义现代化国家而团结奋斗——在中国共产党第二十次全国代表大会上的报告》，《人民日报》2022年10月26日第1版。

---

① 《高举中国特色社会主义伟大旗帜　为全面建设社会主义现代化国家而团结奋斗——在中国共产党第二十次全国代表大会上的报告》，《人民日报》2022年10月26日第1版。

② 《高举中国特色社会主义伟大旗帜　为全面建设社会主义现代化国家而团结奋斗——在中国共产党第二十次全国代表大会上的报告》，《人民日报》2022年10月26日第1版。

③ 任平：《时代是出卷人，我们是答卷人，人民是阅卷人》，《光明日报》2022年3月30日第5版。

［2］《中共中央国务院关于加强基层治理体系和治理能力现代化建设的意见》,《人民日报》2021年7月12日第1版。

［3］《中共北京市委北京市人民政府关于加强基层治理体系和治理能力现代化建设的实施意见》,《北京日报》2022年5月30日第1版。

二 经济高质量发展

优化产业布局、培育优质财源的探索与思考

张亚亮[*]

摘　要：目前北京市正处于发展方式转变、新旧动能转化的攻坚时期，促发展、调结构、强民生均离不开财政增收的支持。近年来，受多种因素叠加影响，我市财政组收面临较大挑战和困难，财政增速减缓，收入规模与上海、广东等省市差距有拉大的趋势，且增收动力不足。为此，本文基于北京市人大预算联网监督系统数据，通过提取近年产业、投资、税收、税源指标开展数据分析，梳理优化产业布局与培育优质财源过程中存在的主要问题，并提出对策与建议。

关键词：北京；人大预算；产业；财源；预算；创新

一　对我市产业、税源、税收规模与结构的分析

（一）GDP决定税收的趋势变化

"十三五"时期我市GDP与地方级税收紧密关联，从增速趋势分析，两者均呈现出先增后降的趋势，从两者增速差距分析，每年GDP增速平均高出地方级税收5个百分点左右，其中，2019年成为税收增速由正转负的拐点，2019年和2020年分别为-3.32%、-3.71%。

---

[*] 张亚亮，北京市人大常委会预算工委副主任，高级会计师、高级审计师、高级经济师。

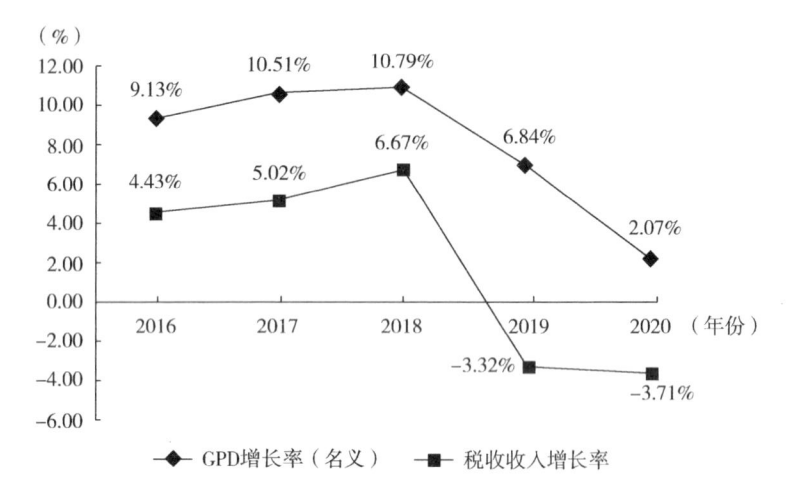

图 1　2016—2020 年北京市地区生产总值和税收收入增长率

（二）市场主体、税源数量及行业结构的变化情况

提取市场监管局提供的市场主体数据，截至 2020 年底，我市拥有市场主体 211.5 万户，同比增长 1.3%，新设市场主体为 20.3 万户，同比减少 4.5%，相比之下，上海市共有市场主体 292.9 万户，同比增长 8.3%，新设市场主体 47.7 万户，同比增长 10.6%，两地的市场主体数量差距继续拉大。

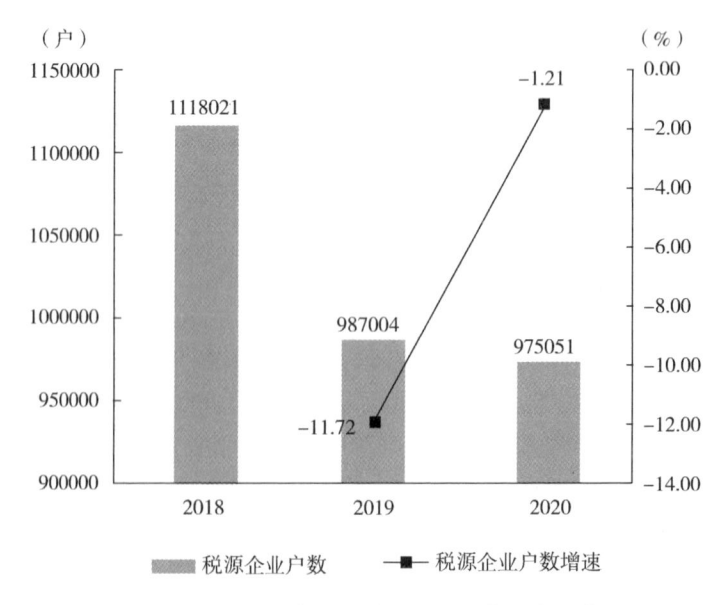

图 2　2018—2020 年北京市税源企业户数变化情况

提取具备缴税记录的单位数据，2018—2020年，我市税源数量呈现逐年下降，且降速较快。2018年我市税源总量为111.8万户，至2020年，税源数量下降到97.5万户，仅为2018年总量的87.2%，两年平均下降6.6%。

从税源行业结构分析，2020年，我市批发和零售业的税源户数为30万户，占到税源总量的27.56%；科学研究和技术服务业、租赁和商务服务业分别占21.29%、16.59%，这三个行业税源数量共占到税源总量的65.44%。

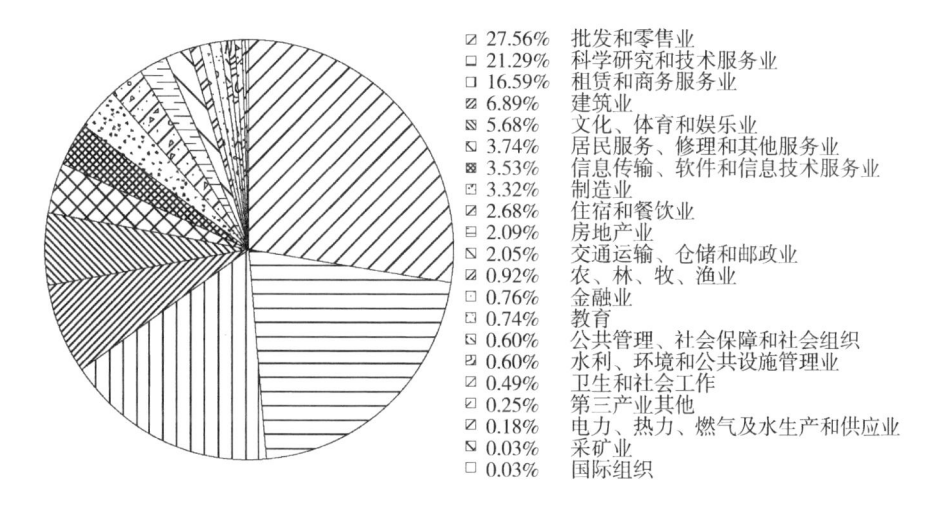

27.56%	批发和零售业
21.29%	科学研究和技术服务业
16.59%	租赁和商务服务业
6.89%	建筑业
5.68%	文化、体育和娱乐业
3.74%	居民服务、修理和其他服务业
3.53%	信息传输、软件和信息技术服务业
3.32%	制造业
2.68%	住宿和餐饮业
2.09%	房地产业
2.05%	交通运输、仓储和邮政业
0.92%	农、林、牧、渔业
0.76%	金融业
0.74%	教育
0.60%	公共管理、社会保障和社会组织
0.60%	水利、环境和公共设施管理业
0.49%	卫生和社会工作
0.25%	第三产业其他
0.18%	电力、热力、燃气及水生产和供应业
0.03%	采矿业
0.03%	国际组织

图3 2020年北京市税源企业户数行业结构

（三）税收总量及产业、行业结构分析

2018—2020年，受减税降费、非首都功能疏解、疫情防控常态化等因素叠加影响，我市地方级税收逐年减少，从4730.16亿元减少至4370.31亿元，下降7.6%。相比之下，由于在京总部型产业较集中，对整体税收的支撑效果更加突出，单位税户纳税额呈上升态势，从2018年的33.1万元/户增加到40.2万元/户，增长21.5%。

从产业结构分析税收，来自于第三产业的税收占据绝对主导地位。2018—2020年，第三产业上缴税收占比分别为：82.6%、83%、83.9%。自2018年以来，来源于三大产业的税收均呈现减收，但一产和二产的税收降速明显快于三产，使来源于一产和二产的税收占比逐年降低，来源于三产的税收占比两年间增加了1.3个百分点。

从行业结构分析税收，来源于金融业的税收贡献占比最高，2020年达到24.82%；房地产业，批发和零售业，制造业，信息传输、软件和信息技术服务业，租赁和商务服务业，科学研究和技术服务业的税收收入占比分别为

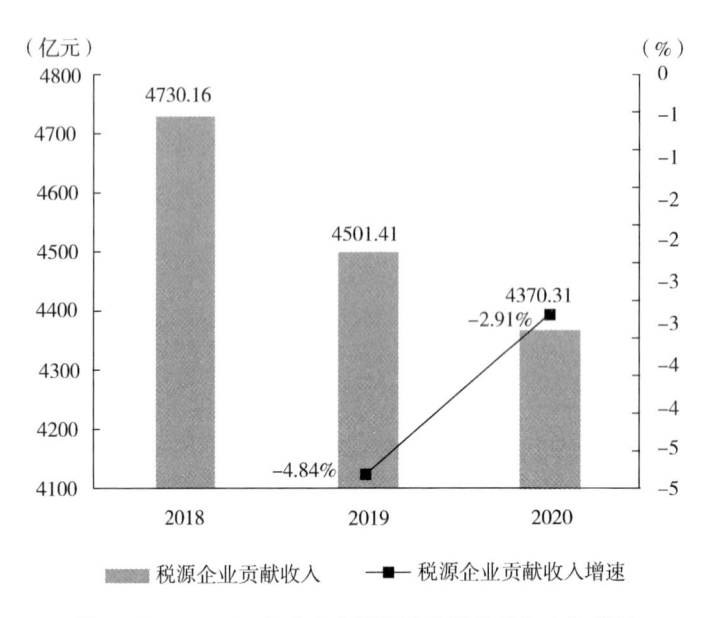

图 4　2018—2020 年北京市税源企业税收收入变化情况

16.15%、10.55%、10.54%、9.56%、8.04%、6.97%，以上行业的税收贡献占比总计 86.63%。

2020 年税源企业税收收入是 4370.31 亿元。从单位税源上缴税收分析，我市大体可分为两类，一类是金融业，房地产业，制造业，信息传输、软件和信息技术服务业，由于单位税源的税收贡献较高，形成低数量高税收的格局，其中，金融、房地产业户均上缴地方级税收分别为 1319.28 万元、311.22 万元；另一类以批发和零售业、租赁和商务服务业、科学研究和技术服务业为代表，单位税源的税收贡献水平偏低，但税源数量居多，从而推高行业上缴税收规模。

按行业分析税收占比的变化，一方面，金融业，房地产业，信息传输、软件和信息技术服务业的税收占比逐年上升。其中，金融业税收占比从 2018 年的 20.5% 上升到 2020 年的 24.8%，增加了 4.3 个百分点；房地产业税收占比从 13.8% 上升到 16.2%，增加了 2.4 个百分点；信息传输、软件和信息技术服务业的税收占比从 6.2% 上升到 9.6%，增加了 3.4 个百分点。另一方面，批发和零售业、制造业、租赁和商务服务业、租赁和商务服务业、制造业税收占比逐年下降。截至 2020 年底，以上三个行业占比分别为 10.6%、8%、10.5%，分别减少了 3 个百分点、1.9 个百分点和 0.4 个百分点。

（四）重点税源结构及税收贡献分析

选取全市地方级税收贡献排名前 1000 户税源（1000 强）作为样本，2018

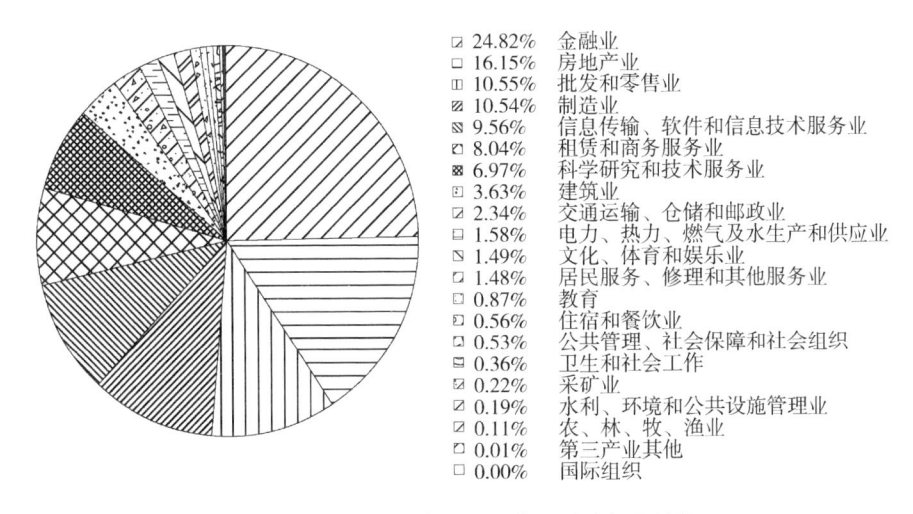

24.82%	金融业
16.15%	房地产业
10.55%	批发和零售业
10.54%	制造业
9.56%	信息传输、软件和信息技术服务业
8.04%	租赁和商务服务业
6.97%	科学研究和技术服务业
3.63%	建筑业
2.34%	交通运输、仓储和邮政业
1.58%	电力、热力、燃气及水生产和供应业
1.49%	文化、体育和娱乐业
1.48%	居民服务、修理和其他服务业
0.87%	教育
0.56%	住宿和餐饮业
0.53%	公共管理、社会保障和社会组织
0.36%	卫生和社会工作
0.22%	采矿业
0.19%	水利、环境和公共设施管理业
0.11%	农、林、牧、渔业
0.01%	第三产业其他
0.00%	国际组织

图 5　2020 年北京市税源税收贡献分行业结构

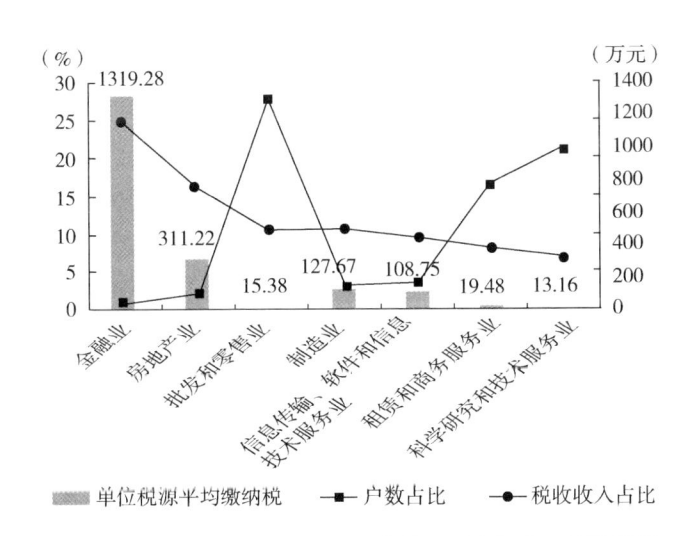

图 6　2020 年北京市税源企业税收收入重点行业平均缴税额

年以来，上述税源税收贡献经历先降后升的"U"形走势，2020 年达到 2479.92 亿元。重点税源税收贡献占总量比重相对稳定，2020 年，占到当年税收总额的 56.7%。

从 2018 至 2020 年间 1000 强产业税收贡献分析，来自第三产业的税收占据主导地位，税收贡献占比逐年上升，从 82.9% 上升到 85%，2020 年税收达到 2108.2 亿元；第二产业的税收占比逐年下降，从 17.2% 下降到 15%，2020 年税收贡献为 391 亿元，比 2018 年下降了 7.3%。

从 1000 强行业税收贡献结构分析，其中来自于金融业的税收最高，2020

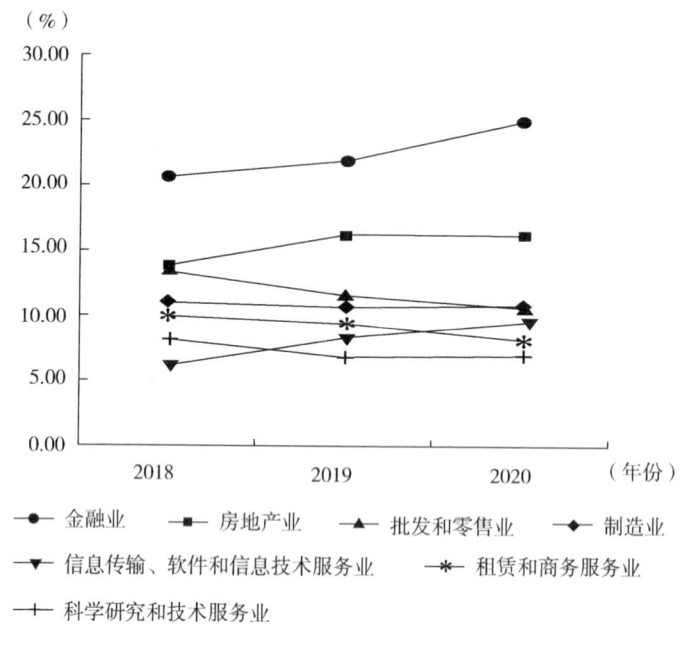

图 7　2018—2020 年北京市税源企业税收收入重点行业结构变化

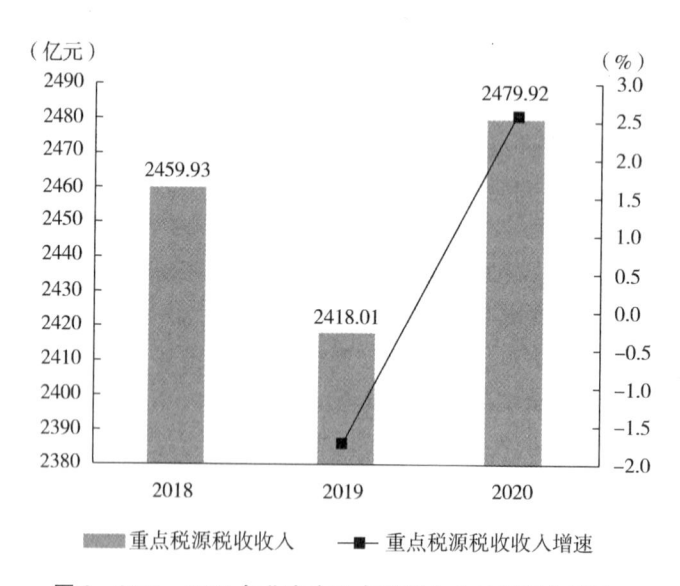

图 8　2018—2020 年北京市重点税源企业纳税变化情况

年达到 929 亿元，占税收总量的比重为 37.5%；其次为房地产业，制造业，信息传输、软件和信息技术服务业，占比分别为 18%、10.9% 和 10.2%。

2018 至 2020 年，金融业和信息传输、软件和信息技术服务业的重点税源

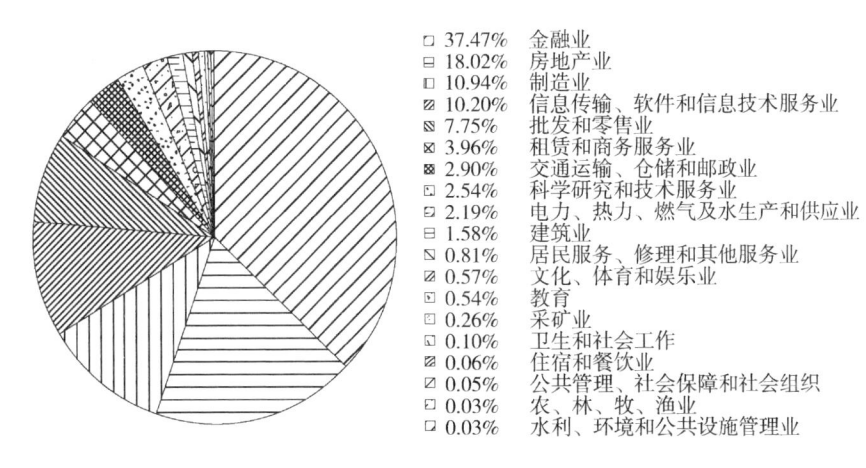

37.47%	金融业
18.02%	房地产业
10.94%	制造业
10.20%	信息传输、软件和信息技术服务业
7.75%	批发和零售业
3.96%	租赁和商务服务业
2.90%	交通运输、仓储和邮政业
2.54%	科学研究和技术服务业
2.19%	电力、热力、燃气及水生产和供应业
1.58%	建筑业
0.81%	居民服务、修理和其他服务业
0.57%	文化、体育和娱乐业
0.54%	教育
0.26%	采矿业
0.10%	卫生和社会工作
0.06%	住宿和餐饮业
0.05%	公共管理、社会保障和社会组织
0.03%	农、林、牧、渔业
0.03%	水利、环境和公共设施管理业

图 9　2020 年北京市重点税源企业税收收入行业结构

企业税收占比逐年上升，其中，金融业税收占比从 33.2% 上升到 37.47%，增加了 4.27 个百分点；信息传输、软件和信息技术服务业上缴税收占比从 6.4% 上升到 10.2%，增加了 3.8 个百分点；房地产业、制造业的重点税源企业税收占比先增加后保持平稳，来自批发和零售业、租赁和商务服务业的重点税源的税收贡献占比逐年下降，分别减少了 2.5 个百分点、2.1 个百分点。

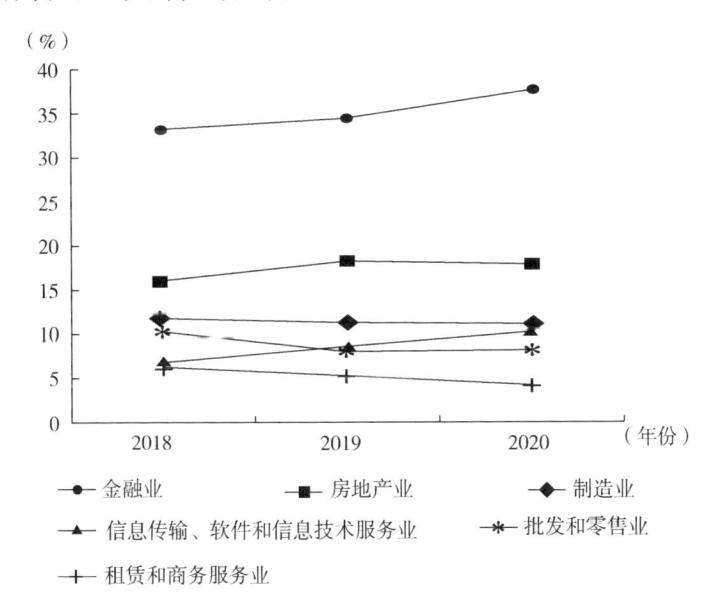

图 10　2018—2020 年北京市重点税源企业税收行业结构变化情况

以城市功能区的重点税源分布开展分析，在 1000 强税源中，城市功能拓展区的重点税源占到 41.24%，首都功能核心区、城市发展新区分别为 29.08%、

22.32%;生态涵养发展区的重点税源仅为7.36%。

从各功能区1000强税收贡献分析,城市功能拓展区提供地方级税收为1046.3亿元,占比为42.19%;首都功能核心区和城市发展新区的税收占比分别为36.24%和19.05%;生态涵养区仅为2.51%。

2018—2020年,首都功能核心区、城市功能拓展区的重点税源数量呈现上升,分别增加19户、4户;城市发展新区、生态涵养发展区重点税源企业分别减少13户、10户。

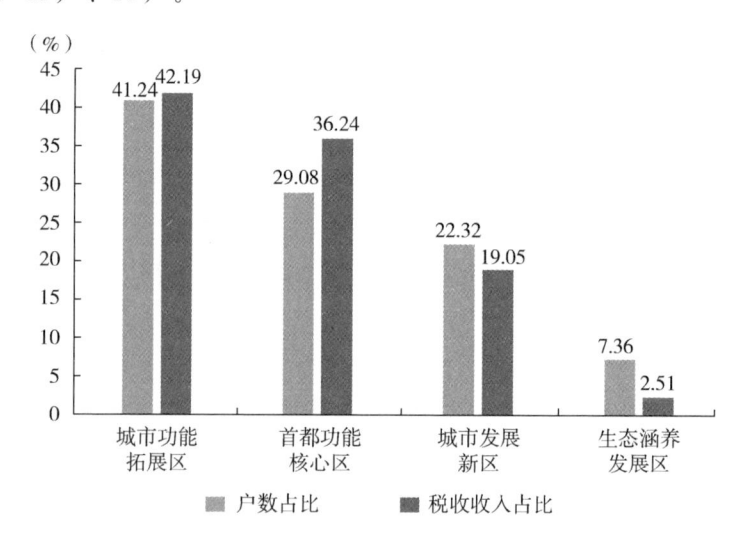

图11　2020年北京市重点税源企业户数与税收收入功能区分布情况

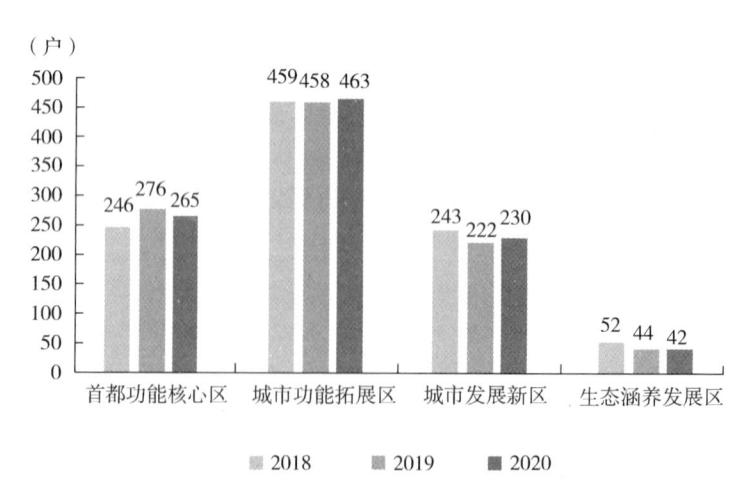

图12　2018—2020年重点税源企业以功能区划分户数变动

从1000强税源在各区分布情况分析，2020年，74.9%的税源集中在东城区、西城区、朝阳区、海淀区、大兴区（含亦庄）。其中，朝阳区、海淀区和西城区的重点税源户数分别为200户、183户和182户；大兴区（含亦庄）和东城区的重点税源分别为101户、83户。

其次，对各区重点税源的税收贡献统计分析，2020年，西城区、朝阳区、东城区、海淀区、大兴区（含亦庄）的重点税源税收贡献为2048.5亿元，占到全市重点税源税收总量的82.6%。其中，西城区重点税源税收贡献占比最高，为26.6%；朝阳区和海淀区的重点税源企业税收占比分别为20.4%和16.4%；东城区、大兴区（亦庄）重点税源的企业贡献分别为9.7%和9.5%。

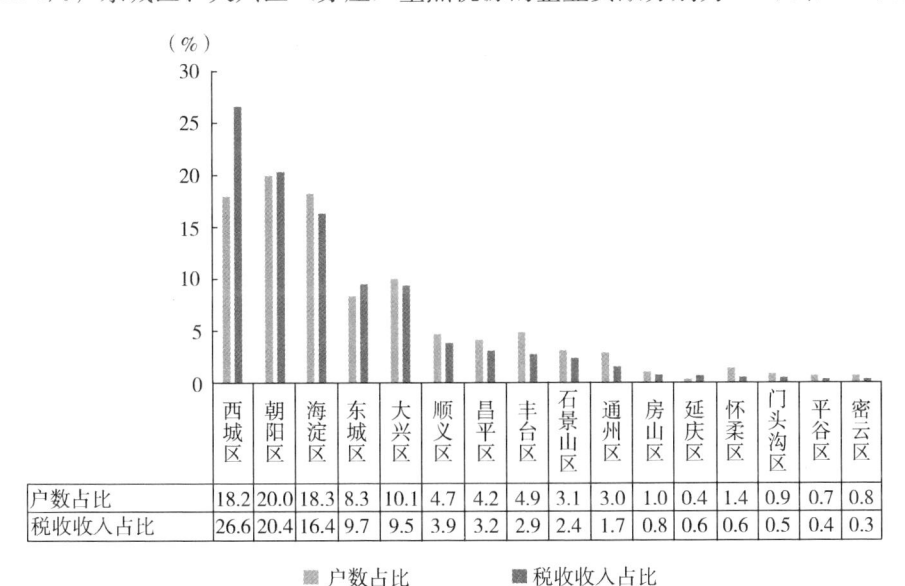

	西城区	朝阳区	海淀区	东城区	大兴区	顺义区	昌平区	丰台区	石景山区	通州区	房山区	延庆区	怀柔区	门头沟区	平谷区	密云区
户数占比	18.2	20.0	18.3	8.3	10.1	4.7	4.2	4.9	3.1	3.0	1.0	0.4	1.4	0.9	0.7	0.8
税收收入占比	26.6	20.4	16.4	9.7	9.5	3.9	3.2	2.9	2.4	1.7	0.8	0.6	0.6	0.5	0.4	0.3

图13 2020年北京市重点税源企业户数与税收收入行政区域分布情况

从以上各区2018至2020年间重点税源的数量变化分析西城区、海淀区、东城区的重点税源户数分别增加16户、9户、3户，朝阳区、大兴区（亦庄）重点税源户数呈现下降，分别减少8户、5户。

二　我市优化产业布局与培育优质财源过程中存在的主要问题

（一）各区产业发展和税源培育过程中重复化、同质化情况较突出

索引各区"十四五"规划报告中"关键词"，可以发现，各区产业布局和

财源培育方向的重复性较高，主要聚焦于金融、信息技术、医药健康、休闲服务等产业，这一结论与各区"十四五"规划产业关键词词云图（图14）保持了基本一致。对比各区规划产业发展序列（图15）发现，数字经济、医药健康、先进智能、现代金融、新一代信息技术、文旅休闲六大产业是最受各区欢迎的新兴产业。有12个区提出优先发展数字经济；有11个区规划发展医药健康产业；有10个区确定发展先进智造产业；有8个区的规划中明确发展现代金融业；7个区规划发展新一代信息技术产业；6个区提出发展文旅休闲产业。

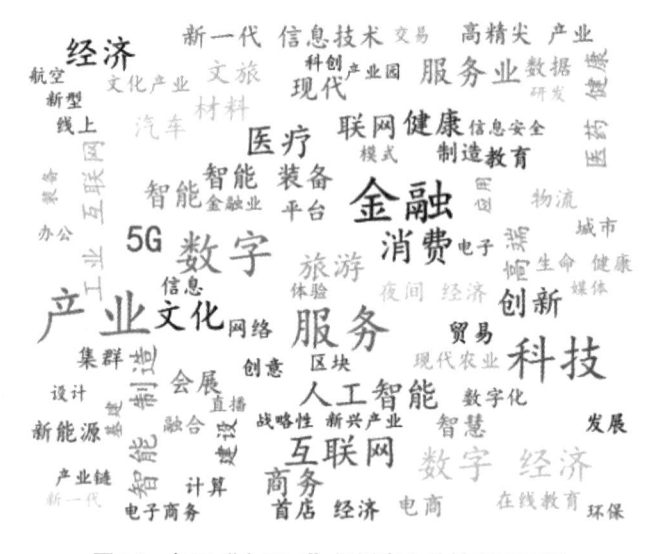

图14 各区"十四五"规划产业关键词词云图

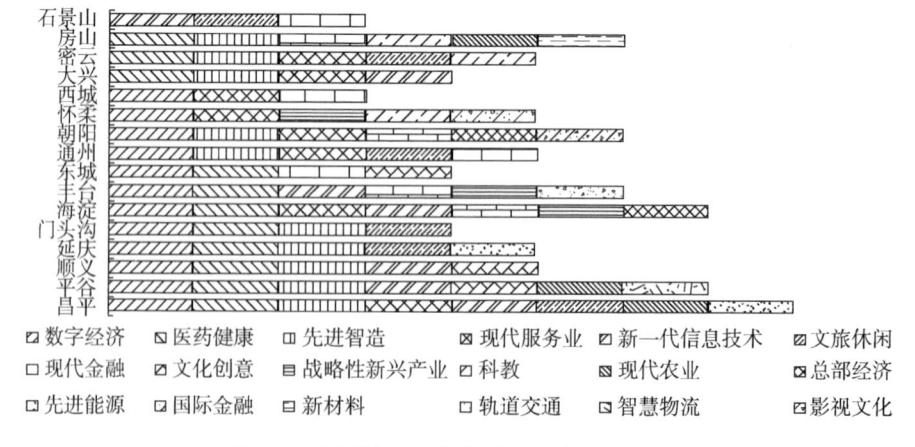

图15 各区"十四五"规划产业发展序列对比

首先,从发展经验看,产业布局的重复化较难发挥聚集效应,财源培育的同质化也易引起各区对优质税源的非正当竞争,容易抬高财源培育和招商引资成本。其次,影响新兴产业发展的限制因素较多,由于各区的土地、人才、技术、环境及上下游配套等资源禀赋各有不同,如在对新兴产业研究不系统、不精细的情况下,"跟风"引进一些前期投入大、资源环境要求高、配套关联性强的新兴产业,既无法体现"全市一盘棋"的理念,也不利于发挥各区资源禀赋的比较优势。如,全市共有11个区在"十四五"规划中提出发展医药健康产业,由于医药健康产业涉及科研、实验、临床、测试、制造、流通以及原材料供给、废物处理等多个领域,如果忽视产业特征,各自为战,单纯追求"明星产业"的行为,往往会带来资源和资金投入的浪费,也会影响北京市在全国乃至全球的综合竞争力,同样也不利于各区的产业联动和协同发展。

(二)高新技术和战略性新兴产业还未形成对地方财政的有力支撑,质量竞争优势不够明显

提取北京市、上海市、深圳市的统计数据,得出如下判断。

第一,截至2019年底,北京市、上海市、深圳市的高新技术企业孵化器累计毕业企业分别为15091个、3837个、6709个。其中营业收入在5000万以上的企业,我市有122个,占总毕业企业的0.8%,上海市144个,占比3.8%,深圳市102个,占比1.5%。尽管我市毕业企业数量占绝对优势,但高营收的企业占比低于上海市和深圳市。

第二,北京、上海、深圳的高新技术企业数量分别为2.3万户、1.2万户、1.7万户,上缴税收分别为1500亿元、1209亿元、1137亿元,上缴税收差距并不大,但上海市和深圳市高新技术产出效益要高于我市,如,上海市高新技术企业数量为我市的54%,但上缴税费占到我市的80%。

第三,提取2020年中国战略性新兴产业领军企业100强数据,注册在京的新兴产业领军企业数量为23家,居首位;其次为广东和浙江,数量分别为18家、12家,三地战略新兴业务收入分别为2.4万亿元、1.7万亿元、0.6万亿元。相比上海和深圳,北京在企业数量上占绝对优势,但在京的23家领军企业2020年度全市的地方级税收为17.6亿元,占全市税收比例为0.4%。

(三)京津冀地区产业一体化程度还不够高,产业协同发展格局尚未形成

第一,与长三角和珠三角地区相比,目前京津冀地区产业一体化程度还不够高。从经济规模看,京津冀地区总量最小,仅为长三角地区的40%左右;从经济均衡程度看,2020年全国GDP总量超过万亿元的地级城市有28个,其中有

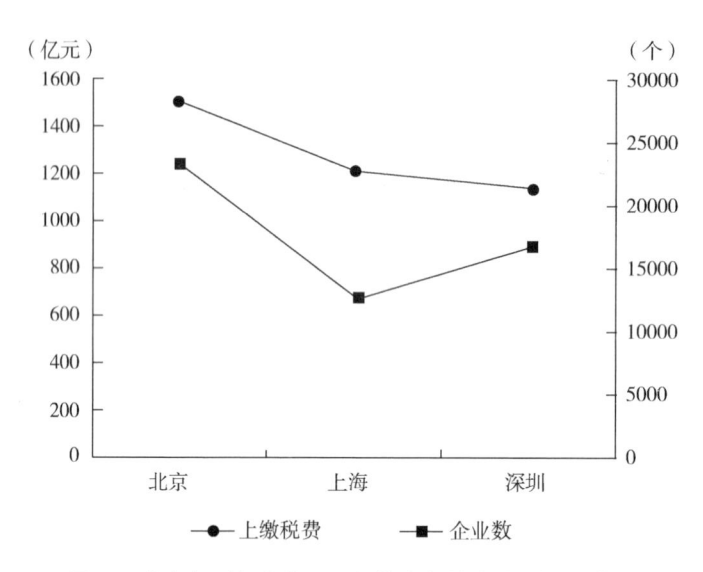

图 16　北京与对标上海、深圳的高新技术企业缴税情况

10个分布在长三角地区,而河北省仅有唐山市跨入GDP万亿元城市序列。

第二,我市对津、冀地区的产业辐射带动作用也不充足,津冀两地在产业结构、产业梯度等方面与我市的功能输出和产业对接方面存在较大差距。根据近年我市对京津冀地区的投资数据分析,无论是投资企业数量还是投资规模,均处于下降趋势,2018至2020年,对京津冀地区投资的企业数量从3081家降低到2727家,减少了11.5%;我市企业对京津冀地区的投资额从2312.8亿元下降到1477.6亿元,下降了36.1%。

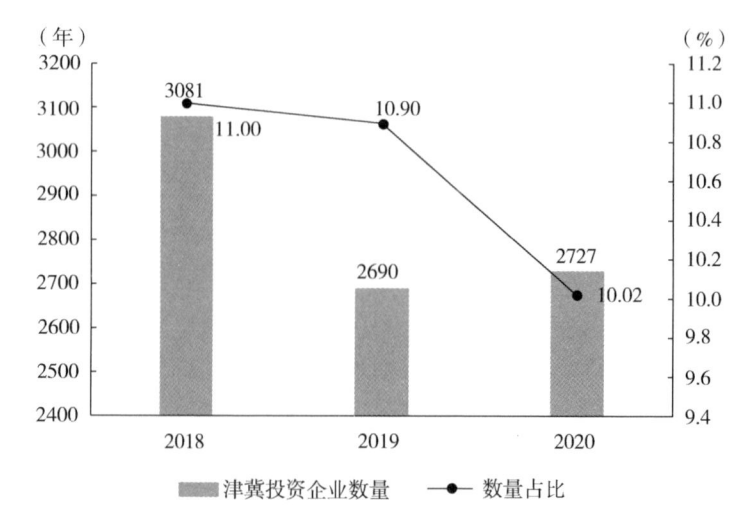

图 17　2018—2020年北京市对京津冀地区投资企业数量趋势

第三，京津冀内部的产业分工协作不足、关联性不高，还存在断链、缺链问题，部分优质税源流向区域外部。从重点企业的上下游配套情况分析，我市21家市级头部企业的配套布局占津冀地区的仅一成左右，分布在长三角和珠三角地区占到三成左右，如，小米手机、电视的核心零配件供应商主要集中在广东、浙江、江苏等沿海省市。另据高新技术企业认定工作网的数据显示，2017年5月至2021年6月，北京共有673家高新技术企业陆续搬迁异地，但仅有5%的高新技术企业选择津冀地区，多数企业选择迁往长三角与珠三角地区。从制造业份额分析，京津冀地区以制造业为代表的二产比重下降过快，6年间，共下降了13.1个百分点，与长三角、粤港澳的差距在逐渐拉大。

第四，京津冀地区"三链联动"融合深度不足，没有形成优势互补、相互衔接、抱团发展的产业集群。如，根据《工业和信息化部办公厅关于开展先进制造业集群决赛的通知》要求，全国共遴选两批25个先进制造业集群，其中，长三角占据10个，珠三角占6个，京津冀目前还没有1家有代表性的产业集群。

（四）部分区级财政对房地产业税收依赖较重，对税收的长期稳定性造成挑战

提取各区缴纳地方级税收排名前100户税源（区100强）数据，在各区100强共1600家税源中，2018至2020年，分别有406家、435家、428家房地产企业，房地产占比均达到25%以上，其中，东城、顺义、昌平、大兴、通州、门头沟、房山7个区，至少有30%以上重点税源来自于房地产业。如，2020年，东城区100强企业中，房地产企业达到51户，房山和门头沟分别为38户、36户。党的十九大以后，中央相继出台一系列"房住不炒"的政策及措施，房地产业发展较以往存在较大的不确定性和不稳定性，如果各区地方级税收过度依赖房地产，将在一定时期内加大财税组收难度，且不利于保障财政收入的持续、稳定增长。

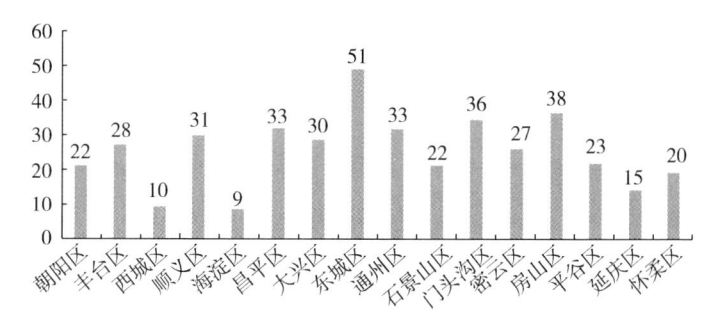

图18 2020年北京市分区各行业税收收入贡献情况

(五) 税源市内跨区流动是造成各区财政收入波动的重要因素

随着近年来我市持续深化营商环境改革，加大税源监控力度，直接迁出我市的税源企业相对减少，但数据分析显示各区间税源横向转移的情况较突出。2018至2020年，我市跨区纳税企业数量出现大幅度上涨，2018年北京市跨区纳税企业有37969家，2019年出现小幅度上升，到2020年迅速增加至97543家，是2018年的2.6倍。

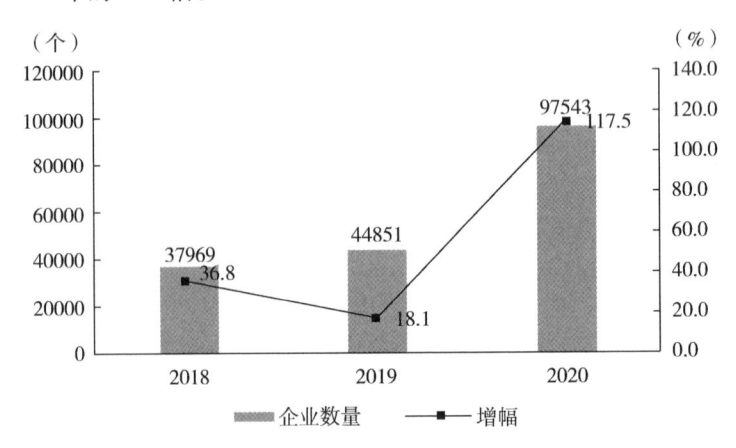

图19　2018至2020年北京市横向迁入迁出企业总量变化情况

从税源流动数据分析，呈现由城区向远近郊区税源流出的走势。西城、东城、海淀、朝阳、丰台、石景山为主要迁出区；通州、房山、大兴、昌平、顺义、怀柔、密云、门头沟、平谷、延庆区为主要迁入区。原因大体为：一是部分企业经过孵化、培育、发展和壮大，原来的办公经营条件不能满足发展要求，需易地选择符合规模化发展的场所和空间。二是受城区高房租、高费用、高人工成本等因素限制，部分企业选择向近郊或远郊区迁移。三是各区之间招商引资竞争加剧，特别是各类优惠政策吸引所致。

(六) 央企外迁的潜在风险影响需引起高度关注

央企及下属关联企业的税收贡献一直是市区财政的重要来源，2020年，在京央企缴纳税收1027.6亿元，占全年税收总额的23.5%，按央企股权关系提取233家总部及9794家下属一、二、三级企业数据，其中，央企总部纳税241.5亿元，占央企纳税总额的23%，下属的一级企业纳税386.4亿元，占38%，二级企业纳税250.6亿元，占24%，三级企业纳税149.1亿元，占15%，在京央企的税收贡献主要集中在总部下属的一、二级企业。

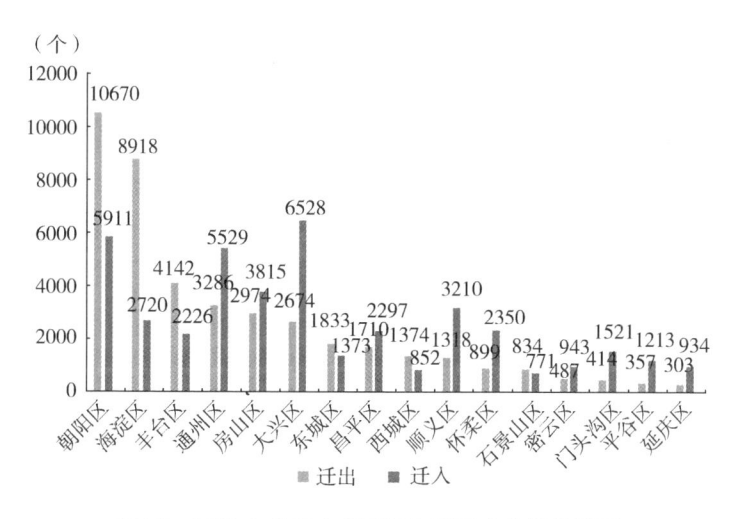

图 20　2020年北京市各区迁入迁出企业数量情况

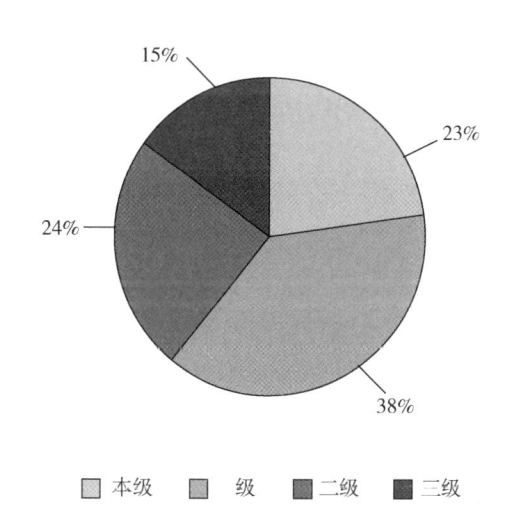

图 21　2020年在京央企股权结构及税收贡献

按央企在各功能区的税收贡献分析，央企及子公司税收贡献集中在首都功能核心区和城市拓展新区，2020年，央企及子公司在以上两个功能区分别纳税463.4亿元和369.5亿元，在城市发展新区、生态涵养发展区分别纳税90.9亿元、29.6亿元。考虑到首都功能核心区和城市拓展新区作为疏解非首都功能的重要区域，位于该地区的央企及子公司相较于其他区域具有更高的外迁可能性，需要引起有关方面的高度重视。

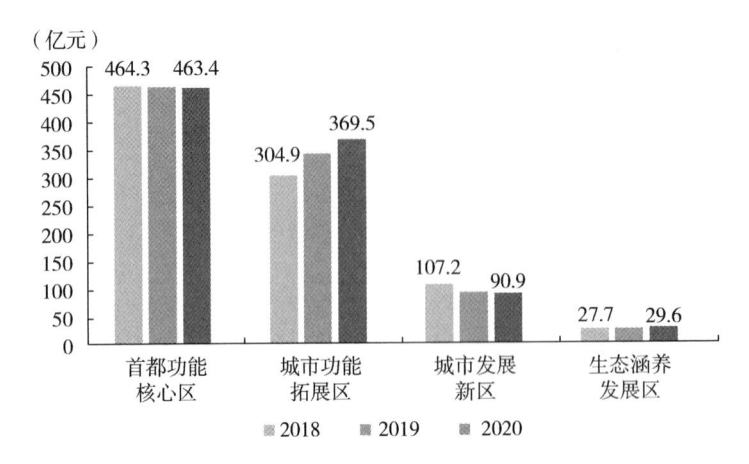

```
（亿元）
500  464.3 463.4
450
400              369.5
350         304.9
300
250
200
150        107.2
100              90.9
 50                    27.7 29.6
  0
   首都功能  城市功能  城市发展  生态涵养
    核心区   拓展区   新区    发展区
        ■2018 ■2019 ■2020
```

图 22　各功能区在京央企及子公司缴纳税收情况

（七）外资利用水平与沿海一线城市差距明显，外资企业税收贡献有待提高

从外资利用情况分析，北京市的对外开放程度及外资利用程度较上海、深圳、广州等地区仍有差距。2020年，北京市外资企业占比为1.8%，上海、深圳、广州分别为4.2%、2.8%、2.1%。北京市外资注册资本占比为5.8%，上海、深圳、广州分别为11.8%、6.8%、13.6%。

从涉外高技术企业数量分析，我市拥有来源于港澳台投资高技术企业52家，比上海少83家；来源于外商投资高技术企业122家，比上海少233家。[①]

从外资税收贡献分析，2020年，涉外企业上缴地方级税收为1031亿元，占地方级税收总量的23.6%，较2018年下降6.9%。

三　政策与建议

（一）以非均等化性协调发展为导向，统筹构建我市现代化产业体系

第一是健全市级层面的产业发展联席会议机制，围绕"五子布局"的总体

---

① 注：高技术企业指国民经济中R&D投入强度相对较高的制造行业，数据来源于《中国高技术产业统计年鉴》；高新技术企业指在《国家重点支持的高新技术领域》内，持续进行研究开发与技术成果转化，形成企业核心自主知识产权，并以此为基础开展经营活动，在中国境内（不包括港、澳、台地区）注册一年以上的居民企业，有专门的认定机构。数据来源于《中国火炬统计年鉴》。

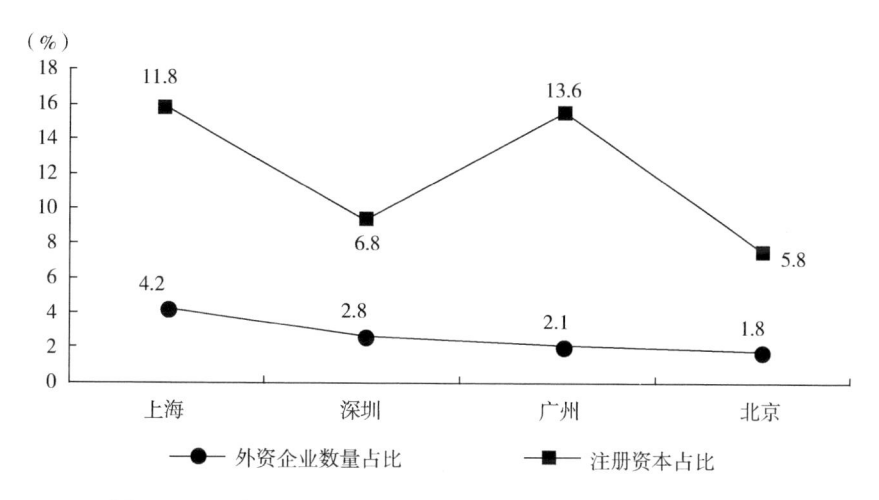

图23 2020年北京市与对标地区外资企业数量及注册资本占比

要求,坚持全市产业发展"一盘棋"的部署,以"地均效益、税收、能耗"作为目标导向,按照地域化、差异化、特色化、互补性的理念,指导各区优化和细化产业发展规划;统筹运用财政、金融、产业、土地等工具,突破资金和资源均等化支持的限制,全力推动重点项目的建设;指导各区明确全市产业分工中的定位,规避无序竞争、重复建设,让更多更好的产业项目能够就地转化,最大限度增加属地产出附加值和税收贡献。

第二是各区政府应立足资源禀赋和产业基础,深入研究提升产业衔接和要素互补的举措,突出区域比较优势,加强各区政府、政府部门、产业园区之间的沟通和协调,探索建立多区联动的产业发展模式,最大限度降低各区之间的不良竞争。采取量身定做、"一企一议"等方式,集中力量加快建设满足本区产业特点的重点项目,增强区域经济发展动力和财源发展后劲。

第三是围绕"三城一区"主平台,牢牢抓住"三片区七组团",加快建设以科技创新、现代金融、数字经济、高端制造、人力资源服务为主体,各领域协同发展、相互支撑的首都现代经济体系,注重利用科技创新和规模效应形成新的竞争优势,将各类经济园区、产业基地和示范区作为产业发展的重点方向,将发展集群经济作为财源建设的重要途径,形成一批多极支撑、多点带动的特色产业集群和财政增收"隆起地域"。

(二)强化京津冀协调机制,在推动一体化中实现高质量发展

第一是借鉴长三角城市群协调发展的经验,紧扣"一体化"和"高质量"两个核心,分层次建立涵盖京津冀的省(直辖市)、市(区)、政府部门的区域

合作协调机制，坚持错位发展的理念，推进区域合作和协调发展；通过法律、法规、制度和政策协同创新，建立统一开放透明、要素自由流动的市场体系，探索建立区域发展成本分担和利益分配共享模式，提升地区整体竞争力。

第二是大力推进创新链向津冀地区拓展，发挥北京在高精尖产业创新领域的龙头作用，充分利用津冀所拥有的产业基础和承接空间，加快协同产业体系建设，打通和延伸制造业产业链，带动津冀产业梯度转移和转型升级，鼓励通过总部—生产基地、园区共建、设立生产基地等多种方式，实现高精尖技术与产业、与实体经济的紧密结合，增强区域产出效益。

第三是健全地区供应链体系，支持我市企业在津冀地区设立投资性公司或分支机构，鼓励开展资源交换和技术交流活动，加强制造环节与中下游应用市场的沟通协作，提升供应链保障能力和产业体系抗冲击能力。

（三）多措并举，有效化解财政增收压力

第一是充分发挥我市高科技研发机构和人才资源集聚的优势，加快建设我市多层次科技市场交易和转移平台，通过推动要素市场建设，打造更加完善的科技创新生态系统，将科技成果转化收入留在我市，增加财政收入。

第二是挖掘中央各类协会、商会、社团、民间组织在我市集聚的资源优势（如保险、律师、资产评估、注册会计师等协会），通过政策激励、借台招商、搭台引资等形式，吸引国内外知名的融资租赁、会计审计、法律咨询、信息技术、电子商务、文化创意企业，扩大现代服务业高质量发展向财税贡献的水平。

第三是细致梳理在京央企的股权结构、税收贡献、核心业务及发展动向，对于其中符合首都功能定位、税收贡献突出的央企（如金融机构的理财中心、信用卡中心、租赁中心、央企的财务公司、结算中心、销售公司等），通过提供优越的营商环境，争取在京发展；加强政策集成，完善激励机制，鼓励我市国企、民企通过产权转让、增资参股、出资新设、并购重组等方式，尽可能将央企的核心业务、骨干税源留在我市。

（四）调整政府投资结构，提高政府债券市级比重，集中资金加大对重点产业发展的投资

加快发展需要财政资金的强有力支持，据统计，2021年政府固定资产投资安排600亿元，其中，用于基础设施补短板、民生服务、生态环境、城市治理的投资为519亿元，用于高精尖产业仅为81亿元，占13.5%。在财政收入增量有限的情况下，建议适当调减部分公益性投资项目和规模，扩大支持产业发展项目的投资。同时，考虑到政府专项债具有利息低、期限长的特点，目

前，部分区级债券使用空间已接近"天花板"，相比之下，市级可使用专项债的空间较大，建议研究市级专项债安排如何同涵养财源相结合，完善激励机制，储备、做实市级债券项目，加大对市级产业园区、重点基础设施、新兴产业的支持，加快形成新的税收增长极。

（五）进一步增强对外开放水平，以扩大高水平开放促进高质量发展

充分利用好"两区"政策"红利"叠加的机遇期，加快形成与国际经贸规则相衔接的制度和要素；加快"三片区七组团"的建设，打造战略性新兴产业集群和国际高端功能机构集聚区，夯实我市后劲财源基础；坚持以"政策＋项目＋机制"为抓手，扩大市场准入开放力度，用足创业投资、公司创投、技术转让、高端人才、知识产权等税收优惠政策，吸引海外优质企业来京发展，尽早形成财政增长点。

参 考 文 献

[1]《中共中央关于制定国民经济和社会发展第十四个五年规划和二〇三五年远景目标的建议》。

[2]《中共北京市委关于制定北京市国民经济和社会发展第十四个五年规划和二〇三五年远景目标的建议》。

[3] 杨志勇：《中国财政体制改革与变迁（1978—2018）》，社会科学文献出版社 2018 年版。

[4]《北京城市总体规划（2016 年—2035 年)》。

[5]《首都功能核心区控制性详细规划》（街区层面）。

[6]《北京城市副中心控制性详细规划》（街区层面）。

[7] 国家税务总局政策法规司：《中国税收政策前沿问题研究》（第九辑），中国税务出版社 2018 年版。

[8] 安树伟、张晋晋、郁鹏：《京津冀建设世界级城市群》，经济科学出版社 2020 年版。

[9]《国务院关于深化北京市新一轮服务业扩大开放综合试点建设国家服务业扩大开放综合示范区工作方案的批复》。

[10] 中国社会科学院京津冀协同发展智库：《京津冀协同发展指数报告》，中国社会科学出版社 2020 年版。

[11] 天津市科学学研究所、京津冀协同创新研究组：《京津冀协同与创新驱动发展研究京津冀协同创新共同体：从理念到战略》，知识产权出版社 2018 年版。

[12] 中国科学院科技战略咨询研究院课题组：《产业数字化转型：战略与实践》，机械工业出版社 2020 年版。

[13] 刘奕：《服务业集聚与地方政府税收竞争：新经济地理学视角的考察》，经济管理出版社 2020 年版。

[14] 陈瑞莲、刘亚平：《区域治理研究：国际比较的视角》，中央编译出版社 2013 年版。

［15］文华、蒋晓军、李波：《产业区块链　赋能实体经济创新发展》，人民邮电出版社2020年版。
［16］上海市统计局：《2020年上海市国民经济和社会发展统计公报》。
［17］李欣广：《产业对接理论与产业结构优化》，人民出版社2011年版。
［18］李爱鸽：《地方财源建设问题研究》，中国社会科学出版社2009年版。
［19］赵晓雷：《2018上海城市经济与管理发展报告》（长三角区域经济一体化与上海核心城市战略优势培育），格致出版社2019年版。
［20］李嘉明：《税收结构优化与税收效率提升的探析》，科学出版社2020年版。

优化营商环境的经验与建议
——以中关村西城园为例

范秀晖[*]

摘 要： 本文通过网络问卷调查和访谈的形式，采取以小见大、以点带面的方法，对中关村西城园营商环境现状进行了深入调研和综合分析。在北京市各级党委政府强力的推动下，西城园优化营商环境工作取得了明显成效，投资和市场活力旺盛，企业经营业绩持续向好，对园区营商环境总体评价较高，但存在着文体设施和教育资源短缺、中小微企业融资仍然较难、网络通信不畅和交通运输不便等短板，建议从纵深推进"放管服"改革、着力推进国家治理体系和治理能力现代化、对标国际先进一流水平等三个方面，进一步优化西城园乃至北京市营商环境。

关键词： 优化营商环境；中关村西城园；经验；短板；建议

中关村西城园（以下简称西城园）2002 年 5 月开园，2006 年和 2012 年两次空间范围调整后，政策区现已拓展至 10 平方公里，包括北区（德胜街区）、西区（北展街区）和南区（广安街区）3 个区域。2018 年起又在北展街区开始建设"北京金融科技与专业服务创新示范区"（简称金科新区），2019 年 1 月成为国家级金融科技示范区。西城园成立以来，不断改革创新、盘活腾退空间资源，着力建设特色产业集群，逐步形成以金融科技为主导产业，以研发设计、文化科技、大数据服务为重点产业，以总部经济、智慧经济、数字经济等

---

[*] 范秀晖，博士，中共北京市西城区委党校政治理论教研室讲师，主要研究方向为马克思主义理论教育。

经济形态为发展着力点的都市型科技园区。截至2020年11月，西城园共有高新技术企业944家，其中国家高新技术企业547家、中关村高新技术企业798家、双高新企业425家，经认定的西城区科技企业孵化加速基地8家，孵化加速平台3家。

一 西城园优化营商环境的成效及经验

大多数学者认为，"营商环境是一个区域的市场主体经营发展所面临的外部环境的总称，包括物质环境和制度环境，反映了一个地方的思想解放程度、市场发育程度、对外开放水平。实践证明，营商环境对地方经济发展至关重要，营商环境越好，经济发展越有活力"[1]。世界银行"是最早开展营商环境评价的国际组织之一，2003年起开始对世界主要经济体进行营商环境调研、评价和排名，并发布研究报告，该评价报告已成为各国营商环境优劣的重要参考"[2]。中国国际贸易促进委员会是我国最早组织开展全国性营商环境调研和评价的部委机构之一，2016年起在全国贸促系统组织开展营商环境企业调查并发布调研报告。该评价指标体系由12个一级指标和51个二级指标组成。12个一级指标包括基础设施、生活服务、政策政务、社会信用、公平竞争、知识产权保护、科技创新、人力资源、金融服务、财税服务、口岸服务以及企业设立和退出环境。2019年国务院颁布《优化营商环境条例》后，国家发展和改革委员会开始着手研究建立中国营商环境评价体系，并首次发布《中国营商环境报告2020》。相比世界银行，中国贸促会和国家发展改革委员会的评价体系更具有中国特色，更符合我国国情。因此，本次对西城园营商环境的调研，主要参考了中国国际贸易促进委员会的营商环境评价指标体系进行了问卷调查。

本次问卷调查设立12个一级指标、56个二级指标，分为非常满意、比较满意、一般、较差、很差5个选项。采用网络问卷方式向园区企业发放，共收到有效调查问卷150份，其中，国有及国有控股14家，私营120家，中外合资、合作1家，其他（含集体企业、联营企业、合伙企业及个体户等）15家；涉及传统制造业3家，高新技术产业78家，建筑业22家，服务行业41家，其他6家。此外，调查小组还多次与管委会沟通了解情况，与多名孵化器工作人员和企业负责人进行访谈。通过调研，对西城园优化营商环境的做法和成效、存在的短板和不足、企业的意见和愿望有了大致了解，提出了进一步优化

---

[1] 刘凯：《"一带一路"倡议视角下优化营商环境的动因与策略——以安徽省为例》，《北方经济》2019年第12期。

[2] 刘英奎、吴文军、李媛：《中国营商环境建设及其评价研究》，《区域经济政策》2020年第1期。

营商环境的思考和建议。

（一）西城园优化营商环境的做法

开园18年来特别是党的十八大以来，西城园按照习近平总书记"完善市场化、法治化、国际化的营商环境"的指示要求，积极对标国际一流，大胆改革，敢闯敢试，形成了独具首都特色的优化营商环境服务模式和制度体系。

1. 强化政务服务，着力便利群众和企业办事

园区坚持"全过程、全方位、全链条"服务理念，回应企业全生命周期发展需求，创造性地建立了"无接触"数字服务、"小分队"组合服务、"双管家"常态服务、"场景化"应用服务等独具特色的"四服务"模式，大大方便了群众和企业。通过这一系列政务流程再造，结合营商环境体验官、12345热线电话等开展监督"查漏补缺"，西城园营商环境大为改善。特别是2020年以来，为有效促进园区企业复工复产，积极协调解决复工复产物资，率先兑现中小微企业房租减免政策，搭建企业对接服务平台等，多维度助力企业发展，获得企业的普遍好评。当问及企业对政务服务感受时，企业对政企沟通机制和反馈机制、官员廉洁程度、政务服务一窗办理一网通办、政府服务效率表示非常满意和比较满意的均在88%以上，如图1所示。

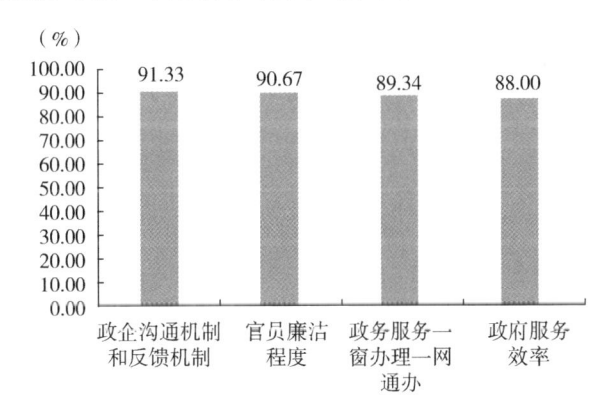

图1 企业对政务服务满意率

2. 勇于改革创新，并及时形成制度巩固成果

2018年8月北京市开始实施优化营商环境三年行动计划，接着又制定《加快推进国家级金科新区建设三年行动计划（2020—2022）》，并颁布实施《北京市优化营商环境条例》。西城园作为服务企业的"最后一公里"，坚决贯彻落实改革政策，逐条细化改革措施，使企业真切感受到"减环节、缩时限、降成本"的改革红利。从针对焦点问题出台改革方案，运用改革方法破除原有体制机制障碍，到通过地方立法统筹系统解决共性问题，实现优化营商环境制度化、法治化，提升改革系统性、整体性和协同性，极大地激发了市场主体活力和社会创造力。因此，当问及企业对政策的感受时，对政策公平性、政策稳定性、政策执行力度、政策透明度表示非常满意和比较满意的均在88%以上，如图2所示。

指标	满意率（%）
政策公平性	91.33
政策稳定性	89.33
政策执行力度	88.67
政策透明度	88.67

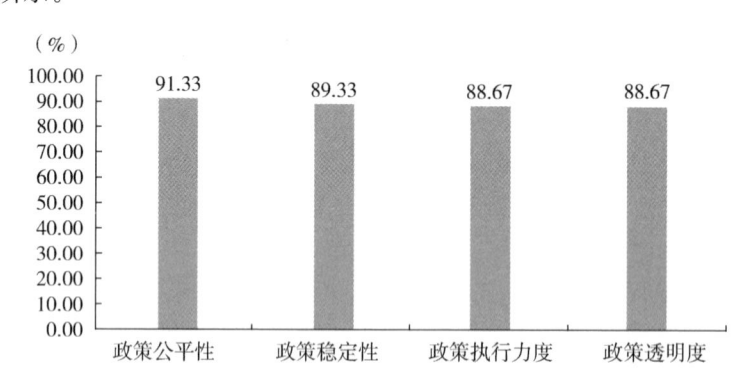

图2　企业对政策满意率

3. 对标国际一流标准，积极搭建交流平台

园区始终对标国际一流标准，积极推进营商环境社会共建机制、防止拖欠中小企业账款、企业设立登记便利化等方面的国际先进经验，对标国际化、专业化，大力推进国内外交流与合作。构筑"京伦通""京纽通"等沟通平台，促进与纽约、伦敦、旧金山、巴黎、新加坡等全球金融科技中心建立双边、多边学术交流和商务交往机制，面向全球举办高品质金融科技活动、向国际金融机构推介金科新区。与中国人民银行科技司联合举办"成方金融科技论坛"，打造权威性的金融科技交流平台；参加服贸会、中关村论坛和金融街论坛等活动，向全球展示"金科新区"发展成果，发出金融科技的"北京声音"。

（二）西城园优化营商环境的成效

评价一个地区营商环境的优劣，关键要看群众和企业的感受。可以说，群众和企业是否满意、企业投资是否增加、企业经营业绩是否持续向好，是评价一个地区优化营商环境成效的重要标准。

1. 园区企业对园区营商环境总体评价较高

调查问卷显示，对园区营商环境总体评价非常满意和比较满意的占比达89.34%，对一级指标及二级指标项下的评价满意度也都很高。如图3、表1所示。

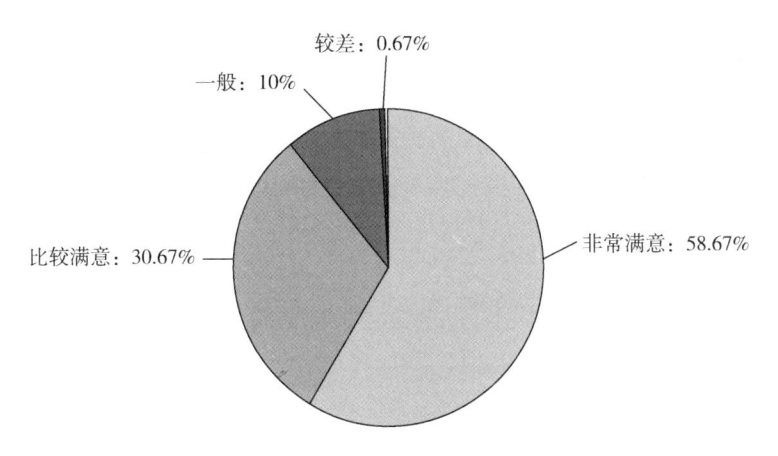

图3 对园区营商环境总体评价

较差：0.67%
一般：10%
比较满意：30.67%
非常满意：58.67%

表1 对一级指标及二级指标项下的评价　　　　　　　　　　　单位：%

一级指标	二级指标及满意度（包括非常满意和比较满意）
生活服务环境	社会治安（93.33%）　法律服务（90.66%）　环境保护（87.34%） 会计专业服务（84%）　医疗卫生（84%）　居住条件（79.33%） 教育资源（75.33%）　文体设施（74%）
金融服务环境	融资便利性（82%）　融资渠道多元化（81.33%）
基础设施环境	水电气供应（91.33%）　环保设施（84.67%） 城市规划和建设（83.33%）　交通运输（80%）　网络通信（77.33%）
人力资源环境	熟练劳动力的可获得性（85.33%）　中高层管理人员的可获得性（84%） 创新创业人才资源可获得性（83.33%）　人才评价机制（职称评审等）（82%） 外向型人才的可获得性（81.33%）　高端人才落户保障（78.66%） 人才住房保障（75.34%）
企业设立和退出	环保手续（82.67%）　破产手续办理（80%）　土地获取（76.67%）
公平竞争环境	市场监管（88.67%）　市场准入（85.34%） 行政垄断（84%）　政府采购（82.66%）
口岸服务环境	检验检疫（87.33%）　人员出入境（86%）　货物通关（83.33%）
科技创新环境	公共服务平台建设（89.33%）　创业孵化服务（88%） 研发抵扣政策实施（86.67%）　产学研结合（86.67%） 知识产权抵押（83.33%）
财税服务环境	财税执法规范性（88.67%）　申退税办理时间（86.67%）
知识产权保护环境	知识产权管理与公共服务（90.66%）　知识产权维权成本（88.67%） 知识产权行政执法（88.66%）　知识产权司法保护（87.33%） 知识产权案件办结率（87.33%）

续表

一级指标	二级指标及满意度（包括非常满意和比较满意）
政策政务环境	政策公平性（91.33%）　政企沟通机制和反馈机制（91.33%） 官员廉洁程度（90.67%）　政务服务一窗办理一网通办（89.34%） 政策稳定性（89.33%）　政策执行力度（88.67%） 政策透明度（88.67%）　政府服务效率（88%）
社会信用环境	信用信息公示系统建设（92.67%）　征信体系建设（90%） 失信惩戒、守信奖励机制建设（90%）　社会信用度（90%）

同时，认为与前几年相比营商环境有很大改善和一些改善的占比达94%，如图4所示，表明园区能够以自我革命的精神切实强化政务服务，敢于先行先试科技创新政策，打通政策落实的"最后一公里"，让企业感受到了实实在在的变化。

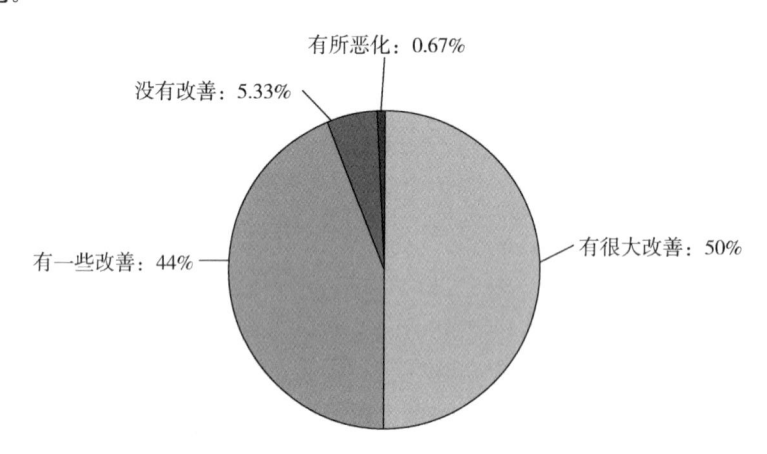

图4　2020年园区营商环境与1—3年前相比变化率

有所恶化：0.67%
没有改善：5.33%
有一些改善：44%
有很大改善：50%

2. 企业投资和市场活力旺盛

企业投资状况是验证营商环境优劣的晴雨表，对企业来说，选择"落脚地"是大事，哪里的营商环境友好，哪里就具有吸引力。因此，企业投资活跃的地区往往也是营商环境优良的地区。当问及企业当初在园区投资考虑的主要因素时，排在前三位的分别是"享受优惠政策""开拓市场""寻求战略合作"，如图5所示，表明园区营商环境政策具有一定吸引力。

当问及企业是通过何种方式来园区投资时，排在前三位的分别是"自己考察后选定""第三方推荐""政府招商引资"，如图6所示，表明了企业对园区营商环境的认可和肯定。

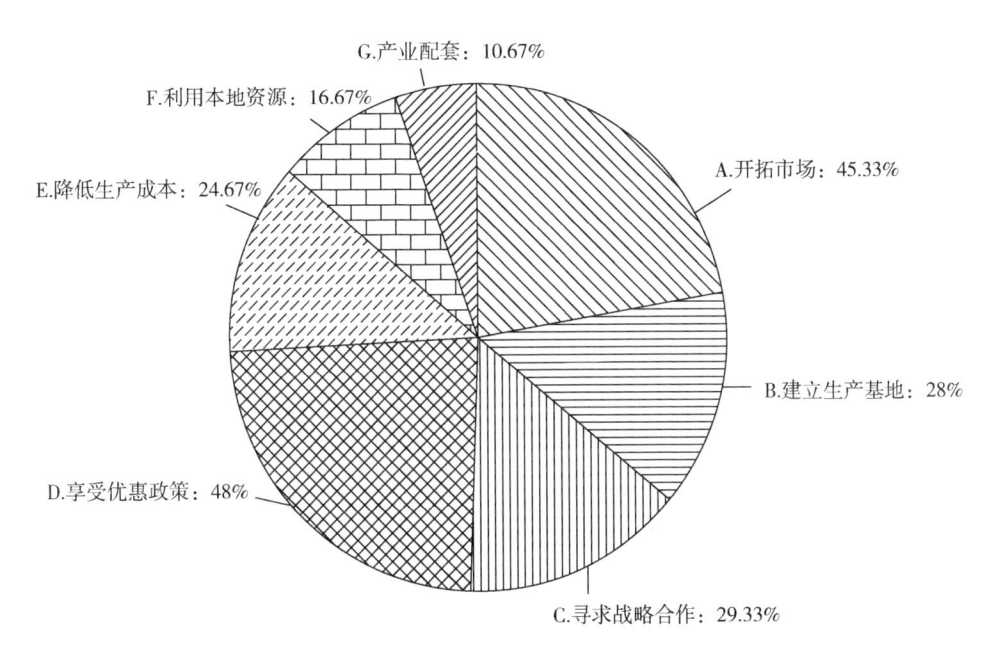

图 5　企业当初在园区投资考虑的主要因素

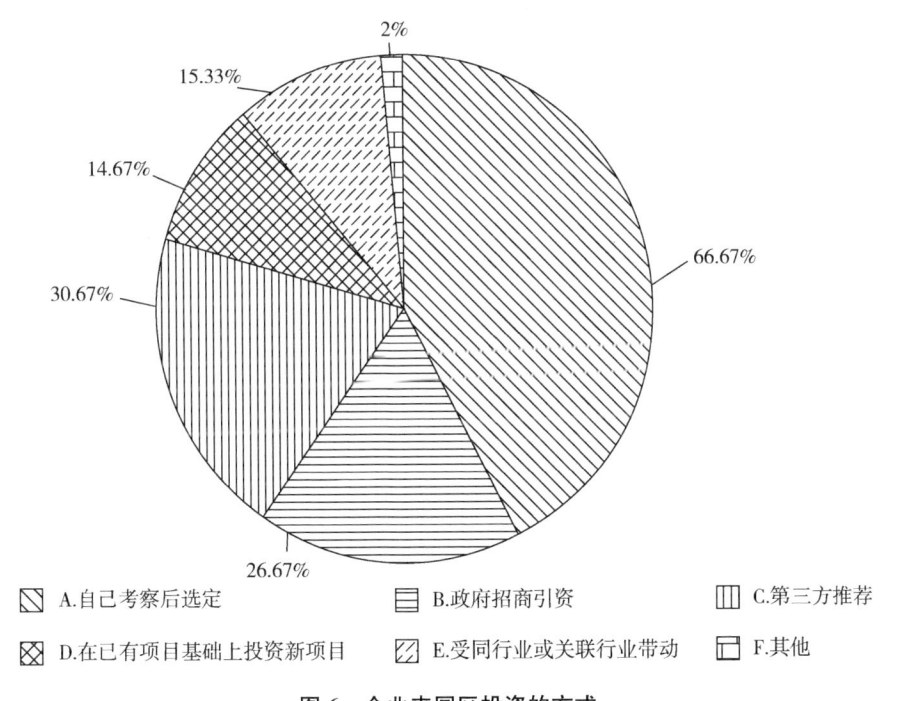

图 6　企业来园区投资的方式

当问及企业未来在本区的投资意愿如何时，表示"显著增加投资、适度增加投资的"占58%，"保持原有水平的"占36.67%，如图7所示，表明企业对园区未来投资具有信心。

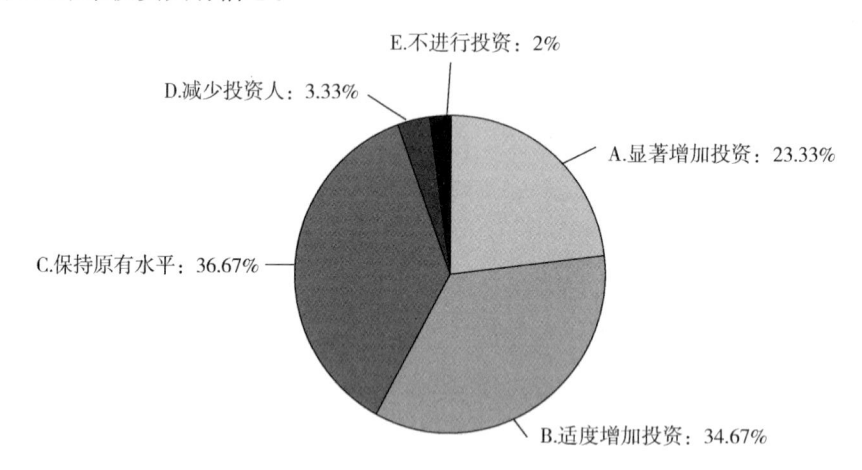

图7　企业未来在本区的投资意愿

据了解，2002年开园当年，园区的国家高新技术企业仅有3家，2019年已达到600家，年平均增幅超过20%，且当问及企业后新冠肺炎疫情时期发展前景的预测时，表示乐观的占50%，如图8所示。

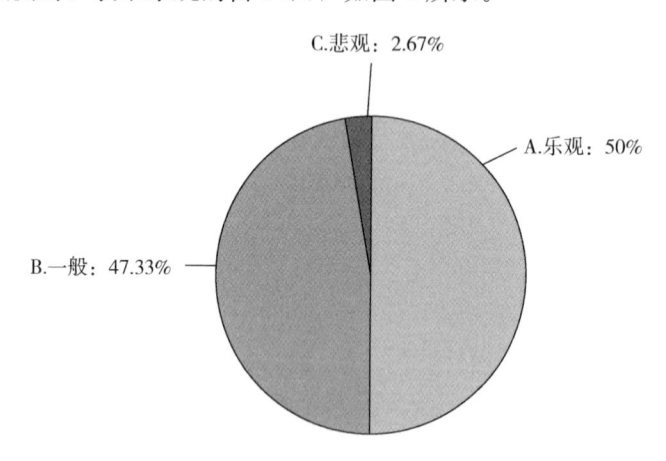

图8　企业后疫情时期发展前景的预测

3. 企业经营业绩持续向好

企业经营状况是检验营商环境优劣的另一晴雨表。从2015—2019年园区企业的利润情况来看，西城园企业利润总额实现了稳步增长，由2015年的245.3亿元增加到2019年的312.9亿元，五年年均复合增长率达6.3%，如图9所示。

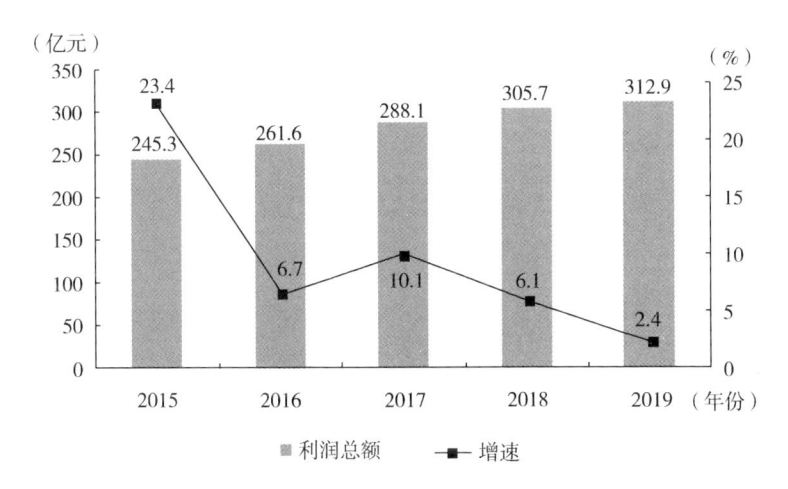

图 9 2015—2019 年中关村西城园企业利润总额增长情况

调查中，企业经营持续 5 年以上的占 62%。当问及近 5 年企业收益变动情况时，表示"持续上涨"的占 37.33%，表示"小范围波动"的占 45.33%，如图 10 所示。

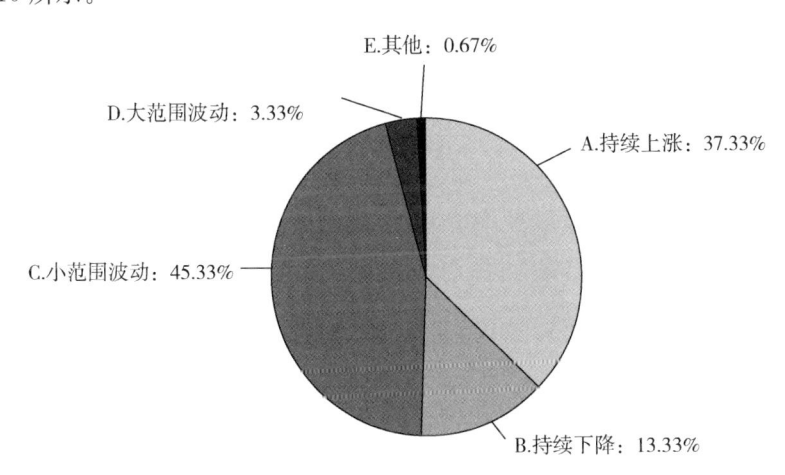

图 10 近 5 年的收益状况变动情况

当问及目前的收益状况时，表示"较好"和"很好"的合计占 58%，如图 11 所示，在全球新冠肺炎疫情肆虐的当下实属难能可贵。

二 西城园优化营商环境的短板和困境

从调查问卷结果看，虽然企业对园区营商环境总体满意度较高，但评价为

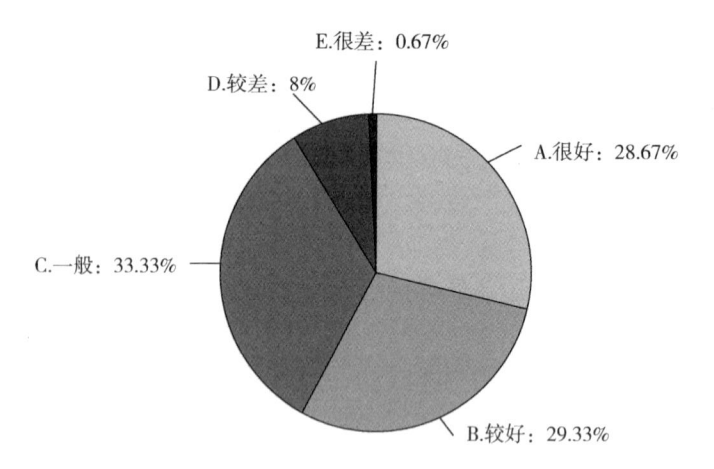

图 11 企业目前的收益状况

非常满意的仅占58.67%，评价为比较满意的有30.67%，评价为一般及以下的有10.66%。表明园区营商环境优化还有很大提升空间，在生活服务、金融服务、基础设施、人力资源、企业设立和退出、公平竞争、口岸服务、科技创新、财税服务、知识产权保护、政策政务、社会信用等方面还需继续改善，有些问题还较为突出。

（一）生活服务环境

设置了"文体设施、教育资源、居住条件、医疗卫生、会计专业服务、环境保护、法律服务、社会治安"等8个二级指标，评价为一般及以下（简称负评价，下同）的较多，如图12所示。

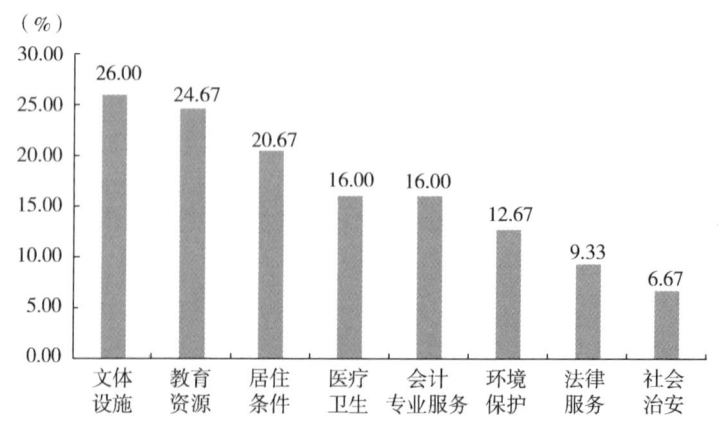

图 12 生活服务环境负评价

特别是教育资源、文体设施和居住条件，在整个二级指标中得到的负评价最多。这与西城园的区域位置紧密相关，该区域中小学教育资源较为紧张，义务教育学位缺口较大，致使企业员工特别是非京籍的孩子入学问题非常突出。如，某高新企业在动作捕捉技术领域处于全球前沿，120名职工中近两年只有1名企业创始人的孩子解决了入学问题，员工子女入学和居住是当前困扰企业的最大问题，成为他们吸引人才、留住人才的一大障碍，已有多名研发人员因此辞职。另一个互联网高新企业1000余名职工，2019年也仅解决了二三名孩子的入学问题。西城园空间资源有限，相对来说文体设施较少，有的楼宇包括周边没有一个公共体育活动场所，有的企业为了活跃职工生活，只能挤出一间办公室作为乒乓球室，职工们打球往往需很长时间排队轮候；有的职工只能在周边马路上跑步，很不安全。可以说，在人们越来越注重身心健康的当下，职工体育锻炼和休闲娱乐场所远远满足不了需要。该区域房价高企，无论买房还是租房，对普通职工来讲都是很大负担，不少职工只能选择窝居在狭小逼仄的空间，或到远郊区居住，居住条件非常不友好。另外，有的楼宇孵化器配套不全，缺少实验室、会议室、食堂等公共设施，降低了与其他区域营商环境相比的竞争力。

（二）金融服务环境

设置了"融资渠道多元化、融资便利性"2个二级指标，负评价都较多，如图13所示。

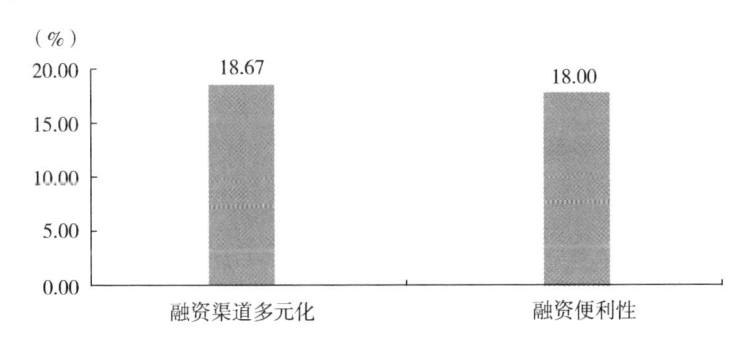

图13 金融服务环境负评价

虽然国家和北京市近年来出台了多项金融改革措施大力支持中小微企业，但民营企业特别是中小微企业融资仍然很难，企业对银行贷款额度小、期限短、成本高等问题意见较大。西城园大部分是创新创业企业，实体可抵押物少、知识产权抵押难，成为中小微企业融资难的重要原因。在金融政策趋紧、经济状况下行等困难时期，金融机构更是动辄关闭贷款通道，或抽贷、断贷、压贷等，给企业经营造成很大压力。据了解，一些发展得早和好的创新企业，往往通过股权融资解决了资金问题，但对于多数刚刚起步的中小微企业来讲，融资难仍是困扰企业发展的一大问题。在融资渠道中，选择第一位的仍是自有资金，其次是银行信贷、民间借款和其他，如图14所示。

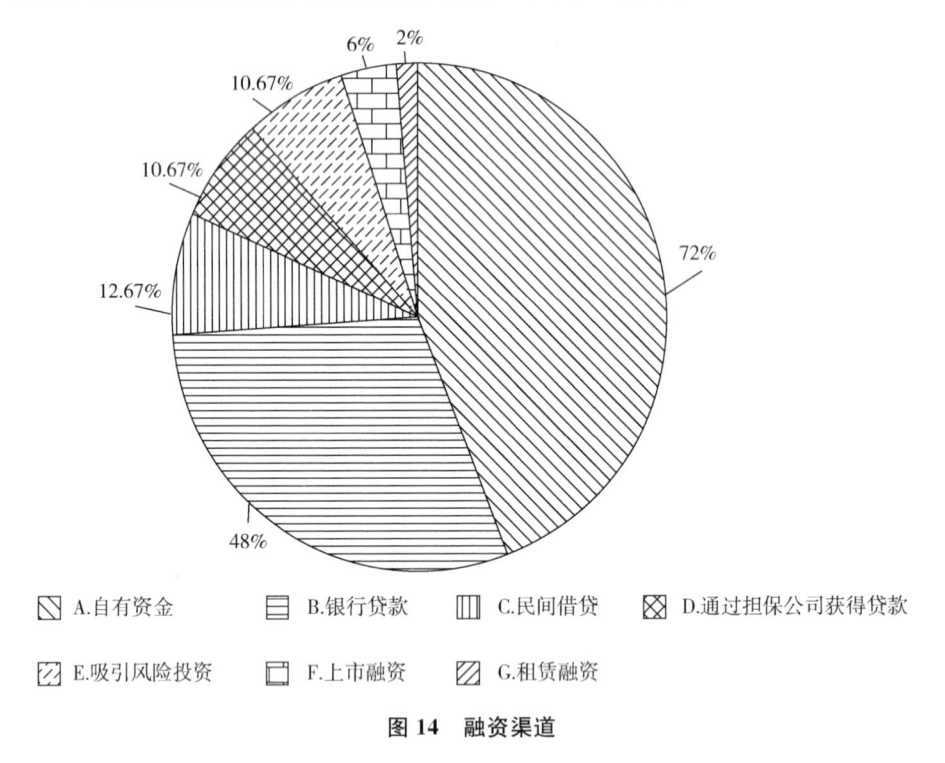

图14 融资渠道

（三）基础设施环境

设置了"网络通信、交通运输、城市规划和建设、环保设施、水电气供应"5个二级指标。其中，对网络通信、交通运输的负评价较多，如图15所示。

据了解，有的写字楼宇网络宽带服务提供商是二级、三级通信运营商，而且不让企业自主选择，所提供的宽带服务价格远高于基础运营商，有的楼宇物业没有统一安装高速宽带，5G也不完善，满足不了高科技企业特别是互联网公司的需要，只能公司自己花钱协调安装企业级的光纤宽带。在交通运输方面，负评价多与该区域长年拥堵的交通状况不无关系，政府虽然采取"建、管、限"等综合措施积极缓解交通拥堵，但由于西城园位于中心城区，人口密集，车流量大，交通拥堵现象仍较为普遍，不少企业对缺少停车场所、停车太

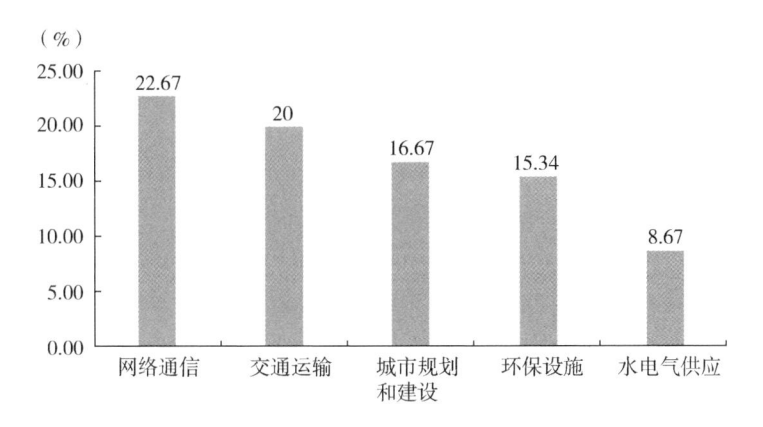

图 15 基础设施环境负评价

难意见也较大。

（四）人力资源环境

设置了"人才住房保障、高端人才落户保障、外向型人才的可获得性、人才评价机制（职称评审等）、创新创业人才资源可得性、中高层管理人员的可获得性、熟练劳动力的可获得性"7个二级指标，其中对人才住房保障、高端人才落户保障的负评价较多，如图16所示。

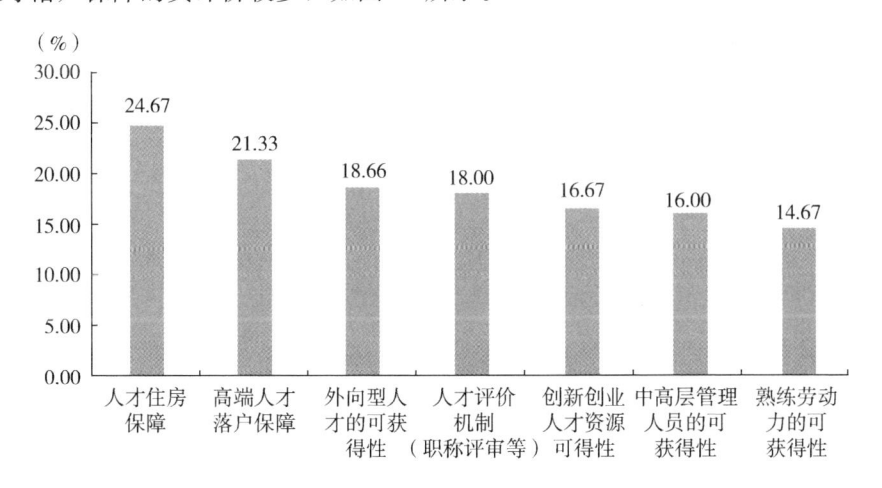

图 16 人力资源环境负评价

外地人才进京落户难、人才住房难以保障、生活成本逐年上升，导致企业中层管理人员和技术人员大量流失，成为企业引进人才的主要障碍，这也直接拉低了对另3个指标"外向型人才的可获得性、创新创业人才资源可得性、中

77

高层管理人员的可获得性"评价。对于高新技术企业特别是研发性企业来讲，人工成本占总成本比例很高，往往高达50%以上。北京市对高端顶尖人才的住房、落户等出台了一系列支持保障政策，不少高端人才受益落户或办理了居住证，但仍有企业反映政府帮助提供的人才公寓价格优惠不明显，申请也很难，特别是对中层以下管理人员和技术人员还缺乏较为明确的保障政策。有的企业表示，由于住房等生活成本高，企业待遇满足不了高层次人才的要求，给创新型企业带来致命伤害，希望政府能够针对刚刚入职的青年科技人才，给予政策性住房补贴。

（五）企业设立和退出环境

设置了"土地获取、破产手续办理、环保手续"3个二级指标，其中对土地获取、破产手续办理的负评价较多，如图17所示。

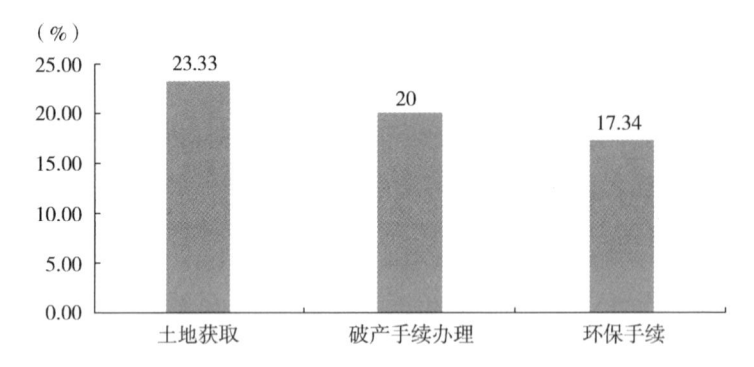

图17　企业设立和退出环境负评价

园区位于首都核心功能区，主要通过"盘活存量"和"疏整促"行动，建设以楼宇经济和"园中园"等集约化土地利用为主要形态的发展模式，因此企业基本不可能获取新的土地，为企业扩大经营规模带来困难。有的企业提出，目前北京实行城区不再审批生产性企业的规定，给一些高新企业所需的元器件生产带来不便，希望能够集中一个区域设厂生产。在破产手续办理方面，法院审理破产案件较慢，公司注销手续仍较烦琐，周期很长，影响创新创业型企业的快速发展。

（六）公平竞争环境

设置了"政府采购、行政垄断、市场准入、市场监管"4个二级指标，其中对政府采购、行政垄断的负评价较多，如图18所示。

表明还需继续深化"放、管、服"改革，进一步简政放权、转变职能，缩减行政审批事项，清理和废除妨碍公平竞争的有关规定和做法，防止和避免出现政府采购中设定企业资质等限定性条款、项目验收和付款时刁难中小企业等现象，真正使市场在资源配置中起决定性作用，维护各类所有制企业均能公平参与竞争的营商环境。

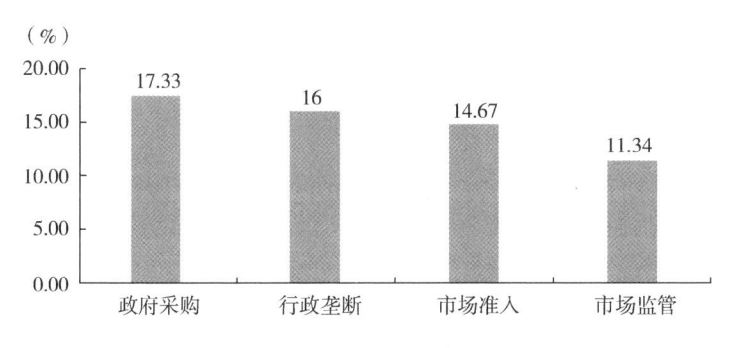

图 18　公平竞争环境负评价

（七）口岸服务环境

设置了"货物通关、人员出入境、检验检疫"3个二级指标，其中对货物通关的负评价较多，如图19所示。

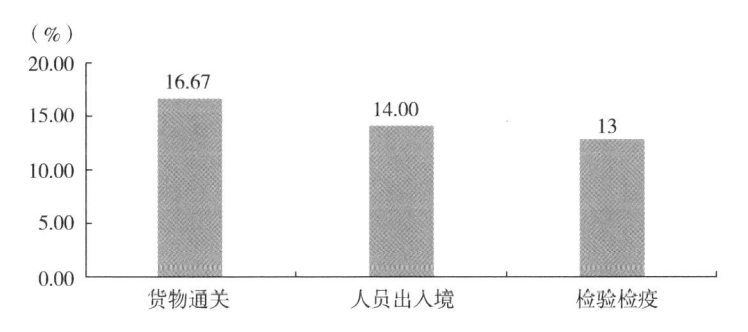

图 19　口岸服务环境负评价

主要是反映通关时间长和费用高的问题，希望进一步提高进出口通关效率。

（八）科技创新环境

设置了"知识产权抵押、产学研结合、研发抵扣政策实施、创业孵化服务、公共服务平台建设"5个二级指标，其中对知识产权抵押的负评价较多，如图20所示。

主要是因为知识产权在资产评估、价值分析、质押担保、交易流通、资产变现等方面存在较大难度，使得这些科技型企业以专利权、商标权、著作权作为质押物向银行申请融资时遇阻，从而出现"抱着金饭碗讨饭吃"现象。

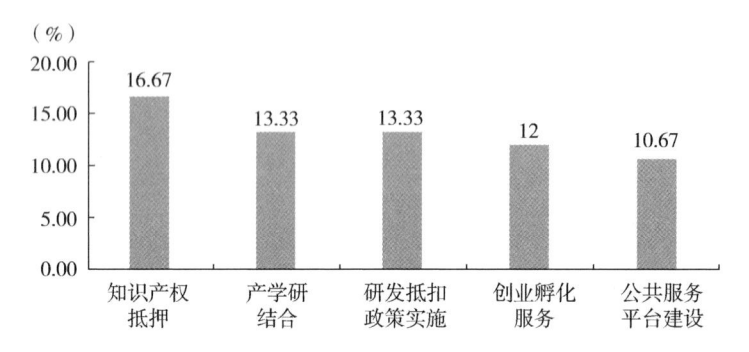

图 20 科技创新环境负评价

（九）财税服务环境

设置了"申退税办理时间、财税执法规范性"2个二级指标，负评价均较少，如图21所示。

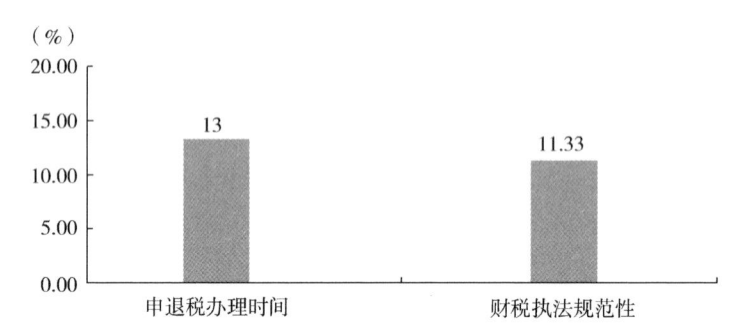

图 21 财税服务环境负评价

表明财税体制改革取得良好效果。反映的问题主要是出口退税审核时间仍嫌较长，希望进一步完善。新冠肺炎疫情期间，政府加大减税降费力度支持企业复工复产，对企业渡过难关生存下来起到很大作用，不少企业担心一旦停止会再次陷入困境，期盼这些政策能够多延续一段时间。

（十）知识产权保护环境

设置了"知识产权案件办结率、知识产权司法保护、知识产权行政执法、知识产权维权成本、知识产权管理与公共服务"5个二级指标，负评价都较少，均在12%左右，如图22所示。

优化营商环境的经验与建议

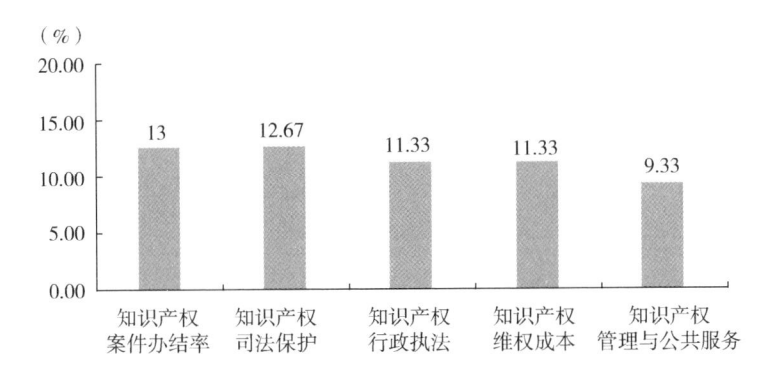

图 22　知识产权保护环境负评价

指标	负评价(%)
知识产权案件办结率	13
知识产权司法保护	12.67
知识产权行政执法	11.33
知识产权维权成本	11.33
知识产权管理与公共服务	9.33

表明当前知识产权保护工作取得了明显成效，不过也有企业希望加快知识产权案件办理时间，提高办结率，进一步营造人人尊重知识价值的营商环境，更好地满足高质量发展需求。

（十一）政策政务环境

设置了"政府服务效率、政策透明度、政策执行力度、政策稳定性、政务服务一窗办理一网通办、官员廉洁程度、政企沟通机制和反馈机制、政策公平性"8个二级指标，每个指标负评价均在12%以下，如图23所示。

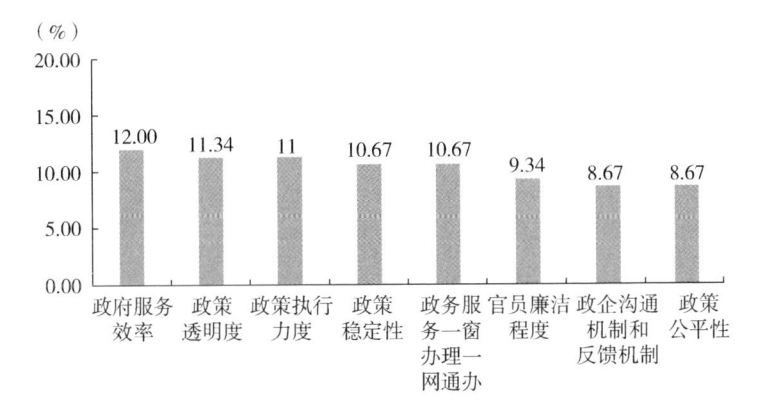

图 23　政策政务环境负评价

指标	负评价(%)
政府服务效率	12.00
政策透明度	11.34
政策执行力度	11
政策稳定性	10.67
政务服务一窗办理一网通办	10.67
官员廉洁程度	9.34
政企沟通机制和反馈机制	8.67
政策公平性	8.67

表明营商政策和政务服务得到了企业的普遍认同。不过，当问及企业目前生产经营过程中遇到的主要问题是什么时，前三项分别是"政府部门为投资人和企业解决困难和问题工作力度不够""缺乏吸引全球创新型人才、顶尖人才的区别性政策""企业人才环境有待改善、政府部门各类扶持支持企业发展的

政策缺乏竞争力"，表明在做好政策精细化和帮助企业解决实际困难方面仍需努力。

（十二）社会信用环境

设置了"社会信用度、失信惩戒守信奖励机制建设、征信体系建设、信用信息公示系统建设"4个二级指标，负评价均在10%以下，如图24所示。

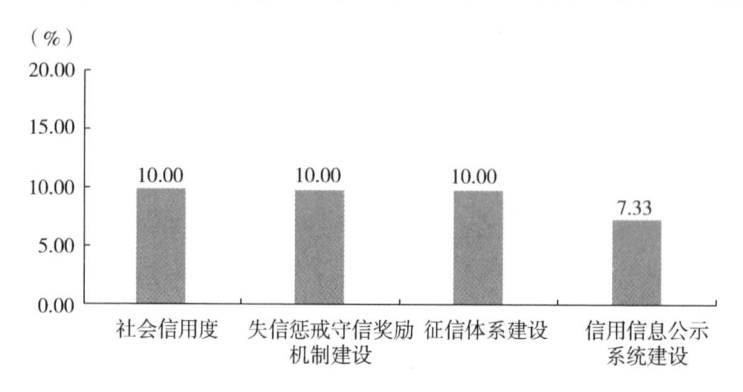

图24 社会信用环境负评价

表明社会信用体系建设取得了积极成效。不少企业建议继续构建诚信守约的人文环境，做到政府依法行政、企业遵守契约，使得"老赖"无处遁形。

三 进一步优化营商环境的建议

从调研情况看，当前西城园营商环境面临最突出的短板和困难，就是文体设施和教育资源短缺、中小微企业融资仍然较难、人才落户和住房保障不足等。针对这些问题，应积极贯彻落实国务院《优化营商环境条例》和《北京市优化营商环境条例》，高效统筹疫情防控和经济社会发展，进一步推进改革，落实稳经济一揽子政策措施，大力帮扶市场主体纾困，借鉴国际顶尖城市经验，推动西城园营商环境不断优化。

（一）纵深推进"放管服"改革，进一步激发市场活力

按照全面深化改革的战略部署，积极适应新发展格局，加快转变政府职能，更加激发各类市场主体活力。重点可从三个方面入手：其一是优化政务服务。大力推行"互联网＋政务服务"，抓好政务大数据中心建设，特别是区块链技术在政务服务领域应用，通过新技术的应用大幅提升办事速度，改善企业和群众办事体验。推广并联审批、在线办理、一网通办等服务形式，推进审批

服务智能化便利化，提高"窗口"服务水平。引导创业孵化载体向垂直产业孵化方向发展，构建全链条、体系化、专业化的孵化体系。推动京津冀三地在商务、海关、税务、港口等多节点数据上"链"共享，大幅提升进出口通关效率。积极落实政务服务"跨省通办"，有效满足各类市场主体和广大人民群众异地办事需求，畅通国内大循环。提高银行、保险、法律、中介等第三方服务能力，共同营造良好的营商环境。其二是完善基础设施和文体设施。通过空间挖潜、提高利用效率、提倡社会与社区共建共享、鼓励机关企事业单位的文体设施向社会开放等方式增加供给，并优先补充教育、卫生等民生设施。积极推动重点楼宇改造升级，加快安装高速宽带。向职工发放交通补贴，鼓励乘坐公共交通和绿色出行，改善交通微循环。其三是下大力气解决融资难、融资贵的问题。积极协调金融机构对普惠型小微企业贷款应延尽延，特别是协调国有大型商业银行把更多精力放在发展普惠金融上，利用大数据等技术，打通银行开户、申请信贷、合同确权、授信审批、放款管理全过程，为中小企业申请授信和银行风控管理提供支撑；借助北京知识产权交易中心建设，服务科创企业融资需求，切实解决"首贷难""续贷难"知识产权质押融资难等问题。

（二）着力推进国家治理体系和治理能力现代化，进一步提升法治保障

营商环境是一个国家治理体系和治理能力现代化的重要标志，它的核心问题是处理好政府与市场的关系，营商环境的改善有赖于政府与市场关系的改进，处理好政府与市场的关系是改善营商环境的重中之重。重点可从三方面入手：其一是便利企业设立与退出。从放管结合角度出发，把政府管的过多的事项精简下来，把应该由市场决定的事情交出去，清理不涉及重大项目布局又不触及安全底线的审批，降低市场准入门槛。提升企业注销便利度，强化税务、社保、金融、市场监管等环节协同办理，扩大简易注销范围，确保市场主体能够快进快出。其二是依法监管，保障公平竞争。把政府主要精力用在事中事后监管上，完善以"双随机、一公开"为基本手段、以重点监管为补充、以信用监管为基础的新型监管机制，推进部门协同监管常态化，扩展"互联网＋监管"，提高监管规范性和透明度，做到"宽进严管"。尤其是对疫苗、药品、特种设备等领域，实施严格监管；对新业态新模式，实施包容审慎监管。创造公平参与市场的竞争环境，在市场准入、审批许可、政府采购等方面对各类所有制企业一视同仁，加大信息公开力度，避免招投标中的不良现象。进一步扩大金融等服务业开放，打破行政性垄断，鼓励公平竞争。其三是更加重视知识产权保护。加强人工智能、大数据、互联网＋、共享经济等新领域、新业态知识产权保护制度设计，完善和细化知识产权创造、运用、交易、保护制度规则，

建立多元化解决知识产权侵权纠纷机制和惩罚性赔偿制度,缩短知识产权案件的办结周期,以完善的知识产权保护体系激发全社会的创新潜能。

(三)对标国际先进标准,培育国际一流营商环境示范区

营商环境竞争力就是国际竞争力,应自觉对标顶级全球城市,营造能够产生世界一流企业的营商环境。重点可从三方面入手:其一是健全落实科技创新政策。大力落实《关于全面推进北京服务业扩大开放综合试点工作方案》,以金科新区建设和金融扩大开放先行区建设为着力点,落实好金科新区"十四五"规划,研究制定具体实施方案和配套措施,打通政策落实的"最后一公里",全面兑现"金科十条",积极举办"一会一赛三论坛"和全球金融科技大会,不断提升金科新区的国际影响力。其二是促进贸易和投资自由化便利化。找准园区在国内大循环和国内国际双循环中的位置和比较优势,把构建新发展格局同实施区域协调发展战略、主体功能区战略、建设自由贸易区有机衔接起来。加大重点企业和项目的引进力度,特别是上下游配套企业的引进,促进产业链高效整合。主动融入京津冀协同发展,提高通关服务效率降低收费标准。积极参与"一带一路"建设,为园区企业拓宽全球范围配置资源的空间。其三是强化高端人才保障。以西城区建设世界优秀杰出金融人才集聚区为抓手,出台配套办法,开展分类分层支持保障,对高级管理人员与核心业务骨干给予资金奖励和综合服务支持,加大人才落户、工作居住证、就医保障;对初入职场的年轻科技人才,从发放住房补贴等入手解决其生活压力问题;充分利用该区域科研院所和高等院校多的特点,从就学政策上引导激励企业中层管理人员和技术人员继续学习培养成长为高层次人才。

参 考 文 献

[1] 刘英奎、吴文军、李媛:《中国营商环境建设及其评价研究》,《区域经济政策》2020年第1期。

[2] 韩阳:《国家治理现代化中的营商环境建设:以政商关系为视角》,《统一战线学研究》2020年第1期。

[3] 刘江会、黄国妍、鲍晓晔:《顶级"全球城市"营商环境的比较研究——基于SMILE指数的分析》,《学习与探索》2019年第8期。

首都农业主体大数据平台建设研究*

赵 莉 李德刚 蔡芬芬 刘铁军**

摘 要：农业主体是乡村振兴的主体，为适应大数据发展趋势，党中央国务院联合提出"健全农户和新型农业经营主体大数据"的要求。北京市农业大数据平台建设起步晚、差距大，尚不能适应农业主体"精准画像"的要求，主要原因在于农业主体大数据建设缺项严重、缺乏大数据思维、数据"烟囱林立"、缺乏典型应用等。应借鉴浙江省"浙农码"经验做法，优化顶层设计，统筹推进"京农码"建设；强化"京农码"牵引作用，提升农业主体大数据建设水平；深化实践探索，拓展农业主体大数据场景应用；加强组织保障，打造农业主体画像的"北京标杆"。

关键词：首都；农业主体；大数据；精准画像

加快农业农村的数字化改造，提升农业农村生产智能化、经营网络化、治理高效化、服务便捷化，是实现乡村振兴的必经之路。无论要实现乡村振兴"产业兴旺、生态宜居、乡风文明、治理有效、生活富裕"的哪一个目标，都离不开农业主体作用的发挥。然而，目前首都农业主体大数据的建设与其他省市相比、与首都乡村发展的需求相比，还存在较大差距，不仅无法满足对农业主体进行"精准画像"的要求，也无法及时掌握低收入农户是否返低、乡村治理是否有效等乡村振兴关键指标的进展情况。

---

* 本文系2021年首都高端智库省部级重大项目的阶段性成果。
** 赵莉，博士，中共北京市委党校（北京行政学院）决策咨询部主任，教授，主要研究方向为宏观经济与首都经济发展；李德刚，博士，大兴区观音寺街道工委书记；蔡芬芬，市民政局会计事务中心主任；刘铁军，博士，北京农学院党委宣传部常务副部长。

基于此，本调研组选择农业主体为切入口，从农业主体大数据建设的视角对未来首都乡村振兴大数据平台的建设进行检视，以实地考察和线上访谈的方式，先后对国家农业农村部信息中心、中国农科院、北京市农业农村局、北京市大数据局、浙江省农业农村厅、北京市平谷区和大兴区农业农村局及多个代表性乡村、阿里集团、京东、美团等国家、省市、地区、乡村和企业五个层次的涉农组织和相关负责人进行深入调研，系统梳理了首都农业农村大数据平台存在的问题与不足，总结提炼了"浙农码"平台建设的成功经验，进而提出了首都农业主体大数据平台建设的对策建议。

一 建设首都农业主体大数据平台的必要性

农业主体主要由农业企业、农民合作社、规模大户、家庭农场、农家乐、低收入农户、农民个体等构成。农业主体既是乡村振兴的主力军，也是乡村振兴的主要服务对象，更是共同富裕的覆盖对象。推进乡村振兴，实现乡村治理现代化，实现乡村共同富裕，无不需要农业主体大数据这一数据治理工具的强力支撑。

（一）建设农业主体大数据平台是贯彻落实国家、北京市的战略要求

党的十九大报告提出实施乡村振兴战略，2019年的中央一号文件进一步强调，坚持农业农村优先发展总方针，党的二十大报告进一步指出，坚持城乡融合发展，畅通城乡要素流动。实施乡村振兴战略必须与国家大数据战略相结合，用好大数据这一技术助推器，促进互联网、大数据、人工智能与农业农村发展深度融合，加快农村经济社会发展。为了加速推动大数据的发展和应用，中共中央办公厅、国务院办公厅2019年12月印发了《数字农业农村发展规划（2019—2025年）》，规划指出要"构建基础数据资源体系，建设农业自然资源大数据，建设重要农业种质资源大数据，建设农村集体资产大数据，建设农村宅基地大数据，健全农户和新型农业经营主体大数据"。为响应国家大数据战略部署，北京市2021年4月印发了《关于全面推进乡村振兴加快农业农村现代化的实施方案》，方案指出：建设乡村振兴大数据平台，构建全市农业农村数据资源"一张图"，推动主导产业全产业链数字化转型。因此，在推进乡村振兴战略的大背景下，针对农业主体大数据应用开展研究，对于促进政府数据开放共享，实现大数据与农业农村发展的深度融合，具有重要的现实和战略意义。

（二）建设农业主体大数据平台是便民、便企服务的需要

《北京市"十四五"时期乡村振兴战略实施规划》明确提出，全市"三农"

工作要坚持以人民为中心，坚持农民主体、全面发展。然而，目前北京围绕农业主体开展的数据采集严重不足，与上述理念还有较大差距。农业主体数据这一基础底座的缺失，直接导致无法为农业主体进行"精准画像"，更无法根据其个性化需求提供精准化服务，从而影响乡村振兴的整体进程。而农业主体大数据平台的建设，可以通过对农业主体需求的精准对接，为涉农企业和农户提供电子政务、市场推广、个人需求的快速处置，真正为企业和农户提供便利服务。

（三）建设农业主体大数据平台是科学决策的需要

政府决策的前提是客观全面地掌握信息。而目前平台仍然存在信息来源渠道单一、信息不完全真实而导致顶层设计出现偏差的现象。通过具有反馈和监督机制的信息采集方式，及自动处理、计算、汇总的信息处理方式，所建立起来的农业主体大数据平台则能最大程度保证数据的真实性和可靠性，可以将数据无人工干预地直接呈现在上级政府面前，帮助决策层实现科学决策。

（四）建设农业主体大数据平台是确保基层执行有效的需要

无论推进乡村治理，还是健全防止返低监测和帮扶机制，确保不出现规模性返低，确保农民收入增速快于城镇居民，执行都是关键。然而，由于基层政府和工作人员任务重、人手紧，执行效果往往不加人意。农业主体大数据平台的建立可以帮助工作人员随时查询帮扶对象的基本情况，了解工作目标任务以及上级政府下达的最新要求和政策。上级部门则可以针对那些逾期未完成工作且又不主动解释说明情况的，及时追究相关人员责任。

二 目前首都农业主体大数据平台建设的现状与不足

（一）首都农业主体大数据平台建设现状

近年来，北京市农业农村信息化围绕"三农"建设、乡村振兴等中心工作，已建成业务信息系统241个，覆盖了农业行业监管、农村经济经营管理等六大业务领域。作为北京市大数据平台四梁八柱之一的"北京乡村振兴大数据平台"一期工程也即将建成，大幅提升了"三农"工作的政务服务、业务监管和基础保障能力。

（二）首都农业主体大数据平台建设存在的不足

第一是农业主体大数据建设缺项严重。目前全市涉及农业主体的大数据主要存在于市农业农村局的三资监管平台和市统计局针对农村的统计报表和普查数据，内容主要侧重农业生产经营等，而针对农村合作社、家庭人口、劳动力等情况的数据仅有零星涉及，规模大户、家庭农场、农家乐、低收入农户以及其他农民个体等的数据则基本没有，无法完成对农业主体进行精准画像的要求。

第二是农业主体大数据建设缺乏大数据思维。目前大数据建设的出发点是满足各部门业务需求，从覆盖范围、采集方式、更新频率等方面都缺少大数据思维。采集方式多以人工统计为主，采集频率低、周期长、成本高、稳定性差、更新慢，无法实现全方位动态采集。通过感知设备对数据进行即时采集、即时生成的现代化、精准化的大数据采集方式依然不是主流。采集渠道主要依靠村、乡镇、区的三级报送方式，来源单一。重要电商平台的大量消费数据未被纳入，而这些消费数据是对农业主体进行画像、体现农民生活富裕程度的关键指标。此外，农业灾害预警的卫星遥感大数据、农业生产检测和追溯的物联网大数据也未被纳入。

第三是农业主体大数据建设依然"烟囱林立"。目前全市涉农数据分散存储在各行业、各部门、各业务系统中，因工作体系不顺、业务流程不清晰，造成数据开放共享障碍重重。条块分割、"烟囱林立"、数据"孤岛"等长期存在的问题依然未能很好解决。缺乏梳理与整合的数据，不仅无法为农业农村大数据应用提供统一、权威、可靠的基础资源支撑，也无法让政府部门从全局了解农业主体现状。

第四是农业主体大数据缺乏典型应用。从应用场景来看，现有数据主要服务对象是政府，对其他诸如农户、涉农企业等农业主体开放不够，也未能在企业经营、低收入农户帮促等领域形成典型应用产品，在满足用户多元化、个性化需求的数据应用产品开发上更是乏善可陈。从应用产品看，大多以数据图表、分析报告为主，缺乏以数据驱动决策的相关成果。从应用方式看，目前平台设计复杂、使用烦琐，对于文化水平不高的普通农民而言，便捷性和易用性严重不足。

三 浙江以"浙农码"为农业主体画像的经验做法

（一）"浙农码"的多维画像及功能应用

2020年11月浙江省农业农村厅发布了"浙农码"。"浙农码"是一个涵盖农业生产主体、农产品、各生产要素、乡村管理四大领域的大数据集成平台，以二维码、NFC、RFID等为标识载体，通过数字孪生，为全省涉农领域的人、物、组织建立统一的数字身份,为万物互联提供身份保障。"浙农码"已基本形成了对各类农业主体的多维画像,画像信息已涉及包括农业主体基本信息、就业、教育、收入、资产、生产经营、主导产品、信用情况、证照信息、申请帮扶等几十项内容,下一步还将通过各种场景应用,逐步实现对农业主体的全面精准画像。

"浙农码"平台通过对农业主体的画像,可实现八大功能:一是"码上查询"。可快速查询农业主体的相关情况。农业主体在办事窗口,可通过出示"浙农码",让窗口人员获取相关证照和资质等所需信息,提高办事效率。二是"码上政策"。通过农业主体对象的数字化标签,与省、市、县三级农业农村行政主管部门发布的惠农政策,进行双向匹配,实现惠农政策的精准直达、网上阅览和在线咨询。同时,也可查询其他部门发布的相关优惠政策信息。三是"码上直办"。对接"浙里办"App,农业主体既可在线办理省、市、县三级农业农村行政主管部门的办事事项,也可以办理税务、社保、工商等其他部门的办事事项。后期,将逐步增加农业保险理赔、龙头企业申报、农机购置补贴和渔船油补申领等功能。四是"码上营销"。打通浙江农民信箱和网上农博,农业主体通过"浙农码"扫描,可实时发布农产品销售信息,开展网络营销。同时,平台也展现了农业主体的品牌建设成果和政府的信用背书能力,通过对接浙江省农产品质量安全追溯平台,可查询农产品的生产作业记录、自检和抽检结果信息(不含抽检单位和人员)、食用农产品合格证信息等。五是"码上监管"。与全省畜牧业云平台进行对接,根据防疫需要和赋色规则,对"浙农码"进行自动赋色。同时,根据种植业、渔业的监管需要,确定赋色规则后进行赋色。六是"码上服务"。打通与政务咨询投诉举报平台等活动指挥系统的数据通道,实现数据实时共享,形成诉求快速提交、后台及时受理、部门限时答复、企业满意度评价的工作机制。七是"码上融资"。打通和省级金融综合服务平台的数据通道,优化农业主体评估和信贷流程,提升服务精准度,同时,连接蚂蚁金服网商银行,通过对农业主体的大数据分析和人工智能技术,直接为中小微企业提供秒级金融贷款服务。八是"码上信用"。以省级公共信用信息平台为基础,结合农业主体在省企业服务综合平台和"浙农码"运用中的具体表现,实行信用积分模式。对五星级企业可在企业数字名片中予以标识,发挥"浙农码"的信用激励作用。

(二)构建"浙农码"的主要做法

"浙农码"大数据平台建设中积累的一些做法值得我们借鉴。一是高位推动。组建数字化改革工作领导小组,建立"领导小组+专班+业务组"工作体系，实行工作清单化管理，制定五年建设目标，推行揭榜挂帅、试点先行建设模式。二是标准先行。发布《浙江省数字三农协同应用平台及业务系统建设技术规范》，对基础数据归集及系统开发过程设置规范要求，为数据资源共建、共享、共管、共用提供技术保障。三是数据深度共享。出台《浙江省农业农村厅数字化系统整合实施方案》，对各系统进行资源整合，完成与各单位的数据共享。四是以场景应用为抓手。实行"试点—提炼—复制推广"建设模式，选取试点探索场景应用，形成模板范例后推广。一个成功的应用场景案例就是开发"浙农码"低收入农户帮促版，对低收入农户赋码管理，为防返贫给予大数据支持。五是以政策为保障。陆续出台《深化数字浙江建设实施方案》《浙江省数字化改革总体方案》《数字农业农村发展规划（2019—2025年）》等文件，给予政策保障，并形成省级政府统一抓、各级政府和各部门积极研发的工作落实机制。

四 推进首都农业主体大数据应用的对策建议

浙江在涉农大数据应用方面已经走在了全国前列。借鉴浙江经验，可以推出"京农码"应用平台，并按照"京农码"应用的建设要求，倒逼首都乡村振兴大数据平台的顶层设计与数据库建设，拓展农业主体大数据场景应用，打造农业主体精准画像的北京标杆，恰逢其时。

（一）优化顶层设计，统筹推进"京农码"建设

从全局出发，以"京农码"为抓手，提前做好农业主体大数据建设的顶层设计规划。一是赋码管理。数据不仅要"管用"，更要"易用"。简单易用的扫码操作，对数字化应用能力有限的农民尤为重要。借鉴浙江经验，启动"京农码"建设，明确其"数字身份证"的权威定位，对北京各类农业主体进行赋码管理，无疑是接下来最为重要的顶层设计。按照全市城市码统一的标准体系，通过为相关主体进行统一编码，实现"每农一码""每户一码""每社一码""每企一码"，逐步通过"码上办"来达到"马上办"，逐步实现"码上管理""码上服务"和"码上监管"，最终实现建设"码上乡村""码上北京"的目标。二是补足农业主体大数据短板。除继续完善农业生产经营等领域大数据外，要重点补充涉农主体大数据，将农业企业、规模大户、新农民、低收入户等主体大数据也要尽快建立起来，为涉农主体大规模赋码奠定基础。三是依托现有资源，借势发展。依托北京大数据技术支撑平台，在首都之窗、北京通、局官方网站、微博、微信、百度、支付宝小程序和银行自助终端平台中嵌入"京农码"应

用并将一码办事事项接入，实现"京农码"与微信号、身份证号、手机号的自动关联，确保农业主体在任意渠道通过亮码认证即可办理各类业务。

（二）强化"京农码"牵引作用，提升农业主体大数据建设水平

将"京农码"确立为首都农业主体的"数字身份证"，并以"京农码"的建设倒逼大数据意识的建立、大数据标准的统一，并带动大数据的共通共享，是实现北京乡村振兴大数据平台整体功能提升的重要突破口和重要抓手。一是要树立大数据意识。要将统计思维切实转化为大数据思维。在人工统计方式基础上，增加智能感知设备自动采集方式，建立起人工报送、物联网监测、互联网数据三足鼎立的大数据采集模式，使客观数据来源成为主流，形成来源多元、格式多样、真实准确的海量数据集合；通过对数据进行深度分析，从中探索新规律、发现新角度、创造新价值，提高政府决策和治理的精准性、高效性和预见性。二是要统一大数据标准。按照国家、北京市相关标准规范要求，根据农业主体画像的实际需求，从"京农码"建设的要求出发，按照协调一致、动态修订的原则，编制北京乡村振兴大数据平台统一的标准规范体系，为各类数据的联通、交换和共享奠定标准化基础。三是促进大数据融合共享。加强横向合作，将分布在各行业、各部门、各系统的涉农主体数据，以农业主体为中心进行汇聚和融合，最大限度地扩充基本数据资源的体量，并通过"京农码"一码联通，将这些杂乱数据有效串联起来，实现跨部门、跨层级、跨区域的无障碍流动。"京农码"不仅可以打通各部门之间的信息孤岛和数字壁垒，更重要的是让这些沉睡杂乱的数据因为农业主体的出现而变得富有生命和价值。

（三）深化实践探索，拓展农业主体大数据场景应用

在为农业主体进行精准画像的基础上，根据各农业主体的需求进行信息的精准推送和服务。一是推进需求对接精准化。比如针对农产品生产端和消费端的对接，可以实现农产品的快速销售；针对农民打零工的问题，可以实现用工方和打工方的精准对接，从而将大数据平台由以政府为中心转变为以群众和企业为中心，让平台成为让企业、群众真能办成事、办事真方便的便民平台，成为提升农民收入、推动企业快速发展的服务平台。二是推进乡村治理高效化。通过农业主体大数据快速、高效的相关性分析，挖掘数据及背后事物之间的内在关系，提前预判、提前发现乡村治理中存在的问题隐患以及未来可能出现的各种治理风险，帮助各个治理主体针对性地制定防范和化解方案，为乡村治理主体的精准治理和精准服务提供科学指引。三是推进场景应用规模化。通过"试点—提炼—复制推广"模式，在重点领域试点场景应用，试验成熟后再大

规模推开。比如,可以针对低收入农户开发帮促应用,对低收入农户赋码管理,为防返低给予大数据支持,对于收入下降的农户及时赋"红码"预警。

(四)加强组织保障,打造农业主体画像的"北京标杆"

打造农业主体精准画像的"北京标杆"需要从多方面加强保障。一是加强组织领导。成立领导小组,由市领导担任组长,农业农村局局长任副组长,涉农数据相关单位为小组成员,建立若干工作组,包括需求调研及资源目录编制工作组、数据标准制定工作组、专家指导工作组、技术保障工作组、数据维护工作组等。二是加强制度保障。制定首都农业主体大数据平台建设工作的考核制度、信息维护制度等规章制度,考核工作进度、保障数据更新,做好安全防护。完善部门之间、系统单位之间、内部处室站所(中心)之间的协同工作机制,做好与农业农村部和北京市大数据平台的对接。三是加强资金保障。首都农业主体大数据平台建设要创新投入方式,按照投入多渠道、主体多元化、形式多样化的思路,积极引导多种经济成分的资金、技术等要素投入,形成政府引导,社会力量积极参与的大数据应用投入机制。

参 考 文 献

[1] 中共中央办公厅、国务院办公厅:《数字乡村发展战略纲要》,2019年5月16日。
[2] 农业农村部办公厅:《数字农业农村发展规划2019—2025》,2021年1月20日。
[3] 蔡奇:《努力走出一条具有首都特点的乡村振兴之路!》,《北京日报》2022年3月22日。
[4] 顾君、齐晓军、苑青微、曾庆鸿:《农业单品全产业链大数据平台设计与实现》,《农业大数据学报》2021年第1期。
[5] 翟剑锋:《基于BERT的用户画像》,《电子技术与软件工程》2019年第24期。

"三权分置"背景下京郊农村宅基地退出困局与制度解构[*]

刁琳琳[**]

摘　要：宅基地退出是我国农村宅基地制度改革面临的重大课题，既是推动土地制度系统性改革目标实现之必需，也是稳定和发展农村基本经济制度、夯实中国式现代化的农业农村基础之必然。在国家统领宅基地管理制度改革全局的政策框架下，基于宅基地退出实践的深入，分析探讨京郊宅基地退出的现实困局和制度困境，以解决其退出不畅的体制性和政策性障碍，可为北京及同类地区深化农村宅基地制度改革试点提供参鉴。

关键词：宅基地退出；"三权分置"；现实困局；制度解构；北京

一　国家统领宅基地退出制度改革的政策与理论框架

党的二十大报告指出："全面建设社会主义现代化国家，最艰巨最繁重的任务仍然在农村。"农业农村现代化是中国式现代化的"压舱石"，深化农村土地制度改革，赋予农民更加充分的财产权益，是守好"三农"基础、以全面乡村振兴推进农业农村现代化的关键抓手。宅基地是农村"三块地"之一，据全国土地变更调查数据显示，目前我国农村宅基地总面积约为1.7亿亩，占全部

---

[*] 本文系2022年度全国党校（行政学院）系统重点调研课题"'三生'空间协调视角下京津冀省际交界地区一体化高质量发展研究"（2022DXXTZDDYKT003）阶段性成果。

[**] 刁琳琳，博士，中共北京市委党校（北京行政学院）决策咨询部主任，教授，主要研究方向为国土与城乡规划、区域经济政策、城市空间经济。

农村集体建设用地面积的54%。宅基地制度改革是推进新型城镇化、深化农村改革和实施乡村振兴战略的重要任务，事关农民切身利益和农村社会稳定大局，更是融通城乡要素、强化城乡融合发展制度性供给的突破口。从2015年全国33个县（市、区）开启农村宅基地制度改革试点，到2018年中央一号文件明确"探索宅基地所有权、资格权、使用权分置实现形式"，再到2020年《深化农村宅基地制度改革试点方案》重点围绕宅基地使用权流转、抵押、退出等9个方面部署探索落实"三权分置"的具体路径和办法，党中央、国务院用系列文件[①]以完善顶层设计和配套制度的方式在全国多轮次地推动宅基地制度改革试点工作，重点聚焦两项改革任务：一是在试点区域探索建立宅基地有偿使用、转让和退出机制；二是在保障完善农民宅基地用益物权的基础上，慎重且稳妥地探索农民住房财产权权能实现的有效途径，增加农民财产性收入渠道。

总体来看，宅基地"三权分置"改革的逻辑起点是以明晰的产权安排统筹好宅基地保障功能和维护农民权益的财产功能，解决多年来宅基地和农房闲置低效利用、农民财产权利缺失等问题。但受宅基地本身历史形成的特殊性、涉及重大利益关系调整的敏感性及其所承载的政治、经济和社会功能的复杂性等因素影响，改革路径始终采取了"稳慎推进"原则。从"三块地"改革试点过程看，相比农村土地征收、集体经营性建设用地入市改革取得的显著进展，宅基地制度改革呈现整体进度滞后、试点时间长、探索难度大等特点。从其自身改革成效看，各地在探索宅基地取得、有偿使用、审批管理等有效实现形式方面均有创新性突破，但在"适度放活"宅基地使用权流转的限制条件和范围、探索建立宅基地自愿有偿退出机制方面，则做法不一、步伐缓慢、力度不够。如何及时调整宅基地制度政策以适应新时期乡村振兴战略要求，是一个急需在顶层设计与基层探索的互动中持续系统性研究、改进和革新的重要任务，既具有其深刻的理论建构价值，也具有其强烈的现实政策含义。

（一）实践逻辑："自愿有偿退出"取向下的顶层设计与地方探索

宅基地退出是中国农村土地制度的特色概念，意指农户在政府相关政策指引下依法自愿退出超出法定标准、长期低效使用或闲置的宅基地，将宅基地使

---

① 主要文件包括《关于农村土地征收、集体经营性建设用地入市、宅基地制度改革试点工作的意见》（中办发［2014］71号）、《深化农村改革综合性实施方案》（中办发［2015］49号）、《关于开展农村承包土地的经营权和农民住房财产权抵押贷款试点的指导意见》（国发［2015］45号）、《关于建立城镇建设用地增加规模同吸纳农业转移人口落户数量挂钩机制的实施意见》（国土资发［2016］123号）、《深化农村宅基地制度改革试点方案》（2020年）等。

用权有偿归还其所在农村集体经济组织的现象[①],是一种政府引导行为,不具有强制性。改革开放以来,城镇化引发城乡人口对向和多向流动,中国已有约2.9亿农村人口转向城市就业、居住,同时国家层面"允许农村居民与城镇居民合作建房""鼓励利用闲置住宅发展符合乡村特点的新产业新业态"、促进"一二三产业融合发展"的系列政策突破,也激发大量城市资本"下乡"投资创业助力乡村振兴,从而使农村人地比例关系和居民住房情况发生了深刻且复杂的结构性变化。据统计,目前全国农村至少有7000万套闲置房屋,闲置宅基地面积达3000万亩左右,平均闲置程度为10.7%[②]。鼓励和引导农户依法自愿有偿退出宅基地,是盘活利用闲置宅基地和闲置农房的重要前置条件,关系农民宅基地用益物权的实现程度,也终将促使农村宅基地分配或使用制度发生重大变化。

从宏观政策设计看,近年来通过持续性改革试点,国家层面构建宅基地退出制度的总体思路日趋明朗。2019年《土地管理法》在多个前期文件颁布实施和试点经验总结的基础上,明确宅基地退出政策的前提是"有偿且自愿",针对群体是进城落户、长期进城务工的农业转移人员,主要途径为置换退出,退出"底线"为"四个禁止"[③],从而以立法的形式为宅基地退出提供了基本保障和制度支撑。系统性改革政策实现了两个重要突破:首先,基于对制度稳定性、法律延续性和改革创新性的三重兼顾,以鼓励自愿退出、有偿收回而禁止对外流转交易为政策取向,这体现为将退出或流转范围限定在"本集体经济组织内部"[④],这一规定虽影响了改革的力度和成效,但在《土地管理法》严格限制宅基地自由流转的前提下,有偿退出成为一项"依法、自愿"前提下的重要决策共识和政策出口。其次,住房财产权的流转必然导致宅基地使用权的流转。《关于开展农村承包土地的经营权和农民住房财产权抵押贷款试点的指导意见》首次突破法律和政策对宅基地抵押的限制,明确赋予宅基地使用权抵

[①] 徐绍史:《加强和改善土地宏观调控构建科学发展新机制》,《求是》2010年第3期。

[②] 参见魏后凯、黄秉信《农村绿皮书:中国农村经济形势分析与预测(2018—2019)》,社会科学文献出版社2019年版。

[③] 2021年《土地管理法实施条例》明确提出:"禁止违背农村村民意愿强制流转宅基地,禁止违法收回农村村民依法取得的宅基地,禁止以退出宅基地作为农村村民进城落户的条件,禁止强迫农村村民搬迁退出宅基地"。

[④] 2014年《关于农村土地征收、集体经营性建设用地入市、宅基地制度改革试点工作的意见》中明确提出:"探索进城落户农民在本集体经济组织内部自愿有偿退出或转让宅基地",2016年多部委联合发布的《关于建立城镇建设用地增加规模同吸纳农业转移人口落户数量挂钩机制的实施意见》中提出:"允许进城落户人员在本集体经济组织内部自愿有偿退出或转让宅基地"。

押融资功能①，与《物权法》和《担保法》（均已废止，现由《民法典》替代）中"地随房走"基本原则达成一致，使"还权赋能"取得了实质性突破。

从多地宅基地流转与退出的试点实践看，目前宅基地"换房"（天津市）、"入股"（广东省深圳市）、"复垦券"（河南省郑州市）、"上楼转居"（北京市）、"两分两换"（浙江省嘉兴市）、"拆院并院"（四川省成都市）以及收储式（宁夏回族自治区平罗县）、置换式（江西省鹰潭市）、"集体券"式（浙江省义乌市）等改革模式繁多，基本依托城乡建设用地增减挂钩和村庄整治项目实现。例如，浙江余江的改革模式为区分"一户一宅"在标准面积以内和超过标准面积的部分、"多宅"中符合规划和不符合规划的部分、本集体经济组织之外人员占有和使用的宅基地等不同情况，分别采取有偿自愿退出、有偿强制退出、无偿拆除退出、缴纳有偿使用费等分类、分级的退出政策。浙江义乌鼓励农户将闲置、低效宅基地先实施复垦，验收合格后折算为建设用地指标，以"集地券"形式在市域范围内统筹使用和流转交易，创新出台涵盖宅基地取得置换、抵押担保、入市转让、有偿使用、自愿退出等各环节的政策细则，赋予宅基地使用权充分的流动性，最大限度拓宽农民财产权能实现渠道。

综合来看，城乡建设用地增减挂钩是当前地方政府推进宅基地退出所采用的主要政策工具，但在地方获取建设用地指标来推动城市发展的强烈激励下，很多并非以"宅基地退出"的名义进行，导致"自愿有偿"常规化退出机制难以实质性建立。研究表明，各地宅基地退出实践中仍普遍存在农民意愿未受到尊重、补偿标准过低、退出后生计转型困难等问题（朱新华等，2018；祁伟彦等，2022），甚至因退出引发"种地难"影响农户农业生产效率（王静等，2022）。同时，由于相关法律制度不完善②、顶层政策措施不够明确、地方退出政策设置和执行不尽合理、农民维权能力有限等原因，各地虽有一些具体的政策性规定，但难以跳出已有政策的关键性体制约束，导致陷入制度设计的系统性缺失中。近年来各地频现的宅基地利用面积超标、粗放使用、"一户多宅""建新不拆旧""触法流转"等乱象，溯其根本，很大程度上皆因宅基地退出机制缺失所致。这其中，既由宅基地本身基于农户身份的福利性分配和无偿、无限期占用的使用权特征所决定，也受历史形成的立法规划冲突、重"批"轻"管"的体制性缺陷所制约，其退出困境突出体现为在实践中遭遇的局部制度创新与历史遗

---

① 《关于开展农村承包土地的经营权和农民住房财产权抵押贷款试点的指导》指出，"农民住房财产权设立抵押的，须将宅基地使用权与住房所有权一并抵押"，但并未单独赋予宅基地抵押权能。

② 2019年修订的《土地管理法》对农村土地征收和集体经营性建设用地入市已经有了较为明确、可操作的法条规范，宅基地制度改革仅仅增加了"允许进城落户的农村村民依法自愿有偿退出宅基地，鼓励农村集体经济组织及其成员盘活利用闲置宅基地和闲置住宅"的表述。

留、伦理困境、法律障碍、政策阻力、技术瓶颈之间的摩擦与矛盾。

（二）理论逻辑：关于"宅基地退出和流转"限制的争议

宅基地流转和退出有程度上的区别，流转可视为针对那些仍希望"留住乡愁"的村民，采用的退出宅基地使用权、保留宅基地资格权和房屋所有权的一种"暂时退出"政策，同样也应遵循"有偿自愿"原则。建立科学合理的宅基地退出机制，涉及如何确定退出程序、补偿标准、收益分配以及退出后建设用地指标如何使用、流转等一系列具体问题。国外类似研究多从微观层面（农户）聚焦农村居民点退出行为、决策过程、区位选择过程、流转对逆城市化的影响、农民集中居住区的社会样态等问题（Chaney & Sherwood，2000；Lowe et al.，1997），政策视角的针对性研究不多见[①]，此外西方宅地流转的经验模式探讨缺少基于中国本土制度土壤的调试。国内学界围绕实践总结和理论建构两条思路深化宅基地制度改革研究，从对城乡边缘带居民点演进机制和模式的研究（李裕瑞等，2010）转为关注这一区域闲置低效宅基地流转和退出问题（于跃龙，2013），从普遍强调政府对宅基地审批监管的重要性（张友占等，2006）转向研究宅基地审批、使用、监管、流转等环节的制度失衡问题（李文谦等，2009；蒋省三等，2010），在对农户宅基地退出意愿（胡银根等，2020）、驱动机制及限制性因素（杨玉珍，2015）、退出政策的绩效评价（吴芬娜，2014）等方面深入探讨的基础上，指出补偿机制缺失、结余指标收益分配机制缺失、宅基地与城镇住房衔接及转换机制缺失等是宅基地退出的政策短板。

总体而言，首先，学界研究视阈中并不否认我国宅基地供给制度的优越性，认为现行宅基地制度及其配套政策大致形成于我国计划经济体制和社会转型期，在统一的城乡住房保障制度缺位时，"一户一宅"制度为农民提供了大体公平的住宅保障和权益保障，保证宅基地供给制度稳定是学界共识。但其制度本身的矛盾和漏洞，又同城镇化、工业化和农业现代化的现实发展不相适应，理论研究和政策法规调整均滞后于市场需求。其次，学界对于建立农村宅基地退出机制没有争议，但对宅基地退出制度创新的约束条件、机制政策设计缺乏共性认识，对"大规模流转"的时机是否已经成熟尚未达成一致，对一些地方试图推行宅基地流转的努力评价不一。特别是关于"宅基地是否应放开流转"的两派观点辩驳激烈，支持者认为对宅基地"不得向本集体经济组织以外成员流转"的限定与宅基地大量闲置共存的状况催生了宅基地退出的隐性市场，是导致宅基地触法利用、违规流转等问题的根源，放开限制、自由流转将

[①] 参见周婧、杨庆媛《农户层面农村宅基地流转研究进展与述评》，《地理科学进展》2012年第2期。

是改革的终极目标①和实现"还权赋能"的题中之意，有偿退出只是"千里之行"第一步；反对者则对"一旦放开限制，农民会因失去宅基地而流离失所"不无担忧，认为农村宅基地、住房和村庄是农民的基本保障和进城失败的最后退路，在较长时期保留进城农民的宅基地，不仅具有合理性而且具有重要性（贺雪峰，2021）。这些争议背后凸显的是宅基地担负的社会保障功能与财产功能之间的冲突。

二 京郊农村宅基地退出的五个现实困局及成因分析

京郊农村宅基地利用整体呈现"一户一宅"难持续、"多占超占"难退出、"用益物权"难落实、"触法流转"难禁止、"闲置存量"难盘活五个特征。城乡结合部作为二元体制隔阂积弊最为明显的地区，宅基地自发隐性流转、群体逐利行为十分普遍，造成村民人口与非村民人口混居、新增城市用地与农村土地叠置的景观；远郊区则伴随大量农民"离乡进城"，宅基地"空置"现象严重。近年来，北京各区通过加大流转、置换、复垦等方式探索宅基地退出机制，在实践中也创新出各种不同的"模式"及实施典型地区。但总体来讲，宅基地存量调整和退出模式还处于分散探索阶段，多是对现有制度的地域调整或政策特批，没有形成系统的制度工具。

（一）"一户一宅"难持续

"一户一宅"制度导致宅基地资源分配不均是目前京郊农村宅基地利用面临的突出问题。20世纪90年代初，北京部分区县曾尝试用经济手段调节宅基地的分配使用，但因多种原因于1993年叫停，自此宅基地审批基本处于停滞状态，多年没有新增审批的宅基地指标，新增农村户籍人口"一户一宅"的承诺难以兑现。虽然"一户一宅"的宅基地审批标准在国家法律政策中被严格界定，但缺少配套政策和实施细则，农民可以"零成本"持有宅基地，实际发展中，对在承包地上随意建房形成的对宅基地的事实占有缺乏有效治理手段，加之合理退出机制受阻且成因复杂，"一户多宅"问题已经不是个例。据调查，目前北京大兴、顺义、密云、门头沟四个区，拥有2处住宅的农户占比约为6.2%，拥有3处以上住宅的农户占比约为0.45%。这其中，一部分确属违法超建，也存在因农民分家立户、人员流动等正常新增宅基地需求无法得到合理满足而不得已违法建设。此外，由于"一户一宅"的规定，宅基地在本村内部流转的

---

① 参见宋志红《宅基地使用权流转的困境与出路》，《中国土地科学》2016年第5期。

机率很小，这种法律界定实际对农民财产权的流转实际上无任何意义[①]。

（二）"多占超占"难退出

"多占"表现为一户多宅、无地建房；"超占"表现为虽然是一户一宅，但面积明显超过标准。据统计，目前北京大兴、顺义等重点平原新城部分村镇农民户均宅基地面积为1.22亩、拥有1.21个宅院，占地超标的宅基地数量占总量的45.7%。宅基地"超占"主要由历史遗留和管理缺位两个原因造成。历史遗留表现为1982年以前对宅基地面积是没有限定的，所谓的"超标"只是后来依据面积限额"追加"的认定标准[②]。很多在高级合作社之前已经形成的"祖宅老院"通过继承和赠予延续至今，且不同时期宅基地分配执行不同的标准，政策多变性致使"多宅"和"超占"的历史成因复杂。管理缺位表现为乡镇政府和村集体经济组织对违规开垦、私自占用、小产权房建设缺乏监管，对符合收回标准的宅基地未予收回，一定程度上对超占宅基地退出的困局负有责任。调研发现，绝大多数超占问题并非行为人主动行为所致，审批分配和村队安排的占较大比重，定性为违规有所不妥，在确权登记中应慎重处理。虽然2000年以后北京市各区县乡镇在宅基地管理过程中曾经采取"插户建房"的方式对宅基地偏大的农户进行过调剂，但事实证明，采用强制收回或行政手段调节都成效甚微，经济手段与行政手段适当结合解决"多占超占"问题是较为合理的。

（三）"用益物权"难落实

《民法典》将农民对宅基地的使用权利界定为一种用益物权，允许农民通过宅基地流转方式获取宅基地物权带来的合法收益。在目前宅基地退出方式多以政府主导的村庄整治模式为主，宅基地用益物权也只能通过政府拆迁对宅基地根据区位和面积予以补偿时才能实现。梳理相关政策发现，尽管2003年《北京市集体土地房屋拆迁管理办法》和2005年《北京市远郊区旧村改造试点指导意见》对宅基地上房屋拆迁的补偿安置标准、面积、方法进行了较为详细的规定，并在指导宅基地整理腾退过程中起到了重要作用。但多年来宅基地制度在演进过程中，对农户使用权的保障在制度架构中已日渐势微，农民宅基地的产权功能基本丧失。这表现为：首先，过去的《土地管理法》《担保法》未

---

① 2019年《土地管理法》已对"一户一宅"标准做出调整，明确提出人均土地少、不能保障"一户一宅"的地区可以实现"户有所居"。

② 根据北京市政府39号令，1982年以前划定的老宅基地面积以每户不超过0.4亩的标准认定；1982年至今，区分具体情况，法定标准分别是0.25亩和0.3亩。

与《物权法》相衔接,长期以来无法为农民宅基地用益物权提供保障;其次,现有《民法典》沿用了《物权法》关于宅基地用益物权的界定,但只是规定农民享有宅基地占有权和使用权,未对处分权和收益权做出说明解释,并对集体所有宅基地的使用权做出"不得抵押"的明确规定。在现实中,宅基地使用权只有"经本集体同意"才能转让,且只能转让给"本集体内符合宅基地使用权分配条件的农户",使处分权大打折扣,自然也无收益权可言。

(四)"触法流转"难禁止

据统计,20世纪90年代以来京郊宅基地自发流转进入市场的比例约占宅基地总数20%左右,有的地区高达40%以上。近年来京郊宅基地流转形式不断丰富,尤其是城市边缘区和"城中村"农宅流转活跃。对顺义区4个乡镇、30个村、1472个农户的抽样调查显示,有35户卖房,占2.4%;有269户出租房屋,占18.3%;房屋闲置户在20%以上。这些流转多由村集体经济组织或个人以公开或半公开形式进行,流入对象既有本集体经济组织成员,也有外村村民、城镇居民[1],表现为农民在宅基地上自发加盖加高房屋、扩大住房面积以获取租金收益(以"瓦片经济"为代表),或将房屋使用权以70年期限出租给城镇居民,这其中违法流转与合法流转相互掺杂,存在大量"未批先用"情况,导致集体土地变相开发、小产权房泛滥。尽管法律和政策严格限定了农村集体对宅基地的利用和处分的权限,但基层政府对触法流转仍缺乏实际控制力,许多流转地经多次转包、利益主体多元,在流转的程序、合同、实际操作方法层面的不规范问题突出,成为农村土地管理工作的薄弱环节。

(五)"闲置存量"难盘活

与全国多数地区村庄"空心化"程度随距离城市中心距离呈现梯度递增规律相同[2],北京农村宅基地及住房闲置率呈现由近郊区到远郊区逐渐升高的趋势,据统计,大兴、门头沟、怀柔等区宅基地闲置率分别达到8%、13%、14.3%。近郊区宅基地闲置表现为"建新弃旧",部分农户申请新的宅基地、新房建好并入住后,原来的旧房不拆、旧宅基地不交,以待拆迁安置;远郊区宅基地闲置表现为"人走屋空",村庄外出转工转居人员的部分宅基地长期闲

---

[1] 为推进绿化隔离地区和旧村改造,2000年《北京市关于加快本市绿化隔离地区建设暂行办法》规定"在农民自住房建成的前提下,允许集体经济组织开发建设部分商品房上市出售","建设农民自住房屋和上市出售的商品房比例为1∶0.5","所得收入全部用于补偿拆迁、新农村建设及绿化建设"。

[2] 2020年自然资源部调查显示,全国农村闲置宅基地、空置住宅占地、村内空闲地占农村居住用地总面积的9%,且距城市越远空置率越高。

置、无人居住和继承。究其原因，一方面，由于宅基地无偿取得、无限期使用、无留置成本，农民更倾向于多占宅基地，而非集约利用土地，导致农村宅基地长期处于增量状态；另一方面，闲置宅基地回收利用难度大、周期长、审批程序烦琐，2020年北京市《关于落实户有所居加强农村宅基地及房屋建设管理的指导意见》中虽提出"稳慎处理历史问题，积极探索有偿退出和转让机制"，但实际操作中各区退出补偿标准不一、增值收益分配方式有限、保障支持政策不足、系统性制度设计缺位，导致农民退出意愿普遍不强。

三 导致宅基地退出困局的制度根源：基于"双重困境"的讨论

刘守英（2015）认为宅基地制度是中国农村土地制度中最特殊的制度安排，是仅存的资源稀缺程度很高却仍然采取福利分配的制度安排之一，这一制度自诞生之日就裹束着学术争论、政策求解和法律修改[①]。现行宅基地制度面临的理论困境和法律困境，决定了其存在的特殊性、改革的复杂性和退出的困难程度，厘清其体制机制性障碍，既能避免制度设计重蹈覆辙，也有助于探寻缓解宅基地退出困境之策。

（一）产权理论困境：土地"有限"产权的制度掣肘

通常认为，宅基地退出的理论困境，源自土地有限产权制度本身无法回避的农村土地的公共产权性质与经济效率需求的冲突。正如诺斯（2017）等西方新制度经济学家所认为的："有效率的经济组织是经济增长的关键"，而"有效率的组织的产生需要在制度上做出安排和确立产权以便对人的经济活动造成一种激励反应"[②]。农村土地权利指农村集体土地的所有权、使用权以及他项权利的归属，具体包括所有权、使用权、承包经营权、租赁权等各种（多维度）权利束。宅基地"有限产权"表现为，所有权主体的不明确性、用益物权的不完整性和使用权权能的单一性限制了宅基地对于农民的财产属性和功能，并进一步限制了农民房屋的财产所有权权能，从而影响了产权效率的实现。也正如周其仁（1995）在"所有权悖论"[③]的逻辑分析中所言：一方面，由于产权权

[①] 参见刘守英《农村宅基地制度的特殊性与出路》，《国家行政学院学报》2015年第3期。

[②] ［美］道格拉斯·诺斯、罗伯斯·托马斯：《西方世界的兴起》，厉以平、蔡磊译，华夏出版社2017年版，第117—120页。

[③] 参见周其仁《中国农村改革：国家与土地所有权关系的变化——一个经济制度变迁史的回顾》，《管理世界》1995年第3期。

利大部分限制来自国家的强加，所有权天生就不那么完整独立，不能完全离开国家而得到有效执行，因此国家与产权必然捆绑到一起；另一方面，国家的引入又非常容易导致所有权的残缺（所有权权利束中的一部分被删除，即部分产权，或称有限产权），无法完全避免无效产权的后果。经济无法增长的原因正是国家租金最大化的所有权结构与有效产权之间存在持久的冲突，而完全私人产权又无法排除因市场失灵引发的土地资源占有与分配不均的矛盾。可能的解决途径是，以一种参与性的形式保证农村土地管理的有效性和持久性，在社会和国家之间形成一种均势，即在土地产权分割上寻求突破。恰恰因为土地"有限产权"制度的性质，使某种程度上宅基地用益物权的缺失成为必然，也使宅基地集体所有权、农户宅基地使用权和农户房屋所有权在设定上的分离成为必然。

土地"有限产权"无疑具有特殊的制度特征，由其引发的一系列问题，在很大程度上正是当前已经面对并且今后还将不断面对的理论困境[①]。这一理论困境，决定了宅基地使用权制度功能和效益的发挥必然受所有权的约束，决定了宅基地退出机制的建立必须首先以实现宅基地使用权与其上房屋所有权的权利关系统一为基础，决定了宅基地制度改革的基本逻辑应是在维持土地所有权不变的基础上，将土地使用权、处分权和收益权尽可能完整地界定给农民，并允许其按照市场原则进行交易，在规范构建宅基地交易制度和实现对农民有限财产权益的利益保护间发展完善。

（二）法律困境：立法的缺陷及其自相抵牾

纵观国家和北京市有关宅基地退出的法律、法规、规章和政策，目前还没有专门调整农村宅基地制度的法律，相关法律的改进已经整体滞后于农村宅基地制度改革的实践。立法层面的矛盾性突出表现为，限制流转的初衷是为保护农民安身立命的资产，保证其分享有限财产权益的公平性，但对宅基地流转的限制实际又剥夺了房屋所有权人的收益和处分权，限制法律权利形式本身就有违法律公平正义。比如，宅基地在需要流转时，被法律规定严格限制在极其狭小的范围（本集体经济组织）内，农民的财产权利反而得不到实现；相关法律也缺少对宅基地使用年限的规定。如前所述，我国法律对农村宅基地流转的有关规定一直是十分谨慎和有保留的，虽然相关法律设计中也留出了一定的改革空间，但在国家层面，有关农村住宅用地的流转法规一直没有出台。现行宅基地制度在法规政策上的观念落后、概念模糊、调整滞后、难以操作等特殊原

---

① 参见郭晓鸣《中国农村土地制度改革：需求、困境与发展态势》，《中国农村经济》2011年第4期。

因，导致所有权笼统界定、限制流转的立法失调，宅基地退出机制始终难以建立，主要表现在：（1）未明确落实到农户的宅基地使用权的所有权如何实现；（2）对农民宅基地用益物权的内涵没有明确的认定和解释；（3）对宅基地房屋的可处分性与宅基地使用权流转的限制性的规定存在冲突；（4）《宪法》规定土地使用权可以依法转让与政府限制农宅流转政策存在冲突；（5）宅基地流转权限制的设定在法理上自相矛盾；（6）是否承认、保护、规范农民向城镇居民出租、出售宅基地上房屋的权利，前后法律缺乏衔接；（7）在农村集体资产上构建私人住房财产权及收益权法理上如何解析，尚待讨论。

参 考 文 献

[1] 蒋省三、刘守英、李青：《中国土地制度改革：政策演进与地方实施》，上海三联书店2010年版。

[2] 于跃龙：《我国农村宅基地退出机制研究》，硕士学位论文，中国地质大学，2013年。

[3] 王静、赵凯：《宅基地退出、要素配置与农户农业生产效率》，《南京农业大学学报》（社会科学版）2022年第3期。

[4] 孙鹏飞、高原、赵凯：《宅基地退出对农户收入的影响——基于倾向得分匹配（PSM）的反事实估计》，《西北农林科技大学学报》（社会科学版）2020年第2期。

[5] 李文谦、董祚继：《质疑限制农村宅基地流转的正当性——兼论宅基地流转试验的初步构想》，《中国土地科学》2009年第3期。

[6] 李裕瑞、刘彦随等：《中国农村人口与农村居民点用地的时空变化》，《自然资源学报》2010年第10期。

[7] 张友占、温栋、张健：《关于土地抵押权登记存在的问题及启示》，《南方国土资源》2006年第1期。

[8] 周婧、杨庆媛：《农户层面农村宅基地流转研究进展与述评》，《地理科学进展》2012年第31卷第2期。

[9] Lowe, P., Clark, J., Seymour, S., et al., *Moralizing the Environment: Countryside Change, Farming and Pollution*, London: UCL Press, 1997.

[10] Chaney, P., Sherwood, K., "The Resale of Right to Buy Dwellings: A Case Study of Migration and Social Change in Rural England", *Journal of Rural Studies*, 2000, 16(1): 79-94.

特色产业带动乡村振兴的路径探索与经验启示

——以北京市密云区为例

陈娟娟　陈　娜　杨树明[*]

摘　要： 在探索具有首都特色的美丽乡村建设道路上，北京市密云区巨各庄镇蔡家洼村产业化发展曾受到多种因素影响或制约，如休闲农业模式单调、产业融合程度不高、农产品的储存和销售等环节发展滞后等。近年，蔡家洼村探索以特色产业带动乡村振兴，坚持党建统领，遵循村庄发展规律，厚植特色产业，发展花卉经济，通过念好"山字经"、做好"水文章"、用好"花为媒"，实现本村劳动力村内就业发展的目标，并带动周边劳动力就业，打造远近闻名的"蔡家洼豆腐"，以及被农业部评为"中国美丽田园花海景观"的多功能玫瑰主题花园——玫瑰情园等地方特色品牌产业，以坚强的基层党支部、地方特色产业、发展生态观光旅游带动乡村振兴。

关键词： 乡村振兴；豆腐西施；玫瑰情园；特色产业

党的二十大报告中提到，"全面推进乡村振兴。加快建设农业强国，扎实推动乡村产业、人才、文化、生态、组织振兴。发展乡村特色产业，拓宽农民增收致富渠道"[①]，为做好新时代"三农"工作提供了方向，乡村振兴、产业兴旺是重点。近年来，北京市密云区巨各庄镇蔡家洼村通过不断努力发展特色

---

[*] 陈娟娟，中共北京市密云区委党校讲师，主要研究方向为基层治理；陈娜，中共北京市密云区委党校教师，主要研究方向为政治学；杨树明，中共北京市密云区委党校教师，主要研究方向为经济学。

[①] 《高举中国特色社会主义伟大旗帜　为全面建设社会主义现代化国家而团结奋斗——在中国共产党第二十次全国代表大会上的报告》，人民出版社2022年版。

产业，先后荣获中国最有魅力休闲乡村、全国新农村建设十大特色村、国家级农业标准化示范基地、全国乡村旅游重点村、全国"一村一品"示范村、北京市最美乡村等荣誉。通过分析蔡家洼村在产业发展中遇到的问题，梳理以特色产业带动乡村振兴的主要做法，探索总结关于特色产业带动乡村振兴的经验启示，希望能够为助力乡村特色产业健康快速发展贡献有益思考，进一步提升农业农村现代化水平。

一 蔡家洼村在产业发展中遇到的问题探析

密云区巨各庄镇蔡家洼村依据位于北京后花园、毗邻密云城区，地理位置优越，具有良好自然禀赋的生态优势，着力发展合乎自身定位、生态标准和经济规律的村集体经济产业形态。尽管取得了许多成绩，但从总体上看，蔡家洼村的产业化发展由于受到各种因素的影响和制约，还存在一些短板与不足。

（一）产业融合程度不高

据了解，蔡家洼村的一二三产业关联性较小，三者之间的关系较为松散，不能起到互通互融、相辅相助的作用，没有形成相应的产业格局。随着乡村产业的日渐发展壮大，村民们不再满足于初级农产品的供应，发展第二产业就变得非常重要。发展第二产业的关键是提高深加工水平，这就要依赖科技，需要在科技创新和专业技术引进等方面进一步加强。

（二）产业发展资金短缺

资金瓶颈是长期制约蔡家洼村产业振兴的重要因素。银行借贷门槛较高，资金供给渠道不畅，部分金融机构存在惜贷现象。[①] 现有的乡村产业发展融资得不到顺利落实，相关产业难以得到充足的发展资金，不能得到有效推进，无法落地变为现实。由于资金投入机制的不健全，致使乡村产业在重要发展阶段缺少必要的资金支持，特色优势得不到发展。

（三）产业链条不完善

在产品的储存、运输等环节，现代化技术应用不充分，没有形成完整的产业链条。林果花卉产业的精深加工制作不足，销售渠道未完全打开，从原材料到可消费产品的链条不健全，副产品综合利用程度较低。物流基础设施落后，

---

① 参见刘合光、樊琴琴、韩旭东《乡村产业转型升级路径研究》，《农村工作通讯》2022年第6期。

第三方物流企业较少，冷链物流供给能力较弱，不能充分适应有关产品季节性、品种多、易腐烂等特点。现有的乡村人才匮乏，不能提供足够的智力支持，以此助力和保障农村电商、乡村旅游、康养产业等新兴产业的迅速发展。

二 蔡家洼村以特色产业带动乡村振兴的路径探索

（一）坚持以党建为统领，夯实集体经济的根基

蔡家洼村始终坚持党建统领，坚定不移地发展村集体经济，作为密云区首个村级党委，下设8个党支部，党组织在引导集体经济发展的进程中，注重加强班子队伍自身建设，发挥好组织优势和制度优势，充分调动各方面力量参与到集体经济的发展中，确保将蔡家洼村集体经济的既定目标按期完成。

1. 开创特色村集体经济模式

蔡家洼村通过"党组织＋合作社＋企业＋村民"多主体联动机制，通过"保护好绿水青山这一最大优势，保持乡土特色，适度开发旅游，带动周边发展"，开创"农业园区化、园区景区化、农旅一体化"的特色村集体经济模式，深耕生产生活、休闲娱乐、旅游观光、科普互动等产业发展优势领域，形成要素集合、产业集聚、集装配套、集约发展的基本产业格局。蔡家洼村以观光休闲旅游度假产业为主，结合绿色科技农业、农产品深加工观光工业，集体经济不断壮大。

2. 增强村集体经济实力

成立村合作社，找到集体经济发展重点。为更好地把村民组织起来、资源整合起来、产业发展起来。蔡家洼村完成了资产量化型农村集体经济产权制度改革，成立了股份经济合作社，实现资源变资产、资金变股金、村民变股民。蔡家洼村集体净资产全部量化为村集体和村民个人股份，其中40%转为集体股、20%转为户籍股、40%转为土地承包经营股，经济合作社下设蔡家洼豆制品、玫瑰情园旅游、蔬菜种植、葡萄种植、物业、热力、幼儿园等22家企业，通过定期召开股民大会等方法，让持股村民参与到企业的经营中来，保障村民行使股民义务和利益，更强化了"抱团发展"和"经营乡村"的意识，村集体经济实力显著增强，村民更有归属感。

（二）厚植特色产业，打造产业融合发展模式

打造产业融合发展模式，是在农业充分发展的基础上，通过体制创新、产业联动、技术改进等方式，对各类资源进行跨界集约化配置，将生产、加工、

消费等环节有机整合起来，促进产业融合发展。

1. 大力发展都市现代农业，推动产业提质增效

坚持走绿色发展道路，建设蔡家洼现代农业科技园，以水培种植、生物防治为特色，建设18栋下沉式温室大棚，占地56亩，种植韭菜、生菜、油麦菜、小油菜等水培蔬菜。通过现代农业种植技术，避免用肥污染土壤和地下水，避免用药造成农残超标，生产绿色、优质、健康的水培蔬菜，既确保了食用蔬菜的生态安全和食品安全，又实现了一年四季观光采摘。

2. 重点开发蔡家洼豆腐，打造优质品牌

蔡家洼村成立股份经济合作社，整合资源，重点开发蔡家洼豆腐以及豆制品。为了打造"一村一品"蔡家洼卤水豆腐品牌，蔡家洼村把村里豆腐加工户集中起来，成立豆制品公司，规范化管理，注册商标，生产豆腐、豆腐丝、豆干及多种口味的休闲食品二十余种，推动传统地域饮食向工业化、标准化生产的升级，打造畅销市场的"蔡家洼"自有品牌。村民方凤兰有着家族传承的一手"豆腐绝活"，从选豆到磨豆，从点卤到压制，各个环节都保留传统技艺，结合现代工艺，做出来的豆腐口感柔软、色泽白嫩、气味芳香，深受好评。2015年，方凤兰的亲身经历被村文艺团编排成小品《"豆腐西施"炼成记》，由方凤兰本人出演。小品演出后，她被乡亲们推荐为手工豆腐制作形象代表，还被送了一个雅号，名为"豆腐西施"，蔡家洼豆腐的品牌效应也因此得到扩大。小小的豆腐，不仅提高了蔡家洼村民的生活水平，而且增加了村民的自信心与自豪感。

3. 着力发展花卉经济，提高科技创新能力

近年来，蔡家洼村建设有300亩研发育苗基地，2020年向国家林草局申报月季新品种19个，繁育月季60万株，售卖40万株，得到国内外花卉市场的认可。2019年中国北京世界园艺博览会上，"甜蜜的梦""香恋""火焰山""香妃"等8个品种在北京展馆参展，其中"香妃"在世园会花卉评比中获得特等奖；2020年首届北京国际花园节，"红珊瑚"荣获"世园金奖"；2020年十一国庆期间，长安街布置的"科技强国"主题花坛，就选用了蔡家洼自育品种月季花。2020年11月，蔡家洼被农业农业部评为"全国一村一品示范村（月季花）"。衡量一个产业是否能带来较好的效益，一个重要的标志是看其是否具有独特性。[①] 蔡家洼的新品种月季花，已成为一张闪亮的名片，在中国乃至世界展台上崭露头角，让中国最美乡村培育的月季花走向世界。现在以月季

---

① 参见朱启臻《以产业发展促乡村振兴》，《中国社会科学报》（经济与管理科学专辑）2022年4月15日。

新品种研发、苗木育种、生产销售、休闲观光、文化创意活动为一体的花卉产业模式逐渐形成。

4. 聚焦休闲绿色旅游，打造玫瑰情园景区

蔡家洼建设了占地面积2000亩的玫瑰情园景区，引进差异化的季节花卉品种，以自然山水为基础搭建花海梯田，营造每年四月至十一月有香可寻、有花可赏的京郊美景，现已成为观光旅游、婚纱摄影和影视拍摄基地，被农业部评选为"中国美丽田园花海景观"。建设京郊旅游的同时，注重上下游产业链开发，推出特色健康产品，与京津冀百余家婚纱摄影工作室及影视拍摄基地合作，提供婚庆配套服务，是国家婚庆产业联合会的会员单位。大力挖掘夜间经济，开展灯光秀、音乐节、美食节系列活动，玫瑰情园成为花卉、夜景灯光旅游打卡地。2020年7月，蔡家洼村被文化和旅游部评为"全国乡村旅游重点村"。从"蔡家洼豆腐"的品牌影响力日渐扩大受到启发，蔡家洼村聘请专业文艺工作者，指导村民创作原创实景歌舞剧《玫瑰情缘》，为玫瑰情园景区打造品牌。《玫瑰情缘》歌舞剧，生动地展现了蔡家洼一对青年男女的爱情故事，从在辛勤劳作中因豆腐结缘，到蔡家洼产业升级，漫山遍野开满玫瑰花，演绎了一段感人至深的"玫瑰情缘"。如今，实景歌舞剧《玫瑰情缘》以及非物质文化遗产"五音大鼓"等已成为蔡家洼打造文化旅游的新亮点，蔡家洼村也因为这些有声有色的文旅亮点，而成为首都有名的特色文化村。

（三）改善民生福祉，助力村民就业增收

1. 改善村容村貌

蔡家洼村积极争取新农村建设，村民集中搬入精装修、厨具卫浴配套齐全的楼房，配套设施幼儿园、卫生服务站、文化休闲公园、便民超市等一应俱全，形成完备的"十分钟生活圈"，村容村貌焕然一新，形成一幅"住在新民居、花海是田园、科教文卫全、收入年年高"的乡村图景。

2. 提升村民生活幸福指数

蔡家洼村不仅实现了村民的安居梦，而且将产业发展和农民就业问题有效衔接，使村民成为"离土不离乡、进厂不出村"的集体经济企业工人，享有包括工资、土地流转、股份分红、房租或经营民俗户等多方面收益，2020年村民人均收入为4.8万元，村民的致富路越走越宽广，获得感、幸福感不断提升。这些年，蔡家洼村曾先后荣获中国最有魅力休闲乡村、全国新农村建设十大特色村、国家级农业标准化示范基地、国家级农业科技园区、全国休闲农业与乡村旅游五星级示范园区、全国乡村旅游重点村、全国一村一品示范村、全国充分就业示范社区、北京市最美乡村等荣誉。

3. 加强人才引进与共建帮扶

随着农村产业发展,吸引了商业人士来农村创业,他们被称为"新农人"。他们利用自身资源优势引导"要素下乡",并通过自身较高的素质和技术能力带动小农户,促进农业产业发展。[①] 蔡家洼村引进的科技型人才中国农业大学俞红强教授,将自有13项花卉知识产权项目全部落户蔡家洼,为培育科技农业、精品农业提供了技术支持。通过专家团队的科学规划,蔡家洼建成5000亩都市型现代农业园,包括精品果林3800亩、菜园300亩、育苗基地百亩、联栋温室大棚百亩等,吸纳村民就业超千人。密云区邮政局与蔡家洼共同开展党建活动,落实为群众办实事,邮政局帮助蔡家洼村解决农副产品的销售难和物流难问题,帮助销售蔬菜,如菜花、红薯、青菜等农副产品,为应季蔬菜水果打开销路。

三 关于特色产业带动乡村振兴的经验启示

(一)坚强的基层党支部是推动乡村振兴的组织保障

办好农村的事情,关键在于党。要加强党对"三农"工作的全面领导,把农业农村优先发展落到实处,强化五级书记抓乡村振兴制度保障,培养懂农业、爱农村、爱农民的"三农"工作队伍,[②] 充分发挥好农村党支部的引领作用和农民的主体作用。乡村振兴,既要有产业的兴旺,更要有坚强的组织保障。基层党组织,是贯彻落实党中央决策部署的"最后一公里"。要充分发挥村级党组织领导班子的带头作用和党员村民的先锋模范作用,把基层党组织建设成为坚强的战斗堡垒,为有力推动乡村振兴提供组织保障。密云区镇两级党委坚持选优配强村级班子,不断夯实基层党建,促进产业发展。蔡家洼村党委按照"党建引领、规划先行、产业支撑、农民就业"的思路,将党建工作和产业发展有效衔接,充分调动党员积极性,参与到村集体经济发展中,以党员带动和帮扶群众的方式,形成了特色产业多点开花的良好局面,加快了蔡家洼村乡村振兴的步伐。

(二)地方特色优势产业是带动乡村振兴的有力引擎

地方特色优势产业,是带动乡村振兴的有力引擎。蔡家洼村在发展特色产

---

① 参见金强《增强农业价值链 以农业产业振兴推动乡村振兴》,《蔬菜》2022年第3期。
② 参见本报评论员《决胜全面建成小康社会 推进乡村全面振兴》,《人民日报》2019年2月20日。

业的过程中，注重品牌带动效应，通过成立豆制品公司，注册商标，规模化经营、规范化管理，以及"豆腐西施"小品打造、典型人物宣传、相关文化推广，以群众喜闻乐见的形式，扩大了蔡家洼豆腐等产品的知名度，增加了就业岗位，促进了农民增收致富，带动了乡村振兴。蔡家洼豆腐品质好、口感佳，确实名不虚传，吃过的人大多对其赞不绝口。在能买到的同类豆腐中，人们更愿意买"蔡家洼豆腐"，使得蔡家洼豆腐销路畅通，产业规模不断扩大，制作与销售保持良性循环。采用冷链仓储、物流配送、电子商务等推动产业发展，促进互联网和产业经济深度融合，有利于产业精细化管理，实现整体提质升级。蔡家洼以品牌战略为着眼点，有效避免了因同类产品的品牌散杂而造成的无序竞争，豆腐成为"香饽饽"，蔡家洼村在实现乡村振兴的道路上也成为一抹靓丽的风景线。

（三）发展生态观光旅游是促进乡村振兴的有效途径

在习近平总书记生态文明思想和"绿水青山就是金山银山"理念的引领下，蔡家洼的"玫瑰情园"坚持绿色可持续发展，以山水为基础，与周围生态环境相适宜、相协调，搭建了以玫瑰为主的花海梯田，形成了人工开发花海与山水田园风光融为一体的自然美景，现已成为京郊旅游胜地。生态旅游的发展，为蔡家洼村民创造了就业机会，增加了旅游收入，同时带动了其他产业的发展，如蔬菜种植、葡萄种植、农产品观光采摘等绿色产业形态。广大农民是建设美丽乡村的主体，要采取灵活适用的方式，多层面调动农民的主动性与创造性，鼓励引导农民从"种庄稼"向"种风景"转变，由此吃上旅游饭、生态饭，过上富裕生活。近年来，蔡家洼村多渠道开发乡村生态资源，吸引更多社会资本共同打造乡村生态休闲旅游，使乡村旅游焕发出更强活力。促进乡村振兴，要把农村生态环境保护与发展乡村休闲旅游相结合，建设运行高效的乡村产业链，推动生态优势向产业优势转化。

民族要复兴，乡村必振兴。在实现中华民族伟大复兴中国梦的征程上，乡村振兴是一场持久战，我们要把党中央关于乡村振兴战略的部署和要求贯彻好、落实好，以必胜的勇气和信心解决好"三农"问题，让农业强起来，让农民富起来，让农村真正成为安居乐业的美丽家园。

参 考 文 献

[1] 本报评论员：《决胜全面建成小康社会　推进乡村全面振兴》，《人民日报》2019年2月20日第1版。

[2] 金强：《增强农业价值链　以农业产业振兴推动乡村振兴》，《蔬菜》2022年第3期。

[3] 刘合光、樊琴琴、韩旭东：《乡村产业转型升级路径研究》，《农村工作通讯》2022年第6期。
[4] 《高举中国特色社会主义伟大旗帜　为全面建设社会主义现代化国家而团结奋斗——在中国共产党第二十次全国代表大会上的报告》，人民出版社2022年版。
[5] 朱启臻：《以产业发展促乡村振兴》，《中国社会科学报》（经济与管理科学专辑）2022年4月15日。

三　法治建设

在新起点上全面推进法治政府建设

金国坤　孙超然[*]

摘　要：在新的起点上，北京市法治政府建设应坚持以人民为中心的根本立场，建设人民满意的法治政府；以整体型政府为导向，健全部门间协调配合机制；以贯彻修订后的《行政处罚法》为契机，严格规范公正文明执法；以发挥好行政复议在化解行政争议中的主渠道作用为目标，深化行政复议体制改革，建设依法行政教育培训平台，全面提升领导干部和公职人员的依法行政能力和水平。

关键词：依法行政；法治政府；接诉即办；实施纲要

法治政府建设是推进全面依法治国的重点任务和主体工程，依法治国的关键在于各级政府要坚持依法行政。"十三五"时期，在习近平新时代中国特色社会主义思想的指导下，北京市积极贯彻落实《法治政府建设实施纲要（2015—2020年）》，始终秉持着紧扣中央决策部署和结合首都发展实际这两个维度合力实施的理念，扎实推进依法行政各项工作，法治政府建设取得了重大进展。"十四五"时期，我国已经开启全面建设社会主义现代化国家、向第二个百年奋斗目标进军的新征程，新的《法治政府建设实施纲要（2021—2025年）》要求在新的发展阶段深入学习贯彻习近平法治思想，持续推进依法行政，努力实现法治政府建设全面突破，推动新时代法治政府建设再上新台阶。在新的起点上，首都法治政府建设应当在习近平法治思想的指导下，围绕建设法治

---

[*] 金国坤，博士，中共北京市委党校（北京行政学院）法学教研部主任，教授，主要研究方向为法学理论、宪法学与行政法学；孙超然，博士，中共北京市委党校（北京行政学院）法学教研部讲师，主要研究方向为宪法学与行政法学。

中国首善之区的总目标，全面建设职能科学、权责法定、执法严明、公开公正、智能高效、廉洁诚信、人民满意的法治政府，为建设伟大的社会主义祖国的首都、迈向中华民族伟大复兴的大国首都、国际一流的和谐宜居之都提供坚强有力的法治保障。

一 新发展阶段首都法治政府建设的基本要求

2004年，国务院颁布《全面推进依法行政实施纲要》，提出全面推进依法行政，"经过十年左右坚持不懈的努力，基本实现建设法治政府的目标"，第一次以纲领性文件形式对"法治政府"作了顶层设计。[①] 2012年11月，党的十八大报告明确提出，到2020年小康社会全面建成的目标包括法治政府基本建成。法治政府建设成为政治宣誓，并有了明确的时间表。[②] 同年12月4日，习近平总书记在首都各界纪念现行宪法公布施行30周年大会上发表重要讲话，首次提出要坚持"依法治国、依法执政、依法行政共同推进，法治国家、法治政府、法治社会一体建设"的全面推进依法治国总体工作布局。[③] 2015年，中共中央、国务院以党政联合发布的形式印发《法治政府建设实施纲要（2015—2020年）》，提出法治政府建设的总体目标是经过坚持不懈的努力，到2020年基本建成职能科学、权责法定、执法严明、公开公正、廉洁高效、守法诚信的法治政府。

多年来，北京市认真落实党中央、国务院关于法治政府建设的总体部署，以建设法治中国首善之区为目标，加强法治政府建设统筹协调，扎实推进法治政府建设各项工作，取得了积极成效：依法行政制度体系持续完善，政府职能转变深入推进，科学民主依法决策水平持续提升，执法规范与效能建设不断加强，行政执法协调指导得以深化，突发事件应对体系建设日益健全，内外监督工作合力整体强化，矛盾纠纷行政预防化解体系趋于健全。在中央依法治国办组织的第一批全国法治政府建设示范市（县、区）评比中，北京市海淀区、西城区、朝阳区获得全国法治政府建设示范区称号；通州区行政复议规范化建设项目、平谷区"街乡吹哨、部门报到"三协同执法链机制项目，获得全国法治政府建设示范项目称号，北京市法治政府建设水平走在全国前列。

近年来，在习近平法治思想指导下，首都北京围绕超大城市治理，着力强化法治规范支撑。坚持依法加强城市管理，深化综合执法体制改革，固化"吹

[①] 参见曹鎏《论我国法治政府建设的目标演进与发展转型》，《行政法学研究》2020年第4期。
[②] 参见曹鎏《论我国法治政府建设的目标演进与发展转型》，《行政法学研究》2020年第4期。
[③] 《习近平谈治国理政》（第三卷），外文出版社2020年版，第285页。

哨报到"经验，推进"接诉即办"立法，依法解决好群众身边垃圾分类、物业管理等"关键小事"，切实增强首都人民的获得感、幸福感、安全感。坚持依法防疫，完善公共卫生应急法治体系，提升应急法治保障能力。[1]

为在新发展阶段持续深入推进依法行政，全面建设法治政府，根据当前法治政府建设实际，2021年8月，中共中央、国务院印发了《法治政府建设实施纲要（2021—2025年）》（以下简称新《纲要》）。新《纲要》确定的总体目标是：到2025年，政府行为全面纳入法治轨道，职责明确、依法行政的政府治理体系日益健全，行政执法体制机制基本完善，行政执法质量和效能大幅提升，突发事件应对能力显著增强，各地区各层级法治政府建设协调并进，更多地区实现率先突破，为到2035年基本建成法治国家、法治政府、法治社会奠定坚实基础。新《纲要》提出了全面建设职能科学、权责法定、执法严明、公开公正、智能高效、廉洁诚信、人民满意的法治政府28字标准和目标。新《纲要》围绕加快构建职责明确、依法行政的政府治理体系这一目标，提出了建设八个体系的主要内容，其中，增加了"突发事件法治应对"和"科技保障"两个新的体系，提出了建设"数字法治政府"这一全新的概念。"数字法治政府"的提出，丰富了法治政府建设的内涵，将对传统的行政组织架构和运行模式产生巨大的冲击，行政组织的地域性、层级性和独立性特征也将逐步弱化；数字治理，如何防范行政权力被算法所异化，保障公民基本权利不被非法限制和剥夺，已经成为数字时代法治政府建设面临的重大挑战；"人机互动"和"数据决策"，在提升行政管理效能的同时，也弱化了官民之间的直接沟通和互动。[2]

2021年11月26日，根据中共中央、国务院《法治政府建设实施纲要（2021—2025年）》及《北京市全面依法治市规划（2021—2025年）》精神，中共北京市委、北京市人民政府印发《北京市法治政府建设实施意见（2021—2025年）》（以下简称《意见》）。《意见》提出，当前，我国已经开启全面建设社会主义现代化国家、向第二个百年奋斗目标进军的新征程。立足首都城市战略定位，持续推进首都治理体系和治理能力现代化，实现首都经济社会高质量发展，都对本市法治政府建设提出了新的更高要求，必须锚定二〇三五年远景目标，立足实现法治国家、法治政府、法治社会基本建成的宏伟蓝图，夯实基础、久久为功，在新起点上全面推进首都法治政府建设。在首都法治政府建设目标设定上，坚持宏观引领和细化要求相结合：宏观层面上把"法治政府建设整体水平

---

[1] 参见北京市依法治市办《学习贯彻习近平法治思想奋力谱写法治中国首善之区建设新篇章》，《法治日报》2020年12月25日第2版。

[2] 参见鲁鹏宇《以法治思维和法治方式推进政府数字化改革》，《法治日报》2022年7月1日第5版。

持续走在全国前列"作为总体目标；中观层面上提出法治政府建设要发挥好三个作用的目标，即发挥服务首都高质量发展的保障作用，推进政府治理现代化的支撑作用，满足人民群众法治获得感的供给作用；微观层面上提出"力争60%以上的区获得全国法治政府建设示范区命名，有更多项目获得全国法治政府建设示范项目命名"。《意见》确立了十大体系：一是健全行政权力运行体系；二是健全依法行政制度体系；三是健全行政执法工作体系；四是健全行政权力制约监督体系；五是健全矛盾纠纷行政预防化解工作体系；六是健全法治思维和法治能力建设体系；七是健全突发事件应急法治体系；八是健全基层依法行政能力建设体系；九是健全法治政府建设保障体系；十是健全党领导法治政府建设的制度体系。相对于国家的新《纲要》，增加两个体系："健全法治思维、法治能力培养体系"和"健全基层依法行政能力建设体系"。

党的十九大以来的法治政府建设，更加注重在国家治理体系和治理能力现代化的大背景下，如何发挥政府法治建设的支撑作用，把法治政府是否建成作为治理体系和治理能力现代化的重要内容和标志。同时，新发展阶段的法治政府建设，是在我国社会主要矛盾转化为人民日益增长的美好生活需要和不平衡不充分发展之间的矛盾、中国特色社会主义进入新时代的历史方位下推进的，法治不仅成为人民群众日益增长的美好生活需求的标配，而且人民群众在民主、公平、正义、安全、环境等方面的其他需求也都与法治密切相关。围绕坚持以人民为中心的发展理念，法治政府建设也必须更加重视人民群众对法治过程的参与和法治获得感、幸福感的提升，建设人民满意的法治政府。

二 首都法治政府建设存在的问题

习近平总书记强调指出："现在，法治政府建设还有一些难啃的硬骨头，依法行政观念不牢固、行政决策合法性审查走形式等问题还没有根本解决。""一些地方运动式、'一刀切'执法问题仍时有发生，执法不作为问题突出。"[1] 北京市人民政府公开发布的2020年、2021年法治政府建设年度情况报告和中央依法治国办向北京市反馈的法治政府建设督察意见，[2] 反映了北京市法治政府建设还存在着短板和弱项。

---

[1] 《坚定不移走中国特色社会主义法治道路 为全面建设社会主义现代化国家提供有力法治保障》，《求是》2021年第5期。

[2] 参见记者祁梦竹、高枝《中央依法治国办向北京市反馈督察意见》，《北京日报》2022年2月23日第1版。

（一）法治政府建设水平和依法行政能力不均衡

不同区域和部门间法治政府建设水平存在差距，部分区依法行政基础工作相对薄弱，依法行政能力和水平存在逐级递减的情况。市、区、街道（乡镇）推进依法行政工作的重视程度、投入力度和能力素质逐级递减，基层政府仍是法治政府建设的短板。街乡综合行政执法职权履行不够全面，行政复议和行政应诉案件中程序性违法问题突出。街乡司法所承担着基层政府法制工作机构的职责。目前，全市司法所政法专项编制在岗人员1011人，取得法律职业资格证书只有123人，占比12.1%。对于司法所新增加政法专项编制人员要求专门招录取得国家统一法律职业资格人员，但因司法所下沉后机关岗转变为基层岗而缺乏吸引力，特别是远郊区招录很困难。司法所辅助人员1136人，其中有法律专业背景的223人，占比19.6%，多以街乡聘用人员为主。这样一支队伍还难以适应街乡赋权后承担行政规范性文件审查、行政执法监督指导、行政复议、行政诉讼等工作的需要。

（二）领导干部和行政工作人员依法行政的意识和能力有待进一步提升

区党委法治建设议事协调机构及其办事机构职责作用还没有充分发挥。部分单位对党政主要负责人积极履行推进法治建设第一责任人职责认识不明确，部分干部对法治政府建设认识不到位，习惯使用老套路、老经验，难以充分应对当前在城市治理中出现的新情况，法治引领和法治导向的思维模式尚未完全确立。一些部门对合法性审核工作不够重视，合法性审查文件报送不及时。街乡在综合行政执法改革后存在工作流程不熟悉，在全力打通基层治理"最后一公里"方面需要持续用力。

（三）机构改革后相关执法部门间存在职责边界不清、协调运转不畅

职权划出部门与综合执法机构职责界限和分工还没有真正理顺，部分执法部门之间的职责关系还没有完全厘清，部门与部门之间执法不均衡的问题依然存在。部分领域人均执法量相对较低，在执法联动方面仍然会出现扯皮、推诿等现象，联合执法更多地体现为被动执法，日常检查主动发现问题能力不足。全链条协同监管和组合适用法律的常态化机制还没有形成，联动执法的行政效能还需进一步提升。执法权下放街乡和事业单位改革后出现的新问题还需关注解决。

（四）行政执法和监管还需规范，程序和证据意识有待进一步加强

在北京市优化营商环境中，市场主体在监管执法方面反映较为突出的问题

是行政执法机关随意检查、无实质内容检查、多头检查、重复检查、处罚畸轻畸重、执法信息不透明等。[①] 从四中院审理的行政案件的分析报告可以看出，在行政审判实践中反映出行政执法中存在的一些共性问题，比如：行政自由裁量权行使不够规范统一，导致出现同样情况、不同处理的执法不公现象；职权法定原则把握不当，证据意识仍显不强，对法律理解适用存在偏差，正当程序意识薄弱；部分执法文书不规范、说理性不强；还有一些执法机关由于执法作风不够严谨、规范，存在瑕疵，导致行政相对人的不信任并激化矛盾；等等。新业态、新领域监管主体和依据不明确，对这些领域内的违法行为不会处罚、不敢处罚。

三 在新起点上全面建设法治政府的主要措施

（一）坚持以人民为中心的根本立场，建设人民满意的法治政府

建设人民满意的法治政府是新起点上建设法治政府的新要求。《北京市法治政府建设实施意见（2021—2025年）》将坚持以人民为中心确立为法治政府建设的主要原则，要求围绕"七有""五性"，聚焦人民群众对法治政府建设的新期待、新要求，持续提升人民群众的法治获得感、幸福感、安全感。

北京市首创的"接诉即办"工作机制是习近平法治思想坚持以人民为中心基本立场的生动实践。《北京市接诉即办工作条例》是体现以人民为中心的发展思想的"为民服务法"，立法目的就是为了提升为民服务水平。条例以立法形式固化的"接诉即办"制度，就是围绕"七有""五性"，对诉求人提出的诉求给予快速响应、高效办理、及时反馈和主动治理，及时回应人民群众急难愁盼问题的为民服务机制。市、区政府部门，法律、法规授权的具有管理公共事务职能的组织，承担公共服务职能的企事业单位等应当根据条例规定的职责，建立健全工作制度，完善工作机制，依法办理有关诉求。承办单位接到派单实行首接负责制，不得推诿，应当及时联系诉求人，听取诉求人意见建议，了解诉求具体情况，及时办理，在规定时限内向诉求人和市民热线服务工作机构反馈办理情况。诉求人有权了解诉求办理情况并做出评价。本市建立以响应率、解决率、满意率为核心内容，以解决诉求为导向，覆盖诉求接收、派单、办理、主动治理等接诉即办工作全流程的考评机制。

[①] 参见记者陈琳《9个行业试点"一业一单"等场景化措施》，《新京报》2021年12月24日第A03版。

全市各级各类行政机关应当以贯彻实施《北京市接诉即办工作条例》为契机，不断提升为民服务水平。接诉即办工作实践中，各地区创造了很多好的经验，如大兴区为进一步解决好群众诉求、做好群众工作，结合实际，探索建立了"三上门"群众工作法。凡是群众的合理诉求，都要上门办理；面对不合理诉求，悉心向群众讲政策、讲法律、面对面沟通，最大限度获取群众的支持与理解；对于咨询建议，登门入户，上门问需，把问题带回来积极解决。在工作作风上，党的群众路线得到了充分体现。下一步，应当在工作实效上下功夫，真正让人民群众从"接诉即办"改革中有获得感。在考评上，强调问题的真正解决，以办结率作为评判的主要标准。承办单位除了及时办理诉求外，还应当依法办理诉求，坚持原则，决不姑息迁就违法诉求。对于诉求办理的结果，不仅要由诉求人评价，而且要听取社会公众的意见和政府法制工作机构的审查，处理好诉求人评价的主观性和依法行政的客观要求之间的关系。

（二）适应管理重心下移的需要，加强街乡行政执法力量

建立健全街道（乡镇）推进法治政府建设领导体制和工作机制，明确负责人和日常工作机构，发挥推进法治政府建设的统筹协调作用。街道（乡镇）党政主要负责人要贯彻落实上级有关法治政府建设的部署和要求，将法治政府建设与经济社会发展同部署、同推进、同督促、同考核。在进一步向基层下放权力的过程中，坚持依法下放、试点先行，坚持权随事转、编随事转、钱随事转，确保放得下、接得住、管得好、有监督。权力下放不等于撒手不管，要全面落实职权下放部门的业务培训指导职责，聚焦街道（乡镇）实际需求提供"定制式"培训，健全赴街道（乡镇）执法一线巡回指导机制。各区要建立完善职权下放部门对街道（乡镇）业务培训指导的评价机制，着力增强业务培训指导的及时性、针对性和实效性，逐步提升街道（乡镇）法治机构工作人员准入标准，不断提高获得法律职业资格或者具有法律专业背景人员的比重。选派市、区两级法治素养高、依法办事能力强的优秀年轻干部对接下沉街道（乡镇），街道（乡镇）工作人员进行跨区域、跨层级轮岗锻炼和法治业务交流。

（三）以建设整体型政府为目标，健全部门间协调配合机制

建立在各部门职权法定、各司其职基础上的政府治理结构，呈现出愈来愈严重的政府管理碎片化状态。各部门在各自分内工作中虽然尽职尽责，但最终往往偏离总体目标和总体利益。尽管政府是按功能建立起来的，但并不是完全按照它的功能来解决问题的。为解决碎片化问题而建立起来的整体性治理理论，旨在以公民需求为治理导向，以信息技术为治理手段，以协调、整合、责

任为治理机制,对治理层级、功能、公私部门关系及信息系统等碎片化问题进行有机协调与整合,不断从分散走向集中、从部分走向整体、从破碎走向整合,为公民提供无缝隙且非分离的整体型服务的政府治理模式。整体性治理理论的目标就是如何整合政府的职责功能,以便更有效地处理公众最关心的一些问题,而不是在部门之间疲于奔命。根据整体性治理理论建立的整体型政府要求公共服务机构为了完成共同的目标而实行跨部门协作,以及为了解决某些特殊问题组成联合机构。公共政策目标的实现,既不靠相互隔离的政府部门,也不靠设立新的"超级部门",而是在不取消部门专业化分工的前提下实行跨部门合作。整体型政府的目标是为民众提供整合性的服务。[①]

部门间的协作一直存在,但都是一种行政协作,没有形成刚性的法律约束力。《北京市街道办事处条例》规定的"吹哨报到"机制,为部门间的协作设定了义务。街道办事处有权指挥调度区人民政府工作部门开展联合执法,对涉及多个部门协同解决的综合性事项进行统筹协调和考核督办。区人民政府工作部门及有关单位应当接受街道办事处的统筹协调、指挥调度。吹哨报到机制之所以行之有效,一个重要的措施就是街乡对报到的部门具有考核权。对于在落实党建引领"街乡吹哨、部门报到"工作机制中拒不履行职责的工作部门,街道办事处可以报区人民政府,区人民政府应当对工作部门落实责任情况进行调查、督办,并纳入年度绩效考评体系。在接诉即办工作机制中,部门的协作更为重要。《北京市接诉即办工作条例》要求区人民政府应当建立健全党建引领"街乡吹哨、部门报到"考核机制,对"吹哨"街道(乡镇)和"报到"部门进行双考核。不能以接诉即办考核代替吹哨报到考核,或者淡化吹哨报到的考核力度。吹哨报到的协调主体主要是街乡,接诉即办的协调主体还包括承办主责单位和上级政府。承办单位对于自身难以协调解决的诉求,可以报请市、区人民政府或者行业主管部门协调解决;市、区人民政府或者行业主管部门应当及时对诉求进行分析研判,提出处理意见,采取必要措施,推动诉求解决。区人民政府负责本行政区域内接诉即办工作的统筹谋划、督促检查和投入保障,研究办理、协调解决疑难复杂诉求,明确具体协调推进的部门。2021年修订的《行政处罚法》规定了有关地方人民政府及其部门应当加强组织协调、业务指导、执法监督,建立健全行政处罚协调配合机制。该法第26条还规定,行政机关因实施行政处罚的需要,可以向有关机关提出协助请求。协助事项属于被请求机关职权范围内的,应当依法予以协助。根据《北京市接诉即办工作条

---

① 参见肖瑶、黄江松《整体型政府:西方公共管理改革的新目标》,《北京行政学院学报》2009年第5期。

例》的规定，办理诉求涉及其他单位的，首接单位应当牵头协调办理，其他有关单位应当配合。

为确保行政协调和行政协助的规范化和有效性，对其法定化是当务之急和可靠保障。建议适时推动《北京市行政程序条例》立法，将吹哨报到、接诉即办机制中已经明确的行政协调机制通过地方立法固化和具体化，实现部门间行政协调法治化。

（四）落实重大行政决策法定程序要求，加强规范性文件合法性审查

重大行政决策的法治化，是党的十八大以来我国推行法治政府建设的重要内容。2019年，国务院制定了《重大行政决策程序暂行条例》（以下简称《条例》）。《条例》对重大行政决策草案的形成、合法性审查和集体讨论决定、决策的执行和调整做出了详尽的规定，并明确规定了违反《条例》的法律责任。《条例》不仅以其严格的规定约束着行政决策的权力行使者，同时也以其规范的流程和全面的监督机制保护着决策者。近年来，北京市坚持贯彻落实《条例》规定的各项制度和程序要求，每年公布年度决策事项目录，并不断拓展公众的参与渠道，让权力时刻在阳光下运行。中国共产党北京市第十三次代表大会报告提出要落实重大行政决策法定程序要求。未来，北京市应持续推进决策的科学化、民主化、法治化，根据实际情况及时调整或更新重大行政决策事项目录；应进一步扩大决策过程中的公众参与，创新企业、行业代表和社会一般人参与决策的方式和手段；重视风险评估和专家论证；应严格依法决策，决策草案未经合法性审查或者经审查不合法的，不得提交决策机关讨论；积极主动开展决策后评估，对社会影响较大的，及时进行调整；严格追责问责，同时与容错纠错相关规定相衔接，允许一定程度的合理"试错"。

严格控制行政规范性文件的合法性，不仅是坚持重大行政决策法治化、建设法治政府的内在要求，更是维护国家法制统一的必然选择。2018年以来，国务院办公厅陆续发布多个文件，对规范性文件的合法性控制做出全面规定。北京市近年十分重视规范性文件合法性审查工作。新冠肺炎疫情期间，市司法局加班加点对疫情相关规范性文件进行合法性审查，效果显著。在新起点上全面推进法治政府建设，必须继续坚持落实行政规范性文件合法性审核机制，明确审核范围、细化审核要点、统一审核标准、强化审核责任，实现合法性审核全覆盖，做到应审尽审。同时，应建立对行政规范性文件合法性审核机制不健全、落实审核责任不到位等问题多发单位的约谈制度。加强信息化建设，实现对行政规范性文件的动态管理。

(五) 以贯彻修订后的《行政处罚法》为契机，严格规范公正文明执法

习近平总书记指出："强调严格执法，让违法者敬法畏法，但绝不是暴力执法、过激执法，要让执法既有力度又有温度。"[①] 这一论述对行政执法活动提出了更高的要求。中国共产党北京市第十三次代表大会报告将"推进执法规范化建设"与"落实重大行政决策法定程序要求"作为未来五年全面依法治市对首都法治政府建设的两项重点要求之一。要实现严格规范公正文明执法，必须以相应的实体和程序法律制度为依托。修改后的《行政处罚法》第33条规定了多种可以或应当不予处罚的情形，包括违法行为轻微并及时改正、没有造成危害后果的，初次违法且危害后果轻微并及时改正的，以及当事人有证据足以证明没有主观过错。这是实现执法文明、有温度的基础。而《行政处罚法》第34条则规定，"行政机关可以依法制定行政处罚裁量基准，规范行使行政处罚裁量权。行政处罚裁量基准应当向社会公布。"这就要求各级政府及其部门制定免罚清单和裁量基准，明确行政处罚的具体标准，为严格、规范执法打下良好的制度基础。为了更好地实现严格规范公正文明执法，《北京市法治政府建设实施意见（2021—2025年）》要求"推行审慎包容监管，全面推广轻微违法免罚和初次违法慎罚制度，广泛运用说服教育、劝导示范、警示告诫、指导约谈等方式，努力做到宽严相济、法理相融，让执法既有力度又有温度。深化行政执法案例指导制度"。各区市、委办局应结合地区、行业具体情况，积极推行、主动落实相应制度，以更高水平的行政执法回应人民和社会对"文明执法"的新期待。

推进执法规范化建设，还必须加强对行政执法活动的监督和制约。监督全覆盖，是新时期法治监督体系的重要特征之一。未来，伴随着北京市政法领域全面深化改革的继续推进，要以加强和改善党内监督，带动和完善其他监督体系，共同实现对执法监督的全覆盖。应在健全执法制约监督体系和责任体系的基础上，切实加强对执法工作的监督，特别是加大对社会反响强烈的不作为、乱作为、选择性执法、逐利执法等不规范执法方式的监督制约，并在落实行政执法责任制和责任追究制度的基础上，加大对上述不规范执法相关责任人的追责力度；要善于利用社会监督方式，完善行政执法投诉举报和处理机制；要积极主动接受司法监督，规范和加强行政应诉工作。

---

① 《坚定不移走中国特色社会主义法治道路　为全面建设社会主义现代化国家提供有力法治保障》，《求是》2021年第5期。

（六）深化行政复议体制改革，发挥好行政复议化解行政争议的主渠道作用

北京市2021年全市各级行政复议机关共收到复议申请15546件，受理12482件，审结11839件；全市各级行政机关发生一审行政诉讼案件11539件，审结9215件，行政复议主渠道作用开始显现。[①] 北京市推动在16个区公共法律服务中心设立"市政府行政复议接待咨询点"，让群众"少跑路、只跑一次路"。通州已实现复议接待22个街（乡镇）行政复议接待咨询分中心全覆盖，在行政争议前端化解中充当了重要角色，并在交通支队、市场监管局等重点执法单位设置行政复议宣传点，引导人民群众合法合理主张权利。在朝阳区，除在区司法局和43个街乡司法所设立受理平台和咨询点外，还在区交通支队专设区政府行政复议受理分平台。[②]

为贯彻落实习近平法治思想和中央全面依法治国的重要部署，在法治政府建设中，应当深入推进本市行政复议体制改革，发挥好行政复议化解行政争议的主渠道作用，规范程序、透明办理，为人民群众申请、用好行政复议提供法治化保障。要想让行政复议成为化解行政争议的主渠道，一方面要坚持行政争议实质性化解，这就必然要求更好地发挥行政复议自身优势，在确保行政复议公正高效、便民为民的前提下，尽可能保证人民群众的合法权益；另一方面，也应注重其监督功能的发挥，以行政复议制度改革为契机，加强监督，规范执法。要借助行政复议典型案例的宣传和解读，提高各级领导干部特别是基层干部运用法治思维、法治方式开展工作、解决问题、推动发展的能力，持续提高依法行政水平，推动法治政府建设不断深化。

（七）建设依法行政教育培训平台，全面提升依法行政的能力和水平

"徒法不足以自行"。在新起点上全面推进法治政府建设，必须有一支具备革命化、正规化、专业化、职业化素质的行政执法专门法治工作队伍。中共北京市委宣传部、市司法局《关于在全市开展法治宣传教育的第八个五年规划（2021—2025年）》要求："实施国家工作人员法治教育工程。……推动全面落实国家工作人员学法用法制度，把法治教育纳入干部教育培训内容，把法治素养和依法履职情况纳入考核评价干部的重要内容。"[③] 《北京市法治政府建设实

[①] 参见《北京市2021年法治政府建设年度情况报告》，《北京日报》2022年4月6日第2版。
[②] 参见记者黄洁、徐伟伦《北京行政复议触角延伸至百姓家门口》，《法治日报》2021年10月29日第5版。
[③] 《中共北京市委 北京市人民政府转发〈市委宣传部、市司法局关于在全市开展法治宣传教育的第八个五年规划（2021—2025年）〉的通知》，《北京市人民政府公报》2021年第40期。

施意见（2021—2025年）》第七部分增加了关于"健全法治思维和法治能力培养体系，全面提升依法行政意识和能力"的内容，具体要求："探索依托各级党校（行政学院）建立依法行政教育培训中心，构建依法行政教育培训平台，全面提升领导干部运用法治思维和法治方式解决问题能力。……完善行政执法人员在岗轮训制度，实现行政执法培训教育标准化，在完成政治理论教育和党性教育学时的基础上，确保每人每年接受不少于60学时的业务知识和法律法规培训。"[1] 为更好地完成上述教育培训任务，应由市委组织部、北京市依法治市办、司法局和市委党校（行政学院）联合成立北京市依法行政教学培训中心，明确每年的培训任务、培训目标，编写固定的培训教材、确定固定的师资和课程，使依法行政培训常态化。

参 考 文 献

[1]《坚定不移走中国特色社会主义法治道路　为全面建设社会主义现代化国家提供有力法治保障》，《求是》2021年第5期。

[2] 曹鎏：《论我国法治政府建设的目标演进与发展转型》，《行政法学研究》2020年第4期。

[3] 肖瑶、黄江松：《整体型政府：西方公共管理改革的新目标》，《北京行政学院学报》2009年第5期。

[4]《习近平谈治国理政》（第三卷），外文出版社2020年版。

[5] 鲁鹏宇：《以法治思维和法治方式推进政府数字化改革》，《法治日报》2022年7月1日第5版。

[6] 蔡奇：《在习近平新时代中国特色社会主义思想指引下奋力谱写全面建设社会主义现代化国家的北京篇章》，《北京日报》2022年7月4日第1版。

---

① 《中共北京市委　北京市人民政府关于印发〈北京市法治政府建设实施意见（2021—2025年）〉的通知》，《北京市人民政府公报》2022年第7期。

"接诉即办"：宪法批评建议权实施的首都实践

李昊光[*]

摘　要："接诉即办"是首都超大城市社会治理的有效探索，《北京市接诉即办工作条例》是"接诉即办"经验的制度化总结。《中华人民共和国宪法》第41条明确规定了批评建议权这项重要的政治权利，"接诉即办"的改革实践、相关立法等都是批评建议权实施的生动体现，也为其他基本权利的行使和保障提供了制度化的渠道。要实现"未诉先办、主动治理"的良好治理局面，必须深入挖掘"接诉即办"社会治理机制背后蕴藏的法理价值，将党的领导、人民当家作主与依法治国有机统一，廓清公民批评建议合情、合理、合法的限度，通过地方立法推动"接诉即办"制度化、法治化，实现对批评建议权和其他基本权利更高水平的实施和更强有力的保障。

关键词：接诉即办；批评建议权；宪法实施；权利保障

党的十八大以来，习近平总书记先后10次视察北京、18次对北京发表重要讲话，深刻阐述了"建设一个什么样的首都，怎样建设首都"这一重大时代课题。治理体系和治理能力现代化也要求在法治轨道上推动建设"首善之都"。在此过程中，人民权益是核心，精细化、规范化的权利保障则是社会治理现代化的发展趋向。2017年1月，北京市在平谷区率先开展"街乡吹哨、部门报到"工作试点；2018年2月，北京市委在总结实践经验的基础上，正式在全市铺开落实"接诉即办"社会治理机制。2021年9月，《北京市接诉即办工作

---

[*] 李昊光，中共北京市委党校（北京行政学院）法学教研部，2021级硕士研究生，主要研究方向为法治理论与实践。

条例》(以下简称《接诉即办条例》)颁布施行,标志着"接诉即办"工作机制进入制度化、法治化的新阶段。北京市"接诉即办"的改革实践和《接诉即办条例》等相关立法既是北京市推进治理体系和治理能力现代化的有效探索,为党的领导、人民当家作主、依法治国有机统一提供了典型样板,也是习近平法治思想在构建首都超大城市社会治理体系中的生动体现。作为实施《中华人民共和国宪法》(以下简称《宪法》)中批评建议权的首都实践,"接诉即办"为人民行使批评建议权提供了制度化渠道。有利于更好地监督公权力的行使,推动治理体系和治理能力现代化,实现对基本权利更高水平的保障。

一 批评建议权的发展脉络

保障基本权利是现代法治的核心。习近平法治思想中以人民为中心的根本立场,就是保障人民基本权利在中国特色社会主义法治理论话语体系下的生动表达。基本权利不仅包括"每个人基于其作为人而应享有的权利",还包括"每个人基于其作为特定国家的社会成员而应享有的权利"。[①] 后者主要是政治权利。从权利的性质出发,批评建议权属于参政型的监督权,是一种政治性权利。

2004年3月,"国家尊重和保障人权"写入我国《宪法》,以具有最高效力的根本大法形式确立了保护权利、人权不可侵犯的基本原则。与之相应,《宪法》第41条对批评建议权进行了明确规定:"中华人民共和国公民对于任何国家机关和国家工作人员,有提出批评和建议的权利;对于任何国家机关和国家工作人员的违法失职行为,有向有关国家机关提出申诉、控告或者检举的权利,但是不得捏造或者歪曲事实进行诬告陷害。"同时,批评建议权又可以分为批评权和建议权,二者既有联系,也有区别。批评权是指人民对国家机关及其工作人员的缺点、错误提出批评的权利,具有一定的主观性、谴责性。建议权则是人民针对国家机关及其工作人员的工作提出自己主张和建议的权利,更加侧重于建议性、指导性。但无论是批评权还是建议权,其宪法意图都是相同的:对个人而言,批评权、建议权是必要且重要的民主权利;它们又属于全体人民权力的一部分,批评建议制度是人民有序参与政治生活的重要途径。其本质都是为了督促和帮助国家机关及其工作人员更好地行使人民赋予的权力,从而更高水平地保障人民自身的权利。

在马克思主义法学的理论与实践中,批评建议权(监督权)是有深厚渊源的。马克思指出:"彻底清除了国家等级限制,以随时可以罢免的勤务员来代

[①] 林来梵:《宪法学讲义》,清华大学出版社2018年版,第301页。

替骑在人民头上作威作福的老爷们,以真正的负责制来代替虚伪的负责制,因为这些勤务员经常是在公众监督之下进行工作的。"① 列宁对人民监督权力的问题也十分重视,认为权力越是集中,"就愈是要有多种多样的自下而上的监督形式和方法。"② 1977 年 10 月,苏联制定了《苏维埃社会主义共和国联盟宪法(根本法)》,其中第 49 条规定:"每一个苏联公民都有向国家机关和社会组织提出改进其工作的建议并对其工作中的缺点提出批评的权利。"就我国而言,1945 年 7 月,抗日战争胜利前夕,在回答黄炎培"其兴也勃焉,其亡也忽焉"的历史周期律之问时,毛泽东指出:"我们已经找到新路,我们能跳出历史周期率。这条新路,就是民主。只有让人民来监督政府,政府才不敢松懈;只有人人起来负责,才不会人亡政息。"③ 邓小平在谈到如何监督领导干部时强调:"让群众来监督批评,只有好处没有坏处。"④ 1982 年 12 月,第五届全国人民代表大会第五次会议通过了全面反映改革开放新时期党和人民共同意志的新宪法,简称"八二宪法"。为了扩大人民民主权利、保证人民当家作主、加强对国家和政府的监督、推动人民有序参与政治生活,批评建议权写入了"八二宪法"。这既是对苏联宪法制定和权利保障先进经验的扬弃,同时又紧密贴合我国的政治现实和基本国情。

权利保障是宪法实施的主要任务,"保证宪法实施,就是保证人民根本利益的实现。"⑤ 根据我国的宪制安排,立足于中国特色社会主义法治实践,我国宪法实施主要呈现为两种样态:其一,在国家各项事业、各项工作中贯彻落实宪法的规定和精神;其二,更加常规的做法是,通过立法将宪法所规定的权利义务关系具体化,从而使宪法的原则与理念在国家和社会生活中现实化、可操作化。要使批评建议权在新时代社会主义法治建设中焕发新的生机,就要牢牢把握宪法实施这个重要抓手。新时代人民群众对权利保障精细化的向往,也对批评建议权等基本权利的实施提出了更高水平的要求。

二 "接诉即办"及其立法是批评建议权的宪法实施

北京市"接诉即办"的治理探索与《接诉即办条例》的制定出台,为各地政府和立法机关因地制宜地保障批评建议权和其他基本权利提供了模板和范

---

① 《马克思恩格斯选集》第 3 卷,人民出版社 1995 年版,第 96 页。
② 《列宁全集》第 34 卷,人民出版社 1985 年版,第 186 页。
③ 黄炎培:《80 年来》,文史资料出版社 1982 年版,第 148 页。
④ 《邓小平文选》第 1 卷,人民出版社 1994 年版,第 160 页。
⑤ 《习近平谈治国理政》(第一卷),外文出版社 2018 年版,第 137 页。

例，是对习近平法治思想中坚持以人民为中心价值取向的深入贯彻，蕴藏着巨大的制度效能和深厚的学理价值。2021年12月，北京市"接诉即办"改革专项小组发布了《坚持人民至上，深化党建引领城市治理体制机制创新——北京市推进接诉即办改革报告》（以下简称《接诉即办改革报告》），全方位剖析了2019—2021年"接诉即办"实践改革的各项数据和典型案例，体现了"接诉即办"在具体实践、立法过程、条文内容等方面对批评建议权的保障和落实，是我国宪法实施特点、进程与方式的鲜明写照。[①]

首先，"接诉即办"为批评建议权行使提供了制度化渠道。从字面意义和内在价值上看，"接诉即办"机制的构建初衷之一就是保障人民行使批评建议权。何为"诉"，《接诉即办条例》在第2条即指出，"'诉'指咨询、求助、投诉、举报、建议等诉求，"这其中就包含了批评与建议的内容。"接"为批评建议架设了自下而上反映问题的制度化桥梁，也是群众行使政治权利、监督政府和国家工作人员、参与政治事务和社会治理的重要渠道；"办"是对政府自上而下听取和吸收批评建议后解决问题的工作要求，是建设"服务型政府"、勇于担当的体现；"即"字突出快速响应、高效办理，强调对批评建议的高度重视和迅速、即刻地落实。这就是"接诉即办"的治理理念和宪法价值之一：群众通过"诉"提出批评建议，作为宪法实施主体的国家机关积极配合群众的行宪行为，认真对待权利诉求，解决人民群众的"急难愁盼"。在这个过程中，人民群众成为宪法实施的诉求方、推动者，并促使政府在听取批评建议后更好地保障人民权益。

同时，《接诉即办条例》的立法过程和条文内容充分保障了批评建议权。《接诉即办条例》的立法贯彻了全过程民主立法的理念，听取了群众大量的意见建议，是经历了民主酝酿、民主程序、民主决策的民主立法、开门立法。群众广泛行使批评建议权并深度参与立法工作，为《接诉即办条例》的制定和修改贡献了人民智慧。在立法准备阶段，走到基层群众身边，听取民众对于"接诉即办"实施现状、未来改革和相关立法的建议；组织包括市领导在内的人大代表走进"代表之家""代表联络站"，发挥基层立法联系点的平台作用，真正直通一线，确保立法的各个环节都能听取市民群众的意见。累计汇集120多家单位、11000多名各级人大代表和66000多名基层工作人员、市民群众的意见和建议共9000余条。在起草阶段，北京市人大加强对法律草案的社会风险评估，会同专家学者、律师顾问等进行立法论证，严守立法的每一道程序，确保

---

① 具体立法过程、案例详情参见北京市全面深化改革委员会办公室"接诉即办"改革专项小组《坚持人民至上，深化党建引领城市治理体制机制创新——北京市推进接诉即办改革报告》，北京市人民政府网，http://www.beijing.gov.cn/ywdt/zwzt/jsjbggsjz/jsjbbg/index.html#book7/page1，第50—52、94—99、143—156页。

各法定事项不折不扣地落实到位。《接诉即办条例》民主立法的过程，就是保障人民参与权、监督权的过程。此外，很多《接诉即办条例》的具体条文也直接反映了"接诉即办"对于群众批评建议的吸收、采纳和对批评建议权的保障，为人民群众积极、深入地参与社会治理、实现当家作主提供了制度支撑。例如，第25条规定承办单位应当及时听取诉求人的意见建议，了解具体情况；第32条是在立法全过程贯彻民主立法理念、广泛听取批评建议的基础上，针对建立健全"接诉即办"考评制度的问题，要求听取和重视公众意见；第34条着重强调了"接诉即办"要接受公众和新闻媒体的监督，定期组织开放活动，认真听取群众反映的情况。由此可见，对人民群众意见的广泛接纳、对批评建议权的严格保障，贯穿了《接诉即办条例》的立法始终。

最后，在《接诉即办改革报告》第三部分选摘的案例中，也有很多群众对有关部门和工作人员进行监督、政府接"诉"即办的批评建议权实施的鲜活例证。北京市规划和自然资源委员会提供的案例《担当作为破解"房产证办理难"》，聚焦群众反映强烈的"房产证办理难"现状，也是北京市"每月一题"的第一号问题。"房产证办理难"既是房产证办理实际情况的写照，同时也是群众对于该项工作、对于政府相关部门的委婉批评。面对来自群众的批评建议，北京市规划和自然资源委员会坚持首问负责制，为21.9万余套房屋解决了不动产登记难题。在《为企业而"接"，用改革去"办"》案例中，北京市住房和城乡建设委员会收到了针对施工现场人员管理服务信息平台的建议："北京市级层面有这个平台，朝阳区也有类似功能的平台，既浪费时间又耗费精力，就不能统一一下吗？"相关工作人员积极面对建筑企业的合理诉求，推进市、区两级平台对接，为相关从业人员提供了"只录一次"的便捷。或许批评建议者本人也没有想到，自己的一个电话就推动了一项"微"改革，有了"大"成效，可能更出乎意料的是，自己的批评、建议直接行使了宪法规定的政治权利，推动了批评建议权的实施。

简而言之，北京市各政府部门高度重视群众批评建议等的诉求，并持续强化接诉"即"办、未诉"先"办。反之，如果不重视人民的意见和监督，不保障批评建议权的充分行使，人民参与社会治理、参与政治事务的积极性就难以调动，政府服务工作水平的提升缺乏动力和契机，老百姓的"急难愁盼"问题得不到解决，对基本权利的良好保障也就无从谈起。

三 完善"接诉即办"，充分保障批评建议权

首都之治，千头万绪；权利保障，样态纷繁。《接诉即办条例》的制定不

是北京市"接诉即办"、保障权利的终点,以"未诉先办、主动治理"为导引的首都社会治理改革仍在继续。"接诉即办""未诉先办"等社会治理机制在本质上是党和政府以主动治理的方式对基本权利的积极保障,是将宪法精神和宪法原则贯彻到国家事业和社会生活中的宪法实施。在坚持党的领导、人民当家作主与依法治国有机统一的前提下,廓清群众批评建议合情、合理、合法的限度,让地方立法先行一步,加强"接诉即办"对批评建议权及其他权利的充分落实。在首都超大城市社会治理体系和治理能力现代化的过程中,筑牢基本权利保障体系,推动对批评建议权等基本权利更加有效而广泛的宪法实施。

第一,进一步探索和总结首都社会治理实践中,党的领导、人民当家作主与依法治国有机统一的关系、逻辑与方式。坚持党的领导,是"接诉即办"促进人民当家作主和全面依法治市的根本保证。人民当家作主要求广泛发动人民群众参加政治事务、行使政治权利,在"接诉即办"中的具体体现之一,就是在党的领导下保障批评建议权等政治权利的有序行使。"接诉即办"从群众中来,听取群众的权利诉求;再到群众中去,最终落脚于对基本权利的保障,这是新时代党的群众路线的直接体现。《接诉即办条例》的及时立法,也为"接诉即办"提供了法制支撑。"接诉即办"作为将党的领导、人民当家作主与依法治国有机统一的首都社会治理实践,也必将以此为理论指导和价值引领,进一步深化改革。"接诉即办"的改革完善,关键在党;推动宪法全面有效实施,关键也在党;保障人民基本权利,关键还是在党。因此,"接诉即办"的改革实践必须更加充分地发挥党建引领的作用,这是实现北京市社会治理中党的领导、人民当家作主与依法治国有机统一的首要前提与根本保证。

第二,廓清群众批评建议合情、合理、合法的限度。批评建议权是《宪法》规定的人民的基本政治权利,同时《宪法》第 27 条明确要求,接受群众的批评建议是国家机关及其工作人员必须承担的宪法义务。那么,对于群众所有的批评建议应当照单全收,还是有所甄别呢?通过研读《接诉即办条例》中关于群众诉求表达和相关部门如何处理诉求的规定可知,北京市人大在立法时将辨别群众诉求是否合情、合理、合法想在了前面。例如,第 9 条规定:"诉求人应当如实表达诉求,并对诉求内容的真实性负责。""诉求人不得恶意反复拨打或者无正当理由长时间占用市民服务热线及其网络平台资源妨碍他人反映诉求。"对群众表达诉求提出了真实、合理、不得有恶意的要求。[①] 从批评建议权的宪法意图角度出发,人民行使批评建议权的外在表达,是带有政治表达属性的公共言论,要给予比普通言论(或者说非公共言论)更全面的保护。相

---

① 其他具体条文内容参见《北京市接诉即办工作条例》第 8、10、11 条等,在此不一一展开。

比于建议，来自人民的批评可能会更加"刺耳。"可以说，公民对于国家机关及其工作人员由于工作上的失误或过错提出如何尖锐批评皆不为过，都是公民行使其当家作主的民主权利的体现。即使不妥当的批评甚至怒骂，国家机关或国家工作人员都应当加以包容。"① 回归到《宪法》第 41 条，"不得捏造或歪曲事实进行诬告陷害"应当看作是对人民行使申诉、控告和检举等权利的要求。而《宪法》第 38 条规定"公民的人格尊严不受侵犯，禁止用任何方法对公民进行侮辱、诽谤和诬告陷害"，才是学理上批评建议内容的界限。不难发现，宪法的有关规定和价值意图对言论自由架构了一种双层保障模式：一方面，宪法保障一般意义上的言论自由；另一方面，对带有政治表达属性的公共言论（如批评建议等）给予了更有力的保障。但这同时也说明，尽管基本权利神圣而不可侵犯，但其行使并不是没有界限的。因此，在不违反《宪法》38 条有关规定的前提下，国家机关及其工作人员应当对来自群众的批评建议秉持最大程度的包容与接纳，群众在提出自己的批评建议时也要立足于合情合理合法的出发点：这便是《接诉即办条例》对群众如何表达诉求进行详细规定背后的双重立法意图。

第三，通过保障批评建议权来推动言论自由和监督权等其他基本权利的实现。（广义的）言论自由是指"公民通过各种语言形式表达、传播自己的思想、观点、情感等内容的自由。"② 如前所述，批评建议权与言论自由同属于《宪法》规定的基本权利，二者在保障范围、权利属性等方面存在一定程度的交叉和重合。1954 年 9 月，我国颁布了第一部宪法（又称"五四宪法"），其中第 87 条对于言论自由的规定即暗合批评建议权的宪法意图。韩大元教授在《1954 年宪法制定过程》一书中更是直接指出："宪法规定的言论和出版自由指的是我国人民有权对国家和社会各种问题发表自己的意见，提出各种合理化建议，讨论各种问题，特别是在日常生活中有权对国家机关的各种活动提出批评。"③ 这也在一定程度上说明批评建议权的保障，是与言论自由紧密结合的，人民提出批评建议，就是在行使政治言论自由的权利。而对于《宪法》第 41 条规定的批评建议、申诉、控告、检举、取得赔偿等五种权利，很多学者将五者一起笼统地归并在监督权之下，这就遮盖了批评建议权本身的意蕴。批评建议权与检举权确实属于监督权（也可以称为监督权的子权利），但控告权、申诉权和获得赔偿或补偿权应该属于权利救济权。监督权是一项构成复杂且内涵丰富的权利，批评建议权在行使时不可避免地要与其他类型的监督权发生竞合。群众

---

① 范进学：《信访行为之权利与功能分析》，《政法论丛》2017 年第 2 期。
② 林来梵：《宪法学讲义》，清华大学出版社 2018 年版，第 393 页。
③ 韩大元：《1954 年宪法制定过程》，法律出版社 2014 年版，第 412 页。

拨打12345热线提出批评建议之"诉",就是对自己言论自由和其他监督权子权利的行权之"诉"。保障了批评建议权,就保障了言论自由和监督权。批评建议权等政治性权利不仅有其自身的宪法意图和法理价值,对于其他基本权利的保障亦有显著的扩散效应。因此,要在厘清批评建议权与《宪法》41条规定的其他权利、言论自由权和监督权各项子权利之间关系的基础上,畅通人民行使权利的制度化渠道。这不仅有利于基本权利的保障与人民当家作主等宪法意图的实现,也能够起到群众情绪"减压阀"的作用,对将矛盾化解在基层、将社会不稳定因素消除于萌芽大有裨益。

第四,充分调动地方立法的积极性,以立法推动"接诉即办"的改革,实现"接诉即办"权利保障全过程的制度化、法治化。北京市作为首都的政治性地位和其自身的现实性示范作用,要求"北京市地方立法必须奠基于两个最基本的考量因素:国家的宏观法制环境及立法法的相关规定;北京市的法治现状与立法需求。"[①] 对于后者来说,首先,需要人民对于立法提出科学的批评建议。人民行使批评建议权,又可以对其他基本权利的实施起到推动和促进的作用。以此为出发点,充分总结北京市"接诉即办"社会治理实践中的有效方法和成熟经验,通过地方立法的形式进行精炼和巩固。其次,制定和完善"接诉即办"的运行、监督和考评机制。以《接诉即办条例》第42条"本市建立健全接诉即办考评制度,制定考评办法"的相关规定为基本遵循,倒逼"接诉即办"的规范化。最后,要通过相关立法拓宽人民群众提出批评建议、行使监督权的平台。这既有赖于畅通人民表达诉求、有序行权的制度化渠道,也要加强对"接诉即办"及相关法律法规的宣传普及,还要以制度支撑来发动、督促各级党组织和政府下沉一线,到人民群众身边去,倾听、记录老百姓的批评建议,总结、解决老百姓的"急难愁盼"。以达到"未诉先办"的主动治理理想局面,实现对批评建议权、言论自由和其他监督权等更多人民基本权利更高水平的保障。

随着中国特色社会主义法治建设进入新时代,在习近平法治思想的指导下,国家治理体系和治理能力现代化对人民基本权利的保障提出了更高要求。面向未来,应当以"接诉即办"的深化改革为抓手,发展完善实施宪法、保障权利的体制机制,切实满足首都人民对美好生活的向往,真正实现当家作主、有序行权。建设更高水平的"首善之都",绘就全面依法治国的首都新画卷。

---

① 吕廷君:《论北京市地方立法的指导原则》,《北京政法职业学院学报》2012年第4期。

参 考 文 献

[1] 林来梵：《宪法学讲义》，清华大学出版社 2018 年版。
[2] 《马克思恩格斯选集》第 3 卷，人民出版社 1995 年版。
[3] 《列宁全集》第 34 卷，人民出版社 1985 年版。
[4] 黄炎培：《80 年来》，文史资料出版社 1982 年版。
[5] 《邓小平文选》第 1 卷，人民出版社 1994 年版。
[6] 韩大元：《1954 年宪法制定过程》，法律出版社 2014 年版。
[7] 范进学：《信访行为之权利与功能分析》，《政法论丛》2017 年第 2 期。
[8] 吕廷君：《论北京市地方立法的指导原则》，《北京政法职业学院学报》2012 年第 4 期。
[9] 习近平：《在首都各界纪念现行宪法公布施行 30 周年大会上的讲话》，《人民日报》2012 年 12 月 5 日第 2 版。
[10] 北京市全面深化改革委员会办公室"接诉即办"改革专项小组：《坚持人民至上，深化党建引领城市治理体制机制创新——北京市推进接诉即办改革报告》，(2021 - 12 - 19)[2022 - 07 - 10]，http：//www.beijing.gov.cn/ywdt/zwzt/jsjbggsjz/jsjbbg/index.html♯book7/page1。

矛盾纠纷"一站式受理，多部门对接"的探索与实践

申艳丽[*]

摘　要： 乡村治则百姓安，乡村稳则国家稳。基层矛盾纠纷化解，是乡村社会安全稳定的根本保障，也是乡村振兴的必然要求。密云区太师屯镇积极探索"一站式受理、多部门对接"的矛盾纠纷化解服务模式，创新建立"释法评理"工作机制，实现群众矛盾纠纷化解"只进一扇门"，切实解决群众"急难愁盼"，但还存在基层党组织负责人重视程度不够、部门参与主动性不强、评理队伍评理能力不适应实际需求、评理方案执行缺乏刚性等问题。针对这些问题，提出要强化基层党组织引领评理、多部门协同共治、做实评理员教育培养、善用乡村治理资源、提升村民综合素质等措施进一步优化"释法评理"工作机制，为促进乡村振兴、率先基本实现农业农村现代化奠定有效治理基础。

关键词： 密云区；矛盾纠纷化解；乡村治理；乡村振兴

《关于做好 2022 年全面推进乡村振兴重点工作的实施方案》强调："坚持和发展新时代'枫桥经验'，加强基层社会治理、执法司法服务与诉源治理的融合联动，探索完善'一站式受理、多部门对接'的基层矛盾纠纷化解服务。"[①] 这对当前和今后一个时期乡村治理工作提出了新的要求。基层矛盾纠

---

[*] 申艳丽，中共北京市密云区委党校教研室副主任，讲师，主要研究方向为基层党建。
[①] 《关于做好 2022 年全面推进乡村振兴重点工作的实施方案》，《北京日报》2022 年 4 月 13 日第 1 版。

纷化解，既是农村社会安全稳定的根本保障，也是乡村振兴的必然要求。在北京市提出率先基本实现农业农村现代化背景下，课题组以密云区太师屯镇为调查样本，全面观察太师屯镇"释法评理"矛盾纠纷"一站式受理、多部门对接"的实践探索和经验做法，以期为促进乡村振兴、率先基本实现农业农村现代化奠定"有效治理"基础。

一 "释法评理"工作机制的确立及运作程序

（一）"释法评理"工作机制的确立

"释法评理"工作机制是指太师屯镇党委针对农村社会矛盾凸显、干群关系紧张、缠访闹访持续不断等治理难题而设置的工作机构、工作程序和规则，以及它们之间的有机联系。

"释法评理"工作机制是实践倒逼的结果，一方面是各种利益诉求不断涌现，如在密云水库水源保护、征地拆迁补偿、集体资产分配中产生的各种矛盾和问题交织在一起，甚至有些问题很难在短时间内得到有效解决，以及一些因历史原因导致的邻里纠纷、家庭矛盾等得不到有效化解，矛盾纠纷越积越多，缠访闹访持续不断，"12345"诉求总量高居不下；另一方面，随着乡村生活水平不断提高，村民生产生活方式不断变化，公共意识和民主意识不断觉醒和增强，村民的利益诉求日益多元化、多样化。面对这样的治理难题，太师屯镇从镇域实际出发，2021年在原有"说事评理"的基础上，创新建立"释法评理"工作机制，实现了矛盾纠纷"一站式受理，多部门对接"，将矛盾纠纷就地化解、源头解决、多元化调处，群众幸福感、获得感不断提升。

（二）"释法评理"工作机制的运作程序

1. 组织机构设置及人员构成

在太师屯镇党委的领导下，成立由镇党委书记任组长的"释法评理"工作领导小组，全面统筹推进"释法评理"工作的开展。镇、村两级成立"释法评理"工作机构，分别负责镇、村矛盾纠纷调解。组建由村"两委"干部、法官、司法助理员、律师、人民调解员、诉求归口部门行业专家等200余人组成的"释法评理"成员库，为"释法评理"的有效运行提供人才支撑。每次评理活动，根据纠纷复杂程度及类别，镇、村两级按相应人员结构比例从成员库中抽选评理员参与评理，如表1、表2所示。

表 1 镇级"释法评理"人员结构比例

人员构成	总人数
司法助理员、法官、镇级法律顾问、心理咨询师、与矛盾相关的镇科室负责人及综治办主任	6 名
公信力强、法理知识丰富、太师屯籍的退休老干部	2 名
村级离职老干部	1 名
秉公办事、作风正派的村级现任干部	4 名
区镇党代表、人大代表、政协委员	2 名
"百姓名嘴"	12 名（其中妇女代表不少于 4 名）
诉求归口部门行业专家	2 名

资料来源：中共太师屯镇委员会：《中共太师屯镇委员会关于建立镇村两级释法评理中心（站）的实施意见》，《太师屯镇关于建立镇村两级释法评理中心（站）的实施方法》，2021年制定。

表 2 村级"释法评理"人员结构比例

成员结构	人员构成	总人数
固定成员	村党支部书记、司法助理员、法官、村法律顾问、包村干部、与矛盾相关的镇科室负责人、诉求归口部门工作人员、村"两委"干部	6 名左右
推荐成员	德高望重、热心公益事业、群众基础好、办事公道正派的党员或村民	7 名左右

资料来源：中共太师屯镇委员会：《中共太师屯镇委员会关于建立镇村两级释法评理中心（站）的实施意见》，《太师屯镇关于建立镇村两级释法评理中心（站）的实施方法》，2021年制定。

2. 规范工作流程

"释法评理"按照群众诉求收集汇总、分类"释法评理"调解、建立档案形成依据三个流程进行评理。

一是群众诉求收集汇总。在村级，通过村干部入户连心大走访、"12345"市民热线、评理员轮值坐班等方式收集整理矛盾线索。每星期对矛盾线索逐一进行分析研判，对确有必要启动村级"释法评理"工作流程的议题予以确认。对村级不具备解决条件的复杂纠纷、诉求，填写《释法评理问题收集登记卡》，上报镇"释法评理"中心。镇"释法评理"中心对村级上报的矛盾纠纷问题及镇市民诉求处置中心收集汇总的矛盾纠纷问题予以研判，对确有必要启动镇级"释法评理"工作流程的议题予以确认。

二是分类"释法评理"调解。将矛盾纠纷按土地承包、房屋纠纷、政策执行等进行分类，每次"释法评理"只针对一个具体问题或同一类型问题展开评理。在评理工作开展前，分析矛盾的根源，研判适用的法律法规、政策以及落实后问题的走向。在镇级，按照镇级"释法评理"工作流程开展评理，如图1所示；

在村级，按照村级"释法评理"工作流程开展评理，如图2所示。

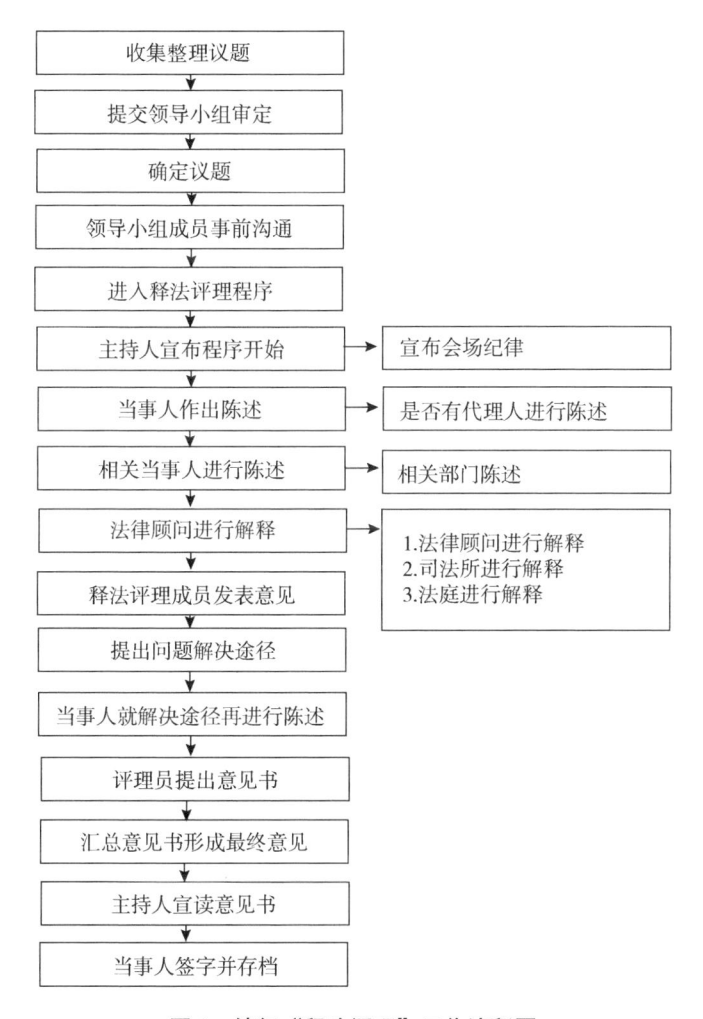

```
收集整理议题
    ↓
提交领导小组审定
    ↓
确定议题
    ↓
领导小组成员事前沟通
    ↓
进入释法评理程序
    ↓
主持人宣布程序开始 → 宣布会场纪律
    ↓
当事人作出陈述 → 是否有代理人进行陈述
    ↓
相关当事人进行陈述 → 相关部门陈述
    ↓
法律顾问进行解释 → 1.法律顾问进行解释
    ↓                 2.司法所进行解释
释法评理成员发表意见   3.法庭进行解释
    ↓
提出问题解决途径
    ↓
当事人就解决途径再进行陈述
    ↓
评理员提出意见书
    ↓
汇总意见书形成最终意见
    ↓
主持人宣读意见书
    ↓
当事人签字并存档
```

图 1　镇级"释法评理"工作流程图

资料来源：中共太师屯镇委员会：《中共太师屯镇委员会关于建立镇村两级释法评理中心（站）的实施意见》，《太师屯镇关于建立镇村两级释法评理中心（站）的实施方法》，2021年制定。

三是建立档案形成依据。按照"一评理一建档"的原则，建立镇、村两级"释法评理"档案，由记录员对评理过程进行全程跟踪录像并形成书面材料，评理方案由双方确认签字后一并归档，便于日后查询。这些明确规范的流程为"释法评理"工作机制科学高效运行提供了程序保障。

3. 明确工作规则

太师屯镇党委制定下发了《中共太师屯镇委员会关于建立镇村两级释法评理中心（站）的实施意见》《太师屯镇关于建立镇村两级释法评理中心（站）

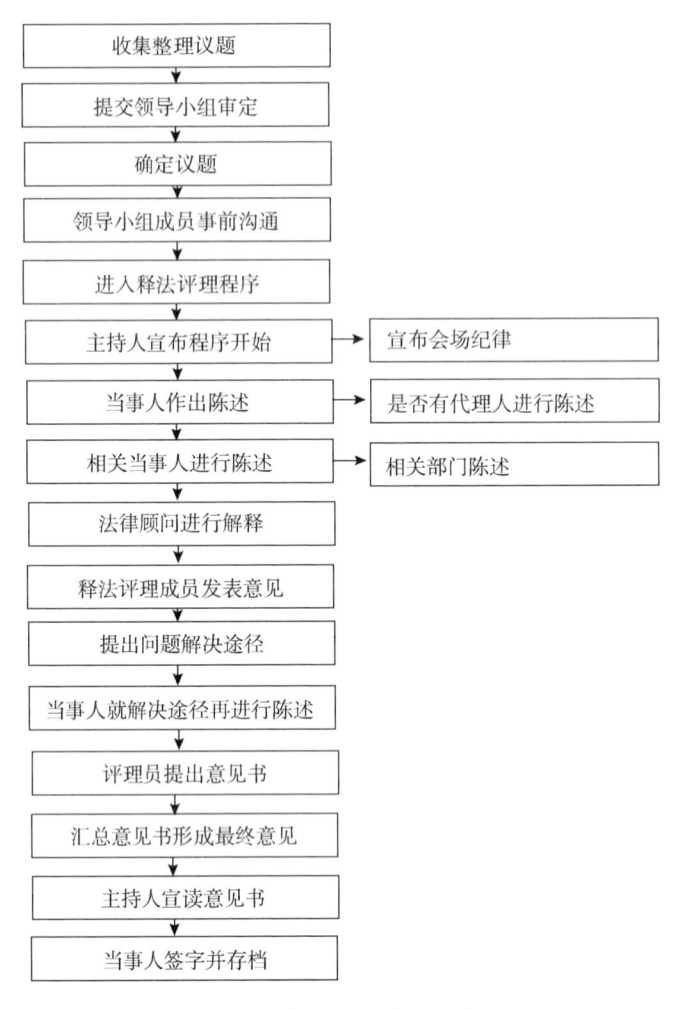

```
收集整理议题
    ↓
提交领导小组审定
    ↓
确定议题
    ↓
领导小组成员事前沟通
    ↓
进入释法评理程序
    ↓
主持人宣布程序开始 → 宣布会场纪律
    ↓
当事人作出陈述 → 是否有代理人进行陈述
    ↓
相关当事人进行陈述 → 相关部门陈述
    ↓
法律顾问进行解释
    ↓
释法评理成员发表意见
    ↓
提出问题解决途径
    ↓
当事人就解决途径再进行陈述
    ↓
评理员提出意见书
    ↓
汇总意见书形成最终意见
    ↓
主持人宣读意见书
    ↓
当事人签字并存档
```

图 2　村级"释法评理"工作流程图

资料来源：中共太师屯镇委员会：《中共太师屯镇委员会关于建立镇村两级释法评理中心（站）的实施意见》，《太师屯镇关于建立镇村两级释法评理中心（站）的实施方法》，2021年制定。

的实施办法》《太师屯镇释法评理工作管理制度》等制度文件，确立了"释法评理"工作机制的基本原则和制度规范。其中，《中共太师屯镇委员会关于建立镇村两级释法评理中心（站）的实施意见》健全完善了例会、培训、资金保障等制度，使镇村两级推进"释法评理"工作更有底气；《太师屯镇关于建立镇村两级释法评理中心（站）的实施办法》解决了谁来"评理"、在哪里"评理"、怎么"评理"等问题；规范了评理员职责、会场纪律、"评理"阵地布置等内容，明确细致的标准和要求，为确保工作顺利推进、实现预期目标提供保障。

二 "释法评理"工作机制的实践成效

(一)解决了群众"急难愁盼"问题

"释法评理"工作机制运行以来,共排查矛盾纠纷3600余次,调解矛盾纠纷400余件,调解成功率达到95.48%,有效解决了宅基地纠纷、地界纠纷、家庭矛盾等让群众不幸福、不快乐的问题。如小漕村六兄弟因房产问题产生矛盾,经研判,村党支部启动"释法评理"工作流程,六兄弟在各自陈述的基础上,评理员从法理、情理、德理入手,以法律为准绳,以道德为依托,详细解释了相关法律法规,提出的评理方案得到六兄弟认可,兄弟之间的关系得到有效缓和。通过"释法评理",基层党组织主动回应群众"急难愁盼"问题,这种有态度、有温度、有力度的治理方式,拉进了群众与基层党组织之间的关系,群众遇事会第一时间找村党支部,太师屯镇信访量由2020年1月的136件下降到2022年4月的67件,全镇信访秩序明显改善,各类重复信访、无理信访明显下降。

(二)唤醒了村民主体意识

"释法评理"是对村民自治实践的进一步深化。村民通过担任评理员,在"释法评理"调查、讨论、辩论等过程中形成对村庄的内在认同,逐渐习得了政治素养、自治自觉和法治精神。其他村民通过观摩"释法评理",对村内治理事项有了进一步认识,服务认知得到提升和转变。如上庄子村供水管道受损导致不能集中供水,村民曹某将问题反馈给村级"释法评理"工作组,工作组研判后,在村民活动广场启动评理流程。由村党支部书记、镇相关科室工作人员、村民等13人组成的评理小组、曹某以及现场观摩的村民一起理思路、想办法,充分汇集民智、汇合民意,提出解决对策。"释法评理"开展以来,参与村民近万余人次,半数以上常住村民参与或观摩过"释法评理",调动了村民参与乡村公共事务管理的主动性与积极性,实现了"大家事、大家议、大家管",维护了群众根本利益。

(三)增强了法治意识

正如镇市民诉求处置中心工作人员所言:"'释法评理'本身就是一个普法的过程。评理员和村民在评理过程中学习了相关法律知识,提升了遵法守法的意识。"评理员通过学法释法,增强依法"评理"能力;当事人在用法议法中提高了法治意识；其他村民在听法、普法中树立了法治思维。如葡萄园村村民钱某与城市居民宋某于2000年签订一份民宅租赁合同，宋某一次性支付租金10万元，租期50年。2021年，钱某以合同到期为由，要求宋某腾退房屋。宋某认为合同未到期，拒绝钱某要求。村级"释法评理"工作组收集到这一矛盾线索后，认为这是普及《合同法》的重要契机，决定启动"释法评理"。评理过程中，评理员结合该案例详细解读了租赁合同的相关条款，重点强调了农村房屋租赁应注意的常见问题，避免更多村民因签订租赁合同不严谨而产生纠纷或者利益受损。

三 "释法评理"工作机制运行中存在的问题

（一）基层党组织负责人对"释法评理"工作不够重视

虽然规定镇党委书记或村党支部书记任"释法评理"工作领导小组或工作组组长，对本级评理活动进行全程领导，但在实施过程中，因镇党委换届，新任镇党委书记对"释法评理"工作机制的运作程序及工作流程的理解不透彻，工作推进中对评理程序操作规范性不足，"一把尺子量到底"的长效机制打折扣；有的村党支部书记或忙于事务性工作或习惯于凭经验、循惯例，对解决纠纷矛盾、诉求需要采取的措施以及落实后问题的走向缺乏科学严谨的研判分析，特别是在事前会商阶段提不出有针对性的指导意见，影响工作成效。

（二）部门参与"释法评理"的主动性不强

"释法评理"汇聚了司法所、镇法庭、农业农村局等政府部门及律师事务所、心理咨询室等社会组织的力量参与，各类评理员在其中也发挥了积极作用，但总体来看，政府部门、社会组织的调解作用发挥不明显，尚未形成合力，导致各参与主体力量不均衡，基层党组织主导性过强。在实践中，对政府部门参与"释法评理"更多的是一种倡导性要求，没有硬性考核指标，约束性不强，部门不重视，常出现推诿现象。同时，由于缺乏有效的激励措施，政府部门及社会组织人员参与积极性不高，往往流于形式。

（三）评理队伍评理能力不能适应实际需要

在调研中我们了解到，有的年长评理员乡村工作经验丰富但缺乏法律知识；有的年轻评理员有一定法律知识但缺乏乡村工作经验，导致评理工作要么凭经验、人情，"和稀泥"式解决问题，以情代法现象时有发生；要么凭法条，

"多刚少柔"解决问题,致使村民对"释法评理"活动缺乏情感认同;评理成员库动态更新不及时,评理员队伍更新滞缓,影响评理效率。

(四)评理方案执行缺乏刚性

《太师屯镇关于建立镇村两级释法评理中心(站)的实施方案》规定:"'释法评理'工作领导小组或工作组根据多数评理员的意见形成最终评理方案,对于具有具体权利义务内容的由镇村调委会或人民法院出具调解书,经当事人签字后,自觉履行;不具备出具民事调解书的评理方案,由'释法评理'工作领导小组或工作组监督落实。"实际操作过程中,由于"释法评理"工作领导小组或工作组缺乏强制力,导致对不具备出具民事调解书的评理方案落实情况缺少硬约束,时有事后反悔、拒不落实情况发生,从而影响评理的公信力。

四 进一步优化"释法评理"工作机制的对策建议

(一)发挥基层党组织的引领作用,提升"释法评理"的凝聚力

1. 织密"释法评理"党建网格

坚持把党建引领作为贯穿"释法评理"始终的一根"红线",着力构建镇党委到村党支部、村党支部到党小组、党小组到村民户的三级组织架构,把党的工作触角延伸到每个村民,实现基层党组织无缝隙、立体化收集、解决群众矛盾诉求,切实发挥党建引领"释法评理"作用。

2. 抓实关键少数

创新开展"评理经验大家谈"等活动,提升基层党组织负责人的评理水平,引导他们从政治上观察、解决问题。发挥问效职能作用,调整撤换不主动回应、解决群众诉求的村党支部书记,约束其主动投入"释法评理",真正发挥好指挥棒作用。

3. 健全督促联办机制

在镇级层面,探索建立"一季度一通报"制度,镇党委对各村评理情况定期排名通报并进行季度点评,推动"释法评理"有效落实;在村级层面,探索建立"释法评理"承办汇报制度,承办村干部需在村民代表会议上汇报评理情况,督促其切实履行职责。

(二)强化多部门协同共治,提升"释法评理"的内生动力

1. 优化组织布局

在"释法评理"中心(站)设置常驻部门及动态轮驻部门,各部门各司其

职，相互衔接、彼此协调，形成司法力量、政府力量、社会力量等纠纷领域全覆盖，各类主体之间交融互补，推动"释法评理"良性运行。

2. 拓宽评理员选任渠道

通过大喇叭、公开栏、政府网站等线上线下方式宣传，引导热心公益事业、办事公道、沟通能力强、懂法明理的新乡贤、行业专家、外来常住人口等通过个人自荐、群众举荐、组织推荐等方式推选评理员预备人选，上报镇"释法评理"中心，"释法评理"工作领导小组以讨论表决的形式产生评理员名单，并统一制作、发放工作证，增强评理员的自我认同和村民对评理员的身份认同。

3. 完善绩效考核与奖励制度

健全组织和个人正向激励、负向问责制度，通过建立评理员管理台账，对评理员参与评理的次数、效果反馈等情况进行绩效考核。每年度对表现突出的评理员进行物质、声誉等多方面激励，如党员可与党员积分、党员承诺挂钩；村民可与公益性岗位提供、村自有资金分配挂钩；社会组织、政府部门人员可授予"金牌评理员"荣誉称号，并向所在组织、部门寄发表扬信，为政府部门、社会力量、村民参与"释法评理"提供良好的制度环境。

（三）健全评理队伍教育培养，提升"释法评理"的运行效率

1. 抓好经常性教育

按照时间、地点、人员、内容"四到位"规范评理员学习，制定符合"释法评理"工作特点的学习内容，创新理论学习与实践演练相结合的学习方式，使评理程序、工作流程、评理技巧等内容内化于心、外化于行，切实提升评理质量。

2. 做细分类培训

坚持需求导向，开展组织"订单"＋评理员"点单"的组合式培训，实现供给与需求有效对接。聘请经验丰富的村党支部书记、优秀评理员担任成长导师，手把手带教，面对面指导，助力评理员成长。

3. 培养评理员法治思维

开展乡村常用法规解读、评理员法律知识竞赛、"释法评理"现场观摩会等活动，强化评理员对法律的敬畏之心，增强评理员依法评理意识。法律顾问、司法助理员发挥专业优势，对评理适用的法律、结果的公正性和客观性进行指导、把关、监督。

4. 动态更新评理成员库

对成员库实施进出有序的动态管理，将驻村第一书记、复原退伍军人、退休公职人员等及时充实到成员库中；对工作开展不主动、工作效果不明显、村

民不满意的评理员予以解聘；对年龄较大、身体原因等不适合继续履职的评理员予以调整。

（四）善用乡村治理资源，提升"释法评理"的执行力

1. 发挥村规民约教化约束作用

村规民约形成于村民和村落内部，与法律相比，这些乡村习惯法虽然没有强制力约束，但不像法律条文那样晦涩难懂，更容易接受和遵守。[1] 村民在参与村规民约制定的过程中，形成了遵规守约的意识自愿和行动自觉，促成对不具备出具民事调解书的评理方案落实执行。

2. 强化乡村公共舆论导向作用

村落是一个天然的教化空间，村落教化是通过特定的村落空间结构、特殊的社会关系和文化结构发挥作用的，如"街头巷议"就是最常见的村落舆论形式。[2] 利用新时代文明实践站、活动广场、田间地头等乡村公共舆论空间，发挥老年人、妇女的口头舆论作用，对村民执行评理方案情况进行监督和矫正。同时发挥村民微信群、党员微信群舆论引导作用，切实关注乡村舆论新动向，及时引导情绪性舆论，为评理方案落地生效提供更好的服务。

3. 发挥家庭家教家风的思想凝聚作用

在家庭层面，聚焦家庭德育功能，通过生活化场景、日常化活动、具体化载体，在立家规、传家风中筑牢责任意识、担当精神。在社会层面，通过生动直观、具体形象的宣传和志愿服务，使体现社会主义核心价值观的家庭家教家风走进百姓、贴近生活，从源头减少社会矛盾、家庭纠纷，以完善"小家"促进"大家"和谐。[3]

（五）提升村民综合素质，提升"释法评理"的公信力

1. 厚植"释法评理"人文底蕴

发挥新时代文明实践站（所）作用，定期活动与灵活安排相结合，关键时间节点与农闲时间相结合，创作快板、小品、情景剧等接地气的"释法评理"文艺作品，强化村民道德认知。

2. 深化"法律明白人"培养工程

发挥"一村一顾问"制度优势，鼓励乡村法律顾问积极投身乡村法律宣讲

---

[1] 参见刘儒《乡村善治之路：创新乡村治理体系》，红旗出版社2019年版。
[2] 参见朱启臻《利用乡村治理资源优势提升乡村治理能力》，《红旗文稿》2020年第7期。
[3] 参见孙秋英、刘洁《加强家庭家教家风建设　发挥在基层社会治理中的重要作用》，人民网，http://edu.people.com.cn/n1/2020/0817/c1006-31824414.html。

活动,通过具体法律条文解读、案例剖析等方式,培养乡村法律明白人,筑牢"释法评理"的人才基础。

3. 营造"释法评理"氛围

编发"释法评理"口袋读本、"明白纸",扩大镇域群众对"释法评理"的认知度;公开"释法评理"工作组联系方式,引导村民树立遇事找"释法评理"的思维和习惯,让"释法评理"植根群众心中,从而减少信访及"12345"诉求数量。

参 考 文 献

[1] 刘儒:《乡村善治之路:创新乡村治理体系》,红旗出版社 2019 年版。
[2] 柏莉娟:《乡村治理方式变迁与创新方法研究》,中国商务出版社 2018 年版。
[3] 宋烨:《城乡统筹背景下乡村治理模式研究》,中国商务出版社 2018 年版。
[4] 冯俊锋:《乡村振兴与中国乡村治理》,西南财经大学出版社 2019 年版。
[5] 李艳菲:《新中国成立 70 年来乡村治理模式研究》,《实事求是》2019 年第 6 期。
[6] 胡洪彬:《乡镇社会治理中的"混合模式":突破与局限——来自浙江桐乡的"三治合一"案例》,《浙江社会科学》2017 年第 12 期。
[7] 南刚志:《中国乡村治理模式的创新:从"乡政村治"到"乡村民主自治"》,《中国行政管理》2011 年第 5 期。
[8] 苏海新、吴家庆:《论中国乡村治理模式的历史演进》,《湖南师范大学社会科学学报》2014 年第 6 期。

北京市公共文化服务立法研究

宫怡君　张思雅[*]

摘　要： 健全的地方公共文化服务立法，是保障公民公共文化权益的基础，亦是完善社会公共文化服务体系的前提，更是我国文化法治建设的重要组成部分。地方公共文化服务法规应当具有明显的地域性，注重反映地方特色，以满足人民的公共文化需求为立法导向，体现并保障公民基本文化权益。北京市作为全国文化中心也在积极地推动地方公共文化服务保障的法治化进程。本文以《北京市公共文化服务保障条例》制定为例，对北京市公共文化服务立法的背景和进程进行梳理，并在解读《北京市公共文化服务保障条例（草案征求意见稿）》的基础上，从立法参与度、立法调研制度、立法精度、立法后评估与改进机制四个层面就如何推动北京市公共文化服务立法展开思考与探讨。

关键词： 北京市；地方公共文化；服务；立法

一　《北京市公共文化服务保障条例》立法背景与进程

（一）《北京市公共文化服务保障条例》立法背景

《北京市公共文化服务保障条例》的制定建立在国家层面与地方层面公共文化服务立法共同蓬勃发展、互相促进的基础之上。我国地方公共文化服务立

---

[*] 宫怡君，硕士，中共北京市委党校（北京行政学院）北京市情研究中心助理研究员，主要研究方向为文化立法、公共文化服务体系；张思雅，硕士，中共北京市委党校（北京行政学院）北京市情研究中心助理研究员，主要研究方向为马克思主义中国化、基层社会治理。

法正处于稳步发展阶段，国家层面，2013年中共十八届三中全会通过的《中共中央关于全面深化改革若干重大问题的决定》提出"构建现代公共文化服务体系。建立公共文化服务体系建设协调机制，统筹服务设施网络建设，促进基本公共文化服务标准化均等化。"① 2014年中共十八届四中全会通过的《中共中央关于全面推进依法治国若干重大问题的决定》更明确提出建立健全文化法律制度，制定公共文化服务保障法②。2016年12月25日第十二届全国人大常委会第二十五次会议表决通过了《中华人民共和国公共文化服务保障法》，并于2017年3月1日起施行。自此，我国公共文化服务逐步走上了法治化轨道。国家层面的立法更加注重原则性与指导性，而我国地大物博，民族众多，各地区风土人情、文化传统千差万别，公共文化服务在我国是地域性很强的课题，为更好地保障人民实现其基本文化权益，积极推进地方公共文化服务立法就显得尤为重要。从地方公共文化服务立法的发展来看，早在《公共文化服务保障法》出台前，广东省和江苏省就分别在2011年、2015年率先颁布了《广东省公共文化服务促进条例》和《江苏省公共文化服务促进条例》。接下来的十余年，各级地方依托《公共文化服务保障法》结合当地实际情况，因地制宜、积极探索地方性法规的制定，当前涉及公共文化服务的省级地方性法规共有13部（见表1）

表1 省级地方性公共文化服务法规

法规名称	发布时间	实施时间
《广东省公共文化服务促进条例》	2011年9月29日	2012年1月1日
《江苏省公共文化服务促进条例》	2015年12月4日	2016年3月1日
《浙江省公共文化服务保障条例》	2017年11月30日	2018年3月1日
《天津市公共文化服务保障与促进条例》	2018年9月29日	2018年11月1日
《湖北省公共文化服务保障条例》	2018年11月19日	2019年2月1日
《陕西省公共文化服务保障条例》	2019年3月29日	2019年7月1日
《贵州省公共文化服务保障条例》	2020年6月3日	2020年9月1日
《重庆市实施〈中华人民共和国公共文化服务保障法〉办法》	2020年6月5日	2020年8月1日

---

① 《习近平关于社会主义政治建设论述摘编》，中央文献出版社2017年版，第81页。
② 《习近平谈治国理政》（第一卷），外文出版社2018年版，第467页。

续表

法规名称	发布时间	实施时间
《安徽省公共文化服务保障条例》	2020年7月2日	2020年9月1日
《湖南省实施〈中华人民共和国公共文化服务保障法〉办法》	2020年7月30日	2020年9月1日
《上海市公共文化服务保障与促进条例》	2020年10月27日	2021年1月1日
《江西省公共文化服务保障条例》	2021年7月28日	2021年10月1日
《四川省公共文化服务保障条例》	2021年9月29日	2021年12月1日

（二）《北京市公共文化服务保障条例》立法进程

作为全国文化中心，北京市对于公共文化政策法规的研究和制定工作一直十分重视。2007年北京市文化局制定了《基层公共文化设施建设标准》，对文化服务中心、文化活动室的选址布局、设置做出规定和管理。2011年则通过发布《北京市基层公共文化设施服务规范（试行）》明确了公共文化服务的内容与标准。2015年北京市又出台"1+3"公共文化服务政策文件，该文件的制定旨在贯彻党的十八大、十八届三中、四中全会和习近平总书记系列重要讲话精神，落实中办、国办意见和市委、市政府要求，对加快构建北京市现代公共文化服务体系，推动基本公共文化服务实现标准化、均等化、社会化和数字化，保障人民群众基本文化权益做出全面部署。[①] 其中的"1"是《关于进一步加强基层公共文化建设的意见》，"3"是《首都公共文化服务示范区创建方案》《北京市基层公共文化设施建设标准》和《北京市基层公共文化设施服务规范》。2016年北京市发布实施《关于政府向社会力量购买公共文化服务的实施意见》，突出北京特色的基础上，探索、创新公共文化服务模式，是北京市深化文化体制改革，建立健全现代化公共文化服务体系的又一项重要举措。2017年北京市《关于加快推进公共文化服务体系示范区建设的意见》正式出台。提出"到2020年，公共文化服务体系示范区建设取得显著成效，率先建成均衡发展、供给丰富、服务高效、保障有力的现代公共文化服务体系。公共文化设施网络实现全覆盖，公共文化服务的内容和手段更加丰富，服务效能显著提升，公共文化管理、运行和保障体制机制更加完善，人民群众的基本文化权益得到有效保障，北京建设弘扬中华文明与引领时代潮流的文化名城和中国

---

① 参见中国文化报《北京出台"1+3"公共文化政策》，人民网，http://culture.people.com.cn/n/2015/0605/c172318-27107180.html。

特色社会主义先进文化之都获得有力支撑。"① 公共文化服务包罗万象，除了直接关于"公共文化服务"的相关规定，北京市于2019年发布《北京市非物质文化遗产条例》《关于新时代繁荣兴盛首都文化的意见》《北京市推进全国文化中心建设中长期规划（2019年—2035年）》，2020年发布实施了《北京市推进全国文化中心建设中长期规划（2019年—2035年）》《中共北京市委关于新时代繁荣兴盛首都文化的意见》，2021年发布实施了《北京历史文化名城保护条例》。

北京市立足当前、着眼长远，以人民为中心、以社会主义核心价值观为引领，结合北京市情，制定相关法规。2020年北京市人大常委会将《北京市公共文化服务保障条例》列为立法调研论证项目。北京市公共文化立法是我国文化法治建设的重要组成部分，应当立足首都城市定位，结合全国文化中心建设，围绕群众需求，构建以文化权利为核心，政府主导、社会广泛参与的公共文化服务地方法规，促进《公共文化服务保障法》在北京落地落实，加强公共文化服务供给与相关设施建设管理，弘扬首都特色文化，提升北京公共文化服务的法治化水平。

二 《北京市公共文化服务保障条例（草案征求意见稿）》的主要内容

2020年北京市人大常委会将《北京市公共文化服务保障条例》列为立法调研论证项目。2021年11月4日，北京市十五届人大常委会第九十四次主任办公会议讨论通过了《北京市公共文化服务保障条例》立项。市文化和旅游局负责起草，在广泛征求意见建议后形成《北京市公共文化服务保障条例（草案征求意见稿）》②［以下简称《条例（草案）》］。《条例（草案）》包括总则、设施建设与管理、服务提供、北京特色、社会参与、保障措施、法律责任、附则，共八章五十五条。值得一提的是"北京特色"一章，紧扣北京实际与文化特点做出了相应规定。

《条例（草案）》第一章"总则"提出了立法目的、适用范围以及立法方针与目标，将各级人民政府确定为公共文化服务工作的责任主体，负责公共文

---

① 北京青年报：《北京市出台〈关于加快推进公共文化服务体系示范区建设的意见〉》，千龙网，http：//beijing.qianlong.com/2017/0910/2017866.shtml。

② 参见北京市文化和旅游局《北京市文化和旅游局关于对〈北京市公共文化服务保障条例（草案征求意见稿）〉公开征求意见的公告》，北京市人民政府，http：//www.beijing.gov.cn/hudong/gfxwjzj/zjxx/202112/t20211228_2575646.html。

设施建设与公共文化服务的组织、管理、提供和相关保障，建立健全工作协调机制；推动多领域与公共文化服务的融合发展；鼓励群团组织、社会组织等发挥各自优势积极参与公共文化服务。其中，第七条对特殊群体的公共文化服务保障做出了相关规定；第九条"交流合作"中明确提出加强本市与天津、河北等其他国内外地区交流合作，体现了京津冀协同发展、国内外文化多元发展的理念；第二章"设施建设与管理"界定了公共文化设施的定义与范围，并规定了公共文化设施的设施布局、设施建设用地，建立了设施建设与保护、配套设施移交、空间多元供给、设施管理单位职责、法人治理与图书馆、文化馆的总分馆制等相关制度。第三章"服务提供"明确规定了政府服务职责，免费、优惠服务，公共文化设施开放时间，信息公示制度，特殊群体服务，流动服务，服务创新，公共数字文化服务，公共文化服务供需对接等内容。第四章"北京特色"最能够鲜明地体现首都公共文化服务的特色，规定将"古都文化、红色文化、京味文化、创新文化"这四个文化融入公共文化服务之中，并推动公共文化与旅游、科技、文化产业深度融合发展，鼓励文化创意产品开发与开展群众性文化活动等。第五章"社会参与"规定了社会政府合作的相关内容，建立健全社会力量参与公共文化服务的机制，促进公共文化服务供给主体多元化，鼓励社会力量兴办文化设施；制定和完善政府购买公共文化服务的指导性意见和目录；鼓励向公众免费或优惠开放内部文化设施；推进行业协会、专业文艺院团、群众文艺团队等参与到公共文化服务当中；鼓励和支持文化志愿服务等。第六章"保障措施"方面，明确各级人民政府经费保障、基层保障责任；优化专业人员在职称评定、表彰奖励等方面的待遇；规定相关部门对公共文化服务相关从业人员应当进行培训；设立公共文化服务专家咨询委员会；建立公共文化设施使用效能与公共文化服务工作考核监督机制。第七章"法律责任"就各级人民政府的法律责任及扰乱秩序责任做出相关规定。第八章为附则。

从《条例（草案）》的形成过程与主要内容中不难看出，北京市立法机关在此次公共文化服务立法过程中付出了巨大的努力，《条例（草案）》紧扣北京特色，反映实际需求，充分体现了地方公共文化服务立法的应有之义，但在立法社会参与度、立法调研、立法精度等方面仍需进一步探讨与完善。

三 推进北京市公共文化服务立法的思考和建议

（一）《北京市公共文化服务保障条例》的立法作用

1. 推进法治政府建设，提升治理能力

法治是国家治理体系和治理能力的重要依托。法治政府建设是全面依法治国的重点任务和主体工程，[①]更是推进国家治理体系和治理能力现代化的重要支撑。北京市制定地方性公共文化服务法规有利于进一步规范和明确各级政府在公共文化服务中的权责，全面建设法治政府。

2. 细化上位法，健全公共文化法律制度

党的第十八届四中全会通过的《中共中央关于全面推进依法治国若干重大问题的决定》明确提出，要"建立健全坚持社会主义先进文化前进方向、遵循文化发展规律、有利于激发文化创造活力、保障人民基本文化权益的文化法律制度"。[②]公共文化服务相关法律法规当然也在此列，虽然国家层面的《公共文化服务保障法》已经出台，但以纲领性、原则性的规定为主，难以直接运用于北京公共文化服务的实践之中，北京市开展地方公共文化服务立法工作，有利于细化上位法，体现地方特色，更好地为广大人民服务。也有利于形成全方位、多层次的公共文化服务法律体系，提高法律法规对公共文化服务的规范、保障、导向和促进作用。

3. 保障人民群众基本文化权益，满足精神文化需求

北京作为全国文化中心，应当全面贯彻落实习近平新时代中国特色社会主义思想和习近平总书记对北京重要讲话精神，按照"四个中心"城市战略定位，确定全国文化中心建设"一核一城三带两区"的总体框架[③]，发挥首都全国文化中心示范作用。北京市积极探索制定地方公共文化法规应以人民为中心，丰富公共产品和公共服务供给，坚持把人民对美好生活的向往作为目标，结合北京特色的古都文化、红色文化、京味文化、创新文化，建设公共文化服务体系示范区和文化产业发展引领区，力求实现公共文化服务的公平化、普惠化、便捷化，真正实现和保障人民群众基本文化权益，提升人民群众的获得感与幸福感。

4. 调动社会力量，增强公共文化服务体系建设新动能

通过立法明确政府的主体责任，统筹各级各类公共文化资源，构建"政府主导、社会参与、重心下移、共建共享"[④]的现代化公共文化服务工作格局。在此基础上，鼓励全社会积极投身到公共文化服务体系建设中来，通过立法规

---

① 参见胡建淼《法治政府建设是全面依法治国的重点任务和主体工程》，《学习时报》2021年9月1日第2版。

② 《习近平关于社会主义政治建设论述摘编》，中央文献出版社2017年版，第81页。

③ 参见北京市推进全国文化中心建设领导小组《北京市推进全国文化中心建设中长期规划（2019年—2035年）》，北京市人民政府，http://www.beijing.gov.cn/zhengce/gfxwj/202004/t20200409_1798426.html。

④ 《习近平谈治国理政》（第三卷），外文出版社2020年版，第314页。

定社会力量参与公共文化服务的机制与相关政策措施，这能够为公共文化服务的发展带来新动能，注入新活力。

（二）《北京市公共文化服务保障条例》的立法建议

1. 提升全社会立法参与度

"政府主导、社会参与"是构建现代公共文化服务体系的重要原则。[①] 当前北京市地方法规的起草主要以行政部门为主导，但立法过程中社会层面、人民群众的参与度相对较低，本次《北京市公共文化服务保障条例》的制定过程中，北京市文化和旅游局及时于官方渠道发布"关于征集《北京市公共文化服务保障条例》立法建议的通告""关于对《北京市公共文化服务保障条例（草案征求意见稿）》公开征求意见的公告"，均未收到相应的反馈意见。大部分公民对于参与地方立法的积极性不高，极少主动向立法机关提出建议，地方法规出台后也很少关注。这种情况一定程度上会影响立法与执法效果，从而导致地方法规实用性降低。广大公民的低参与度在一定程度上反映出相关部门对于立法计划、立法调研、审议等事前、事中宣传不到位，未能引起广大群众的关注和参与。各级人民政府及相关部门应当本着"以人民为中心"的工作导向，深入基层，加强宣传、引导，充分运用立法听证会、座谈会、法规草案公开登报、登网站、发布公众号等新旧媒体形式，拓展人民群众参与地方立法活动的途径和渠道，切实、广泛征求社会各阶层意见，体现人民群众对立法工作的知情权，落实立法公开制度。只有切实提升立法工作的社会参与度，才能更准确地反映人民群众的根本利益与要求，从而保障立法的方向与效果。

2. 健全立法调研制度

深入、有效开展立法调研，健全立法调研制度是民主立法、科学立法的前提与必然要求。立法工作只有坚持走群众路线，广开言路，才能具有针对性与实效性，才能真实地反映人民群众的需求与意愿，进而适应地方实际情况、解决现实问题。基于公共文化服务公益性、均等性、普惠性等相关特点，想要制定出体现北京公共文化服务特色的法规更应当全程落实并不断完善立法调研制度，有效开展从北京实际出发的立法调研工作，组织多轮基层立法调研，深入实际、深入基层、深入群众。建议立法机关在立法实践中根据不同法规的特点不断完善与细化立法调研制度，力求立法调研主题明确、方法规范、既有深度又有广度。明确立法调研任务，科学制订调研计划，广泛发动各级人大代表、

[①] 参见雒树刚《学习贯彻公共文化服务保障法　加快推动现代公共文化服务体系建设》，人民网，http://politics.people.com.cn/n1/2017/0227/c1001-29108632.html。

政协委员、行政部门、群团组织、科研院校等组织与人员参与到立法调研中，以最终的调研成果为立法工作提供基础与导向。

3. 提高立法精度，确保《条例》贯彻落实

立法是一个系统性工作，涉及政治、经济、文化与社会治理等多个领域。在北京公共文化服务法规条例的起草制定过程中，应当注重运用法治思维和现代化治理的理念，围绕首都公共文化服务实际，提高立法的精细化水平，使其更具有可操作性。依托《公共文化服务保障法》，充分考虑北京的实际需求，通过立法解决因地方法规缺位而产生的具体问题；并对《公共文化服务保障法》中未做出规定的地方性事务探索、创新制定法规。将上位法中的原则性法条细化为北京当地可操作的规定，将《条例》的地方优势充分发挥出来。《北京市公共文化服务保障条例》发布实施在即，相关部门应当加快研究出台与之相衔接、相配套的文化政策、细则，扎实开展执法监督工作，进一步完善中国特色社会主义文化法律制度体系。将《条例》中提出的"基本公共文化服务实施标准""基本公共文化服务目录""服务信息公开""公共文化设施使用效能和公共文化服务工作考核评价""特殊群体保障"等一系列制度加以细化，落在实处。建立政府统筹与分级管理相结合的基层公共文化服务设施使用细则，打通首都公共文化服务的"最后一公里"，充分发挥基层公共文化服务设施的作用，真正使公共文化服务惠及万家。

4. 建立健全立法后评估与改进机制

立法后评估是对现行有效且实施了一段时间的地方性法规，根据立法的总体目标，结合经济社会发展的现实状况，通过信息的总结和反馈，对于规范性法律文件的实施情况、实施效果、实施绩效、存在问题及其影响因素等进行分析评估和跟踪调查，并提出评估意见的制度。[1] 当前阶段北京市公共文化立法的工作重点放在集中力量制定出台相关法规上，尚未建立完善的立法效果评估机制。立法后评估工作的实施主体、开展方式、实施程序、评估标准、结果审查、成果应用等方面都没有建立明确的规范标准，立法后评估工作缺乏可操作性。北京市相关部门应当完善立法后的评估机制，在《北京市公共文化服务保障条例》立法后定期进行短期、长期效果评估，并根据首都公共文化服务随经济、社会发展不断变化之特点，在立法实践中不断强化认识、把握规律，及时推进地方公共文化服务法规、规章的修改、解释、废止及授权、配套、清理、备案等工作，提高北京公共文化服务法规的实用性与实效性。

---

[1] 参见张显伟、张书增《地方性立法评估成果的转化与利用》，《河南财经政法大学学报》2017年第1期。

《北京市公共文化服务保障条例》的制定与颁布实施是首都公共文化服务法治建设的新篇章。制定好、贯彻好、维护好这部法规，是北京市文化法治建设与法治政府建设的重要举措。做好首都文化这篇大文章，发挥北京作为全国文化中心的示范作用，喜迎党的二十大胜利召开。

参 考 文 献

[1] 柳斌杰：《中华人民共和国公共文化服务保障法解读》，中国法制出版社2017年版。

[2] 黄凯锋：《现代公共文化服务体系建设：上海的实践与思考》，学林出版社2017年版。

[3] 陆晓曦：《公共文化服务保障法立法支撑研究》，国家图书馆出版社2016年版。

[4] 张春生、朱景文：《地方立法的理论与实践》，法律出版社2015年版。

[5] 陈瑶：《公共文化服务》，浙江大学出版社2012年版。

[6] 李伟：《我国基本公共服务均等化研究》，经济科学出版社2010年版。

[7] 耿达、田欣：《公共文化服务立法的实践场景：国家与地方互动视角》，《图书馆论坛》2022年第42卷第5期。

[8] 张广钦、宗何婵瑞：《地方性公共文化服务保障立法的进展与特色》，《图书馆建设》2021年第2期。

[9] 完颜邓邓、曲元直：《地方公共文化服务立法进展与内容比较》，《图书馆理论与实践》2021年第2期。

[10] 李国新：《公共文化服务保障法律制度的完善与细化》，《中国图书馆学报》2021年第47卷第2期。

[11] 赵晶莹：《理念、价值及其可能限度——文化哲学视域下的〈中华人民共和国公共文化服务保障法〉再解读》，《图书馆研究与工作》2020年第2期。

[12] 王婧贤、张茂龙、何青洲：《中国公共文化服务地方立法现状与完善》，《社科纵横》2020年第12期。

[13] 孙荦：《重视和推进公共文化服务的地方立法》，《人民之声》2020年第12期。

[14] 吴晓、王芬林：《中国道路——论我国公共文化服务标准化建设》，《图书馆论坛》2018年第38卷第2期。

[15] 李锋：《社会力量参与公共文化服务研究》，《湖南行政学院学报》2018年第5期。

[17] 王琳琳、刘晓晨：《公共文化服务立法的软法特征及实施机制》，《图书馆论坛》2017年第37卷第11期。

[18] 魏建新：《地方公共文化服务立法问题研究——兼论〈天津市公共文化服务保障条例〉的制定》，《天津滨海法学》2017年第6卷。

[19] 陆晓曦：《中国公共文化服务保障性立法研究与实践综述》，《中国图书馆学报》2017年第43卷第2期。

[20] 魏建新、段冉：《地方公共文化服务立法的规范分析》，《南海法学》2017年第1卷第5期。

[21] 陈庚、崔宛:《社会力量参与公共文化服务的实践、困境及因应策略》,《学习与实践》2017年第11期。
[22] 徐春光:《公共文化服务的"软治理"要义与发展逻辑》,《学习与实践》2016年第8期。
[23] 李世敏:《公共文化服务效能提升的三个维度及其定位》,《图书馆理论与实践》2015年第9期。
[24] 何佳杰:《我国公共文化服务立法问题研究》,硕士学位论文,西南大学,2018年。
[25] 王晨:《大力推动公共文化服务保障法的深入宣传和贯彻实施——在宣传贯彻公共文化服务保障法座谈会上的讲话》,(2017-02-22)[2022-05-29],http://politics.people.com.cn/n1/2017/0222/c1001-29098030.html。
[26] 雒树刚:《学习贯彻公共文化服务保障法 加快推动现代公共文化服务体系建设》(2017-02-27)[2022-05-29],http://politics.people.com.cn/n1/2017/0227/c1001-29108632.html。

四　全国文化中心建设

北京市公共文化服务体系示范区的建设成效与发展趋势

于书平[*]

摘　要：公共文化服务体系示范区是北京全国文化中心建设总体框架——"一核一城三带两区"建设的重要任务之一，是新时期首都文化建设的重要内容和抓手。本文简要分析了北京建设公共文化服务体系示范区的意义，系统梳理了公共文化服务体系示范区在国家和市级两个层面取得的建设成效，以及关于明确责任主体、开展课题研究、强化顶层设计、完善工作机制、明晰创建标准、构建服务网络、完善政策体系、注重绩效评价八个方面的主要做法，并指出公共文化服务体系示范区建设将呈现融合化、便利化、社会化、智能化、品牌化、区域化、国际化的发展趋势。

关键词：北京；公共文化服务体系示范区；建设成效；发展趋势

公共文化服务，是指由政府主导、社会力量参与，以满足公民基本文化需求为主要目的而提供的公共文化设施、文化产品、文化活动以及其他相关服务[①]。

---

[*] 于书平，硕士，中共北京市委党校（北京行政学院）北京市情研究中心副主任，副研究员，主要研究方向为图书馆学、文献学、公共文化服务。

[①] 全国人民代表大会常务委员会：《中华人民共和国公共文化服务保障法》，中国人大网，http://www.npc.gov.cn/zgrdw/npc/xinwen/2016-12/25/content_2004880.html，第2条。第14条规定：公共文化设施是指用于提供公共文化服务的建筑物、场地和设备，主要包括图书馆、博物馆、文化馆（站）、美术馆、科技馆、纪念馆、体育场馆、工人文化宫、青少年宫、妇女儿童活动中心、老年人活动中心、乡镇（街道）和村（社区）基层综合性文化服务中心，农家（职工）书屋、公共阅报栏（屏）、广播电视播出传输覆盖设施、公共数字文化服务点等17类。

北京历来高度重视公共文化服务工作，特别是党的十八大以来，北京全面贯彻落实习近平新时代中国特色社会主义思想和习近平总书记对北京的系列重要讲话精神，积极贯彻落实中央关于"构建现代公共文化服务体系、提高基本公共文化服务覆盖面和适用性"的战略部署，率先将公共文化服务纳入民生保障。公共文化服务体系示范区是北京全国文化中心建设总体框架——"一核一城三带两区"建设中"两区"建设任务之一，是新时期首都文化建设的重要内容和抓手。本文从"为什么示范""示范什么""怎样示范"三个维度梳理北京市公共文化服务体系示范区的建设成效，并分析其发展趋势。

一 北京公共文化服务体系示范区建设的意义

（一）建设公共文化服务体系示范区是贯彻落实习近平总书记关于公共文化服务体系建设重要指示精神的北京实践

公共文化服务体系建设是经济社会发展中的一项长期性、战略性任务，是社会主义文化事业的重要组成部分。党的十八大以来，习近平总书记围绕新时代中国特色社会主义文化建设发表了一系列重要论述[①]，不断深化对新时代中国特色社会主义文化建设的规律性认识，形成了许多新思想、新观点、新论断。关于"公共文化服务"问题，习近平总书记发表了10多次讲话，系统指出了公共文化服务的方向性、根本性、全局性问题。习近平总书记视察北京时提出建设政治中心、文化中心、国际交往中心、科技创新中心四个中心和国际一流和谐宜居之都的要求。北京建设公共文化服务体系示范区的建设就是这些指示精神在公共文化服务领域的具体实践。

（二）建设公共文化服务体系示范区是落实党中央国务院关于公共文化服务体系建设战略部署的北京样板

2005年10月党的十六届五中全会首次提出要逐步形成覆盖全社会的"比较完备的公共文化服务体系"；中共中央办公厅、国务院办公厅于2007年8月印发了《关于加强公共文化服务体系建设的若干意见》，阐明了公共文化服务体系建设的基本原则和目标，成为当时的指导性文件；党的十七届六中全会提出推进国家公共文化服务体系示范区的创建。2010年12月，原国家文化部与

---

① 参见中共中央文献研究室编《习近平关于社会主义文化建设论述摘编》，中央文献出版社2017年版。

财政部联合印发《关于开展国家公共文化服务体系示范区（项目）的通知》，号召在全国范围开展示范区的创建工作，以地市级为单位，创建周期为2年，并下发《公共文化服务体系的创建标准》，按东部、中部、西部划分，规定了公共文化服务体系建设的最低国家标准。2015年初，中共中央办公厅、国务院办公厅印发了《关于加快构建现代公共文化服务体系的意见》和《国家基本公共文化服务指导标准》。北京自2011年开始，对党中央国务院关于文化服务体系的战略部署积极响应，至2021年，已完成了4轮创建工作，并形成了北京样板。

（三）建设公共文化服务体系示范区是落实首都城市战略定位、建设国际一流和谐宜居之都的北京答卷

《北京城市总体规划2016—2035》进一步明确、细化了北京的城市定位。作为全国文化中心，在公共文化服务方面发挥示范引领作用，是题中应有之意。建设公共文化服务体系示范区是新阶段北京全国文化中心建设和首都文化建设的重要内容和抓手。市第十三次党代会提出"四个中心"城市战略定位，进一步强化国际一流的和谐宜居之都建设取得新的重大进展，全国文化中心示范引领作用充分发挥，为全市的公共文化建设指明了方向，注入了强大的发展动力。建设公共文化服务体系示范区是落实首都城市战略定位的北京答卷。

二 北京公共文化服务体系示范区建设成效及主要做法

（一）建设成效

北京公共文化服务体系示范区建设分为国家和市级两个层面。国家层面，积极参与国家公共文化服务体系示范区（示范项目）的创建；市级层面，参考国家示范区的做法，推出了首都公共文化示范区创建工程。

1. 创建国家公共文化服务体系示范区（示范项目）

2011年6月，朝阳区代表北京获得首批国家公共文化服务体系示范区的创建资格，截止到2021年，朝阳区（2011年第一批）、东城区（2013年第二批）、海淀区（2015年第三批）、石景山区（2017年第四批）4个区成功创建国家公共文化服务体系示范区，并通过了验收和复检，创建率达25%。

根据国家公共文化服务体系示范区创建领导小组的要求，每个区除完成基本创建任务外，还要有所侧重地进行探索和示范。如朝阳区侧重于公共文化服务网络、文化服务效能方面，提出了健全"3+1"四级公共文化服务体系，在全市进行推广，城市书屋建设经验入选中宣部创新案例；东城区在公共文化服务标准化方面进行示范引领；海淀区在建立高新技术产业园区公共文化服务的机制、采取多种形式鼓励社会资源参与公共文化服务的机制和推进文化和科技融合发展的机制3个方面进行了探索；石景山区侧重于在公共文化服务体制机制改革创新、文化治理能力现代化水平提升等方面的示范引领作用。

东城区、大兴区等8个区的8个项目获得国家公共文化服务示范项目（见表1）。在公共文化设施的空间布局、运营方式、文化资源整合、文化服务供给方式和人才队伍建设等方面进行了积极探索。

表1 北京市国家公共文化服务体系示范项目一览表

	创建时间	区	项目名称
第一批	2011	东城	公共文化资源分类供给
		大兴	公共文化设施空间拓展方式
第二批	2013	海淀	高新技术企业园区构建公共文化服务长效机制研究
		延庆	村级群众文化组织员建设工程
第三批	2015	石景山	公共文化服务目录制
		房山	公共文化资源整合的"房山模式"
第四批	2017	门头沟	公共文化服务配送机制建设
		西城	公共文化服务设施社会化运营——特色阅读空间运营模式

资料来源：根据国家公共文化服务体系示范项目整理而得。

2. 实施首都公共文化服务体系示范区创建工程

首都公共文化服务体系示范区建设于2013年开始谋划，借鉴国家示范区的建设经验，于2015年制定了《首都公共文化服务示范区创建方案》[①] 和《首都公共文化服务示范区创建标准》，2016年市文化局与市财政局共同启动首都公共文化服务示范区创建工作，2017年9月，北京市推进全国文化中心建设领导小组办公室印发了《关于加快推进公共文化服务体系示范区建设的意见》，将全市16个区整体纳入公共文化服务体系示范区建设范畴，提出示范区建设要率先建成"均衡发展、供给丰富、服务高效、保障有力"的现代公共文化服务体系。经过材料评审、专题汇报和委托第三方评估3个环节的评选，石景山区、大兴区、丰台区、通州区、房山区5个区获得首批创建资格，2018年通过验收，2019年正式公布。加上已成功创建国家示范区的朝阳、东城、海淀，目前已有8个区完成创建工作。2022年，密云、顺义、延庆3个区正

---

① 参见北京市文化局、北京市财政局《首都公共文化服务示范区创建方案》（京文公共发〔2015〕180号），北京市文化和旅游局，http://whlyj.beijing.gov.cn/zwgk/zcfg/2021qtwj/202112/t20211214_2561072.html。

在迎接验收，2024年，西城、门头沟、昌平、平谷、怀柔、经开区进行验收，实现全市域的公共文化服务体系示范区建设。

除了国家和市级两个全面的示范工程外，2016年成立京津冀公共文化服务示范走廊发展联盟。在促进文化产业融合和文化创意资源共享、推动建立区域群众文化活动联动机制、打造公共文化共有品牌、加强京津冀非物质文化遗产挖掘利用等方面积极探索，取得较好成绩，发挥了北京示范引领和辐射带动作用。

（二）主要做法

1. 明确责任主体，高位推动

明确规定各级人民政府是创建示范区的责任主体，其主要职责是围绕示范区的目标、任务，落实有关工作机制和保障措施，推动示范区创建工作，并将示范区创建工作提请各级政府常委会进行专题研究。在市级层面，成立了由市长任组长的领导小组和创建工作专班，全面统筹推进公共文化服务体系示范区建设。在区级层面，成立了推进示范区创建的领导小组，由区委区政府主要领导任组长，与创建工作相关的区主管领导为副组长，成员单位包括区委区政府办、区文化委、区发改委等相关部门，领导小组下设办公室和N个街镇办公室，如海淀区建立了"1+4+29"的组织架构。

2. 开展课题研究，指导实践

开展课题研究是创建工作的重要内容，课题研究要紧密结合示范创建工作进行，为创建工作提供理论指导和政策支持，而示范区的创建又成为课题研究的实践基地，可以检验课题成果的实践性和可操作性，真正做到理论和实践相结合、相促进。如朝阳区在创建初期以构建"3+1"服务网络、提升公共文化服务效能为题开展了研究，围绕空间规划、设施建设、运行管理、服务供给和绩效评估五个环节进行制度设计，并将研究成果用来指导示范区创建的实际工作。东城区成立了东城文化发展研究院，吸引文化领域领军人物、专家、学者积极参与，开展研究，为区委区政府提供智力支撑和政策咨询。

3. 强化顶层设计，规划有序

在市级层面，制定并颁布了《关于加快推进公共文化服务体系示范区建设的意见》《北京市推进全国文化中心建设中长期规划（2019年—2035年）》《北京市公共文化服务体系示范区建设中长期规划（2019年—2035年）》；区级层面，朝阳区在2010年研究编制了《朝阳区文化设施空间布局专项规划》，并以区委区政府文件的形式制定下发《朝阳区创建国家公共文化服务体系示范区建设规划（2011—2012）》。为落实《国家公共文化服务体系示范区创新发展管理办法》关于示范区创新发展的相关要求，促进公共文化服务高质量发展，各示范区都纷纷推出了创新发展计划。如石景山区制定了《北京市石景山区关于国家公共文化服务体系示范区创新发展的规划（2021—2025年)》，在推动公共文化设施空间便捷化、服务社会化、供给品质化、管理智能化，提升文化治理能力现代化水平等方面做出了顶层设计，描绘了发展蓝图。

4. 完善工作机制，细分任务

市区两级建立了联席会议制度。市级层面，由市文化局牵头，19个相关部门共同参与；区级层面，16个区全部建立了公共文化服务体系建设联席会议制度，每月召开一次联席会议。建立政府与公共文化服务机构的专家咨询制度、公共文化服务机构运营管理与监督的公众参与制度。各示范区在实施方案中都把创建任务进行了细分，建立工作台账，将每项任务都规定了主责部门、配合部门和完成时限，逐项落实，责任到人。如朝阳区制定了《推进国家公共文化服务体系示范区创建行动的实施方案》和《示范区项目指标任务分解表》，区政府与有关部门、各街乡签订责任书，确保任务细分到人。

5. 明晰创建标准，对标对表

北京坚持首善标准，高起点、严要求。按照国家公共文化服务体系示范区东部地区创建标准，结合首都北京的实际，2015年推出了《首都公共文化服务示范区创建标准》，共包括7个部分40项93个指标，创建有效期2年，2年后复核。2021年北京市文化和旅游局再次印发了《北京市公共文化服务体系示范区建设标准》，包括总体评价、公共文化设施网络建设、公共文化服务供给与效能、公共文化服务与科技融合发展、公共文化服务社会化建设、公共文化服务改革创新和制度建设、公共文化服务保障等9个部分31项74个指标。各区又根据市级标准进一步细化了创建标准，推出了各区的创建标准，对照标准逐一落实。

6. 构建服务网络，打造品牌

在市、区、街（乡）、社区（村）构建了较为完善的四级公共文化设施网络，基本实现公共文化设施全覆盖，实现了"一刻钟公共文化服务圈"的布局。构建了文化配送体系，即公共图书、文化活动、公益演出、公益电影等四方面的文化配送服务；启动了行政村"多网合一"工程，将有线电视、数字电影、全国文化信息资源共享和远程教育融合在文化室，实现多元共享，丰富服务内容。打造一批活动品牌，如朝阳区的"798文化艺术节""朝阳国际风情节""社区一家亲"，东城区的"故宫以东""大戏东望""书海听涛"，海淀区的"中关村国际青年艺术节""海之声"音乐艺术教育基地、香山文化论坛等品牌活动，都产生了良好的社会影响力。

7. 完善政策体系，多方保障

通过政策、资金、人才、宣传推广等保障体系的建设，确保示范区各项工作的稳步推进。在政策方面，结合首都定位和特点，加强政策集成和支持力度，不断完善政策支持体系，制定了10多项有关政策措施。在资金方面，将公共文化资金纳入同级财政预算，有条件的区设立专项资金，增加投入，建立与本地区经济社会发展相适应的文化事业经费增长机制。在人才方面，创新人才工作机制，建设了专业人才、业余骨干和文化志愿者三支队伍。在宣传推广方面，综合运用电视、报纸杂志等主流媒体和微博、微信等线上渠道，创新利用短视频、H5互动页面等载体，加大对示范区创新发展宣传力度。

8. 注重绩效评价，公众参与

建立公共文化服务的工作考核和绩效评估体系，将公共文化服务纳入各级领导干部的年度考核中，形成政府、社会、公众共同参与的绩效评估和监督管理体系。朝阳区在全国率先建立了"2+5"公共文化服务评价体系，对创建工作进行督导，并形成了长效化的机制。

（三）面临的挑战与机遇

十四五时期是我国开启全面建设社会主义现代化国家新征程、向第二个百年目标进军的第一个五年。随着全面小康社会的建成，人民群众的基本公共文化服务需求出现了新变化新期待，与这些需求相比，北京公共文化服务体系示范区建设面临着一些新的挑战和机遇。

1. 空间布局需要完善，服务效能还有待提升

公共文化服务设施空间布局和设施环境还需要提升和完善，特别是一些人口密集的大型居住社区、老旧小区、远郊农村，还存在短板；服务的规范化、标准化还不够高，供需对接还不够精准，存在一定程度的"供需错位"，尤其是农家书屋"只见房子不见读者"的现象在一定范围存在，公共文化服务的适用性要不断提高。

2. 保障措施有待强化，激励机制尚需完善

体制机制和政策创新还需要加强，公共文化服务保障力度与全国文化中心地位相比还有差距；物质激励和精神激励不到位，社会力量参与的程度不高。

3. 国家部署提出了新要求

党中央、国务院将文化建设作为"五位一体"总体布局和"四个全面"战略布局的重要内容，推动公共文化服务体系向更广空间和更深层次发展的任务更加明确。

4. 科技的新发展提供了新可能

现代科技发展催生了新产业、新业态、新模式不断涌现，为公共文化服

发展提供的动能更加强劲；移动互联网、物联网、大数据、云计算，特别是5G和人工智能等技术快速发展，必将促进公共文化服务和最新的科技融合，推动公共文化服务供给方式不断创新、服务模式更加精准、新业态不断涌现。

5. 文旅融合提供了新契机

习近平总书记强调，旅游是不同文化交流互鉴的重要渠道。2018年11月北京市文化和旅游局组建完成。公共文化服务和旅游公共服务在设施空间、服务供给、管理运行、保障支撑等方面有着广阔的合作前景，让公共文化机构成为特色景点，让旅游景区成为公共文化设施，推动公共文化资源进入旅游设施和景区，以场景化的服务激发公共文化服务效能。

三 北京公共文化服务体系示范区建设的发展趋势

《北京市公共文化服务体系示范区建设中长期规划》提出示范区的建设目标：到2025年，公共文化服务体系示范区建设取得重大进展；到2035年，全市公共文化服务体系示范区全面建成。

未来的十几年里，北京公共文化服务体系示范区建设要在注重文化设施和资源布局的基础上，不断推进公共文化服务体制机制改革和政策创新，在融合化、便利化、社会化、智能化、品牌化、区域化、国际化方面发力，提升公共文化服务质量，增强人民群众的文化获得感和幸福感，为全国公共文化服务体系建设提供可参照的标杆和样板。

（一）融合化发展

价值维度上要把社会主义核心价值观、思想道德教育、传统美德教育、城市人文精神融入现代公共文化服务体系建设中，通过生动鲜活的文化活动、文艺作品，引领社会道德风尚。

实践维度上，提倡公共文化服务与市民群众日常生活融合；大力发展公共文化服务与旅游服务、养老服务、教育服务、医疗服务、体育服务相融合；把新时代文明实践中心、爱国主义教育基地等不同主管部门打造的活动品牌与公共文化服务场馆相融合；促进公共文化服务与科技融合。

（二）便利化发展

实现公共文化服务从"一刻钟"服务圈向人民群众身边服务转型，从"硬覆盖"向"软覆盖"延伸。公共文化设施可与公共服务大厅、公园、宾馆、写字楼、民宿等商业性公共空间设施相结合，构建"实体物理性公共文化设施＋

虚拟数字技术设施"网络体系，提高公共文化设施对居住分散地区居民有效覆盖面和适用性，提升公共文化设施的网络影响力和远程使用率，创新性地解决公共文化服务"最后一公里"问题，实现人民群众在哪里，公共文化服务就在哪里。

（三）社会化发展

社会力量是公共文化服务体系建设的重要力量，正确认识和处理政府主导与社会参与的关系，把政府"有形之手"和市场"无形之手"结合起来，是促进公共文化服务高质量发展的关键。落实相关法律法规规定的税收等优惠政策，完善政府购买公共文化服务制度，通过政策创新和引入竞争机制，拓宽社会力量参与渠道，创造社会力量参与公共文化服务的多样化途径，充分发挥社会力量的资金、人才、技术和运营管理能力等优势，培育发展文化类社会组织和文化志愿服务。

（四）智能化发展

利用数字化、信息化技术，丰富公共数字文化内容资源，提高公共数字文化内容质量和水平。建设首都公共文化数字资源库。制定首都公共文化内容的数字化标准体系，加快公共文化网络平台建设。推动实施智慧图书馆统一平台建设，构建统筹协调发展的公共文化云平台体系。积极布局公共文化领域"新基建"，努力建设基于"城市大脑""城市数据湖"上的智慧文化服务；打造"随E读"特色品牌；推进文化信息资源共享工程、数字文化社区和公共电子阅览室建设；创新中华优秀传统文化的数字化应用场景。

（五）品牌化发展

打造具有北京特色的系列群众文化活动品牌，不断扩大市民群众公共文化活动的覆盖面和参与率，持续激发基层文化活力，推动群众文艺出精品、出品牌、出人才，鼓励扶持优秀原创作品、优秀文化团队、优秀品牌文化活动。打造首都市民文化节品牌，提升"一区一品、一街乡一品、一社村一品"系列活动品牌，做大做强具有北京特色和国际影响力的品牌节庆活动。

（六）区域化发展

要以首都一体两翼为重点，以京津冀公共文化服务体系协同发展为突破口，鼓励和支持区域内的合作发展；完善京津冀区域文化协同发展工作机制，搭建合作平台，培育活动品牌，推动公共文化、文艺演出、文化遗产保护、文化传承、人才交流等领域的深度合作。

（七）国际化发展

以 2022 年冬奥会为契机，推动公共文化服务国际化发展。推动朝阳区、石景山区、延庆区等冬奥会重点地区公共文化设施的国际化建设，强化公共文化服务与冬奥会文化活动的有机衔接；与"一带一路"沿线国家和地区在公共文化服务领域开展交流与合作，探索建立公共文化服务国际合作模式。争取获得一批在国际上有示范引领作用的文化项目，有国际影响力的文化产品，搭建文化交流展示平台，推动中华文化走出去，不断提升国际影响力。

参 考 文 献

［1］全国人民代表大会常务委员会：《中华人民共和国公共文化服务保障法》，（2016-12-25）［2022-05-29］，http：//www.npc.gov.cn/zgrdw/npc/xinwen/2016-12/25/content_2004880.htm。

［2］文化部公共文化司：《2013 中国公共文化发展报告——国家公共文化服务体系制度设计研究》，北京师范大学出版社 2013 年版。

［3］中共中央文献研究室编：《习近平关于社会主义文化建设论述摘编》，中央文献出版社 2017 年版。

［4］白雪华：《以点带面，发挥示范效应 推动我国公共文化服务体系建设科学发展——国家公共文化服务体系示范区（项目）创建工作概述》，《国家图书馆学刊》2012 年第 3 期。

［5］刘晓东：《打造公共文化服务创新实践的示范样板——国家公共文化服务体系示范区创建的成效、经验与意义》，《图书馆论坛》2021 年第 7 期。

全民阅读背景下北京实体书店扶持路径研究

李铁牛[*]

摘　要：2022年，全民阅读连续第9次写入全国两会的政府工作报告，明确提出全民阅读工作进入深入推进阶段。这与以往提出的倡导全民阅读的要求相比，有了本质上的变化。一方面，在全民阅读理念不断深入人心的基础上，提供更多公共阅读的服务供给；另一方面，政府部门要适应时代发展，为全民阅读工作的开展，创新工作思路，主动作为。北京市实体书店的扶持工作已经开展了多年，取得了令人可喜的成绩，实体书店的数量快速提升，服务设施不断健全。2021年北京市实体书店的扶持工作和往年相比发生了很大变化，新的扶持项目更加注重提高实体书店的服务能力和高质量发展。在深入推进全民阅读的新形势下，政府部门只有统筹好政策和资金，实现精准扶持服务和方向性引导，才能创新发展思路和探索工作路径，以适应新时代全民阅读工作的要求。

关键词：全民阅读　实体书店　扶持政策

2022年，全民阅读连续第9次写入全国两会政府工作报告，明确提出全民阅读工作已经由以往的倡导全民阅读进入深入推进全民阅读阶段。习近平总书记在给首届全民阅读大会的贺信中指出，希望全社会都参与到阅读中来，形成爱读书、读好书、善读书的浓厚氛围。这为深入推进全民阅读工作指明了方

---

[*] 李铁牛，中共北京市委党校（北京行政学院）校刊编辑部副主任，副编审，主要研究方向为新闻出版。

向。而在《"出版业"十四五时期发展规划》中，也谈到整合全民阅读资源，组织开展重点阅读活动，着力打造"书香中国"全国性阅读活动品牌，举办全民阅读大会，推动各地区与各部门结合实际，以实体书店、农家书屋等为基础，大力开展读书节、读书月、阅读季等特色鲜明的品牌阅读活动。实体书店作为全民阅读的基础设施，在全民阅读工作中肩负着重要的使命任务。[①]

2011年以来，全民阅读活动已经成为北京市民每年普遍参与的重要文化活动。实体书店作为城市文化地标和文化产业的重要组成部分，在全民阅读工作中起着重要的作用。多年来，北京市委、市政府持续以实体书店为载体，大力推动书香北京建设。北京实体书店行业已经成为首都文化中心建设的重要组成部分。目前，北京的实体书店总量已经位居全国第一，2020年，被中国书刊发行业协会评为"年度书店之都"。

北京市大力扶持实体书店的工作已经走过近10年的时间。从2014年北京海淀区作为北京市实体书店扶持工作试点以来，一年一度的实体书店资金扶持工作不仅是对优秀实体书店的表彰、对有困难的书店进行纾困解难，更是对北京实体书店的一次检阅和调查，通过评选，彰显政府部门对实体书店健康发展的积极引领。来自《北京市2021年国民经济和社会发展统计公报》显示，2021年底，北京拥有实体书店2076家，相较于2020年年底的1994家，净增长82家。从北京市新闻出版局公布的2021年北京市实体书店扶持项目入选名单来看，2021年，全市共有272家实体书店获得项目资金扶持，其中，对148家书店给予房租补贴，对99家书店给予示范书店奖励，对10家书店给予转型升级奖励，鼓励14家书店进高校、进商场、进园区，对142家书店组织开展的2151场阅读及相关文化活动给予补贴。[②] 与往年资金扶持评选项目主要以"最美书店"和"特色书店"相比，2021年北京市实体书店资金扶持工作发生了较大变化，这一变化也标志着北京市实体书店的扶持工作进入了新的发展阶段，正在由之前的重视数量增长逐步向提升实体书店服务质量转变。除了资金扶持之外，2021年，北京市区两级政府还通过政策服务、活动牵线等多种方式助力实体书店持续发展。

一 资金扶持持续发力，评价方式聚焦实体书店主业

2021年以前，北京市实体书店的扶持评选主要包括"最美书店"和"特

---

① 参见国家新闻出版署《出版业"十四五"时期发展规划》，《中国出版》2022年第3期。
② 参见路艳霞《北京鼓励实体书店内涵式发展》，《北京日报》2022年1月14日第10版。

色书店"两种。虽然之后的评选办法略有微调，增加了服务外包、补贴等资金补贴方式，但总体上的评选项目变化不大，持续多年。2021 年北京市实体书店扶持工作发生了较大改变，在扶持资金保持与去年同等水平的基础上，扶持项目取消了"最美书店"和"特色书店"，改为"两补贴三奖励"的扶持模式，包括房租补贴、阅读及文化活动补贴、示范书店奖励、转型升级奖励和校园、商场、园区新入驻实体书店奖励等五个类别。

（一）2021 年北京市实体书店资金扶持工作基本情况

经过评选，2021 年，全市共有 272 家实体书店获得项目资金扶持。见表 1。

表 1　北京市实体书店获得项目资金扶持情况

区域	示范书店	"三进"服务	阅读及文化活动	房租补贴	转型升级扶持	合计（家次）
东城区	24	3	23	19	2	71
西城区	20	0	13	19	2	54
朝阳区	10	4	22	28	0	64
海淀区	18	3	14	17	3	55
丰台区	0	2	3	2	0	7
石景山区	3	0	4	4	0	11
房山区	3	0	6	4	1	14
通州区	2	0	17	15	1	35
顺义区	0	1	7	4	0	12
昌平区	5	1	12	10	0	28
大兴区	6	0	5	4	1	16
门头沟区	1	0	1	1	0	3
密云区	0	0	1	1	0	2
怀柔区	0	0	2	3	0	5
延庆区	3	0	3	5	0	11
平谷区	3	0	8	9	0	20
经开区	1	0	1	3	0	5
总计	99	14	142	148	10	413

从各区实体书店获得资金扶持的数量统计可以看出，获得资金扶持数量最多的东城区有 71 家次，获得最少的密云区有 2 家次。从项目统计数量来看，获得全部 5 项资金扶持的有东城区和海淀区；获得 4 项资金扶持的有西城区、朝阳区、房山区、通州区、昌平区、大兴区；获得 3 项资金扶持的有丰台区、

石景山区、顺义区、门头沟区、延庆区、平谷区、经开区；获得 2 项资金扶持的有怀柔区、密云区。

相比 2020 年，各区实体书店被扶持较多的仍然集中在东城区、海淀区、西城区和朝阳区，通州区和昌平区的实体书店被扶持数量有明显提升。而门头沟区、密云区、怀柔区、丰台区和经开区实体书店被扶持的数量均在 10 家以下，其中密云区实体书店被扶持数量仅为 2 家，丰台区作为与朝阳区和海淀区处于同等地理位置的行政区，实体书店被扶持的数量也仅有 7 家，差距较大。

（二）2021 年北京市实体书店资金扶持工作的特点

2021 年北京实体书店资金扶持工作改变了以往以"最美书店"和"特色书店"这两种相对粗放的评价方式，评价内容回归实体书店的主责主业，评选操作流程更加细化周延。针对社会各界对实体书店，尤其是新型书店普遍存在着的概念和内容认识模糊的情况，以及实体书店缺乏行业标准等问题，北京市实体书店管理部门专门组织专家学者花了近一年的时间完成了《北京市实体书店示范标准体系建设调研报告》课题，[①] 并将成果用于实体书店扶持评审中。

1. 评选项目围绕图书文化主线

与"最美书店"和"特色书店"相比，"两补贴三奖励"的资金扶持模式和扶持目的更加明确，基本上覆盖了解决实体书店生存困难、扶助实体书店发展、实体书店合理布局和政府购买服务等几个方面。政府管理部门希望通过资金扶持手段，让实体书店在当前多业态的发展现状下更加注重主业，在服务全民阅读工作中发挥积极作用，满足人民群众对文化消费的新需求。

2. 评选标准量化书店功能作用

在实体书店项目评选过程中，注重规范化和标准化。通过数字量化设置评选门槛，勾勒出实体书店的功能作用。比如参评实体书店必须以经营出版物为主营业务，持续经营满 1 年；经营面积不少于 30 平方米，出版物经营面积超过 50%；上架经营出版物不少于 2000 册，品种不少于 500 种。[②]

3. 评选流程规范公开接受监督

按照 2021 年实体书店项目扶持的评选流程，申报项目需要经过各区初审、勘验复审、终评审议等环节，采取平台申报和线下提交纸质材料相结合的方式进行。北京市实体书店建设联席会议办公室对申报材料进行形式审查。其中，评选项目提交材料分类清晰、重点突出，比如"三进"项目材料里包括图书分

[①] 参见刘明清《理想与道路：北京实体书店的新发展逻辑》，光明网，https://m.gmw.cn/baijia/2022-01/30/35486458.html。

[②] 参见路艳霞《北京鼓励实体书店内涵式发展》，《北京日报》2022 年 1 月 14 日第 10 版。

类情况资料、书店发行出版物品种清单、与社区结对子协议复印件；房租补贴项目材料里要包括书店经营场所的房租支付明细表；转型升级项目材料里要包括转型升级项目投入资金明细表、实体书店完成店面装修或环境升级、信息化系统建设、设备购置项目，且已投入使用并经评审认定；示范书店项目材料里要明确实体书店在全市或本行业起到示范引领作用；阅读及文化活动项目材料里要包括参与活动读者人数以及年度内活动最低不能少于10场，等等。

二 政策引领活动牵线，多种方式扶持实体书店发展

除了资金扶持，2021年政府相关扶持政策也是亮点多，效果明显。一方面，实体书店的营商环境进一步改善；另一方面，在政策利好的引导下，通过政府部门开展活动牵线搭桥，让实体书店走入人民群众的生活，不仅帮助实体书店度过新冠肺炎疫情期间的生存难关，也为其长远发展探索道路。

（一）改善营商环境，服务实体书店

营商环境的变化可以促使实体书店有更大的发展空间，为多样化发展提供更多便利。从全国范围来讲，北京已经成为实体书店营商环境最佳的城市[1]。2021年，北京市区两级政府有关部门均出台了一系列针对实体书店发展的扶持的政策，并设立了相应配套的扶持项目资金。同时，加大服务力度，简化办事流程，优化整合审批项目，方便实体书店经营以及升级改造。比如朝阳区对新兴消费场景进行了梳理，在全市率先试点"一业一证"改革。以前，实体书店要想增加餐饮项目，必须向新闻出版局、市场监管局、卫健委等部门申请若干张许可证，在"一业一证"改革中，首次实现了多证合一，只需跑一趟，申请一张综合许可证就可以解决。而办理时间也从原来的40个工作日，变为最多15个工作日。[2]

（二）加大宣传力度，拓展触达空间

对于实体书店来说，加大阅读的宣传力度，优化市场供给，通过多种形式拓展阅读服务的触达空间是增强消费者消费意愿的重要手段。以新需求催生新供给，用新供给创造新需求，能够培育更加活跃、更加强大的阅读市场，为实体书店发展拓展更大空间。[3]

---

[1] 参见裴剑飞《地铁站年内开130处便利店、书屋、药店等》，《新京报》2021年12月16日第1版。
[2] 参见朱松梅《只需跑一趟，书吧就开张》，《北京日报》2022年4月22日第10版。
[3] 参见赵兵辉《提升供给品质方能满足消费升级需求》，《南方日报》2022年5月6日第B02版。

政府部门通过整合城市空间，为市民提供更多身边的阅读场所，将实体书店嵌入城市生活。2021年年末，北京地铁试营业首批地铁便利店，130处便利店、书屋、药店等便民服务设施的开业经营，为乘客提供种类丰富的便民服务，让实体书店距离人民群众更近；① 通过统筹布局、打包宣传，形成聚集效应，为实体书店提供更多的场景化的营销平台。2021年北京网红打卡地推荐榜单发布，包括自然景观、人文景观、文化艺术等十大主题共100个文旅目的地上榜，在这100个北京网红打卡地中，有10家实体书店榜上有名。有了政府背书，上榜景点必将聚拢更多人气。② 同时也推进服务创新，提高了实体书店自我造血能力和服务群众的能力。

（三）发挥各区优势，特色扶持频出

北京市十五届人大五次会议的《政府工作报告》提出，"支持建设新型公共文化空间，打造更具吸引力的一刻钟公共文化服务圈。"围绕实体书店如何转型发展、更好地助力建设新型公共文化空间，北京市各区积极行动，发挥各自优势，通过不同方式，推动实体书店发展。③

作为核心区，东城区在全市出台首个引导支持实体书店进商场、进楼宇、进社区、进园区的"四进"专项扶持政策，在引入实体书店运营公共文化空间时，政府不是无偿地将公共空间提供给企业使用，而是通过政策引导其持续盘活空间，不断提高公共文化服务供需的匹配度，满足大众需求。④ 西城区文化和旅游局发布《2021年西城区实体书店、阅读空间扶持资金项目申报指南》，2022年西城区在去年基础上，再增加资金投入，整体投入超千万元，加大对实体书店扶持力度。西城区还对新开办"三进一特色"实体书店加大资金扶持力度。对由社会力量提供运营空间，并通过上年度考核的特色阅读空间予以10万至50万元的资金奖励；对实体书店和阅读空间夜间实际运营费用予以不超过150万元的资金奖励；对在公共文化服务体系建设中做出特殊贡献的实体书店、阅读空间予以5万到10万元的资金奖励。⑤

海淀区作为全市科技教育的聚集区，2021年，围绕大街干线、商业中心、产业园区、高校校园、学校周边、景区周边、社区、大型市民文化活动广场周

---

① 参见裴剑飞《地铁站年内开130处便利店、书屋、药店等》，《新京报》2021年12月16日第1版。
② 参见辛音《让更多文化地标成为网红打卡地》，《北京晚报》2021年12月8日第17版。
③ 参见王广燕《"实体书店大有可为"》，《北京日报》2022年1月8日第10版。
④ 参见陈琳《东城发布实体书店"四进"扶持政策，鼓励老旧厂房等开办特色书店》，《新京报》2021年8月6日第5版。
⑤ 参见张骜《西城构建15分钟阅读服务圈》，《北京日报》2021年9月14日第7版。

边等区域建设，打造经营风格独特的专精特书店、地标书城和综合性书店，评选产生海淀优秀实体书店榜单，前10名优秀实体书店奖励最高不超过30万元。

丰台区将活动与实体书店经营联系在一起，既营造"书香丰台"全民阅读的社会氛围，也提高了实体书店的下沉触达、引流推广效果。比如在"书香丰台全民阅读"网络直播平台举办"冬奥文化主题讲座——线上读书会"的同时，也开展实体书店的线上读书会活动和线下购书优惠活动，其间消费者购买图书将享受最低7.5折的折扣。[①]

三　公平与效率不足，扶持工作仍存提升空间

近年来，北京市实体书店快速发展，2021年底，北京实体书店数量增至2076家，在全国位列第一，完成万人拥有0.8个实体书店建设任务，"一区一书城"的布局模式已经形成，超过1000平方米的综合书城达到47家，其中5000平方米以上的特大型综合书城7家。但从深入推进全民阅读的目标要求来看，北京市实体书店的扶持工作仍存在提升空间。[②]

（一）扶持工作仍然存在不均衡的现象

从实体书店资金扶持的结果可以看出，目前，北京市各区的实体的书店发展仍不均衡。虽然"一区一书城"的布局目标已经实现，但是否能够满足服务区域全民阅读的功能有待考量。比如，2021年资金扶持实体书店最少的密云区，2021年常住人口52.8万人，占北京常住人口比重2.4%，相比较2020年50.3万人，增加了2.5万人。[③] 人口快速增长，势必需要更多高质量的公共文化设施满足市民的文化需求。另外，由于实体书店有国营与民营之分，遇到困难境遇也不尽相同，国营实体书店工资成本高于民营书店，民营书店的租金成本压力更大。因此，在扶持办法的制定过程中，既要兼顾各行政区特点，也要考虑不同性质书店的实际需要，不能一视同仁。

（二）扶持工作既要锦上添花也需雪中送炭

按照当前"两补贴三奖励"的扶持思路，扶持资金更多的是补强补优的锦上添花。虽然这样的做法可以减少实体书店过度补贴依赖情况发生，但是也可

---

① 参见蒲长廷《丰台启动"丰·阅"书香活动》，《北京青年报》2022年1月30日第4版。
② 参见王坤宁、李婧璇《北京实体书店发展"翻开新一页"》，《中国新闻出版广电报》2020年12月29日第1版。
③ 参见《北京市情数据手册2020》，第152页；《北京市情数据手册2021》，第117页。

能忽视了一些有价值的实体书店的困难，比如由于经营面积小、所在区域地处偏远客流相对少，却又具有特殊意义的实体书店。特别是在新冠肺炎疫情期间，实体书店非常需要雪中送炭，因此应该考量实体书店在整体公共文化服务体系中的地位，开展补贴扶持。

实体书店是营利性商业体，不同于图书馆、文化馆的公益属性，虽然作为全民阅读的基础设施，但从本质上讲，实体书店属于市场化的经营场所。如何把社会效益和经济效益有机结合，如何将局部和整体统筹考虑，是政府部门指导工作的重要落脚点。只有充分利用好扶持手段，既从实体书店需求出发，也从全市实体书店的整体布局考虑，才能将让实体书店在北京市推广全民阅读工作中发挥更好的作用。

（三）阅读活动评价还需重视活动实效

北京市开展全民阅读工作较早，从 2011 年开始，已经持续了十多年，成为公众普遍参与、贯穿全年的一项文化活动。2021 年，北京开展各类特色阅读活动 3 万余场，影响覆盖逾 2000 万人次。[①] 这一数据在让人感到欣喜的同时，也不能忽视活动的评选流程仍然存在形式大于内容的缺憾。比如，缺少事前报备和事后评估的过程，一段视频、几张照片，很难反映出活动的实际效果，容易形成为活动而活动，活动重数量而轻效果的情况。

此外，"三进"的根本目的就是要通过文化资源下沉，打造人民群众身边的公共文化服务场所，提高实体书店的吸引力，以一种主动作为，希望留住实体书店的读者。但在这个过程中，处理好供给与需求的矛盾是实现"三进"目标的保证。如何发现满足市民真需求，明确目标客户，为实体书店提供运营和可持续性，是非常重要的事前逻辑判断。

随着实体书店数量的增长，实体书店差异化发展的需求更加强烈。人民群众对实体书店的需求也更加多种多样。开展活动实际上就是建立读者与书的文化链接，通过活动激发人们阅读的兴趣，掌握阅读的方法，提高阅读的能力。以书为媒介，让知识和文化自然地融入人们的生活。阅读活动的评价也应该从此入手。

（四）扶持项目的评价和管理需要新型行业标准

从 2021 年的北京市实体书店扶持工作的变化可以看出，实体书店的管理

---

① 参见新华网《2021 北京阅读季收官：3 万余场阅读活动打造"书香京城"》，百度，https：//baijiahao.baidu.com/s？id=1720398753740227914 0&wfr=spider&for=pc。

部门已经意识到了实体书店行业标准的重要性,评价项目也从出版物经营面积、上架经营出版物数量和品种数量对实体书店进行考量。但是,值得注意的是当前实体书店的发展已经与过去的实体书店在概念上有了很大不同,特别是在数字阅读飞速发展的今天,全民阅读早已经不限于纸质书籍,而扩展到音频视频等领域。《2021年度中国数字阅读报告》显示:2021年我国数字阅读用户规模为5.06亿,相比2020年的4.94亿,增长率为2.43%;人均阅读量电子阅读11.58本、有声阅读7.08本。2021年中国数字阅读整体营收规模为415.7亿元。其中大众阅读302.5亿元,有声阅读85.5亿元,专业阅读27.7亿元。[1] 面对这样大阅读市场,实体书店不仅不能回避,更要积极抢占市场。而从管理部门来说,要认清数字化作为未来行业的关键要素,加以利用和助推。

因此,开展对实体书店进行评价工作,就必须有一套适合当前实体书店发展的新型评价标准,这个评价标准不仅包括实体书店店内样貌条件,更重要的是需要适应当前和未来数字化的大趋势,实现数字化赋能,满足实体书店在深入推进全民阅读工作中的作用发挥。

四 深入推进全民阅读,明确实体书店的扶持路径

国家新闻出版署《出版业"十四五"时期发展规划》提出到"十四五"时期末,全国出版物发行网点数量达到30万处左右。中宣部办公厅印发《关于做好2021年全民阅读工作的通知》部署了2021年全民阅读重点工作。提出深入基层群众,加大服务力度,立足本地特色,创新方法手段,扩大宣传效果五项工作指导意见。[2] 在这样的背景下,全民阅读深入推进,不仅要进一步实现公共阅读服务设施的普及,而且要实现人民阅读的文化生活从量变到质变,不断满足人民群众不断增长的文化新需要。

(一)实体书店资金扶持要统筹兼顾,满足公共服务均等化需求

全民阅读需要全社会共同参与,全民阅读的根本目标就是创造各种条件让人民群众高效便捷地获取知识、运用知识和增长智慧,提高全民素质,传承优秀文化。因此,深入推进全民阅读工作,政府部门的工作抓手就是要处理好人与阅读服务的关系。

作为实体书店发展的风向标,实体书店的扶持政策对实体书店的发展方向

---

[1] 参见张恩杰《电子阅读用户已进入深度阅读阶段》,《北京青年报》2022年4月25日第7版。
[2] 参见《中宣部办公厅印发〈关于做好2021年全民阅读工作的通知〉》,《人民日报》2021年3月18日第4版。

和引领作用不能忽视。北京市实体书店的扶持评选工作要考虑到北京市城市整体发展的需要，在北京各个行政区有目的地扶持实体书店有规划地开办，同时，还要兼顾国有与民营实体书店的相互补充作用，大型书城与"小而美"实体书店搭配合作，引导和支持实体书店成为距离百姓生活更近，真正解决市民文化生活的便捷问题公共文化场所。

实体书店的扶持工作作为全民阅读工作体制机制一部分，此次通州区扶持力度大幅度提升，说明北京市副中心文化打造的工作已经初见效果，只有引领好、发挥好实体书店作为城乡重要的文化设施和文明载体的作用，注重满足全社会学习阅读需求实现新提升，才能推动全民阅读、建设书香社会、繁荣文化市场。

（二）探索多种形式的资金扶持路径，为实体书店注入新动能

资金扶持作为实体书店重要的扶持方式，一直被社会广泛关注，每年的资金扶持政策和被扶持对象名单的公布，都是政府管理部门的一项重要工作。特别是新冠肺炎疫情期间，资金对于实体书店的生存和发展起到了至关主要的作用。但是，也应该注意到资金扶持也是把双刃剑，用好是帮助实体书店渡过难关，奖勤罚懒；用不好也会形成路径依赖效应，失去创新的动力。因此，探索多种形式的资金扶持路径显得十分重要。

在资金扶持上，我们也不妨借鉴国外的一些经验。比如，2021年，欧洲多国政府对包括图书业在内的文化产业给予了不同程度的支持。法国文化部推出了"文化通行证""书店里的年轻人"等活动，为年轻人购买书籍等文化产品提供代金券。这些活动共带动年轻人购买了42.6万册图书。[①] 虽然，消费券的发放对于我们虽不陌生，但在金额、范围以及使用的便利性上需要进一步改善。

作为商业实体，实体书店有别于其他公共文化设施的优势，更具市场活力。政府部门需要地精准研判和宏观指导相结合，区分不同的实体书店的需求，寻找精准有效的资金扶持方式，通过实现实体书店自身的市场化运作，最终带来更多的溢出效应，实现自我造血的良性循环，高质量发展。

（三）创新开展全民阅读活动，满足人民群众个性化需求

实体书店是离人民群众最近，也是门槛最低、阅读服务最便利的公共文化场所。在阅读内容、阅读方式、阅读习惯都走向多元的今天，传统阅读服务面临新任务和新挑战，阅读活动服务观念怎样跟进是值得思考的问题。

---

① 参见刘玲玲《欧洲实体书店努力推动转型升级》，《人民日报》2022年4月1日第18版。

阅读活动实际上是一个激发兴趣的过程。开办阅读活动要利用实体书店的自身优势，聚焦阅读本身，提高活动实效性和精准度。比如主题书店搞活动，就要有与书店主题相关的内容；在农村书屋搞活动，农业方面的知识分享就比较合适。此外，"三进"工作同样要立足需求，不管是学校、园区，还是商场，它们皆自成一体，形成一个社区环境。在这个共同体里对阅读同样有多样化的需求，实体书店只有通过树立需求意识，提升自身类型广泛性、内容多样性、服务便利性，才能担起全民阅读和公共文化服务的重任。

（四）实体书店扶持工作要打造消费升级评价新标准

现代数字技术改变了人们的思维、生产、生活方式，也让阅读概念的边界不断拓展。科技是提升服务的金钥匙，实体书店不仅不能回避数字化大潮席卷全社会的新形势，更应该抓住机遇，寻找新定位、构筑新渠道、开启新起点。而作为实体书店发展"指挥棒"的扶持工作，也要与时俱进，积极拥抱新科技，充分利用融合发展思维，实现全民阅读工作提质增量的目标。

北京市实体书店扶持工作虽然已经开始重视支持实体书店转型发展，但从目前来看，在实体书店的评价指标体系中，数字化项目涉及甚少；扶持范围较窄，只包括国营书店；扶持层次较低，只停留在基础设施的层面。未来应该在示范书店项目评选的基础上，形成包括实体书店数字化、智能化开发等在内的更加适合数字化时代实体书店行业发展的评价新标准，在传统商业模式与新业态、新模式之间寻找大众的情感认同和价值导向，满足人民群众多样化多层次消费升级需求。

参 考 文 献

[1] 国家新闻出版署：《出版业"十四五"时期发展规划》，《中国出版》2022年第3期。
[2] 路艳霞：《北京鼓励实体书店内涵式发展》，《北京日报》2022年1月14日第10版。
[3] 刘明清：《理想与道路：北京实体书店的新发展逻辑》，（2022-01-30），https://m.gmw.cn/baijia/2022-01/30/35486458.html。
[4] 裴剑飞：《地铁站年内开130处便利店、书屋、药店等》，《新京报》2021年12月16日第1版。
[5] 朱松梅：《只需跑一趟，书吧就开张》，《北京日报》2022年4月22日第10版。
[6] 赵兵辉：《提升供给品质方能满足消费升级需求》，《南方日报》2022年5月6日第B02版。
[7] 辛音：《让更多文化地标成为网红打卡地》，《北京晚报》2021年12月8日第17版。
[8] 王广燕：《"实体书店大有可为"》，《北京日报》2022年1月8日第10版。
[9] 陈琳：《东城发布实体书店"四进"扶持政策，鼓励老旧厂房等开办特色书店》，《新京报》2021年8月6日第5版。

［10］张骜:《西城构建 15 分钟阅读服务圈》,《北京日报》2021 年 9 月 14 日第 7 版。
［11］蒲长廷:《丰台启动"丰·阅"书香活动》,《北京青年报》2022 年 1 月 30 日第 4 版。
［12］王坤宁、李婧璇:《北京实体书店发展"翻开新一页"》,《中国新闻出版广电报》2020 年 12 月 29 日第 1 版。
［13］《北京市情数据手册 2020》,中共北京市委党校(北京行政学院),2020 年。
［14］《北京市情数据手册 2021》,中共北京市委党校(北京行政学院),2021 年。
［15］新华网:《2021 北京阅读季收官:3 万余场阅读活动打造"书香京城"》,(2021-12-28),https://baijiahao.baidu.com/s?id=1720398753740279140&wfr=spider&for=pc。
［16］张恩杰:《电子阅读用户已进入深度阅读阶段》,《北京青年报》2022 年 4 月 25 日第 7 版。
［17］史竞男:《中宣部办公厅印发〈关于做好 2021 年全民阅读工作的通知〉》,《人民日报》2021 年 3 月 18 日第 4 版。
［18］刘玲玲:《欧洲实体书店努力推动转型升级》,《人民日报》2022 年 4 月 1 日第 18 版。

北京市"博物馆之城"建设与思考

宋忠惠[*]

摘　要：北京是一座拥有3000多年建城史、800多年建都史的历史文化名城，坐拥长城、故宫、颐和园等7处世界文化遗产，文物遗产丰富，文化积淀深厚，北京城里大大小小的博物馆记录着这座城市从古至今的点滴变化，是一座名副其实的"博物馆之城"。近年来随着科技和文化的繁荣发展，北京市博物馆行业呈现出良好的发展态势，藏品数量、陈列展览活动数量在全国首屈一指，取得了良好的社会效益和较高的观众认可度，但建设具有首善标准的"博物馆之城"仍有较大提升空间。本文提出北京市博物馆行业普遍存在体系建设进展缓慢、话语权不足、文创创而不收等问题，并从明标准、摸家底、借外援、多融合四个角度进行探索，提出了北京市博物馆行业繁荣发展的创新路径，以期支撑"博物馆之城"的建设和可持续发展。

关键词：博物馆之城；建设

博物馆浓缩着一座城市的历史，折射着一座城市的文化底蕴。北京市在2020年4月发布的《北京市推进全国文化中心建设中长期规划（2019年—2035年）》中明确提出要打造布局合理、展陈丰富、特色鲜明的博物馆之城；并在2021年11月发布的《北京市"十四五"时期文物博物馆事业发展规划》[①]中进一步提出从博物馆体系布局、博物馆机制体制、博物馆服务效能、博物馆

---

[*] 宋忠惠，硕士，中共北京市委党校（北京行政学院）北京市情研究中心助理研究员，主要研究方向为北京市情、智库理论与实践。

① 参见北京市文物局《北京市"十四五"时期文物博物馆事业发展规划》，2021年11月19日。

藏品管理、文物文创产品开发①五个方面布局，推动"博物馆之城"建设呈现新气象。建设"博物馆之城"是对北京文博事业的顶层设计和战略思考，是推进北京全国文化中心建设的内在要求。为更好地打造"博物馆之城"，积极发挥北京地区博物馆群在全国文化中心建设中的重要作用，课题组走访调研国内、市内多家博物馆、承担博物馆功能的场馆和相关政府部门，对北京市"博物馆之城"建设进行了如下思考。

一 明晰概念，制定"博物馆之城"发展标准

随着经济和科技的快速发展，北京市博物馆行业整体呈现出良好的发展态势，在藏品数量、陈列展览活动数量方面居于全国首位，并取得了良好的社会效益和较高的观众认可度，但与作为全国文化中心的"博物馆之城"仍有较大提升空间。《北京市推进全国文化中心建设中长期规划（2019年—2035年）》②中提出，提升国有博物馆策展能力和公共文化服务水平，用好民间博物馆、私人博物馆，打造布局合理、展陈丰富、特色鲜明的博物馆之城，这是北京市首次在政府文件中明确提出建设"博物馆之城"的目标，将博物馆建设放在城市发展同等重要的位置上予以谋划，但是目前对于"博物馆之城"的概念和标准尚未形成统一的认识，这种模糊性将在一定程度上阻碍北京市"博物馆之城"的建设步伐。

近年来，西安、南京、佛山等博物馆资源丰富、体系完善的城市纷纷提出建设"博物馆之城"的目标，但"博物馆之城"到底建成什么样，各地标准不一。2005年，东莞市③率先提出建设"博物馆之城"，用5年时间建30座以上博物馆，达到每20万人1座博物馆的标准；2018年，西安市④出台《博物馆之城总体建设方案》，提出2021年要达到165座博物馆的数量目标，其中二级以上博物馆达4—7座；2021年，南京市⑤在《南京市建设"博物馆之城"发展规划》中提出十四五期间要实现等级博物馆占全市备案注册博物馆总数比例突破30%；佛山市⑥也提出了"到2025年佛山市市域范围内需完成建设博物

---

① 参见中共北京市委员会《关于新时代繁荣兴盛首都文化的意见》，2020年2月14日。
② 参见北京市推进全国文化中心建设领导小组《北京市推进全国文化中心建设中长期规划（2019年—2035年）》，2020年4月。
③ 参见《东莞市建设博物馆之城实施方案》《东莞市博物馆之城建设发展专项资金使用管理办法》。
④ 参见中共西安市委办公厅《西安博物馆之城建设总体方案（2019—2021）》，2019年2月5日。
⑤ 参见南京市文化和旅游局《南京市建设"博物馆之城"发展规划》，2021年。
⑥ 参见佛山市人民政府《佛山市博物馆之城规划》，2021年3月。

馆（陈列馆、名人故居）204家、美术馆（艺术馆）102家"的目标。在空间布局上，南通市[①]通过打造环濠河博物馆群（城），划定一定的区域空间打造博物馆之城；大同市博物馆定位市内主城区，通过"1+8"的总分馆制将博物馆开在城市的四面八方；佛山市将整个市域范围纳入建设范围，通过"空间+事业"的整体布局对博物馆之城进行谋划。在博物馆类型上，各地统计口径也不一致，有的地方只统计受官方认可的备案博物馆数量，有的地方统计的范围比较广泛，将中小微博物馆、史料馆等都计入博物馆范畴。这些规划和方案从建设标准、空间布局、涵盖范围、数量目标等角度进行规定，使得各地的博物馆之城的建设有章可循。但博物馆的发展标准并无定论，概念、标准问题属于建设博物馆之城的基础问题，亟待在市级层面上统一厘清，否则博物馆数量达标和质量提升就是一句空话。

因此，北京市"博物馆之城"建设应充分发挥博物馆协会的作用，由市文物局组织专家学者进行研究，将"博物馆之城"建设的概念、标准明晰化，厘清博物馆的类型，规范博物馆统计口径及标准。同时建议市文物局出面，向国家文物局提出建议，由国家文物局或中国博物馆协会发布全国"博物馆之城"建设的衡量标准，构建博物馆发展指数，除了备案博物馆数量、10万人拥有博物馆量这两个指标外，增加博物馆密度（博物馆数量/平方公里）、等级博物馆占比率、人均博物馆建筑面积（平方米）、人均观展次数、人均藏品拥有量等衡量指标。

除了这些"硬指标"外也要注重"博物馆之城"建设的"软实力"，关注博物馆活动涉及的价值导向与学术思考，突出其公益属性和社会效益。

二 摸清家底，搭建全市博物馆统一管理平台

截至2021年底，本市已拥有204家备案博物馆，成为世界上拥有博物馆资源最多的城市之一[②]，已初步形成"央—市—区"三级覆盖的博物馆体系，基本涵盖人文社科和自然科学领域，结合城市文化和自然资源，满足了不同年龄、不同层次的人民群众的精神文化需求。这些场馆行政主管部门不同，除市文物局直管外，还包括中央、各委办局、高校、企业等系统，市文物局对这些场馆既无直接管辖权又无业务指导能力，备案后就任其自由发展；同时还有大量实际存在且发挥博物馆功能的展览馆、史料馆、社区馆等"准博物馆"，数

[①] 参见南通市人民政府办公室《环濠河博物馆群整体提升实施方案》，2019年9月12日。
[②] 参见北京市文物局《市党代表、北京市文物局局长陈名杰：推动博物馆之城建设融入经济社会发展》，北京市文物局，http://wwj.beijing.gov.cn/bjww/362679/483700/325867463/index.html。

量无法估计,也没有哪个政府部门或组织掌握这些有望纳入博物馆管理体系的"准博物馆"的详细数据。如,前门地区大栅栏街道的"老字号企业博物馆",其归口管理部门是市商务局,这条街道作为京城老字号的发源地,汇聚了内联升、张一元、瑞蚨祥、六必居等十余家老字号,特别是改造后的大栅栏街道有机融合了"科教文旅",在继承和传播中国优秀传统非物质文化遗产、推动京味文化和传统非遗文化方面产生了积极效应,但"都是企业博物馆"未列入市文物局博物馆统计名录,类似情况在西城区就有数十家。基础数据的缺失在一定程度上阻碍"博物馆之城"建设的步伐,"家底"不清,就谈不上对"博物馆之城"建设进行科学合理的布局规划,也难以估算后续需要在哪些类别上投入多少建设力量。

建设"博物馆之城"需要人力、资金、政策的多维度保障,须进行高位推动,规划先行。首先,市政府需要成立"博物馆之城"建设领导小组,协调市宣传部、市文物局、文旅局、财政局、国土规划局、民政局等多部门联动。在领导小组的统筹指导下,在全市范围内开展各类型、各级别"博物馆"普查统计工作,摸清博物馆家底。其次,优先吸纳和培育正在发挥博物馆功能的实体单位进入博物馆体系,适当放宽现行博物馆备案制度中关于博物馆成立的条件限制,分步有序地引导这类场馆进入北京市博物馆之城建设体系。除现有的备案登记制度,试推行注册制,精简博物馆认证流程,进一步承认此类单位的"合法"地位和身份,这将是实现北京市博物馆数量增长的有效路径。最后,还要依托现有的"北京市博物馆大数据平台",搭建完善的市博物馆统一管理平台,建立市级博物馆基础数据库,补齐数据,及时更新,定期维护。

三 巧借外援,激发非国有博物馆活力

鼓励和引导社会各界力量参与博物馆建设是北京市博物馆之城建设的主旨,北京地区的各类行业、众多高校、富有情怀的收藏家都是博物馆之城建设的主力。行业博物馆、高校博物馆、非国有博物馆占北京地区博物馆备案总数的一半以上。他们各具特色、主题鲜明,给博物馆行业注入了生机和活力。《博物馆条例》[①] 明确规定,"国家在博物馆的设立条件、提供社会服务、规范管理、专业技术职称评定、财税扶持政策等方面,公平对待国有和非国有博物馆",并在博物馆的定义、性质、宗旨、财税扶持政策、监督管理、设立条件、章程事项、法人治理结构、商业经营、藏品取得、藏品管理、法人责任、适用

---

① 国务院:《博物馆条例》2015年2月9日。

法规、社会服务、陈列展览、开放讲解、开发衍生产品、教育活动、科学研究、公众义务、行业组织、法律责任等方面，不区分国有和非国有博物馆。

国家文物局统计数据显示，截至2021年底，全国登记备案的博物馆达到6183家，其中非国有博物馆1988家，占比32.15%；北京市备案且正常开放的167家博物馆中，非国有博物馆有35家，占比仅为20.96%[1]，低于全国水平。北京市非国有博物馆创办者主要是个人或挂靠企业，且以目前的经营状况来看，在运营模式、品牌营销等方面大多能力不足，难以完全依靠知名度吸引更多观众；固定资产成本、房租成本、藏品管理与展览成本、人力成本等成本高昂，使得许多非国有博物馆发展颇为艰难，如果遭遇主导资本投入不足或临时撤资，很容易陷入运营困境；此外非国有博物馆专业人才队伍的建设面临很大挑战，调研中有馆长表示，囿于资金短缺，很难找到文博、历史等相关专业的高学历人才，普通员工流动性大，在一定程度上也影响了非国有博物馆的快速发展，导致活力不足，持续经营乏力。

激发非国有博物馆活力，可从以下三个方面着手：一是继续深化落实国家文物局《关于进一步推动非国有博物馆发展的意见》[2]的贯彻实施，允许非国有博物馆比照国有博物馆享受公益性事业单位在土地、税收等方面享有"低租金长租期"的优惠待遇，用电、用水、用气价格执行当地居民标准，切实有效地帮助非国有博物馆降低运营成本。

二是给予企业和私人创办者足够的社会地位和媒体曝光度，宣传部门可为非国有博物馆"做红娘、做嫁衣"，通过官方媒体的宣传推介，提升非国有博物馆在民众中的知晓率和影响力。北京市已有这样成功的案例，文旺阁木作博物馆作为一家非国有博物馆表示自己无力承担宣传费用，但是借助北京服贸会的展览和央视、北京卫视的媒体宣传提高了曝光率，让濒临失传的木作手艺得以发扬光大，经过近两年的打磨培育，目前已发展成为市工会、市教委合作培训教学示范点，成为展现与互动传统木作技艺的文化旅游体验基地。

三是适当放宽博物馆等级考评体系中关于藏品总量、开放时长和年观众量等硬性指标要求，充分考虑博物馆在学术研究、青少年教育、志愿者服务、社区活动等"软件"指标要求，将更多符合这类要求的非国有博物馆纳入定级评估体系，通过以评促建的方式对于达到等级评定的博物馆给予定级补助和事后奖励，从而促进非国有博物馆步入良性发展运营的轨道。课题组前往深圳市调

---

[1] 为便于比较，此处关于博物馆数量的统计，统一选用国家文物局官网平台上发布的全国博物馆备案年度报告，系统查询结果显示，2021年北京市备案且正常开放的博物馆为167家，非国有博物馆为35家。

[2] 国家文物局：《关于进一步推动非国有博物馆发展的意见》2017年7月17日。

研时了解到，深圳市文旅局为鼓励非国有博物馆创新发展，通过规定每人次运行补贴标准和免费参观总人次核算运行补贴，根据参观人次确定补贴额度，实行"先办馆后补贴"，这一措施有效地激发了博物馆开馆办展积极性，同时极大地减少了"骗补"行为。

四 另辟蹊径，文创引领博物馆文化旅游融合模式

目前博物馆公益的身份属性决定了财政拨款是北京市博物馆经费来源的主要渠道，这种相对固定稳健的资金分配模式保证了博物馆发展的公共性和服务性，但在一定程度上降低了博物馆从业人员进行文化创意活动的积极性。借鉴文旅部和国家文物局成立专项文化基金的模式，市财政局、文物局可开辟文化创意专项基金，通过招投标、项目合作、岗位竞聘等方式，在保证专款专用的前提下为一部分劳有余力的事业单位人员进行文创设计开辟渠道，进一步激发创新活力。对于非国有博物馆而言，以商业性的文创产业反哺公益性文化事业的商业模式，不仅可以解决非国有博物馆面临的生存困境，在一定程度上还可以促进市场经济的发展繁荣。

一方面需多角度挖掘博物馆IP，通过借助"外脑"，与艺术类院校和本地高科技企业合作，开展文物藏品保护、研究、修复等方面的科技研发。利用新技术、新材料、新工艺和借助北京创意设计产业发达的优势，加强博物馆与创意设计企业和个人的文创产品开发合作，打造文博系列文创产品的"北京符号"。

另一方面要鼓励博物馆借鉴市场化思维运营，通过联票、集印章等形式，推动博物馆之间、博物馆与旅游资源之间形成联动协同效应；通过合作办展、异地办展的形式让更多优质内容突破展厅的固有界限，出现在馆舍以外的公共空间或喧闹的大街上，让展览在社会传播中走进公众；通过在大型商场、热门商圈、机场、车站等人流密集的地方开设博物馆商店，抓好春节、国庆节、寒暑假等重要旅游节假日的时间节点，售卖与展品和展览相关的文创产品，促进公益性博物馆与营利性文化创意产业融合发展。

"博物馆之城"建设和维护需要大量可持续的资源、人员和经费投入，其表层形式是实现博物馆数量的增长和展览质量的提升，更深层次的意义在于增强公众对博物馆的认知度和参与度，将文化的浸润到每一位公众身边。通过整合、提升、新建一批能代表北京历史、文化、科技、产业、生态的博物馆，建立一个多元、平衡和包容的博物馆体系。

参 考 文 献

[1] 连玉明、朱颖慧、邢旭东等:《街道蓝皮书：北京街道发展报告 No.2 大栅栏篇》，社会科学文献出版社 2018 年版。

[2] 段勇:《非国有博物馆迎来新的发展机遇》，《中国文物报》2015 年 3 月 10 日第 3 版。

[3] 王为理、陈长治:《深圳蓝皮书：深圳文化发展报告（2021）》，社会科学文献出版社 2021 年版。

[4] 宋瑞、金准、李为人等:《旅游绿皮书：2021—2022 年中国旅游发展分析与预测》，社会科学文献出版社 2022 年版。

[5] 李政葳、姚坤森:《北京探索建设"博物馆之城"：在"多元和包容"中彰显文化魅力》，（2020-05-20）［2022-06-09］，https：//culture.gmw.cn/2020-05/20/content_33845829.htm。

北京运河文化遗产的历史与现状
——以北京通州佑民观为例

潘志宏[*]

摘　要：北京市通州区张家湾镇里二泗村的佑民观，曾是一座著名的天妃庙，蕴含着丰富的历史文化和民俗宗教信息，现作为道教宫观和运河文化遗产得到保护和恢复。佑民观是一处形制较为完整的历史建筑，融合运河文化遗产、妈祖宫庙、道教宫观等多重身份，记录了北京的运河文化与妈祖文化历史。本文通过考察佑民观的历史演变、地理位置、主要建筑、空间特征、碑文神像等内容，厘清佑民观与妈祖文化的关联，梳理佑民观建筑演变过程的重要历史脉络，从而还原历史风貌与建筑场景，探讨如何更好地传承与保护运河文化遗产。

关键词：北京；佑民观；运河；文化遗产；妈祖文化

佑民观全称北京佑民观坤道院，位于通州区张家湾镇的里二泗村内，为坐北朝南的四进院落，紧邻京杭大运河故道，是北京地区唯一的道教全真派女众道场。佑民观前身是天妃庙，明清两朝均有敕造，曾是京东道教最大道场之一，主祀妈祖。2009年8月，北京通州佑民观依法登记开放，成为北京市第八处道教活动场所，也是北京市登记开放的第二处坤道宫观，现为通州区重点文物保护单位。

北京历史上曾经有许多妈祖宫庙建筑，如大通桥天妃宫，马大人胡同天后

---

[*] 潘志宏，博士，中共北京市委党校（北京行政学院）哲学与文化教研部讲师，主要研究方向为中国哲学、海洋文化、《群书治要》。

宫，什刹海娘娘庙，东岳庙海神殿，莆阳会馆、福州会馆、延邵会馆、漳州会馆、建宁会馆、汀州会馆、仙城会馆等会馆内天后宫，圆明园绮春园内惠济祠，怀柔天妃宫，通州北门内外的两座天妃宫，通州佑民观等。通州佑民观是北京现存为数不多的妈祖宫庙建筑之一，融合了运河文化遗产、妈祖宫庙、道教宫观等多重身份，具有很高的历史文化与建筑遗产价值，见证了北京运河文化、妈祖文化的历史变幻。

一 北京通州佑民观的历史沿革

（一）北京通州佑民观的历史演变

历经数百年漕运沧桑的"里二泗佑民观"素有京东道教第一观之称，与燃灯佛舍利塔、三教庙、张家湾古漕运码头共为京杭大运河通州段耀眼的运河文化遗产。北京佑民观位于通州区张家湾镇里二泗村西，俗称"天妃庙""里二泗庙""娘娘庙"，紧邻京杭大运河故道，前身是通州城的天妃庙之一。天妃就是海神妈祖，原名林默。妈祖的封号从宋代的"夫人""妃"，发展到元代的"天妃"、清代的"天后"。佑民观在明清两朝均有敕造，旧时漕运入京的商人、船工、百姓都要来佑民观祈祷生意兴隆、平安吉祥、风调雨顺。历史上，有多位皇帝巡视过佑民观，并赐钱修缮，或留下墨迹。民国时期，民间流传着"西有白云观，东有佑民观"的说法。后来由于种种原因，佑民观逐渐衰落。

《元史》记载："今岁新开牐河，分引浑、榆二河上源之水，故自李二寺至通州三十余里，河道浅涩。"[1] 因此，李二寺、里二泗实际上指的是同一个地方。佑民观内供奉的海神妈祖随着漕运船舶往来，在通州地区闻名一时。元代时，妈祖因为护佑漕运有功而得到皇帝的多次加封。程端学在《灵济庙事迹记》中记载："惟天阴骘下民，凡涉大险，必有神物效灵以济之，若海之有护国庇民广济福惠明著天妃是已。我朝疆宇极天所覆，地大人众，仰东南之粟以给京师，视汉、唐、宋为尤重。……皇元至元十八年，封'护国明著天妃'。大德三年，以漕运效灵封'护国庇民明著天妃'。延祐元年，封'护国庇民广济明著天妃'"[2]。元代北方粮食仰赖东南之粟，妈祖护漕关系到国计民生。因此，妈祖因庇护漕运有功被元廷褒封五次，并且第一次升格为"天妃"。

清代《日下旧闻考》记载，明嘉靖十四年（1535），道士周从善修缮、扩

---

[1] （明）宋濂等撰：《元史》第六册，卷六十四，河渠一，中华书局1976年版，第1596、1597页。

[2] （元）程端学：《灵济庙事迹记》，载蒋维锬、郑丽航《妈祖文献史料汇编》第一辑，碑记卷，中国档案出版社2007年版，第18、19页。

建李二寺，嘉靖皇帝赐名为"佑民"，遂有佑民观之名[①]。嘉靖时，随着漕运事业逐渐兴旺发达，天妃宫的香火越来越旺，原有殿宇已经不能满足香客的需求，于是周从善将原天妃宫扩建。周从善来自龙虎山天师府，是正一派"从"字辈道士。他曾和明世宗嘉靖皇帝朱厚熜同窗学习过，因此他请嘉靖皇帝到庙中巡视赐名，后来佑民观之名沿用至今。由于得到皇帝的题字，佑民观自此名声大振。明万历十年（1582），灵璧侯、提督漕运总兵官汤世隆为护佑漕运，奏请神宗生母慈圣太后李氏重修。李太后向来仰慕金花圣母之神，此观又在其家乡运河岸边，故多有捐资布施。

到了清朝，顺治皇帝和康熙皇帝也曾亲临佑民观。清顺治八年（1651），顺治皇帝慕名而来，亲到观中上香求子，赐银五百两，又经通州绅士田文孝募捐三百两，用以修缮和香火之资。康熙二十八年（1689），康熙皇帝率领皇子和文武百官等众人来到佑民观，接见通州官员，巡视运河并商定运河修浚方案。佑民观山门前牌楼匾额上的"保障漕河"四字就出自康熙御笔，但是原匾后来不知所终，现匾为后人仿造。到了乾隆、光绪年间，官方也曾多次对佑民观进行维修补建。

民国期间，佑民观是通州内共一百多座道观中最大的一座。当时因佛教、基督教盛行，佑民观逐渐落寞。1948年，在北京解放前夕，解放军曾将佑民观作为储备油库使用。此后，佑民观被改作小学，到1958年又被改建为通州里二泗中学。"文化大革命"期间，佑民观所有殿堂、神像及文物全部被毁，只剩下院中一棵古树及数块石碑。进入21世纪后，在里二泗村村民及信众的支持下，佑民观的殿堂开始陆续得到修缮和恢复，并重塑众神像。2007年，刘崇尧道长开始主持庙内宗教事务，并带领数位女弟子在佑民观修道。2009年，北京市宗教局批准佑民观为对外开放的宗教活动场所，命名为"北京佑民观坤道院"。

（二）北京通州佑民观的地理位置

通州地区历史上有多座妈祖庙，这与大运河贯穿通州的地理特征密不可分。张家湾镇里二泗村曾经是一个热闹非凡的闸口、码头，既是大运河的起点，也是漕运船舶、旅客、商人、航船者的必经之地。张家湾镇坐落在古大运河的最北端，在漕运鼎盛时期，从南方来的船只都要经过张家湾而后进通州，再由通州到达京城。因此，张家湾镇自古以来便是京师的水陆要道，而里二泗村作为张家湾镇的一个重要闸口和码头，众多的商人、船只汇聚于此。在明清

---

① （清）于敏中修，窦光鼐纂：《日下旧闻考》160卷，清乾隆五十三年刻本，卷一百十京畿。

时期，来往路过的行人、赶考的学子、驾船的船工、来京的商人、附近的居民都会来到佑民观祈祷海神妈祖保佑旅途平安、风调雨顺、生意兴隆、金榜题名等。佑民观经历了数百年的风雨，如今摇身一变，成为全真龙门派坤道清修地，虽然失去了曾经的无限风光，却仍然记载着北京运河文化与妈祖文化相互融合的历史盛状。

佑民观北门外为里二泗码头遗址。元代时，漕船穿行在里二泗村北，故在村西北就形成了里二泗码头及为过往商旅和附近百姓拜神祈福而建的佑民观，过去曾有"船到张家湾，舵在里二泗"之民谣。里二泗村汉代已建，元代时北运河由主干河流、通惠河、萧太后河、凉水河四条河汇集而成，又被称之为泗河。因泗河自通州城流向东南后，分为内外两股河流，并有里二泗和外二泗之称，而里二泗村因位于里二泗河畔，村名由此而来。清嘉庆十三年（1808）后，运河自大棚村附近改道，走康家沟（现在河道），而张家湾、里二泗一线大运河淤塞，变浅、变窄，逐步成为故道遗址，于是里二泗码头随之逐渐消失。

佑民观的选址不仅与其毗邻大运河漕运港口的地理位置有关，同时也与此地历史上的福建莆田移民有着千丝万缕的联系。据当地村民介绍，在四五百年前有数百人为躲避战乱从福建莆田地区逃到里二泗村，其中大部分都姓林，而妈祖本名"林默"，正是福建莆田湄洲岛人。至今，里二泗村还有很多林姓居民。所以，或许是当年的这批福建莆田人将妈祖信仰带到了通州里二泗村。他们与佑民观的前身，也就是俗称的"天妃庙"有极大的关联。由于当地祭祀妈祖的传统习俗已经中断了几十年，这种关联无从细考。在佑民观圣母殿前有几块石碑，其中最大的一块石碑上清晰得显示出"天妃庙"三个字。"天妃宫""天后宫"指的正是妈祖宫庙。这些石碑不仅记载了佑民观的历史，更证明了佑民观与妈祖的深厚联系。此外，由于大运河故道在佑民观的北侧，佑民观在历史上为坐南朝北，大门北向运河。但是在2004年的重建中，佑民观的朝向却被改为坐北朝南。过去，佑民观占地面积曾有110亩左右，如今的佑民观院落占地约10亩多，其规模大幅缩减。

二 北京通州佑民观的建筑特征

（一）北京通州佑民观的主要建筑

佑民观整体为坐北朝南的建筑朝向。院落空间总体布局，在中轴线上的主体建筑设置以山门、前殿、正殿、配殿、后殿围合成四进院落，形成中轴对称的建筑格局。在整体院落的空间序列中，佑民观以牌楼为起点，逐级向内部延伸。佑民观处在运河沿岸平原地区，地势平坦，依靠建筑单体高度的变化呈现建筑布局的多样性。佑民观的前身天妃庙主祀妈祖，但是如今的佑民观作为道教宫观供奉着道教的众神。在正殿圣母殿中，有五位女神神像，从左至右依次为九天玄女、观音圣母、瑶池圣母、天妃妈祖和地母，其中瑶池圣母居于主位。

佑民观的基本构成元素有：牌楼、东西角门、山门（灵官殿）、关帝殿、钟楼、鼓楼、圣母殿、药王殿、子孙殿、玉皇阁（斗姥殿）、三官殿、祖师殿。从建筑布局可以看出，佑民观以北方宫庙建筑的空间布局为主。如图1所示，为北京通州佑民观平面图。

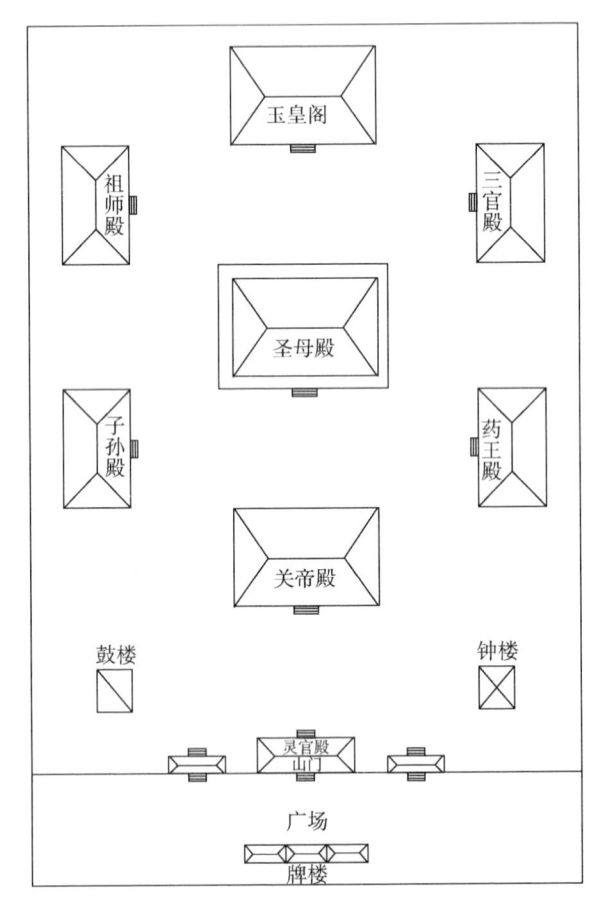

图 1　北京通州佑民观平面图

资料来源：作者绘制。

历史上，佑民观为坐南朝北，大运河在观门前。重建后，佑民观被改为坐北朝南，山门前有一座四柱三楼式牌楼，悬山筒瓦顶，五昂斗拱，丁头雀替，颇显壮观，集砖塑、木刻、石雕于一体，精致典雅。牌楼正南有一匾"古蹟里二泗"，上面还有一个小额"敕赐佑民观"，北面有一匾为康熙御笔"保障漕河"摹本。山门与牌楼之间有一"桥"，上书"漕河"二字，象征着曾经的古运河道。山门上书一副对联"胜迹果然同泗水，仙山即此是蓬莱"，横批"护国宁漕佑民观"，这些内容记述和描绘了佑民观守护旧时大运河北端漕运码头、船家往来祭拜的繁荣景象。

（二）北京通州佑民观的空间特征

佑民观的院落空间显示出具有规则的层次感，规则的空间序列能够产生较强的节奏，如建筑空间的递变，建筑高度的递增，形成富有秩序感、节奏感的序列，烘托出庄严肃穆的氛围。佑民观采用的是四进院落的构成方式，从山门起，中轴线建筑高度逐级增加，两侧配殿规模形制较小，形成高低错落有致的景观效果。

佑民观的院落空间整体上有四个过渡：从牌楼到山门、从山门到关帝殿、从关帝殿到圣母殿、从圣母殿到玉皇阁。佑民观建筑空间序列以牌楼为开端，在牌楼和山门之间是开放广场，为第一个院落空间。山门院墙把内外空间隔离开来，形成第一个空间过渡。院内空间序列从山门建筑为开端，山门又为灵官殿。穿过灵官殿，进入佑民观内部，正对关帝殿，间隔一座小桥，左右为钟楼、鼓楼，围成第二个开放院落。关帝殿比灵官殿在规模层级上有所提高。通过关帝殿两侧石板路，进入下一个院落。主殿为圣母殿，东西配殿分别为药王殿和子孙殿，围成第三个开放院落。圣母殿是佑民观的建筑核心，也是最重要的建筑单体，在整体空间序列变化中达到顶点。中轴线最后是玉皇阁，又名斗姥殿，东西配殿为二官殿、祖师殿，院内有棵近五百年的国槐古树，围合成第四个院落空间。

佑民观具有中轴对称的空间布局特征。佑民观在院落的整体建筑布局上采取以中轴线为准，左右对称的建造方式。中轴对称的布局方式体现了中和对称的文化美学和"以中为尊"的传统思想。佑民观中轴线建筑高度逐渐增高、规模体量扩大，中轴线两侧建筑规模较小、左右对称、主次分明，如关帝殿两侧对应的钟鼓楼、圣母殿的配殿药王殿和子孙殿、玉皇阁的配殿祖师殿和三官殿。这种建筑上的明显反差，显示出佑民观中正和谐的美感与庄严肃穆的氛围，营造出宫庙建筑崇高雄伟的建筑形象。

(三)北京通州佑民观的石碑碑文

佑民观内石碑较多,既有老石碑,也有新石碑,是研究佑民观历史的重要实证。由于大部分石碑遭受了破坏和磨损,导致碑文残缺不全,只能粗略分析出佑民观的历史。在关帝殿前石桥的东西两侧各有一座石碑,均立于1941年,碑文记载了万善堂重修佑民观一事。东侧石碑上书:圣容万会堂,万善老会公建,中华民国岁次辛巳三十年孟夏吉旦。西边石碑破损比较严重,部分字迹已经无法分辨,碑文如下:

> 通县第六区里二泗村敕建佑民观新建圣容万会堂经略
> 盖闻勒碑铭碣,以考古迹□常昭;载史传经,永垂典章之不朽。窃因本观年久失修,庙堂倾圮,曾经万善堂会会首庆祥等发起募资重修,历经三载全部落成。惟恐后人不加爱惜,再惑□凉,于是新建圣容万会堂三楹,不独为供奉天仙圣母三位元君真容,特为组织□理委员会,保管观殿,永久庄严,并监理本庙一切慈善事宜,但与庙中自置之产毫无涉焉。其监理规章另行拟定。爰于历年新正上元佳节为庙会圣典□期,于圣母驾前,众会同而朝宝顶,万善□归;奉典礼而进香烟,千秋勿替。厥后虔祈圣德,供俎豆之馨香;仰答神庥,祀蒸□之永享。惟于神圣之灵光与重修之经历,祥志于碑记焉。中华民国岁次辛巳三十年孟夏月谷旦,万善老会会首张仲□、刘庆□、徐□、张玉宗、李玉明、刘子峰、董沐敬志,信士弟子金世芬沐手敬撰并书。[①]

此碑记录了佑民观在民国期间的一次重修过程。碑文显示,中华民国三十年(1941)之前,大概是20世纪30年代,佑民观曾经十分萧条败落、年久失修、庙堂毁坏,后经过万善堂会等信众组织筹集资金,历时三年重修完成,并且新建了圣容万会堂,由万善老会进行具体的修缮管理,遂在石碑上记录了这次重修的经历。万善老会是里二泗村以南的潮县、草场、东西鲁村、黄垡、丁庄、南仪阁等十多个村联合组成的香会,不仅负责管理修缮等事宜,而且对佑民观的所有慈善事项进行监督管理。

在主殿圣母殿前东西两侧各有一大两小共六块石碑,其中东侧有一双龙盘顶大石碑,高3米,宽1.2米,上书"圣旨钦赐",底座为赑屃,碑体几乎全部损毁,只有碑顶和一小段碑身为原碑,碑体是新补的。碑文断断续续记载:

---

① 冯鹤:《通州佑民观小考》,《中国道教》2012年第3期。

"……赐观额以垂永……朝因见顺天府通州张……天妃庙无人焚修香火……圣寿……今给答付令臣于……总运总兵官平江……灵慈宫，令各运船清……年久朽坏漕运……玉皇阁醮坛等……处庄……臣正……修醮事……请名额未免岁……皇上念漕运钱……敕礼部……特赐宫观名额……圣旨礼部知道……天妃庙漕运官……圣旨……赐"。① 从碑文片段中依稀可以看出这块石碑有可能就是记述周从善奏请明嘉靖皇帝赐名"佑民观"事迹的石碑，更重要的是，碑文中的"天妃庙""运船""漕运""漕运官"等字眼，证明佑民观前身天妃庙与漕运、船运、运河的密切关系。

在东侧大石碑后有一块小石碑，高约1.2米，双龙盘顶碑额有"金花圣母"四字，碑文记于乾隆三十三年（1768），其中提到"今有里二泗金花圣母□□元君者功……甚弥，德泽渊渊"。西侧也有一小石碑，碑额为"坤远流芳"，碑文说"兹因直隶顺天府通州张家湾里二泗修佑民观，建自先代，庙宇巍峨，正殿□金花圣母之殿，虽亦萧颓，然工程浩大为微难施，以俟将来乐善弟子，但东西二廊□□□。大清□□□。"此碑记录了清代一些店铺女性信众共同捐资修缮金花圣母殿"东西二廊"一事，当时的正殿大概还是金花圣母殿。妈祖化身金花圣母娘娘，曾经是明清时期众多女信众的信仰对象。这两篇碑文，可以证明里二泗金花圣母当年在佑民观处于最主要的地位。

（四）北京通州佑民观圣母殿神像

佑民观主殿为圣母殿，面阔五间。圣母殿，民间也唤作"娘娘殿"，作为佑民观整体空间院落的主体和重心，在建筑形制规模、空间体量、装饰工艺等方面均为佑民观之最。圣母殿采用前卷棚悬山屋顶、后歇山顶的屋顶形式，屋脊鸱吻走兽雕刻精细，殿内绘画精美、神像栩栩如生，主殿台基加高，外有汉白玉雕花围栏，衬托大殿恢宏庄严的气势。

圣母殿内共有五尊女神像，从左至右依次为九天玄女、观音圣母、瑶池圣母、天妃妈祖和地母。佑民观的前身为天妃庙，以供奉天妃妈祖为主。瑶池圣母即瑶池金母，俗称西王母、王母娘娘，如今居于正中位置，因其地位在道教女神中最高。五座神像铜胎鎏金、光彩耀人、栩栩如生。众女神各持法器，端坐莲花宝座之上，身着五彩雕花服装，外披紫红金边道袍，头戴彩绘鎏金霞冠，神态安详宁静。在每尊女神像前挂有长幡，其中金花圣母前的长幡为"漕河古运海神佑，立地驻观省后人"，表达海神妈祖与古运河漕运之间千丝万缕的联系。据佑民观道长介绍，圣母殿女神像在过去均为泥胎彩绘，仅有王母娘娘、妈祖、观音

---

① 冯鹤：《通州佑民观小考》，《中国道教》2012年第3期。

菩萨三尊。2007年，刘崇尧道长开始主持观内宗教事务，带领数位女弟子逐渐修复修缮了众神殿，并将泥胎神像全部更换成铜胎鎏金神像。

金花圣母又称金花夫人、金花圣母等，是中国粤、桂、甘、鄂、浙等地民间信奉能助产送子的生育女神。相传金花为明代人，一说生于兰州，一说生于广州。妈祖是历史上真实存在的一位人物林默，北宋建隆元年（960）出生于中国福建莆田，北宋雍熙四年（987）去世后逐渐成为中国历史上影响力最大、传播范围最广的海神（也有人称为水神）。宋代以来，历代帝王对妈祖不断地加以褒封，妈祖封号从宋代的"夫人""妃"到元代的"天妃"，明代的"圣妃"，直到清代达到顶点的"天后"。自宋以降，妈祖共受到朝廷褒封37次，其最终封号也累叠至无以复加的64字之多[1]。最终，妈祖的地位超越众海神，成为中国海神之首。看似不相及的金花圣母与海神妈祖能够融合为一，与佑民观的地理位置有很大关系。至于二神融合的具体过程与历史，还有待进一步研究。然而金花圣母与天妃妈祖的混合，无疑是大运河促进南北文化融合的力证。

三 关于进一步加强北京通州佑民观保护和利用的对策

（一）北京通州佑民观的现状及问题

民国时期，佑民观为通州镇城内约160座道教庙宇中最大的一座，占地面积一百一十亩左右，现在仅剩十亩多，并且所有的建筑文物在"文化大革命"期间都遭到了严重的破坏。如今，在里二泗村东，经过拆迁改造后，已经建起的张家湾公园被称为"副中心绿肺"，总体规模约万亩，是城市副中心核心区的生态门户，与大运河森林公园、城市绿心森林公园连接在一起，成为将自然引入城市的绿色廊道入口。通州区张家湾镇曾是京东工业重地，仅里二泗村就有企业300多家。随着副中心建设快速推进，以及全市启动疏解整治促提升专项行动，里二泗村东部已亮出昔日漕运古镇新底色。

另外，佑民观的庙会也延续了数百年。在元代，百姓为了感谢河神保佑平安，江浙一带的船商自发出资组织庙会，时间久了，里二泗的庙会极为热闹，庙外人头攒动，商贾辐辏。[2] 至今，里二泗村的非物质文化遗产——里二泗高跷会、小车会仍然在延续发展，每年庙会期间，演戏酬神，人流如织，各路花会均来展现高超技艺。高跷会，又称为"大秧歌"或"秧歌档儿"，会谱记载

---

[1] 参见莆田湄洲妈祖祖庙董事会编《湄洲妈祖志》，方志出版社2011年版。

[2] 参见郑学富《文人笔下的里二泗》，《北京晚报》2020年2月25日第20版。

的名称是"群仙会"。小车会，亦称"太平车"，从汉朝至今已有两千多年的历史。这两项非遗的传承，均与佑民观庙会息息相关，既象征着太平盛世，也象征着人民群众物质生活与精神文化的富足。

然而，现实中的佑民观在周边平房与东北角居民楼的簇拥下显得不协调。里二泗村整体村容村貌比较杂乱，村中大街多为各类商业店铺、饭店、服务场所，外来务工人员及流动人口较多。在佑民观北门，有一块地势较高的村民用地，现被用作村民停车场和耕地，与佑民观建筑形成鲜明对比。同时，在佑民观东北角，已建起两栋近30层高的居民楼，且闲置多年。两栋高楼北侧的小区内有多栋六层居民楼，似乎预示着这个村庄的未来要拆迁上楼。佑民观周围杂乱环境、新旧建筑共处、平房楼房反差，对佑民观的保护利用与消防安全带来了不利的影响，也与佑民观宁静庄严的建筑形象形成强烈反差。

当前，对佑民观的保护存在一些问题，如佑民观保护规划建设理念较为欠缺、对外宣传展示功能还有改进空间、研究和保护还未引起足够关注、民间对文化遗产建筑的保护意识比较薄弱等。在2004年，佑民观在修复重建遗址时，竟然将院落北向改为南向，形制也多有改动，虽然大体上恢复了建筑，但是却导致佑民观从此失去了历史原貌，说明缺乏文化遗产保护与修复知识。并且，佑民观的运河文化和妈祖文化特色不够突出。佑民观虽然是宗教建筑，也需要与时俱进，更好地说明和展现运河文化遗产的丰富内涵和历史底蕴，如此方能拥有可持续发展的生命力。

（二）北京通州佑民观的保护与利用

随着我国经济的快速发展，建筑遗产的生存状态发生了巨大的变化。一段时间内，为了追求城市发展而盲目摧毁了很多珍贵的文化遗产，许多运河文化遗产在这个过程中消亡。佑民观既是道教宫观，也是妈祖宫庙，又是运河文化遗产，其原真性和完整性是一笔宝贵的财富。它承载了运河文化与妈祖文化融合发展历史，象征运河文化血脉的延续，丰富了城市水生态的内涵和肌理。因此，针对上面提到的问题，应有针对性的从以下几个方面进行解决：

首先，加强对佑民观的保护与规划建设。应以政府为主导，考察以佑民观为代表的运河文化遗产的现状及问题，出台相关保护法律法规。北京运河文化遗产是大运河文化带的重要组成部分，如果得不到及时的保护和抢救，它们都有可能成为无可挽回的损失。如佑民观还是北京运河沿线的妈祖文化遗产，可为妈祖文化在北京的传承与发展提供历史依据。同时需要合理规划和设计佑民观的周边环境与发展路径，邀请专家学者进行实地考察，为开发北京佑民观的运河文化遗产旅游提供理论支撑。

其次，增加对佑民观的宣传力度，普及文化遗产保护知识，提高民众的保护意识。对佑民观来讲，一方面是道教清修场所，另一方面也是对外开放的运河文化遗产，应加大对文化遗产保护知识的宣传力度、提高管理水平，更好地展示和宣传佑民观和道教历史，使民众的遗产保护意识在潜移默化中逐步提高，适当开发旅游，让更多人尤其是佑民观周边居民能够投入对佑民观等运河文化遗产的保护事业中。

最后，加强佑民观的科学研究与保护利用，使更多的专业人才进入运河文化遗产的学术研究和保护领域。在科学研究方面，应为专业研究人员创造有利的环境和扶持政策，提高社会关注度和重视度，促进学术研究成果孵化产出，特别是对佑民观等运河文化遗产的历史内涵进行科学研究，培养专业研究人才梯队，从而引导社会各界力量进入北京运河文化遗产研究保护利用领域。实际上，进一步加强对现存历史文化建筑的保护和利用，不仅是在延续传统建筑的生命，也是对中华文明的一项重要传承发展措施。

四　结语

元代时，妈祖信俗随着漕运路线进入北京，使历史悠久的妈祖文化融入北京运河文化中。佑民观为妈祖文化的在地化传播和创新性发展提供了广袤的空间和丰厚的土壤，造就了佑民观独具特色的北京运河文化遗产历史风貌，烙印上了妈祖文化的历史痕迹。明清时期，妈祖信仰曾在佑民观盛行过，这与当时的贵族、官员、文人对妈祖的崇拜和宣传不无关系。现存的佑民观建筑是在2004年后陆续重建、修复而成，但是规模、面积已大不如前。

佑民观综合展现了妈祖文化在北京通州地区的传播过程及漕运发展历史，对于北京地区妈祖文化研究是非常重要的建筑遗产。另外，佑民观过去虽然是天妃庙，但是如今已成为道教坤道院，具有北方建筑风格。佑民观的文化内涵丰富，具有很高的历史文化价值，可为研究北京地区大运河漕运历史、妈祖文化传播历史、道教及庙会民俗历史提供重要支撑。因此有必要传承与保护好佑民观，使其更好的被活化利用，融入当代社会。

参 考 文 献

[1]（明）宋濂等：《元史》第六册，中华书局1976年版。
[2]（清）于敏中修，窦光鼐纂：《日下旧闻考》160卷，清乾隆五十三年刻本。
[3] 蒋维锬、郑丽航：《妈祖文献史料汇编·第一辑·碑记卷》，中国档案出版社2007年版。
[4] 蒋维锬、郑丽航：《妈祖文献史料汇编·第一辑·散文卷》，中国档案出版社2007年版。

［5］蒋维锬、周金琰：《妈祖文献史料汇编·第一辑·档案卷》，中国档案出版社 2007 年版。
［6］蒋维锬、周金琰：《妈祖文献史料汇编·第二辑·著录卷》，中国档案出版社 2009 年版。
［7］郑丽航：《妈祖文献史料汇编·第三辑·方志卷》，海风出版社 2011 年版。
［8］莆田湄洲妈祖庙董事会编：《湄洲妈祖志》，方志出版社 2011 年版。
［9］徐晓望：《妈祖信仰史研究》，海风出版社 2007 年版。
［10］冯鹤：《通州佑民观小考》，《中国道教》2012 年第 3 期。
［11］刘福铸：《北京的妈祖信仰综考》，《中国海洋大学学报》（社会科学版）2008 年第 2 期。
［12］林国平：《北京闽中会馆与妈祖信仰》，《福建学刊》1990 年第 3 期。
［13］秦红岭：《论运河遗产文化价值的叙事性阐释——以北京通州运河文化遗产为例》，《北京联合大学学报》（人文社会科学版）2017 年第 15 卷第 4 期。
［14］毛巧晖、张歆：《运河记忆与村落文化变迁：以北京通州里二泗小车会为中心的考察》，《西北民族研究》2021 年第 2 期。
［15］郑学富：《文人笔下的里二泗》，《北京晚报》2020 年 2 月 25 日第 20 版。
［16］潘志宏：《北京妈祖宫庙建筑的传承与保护》，硕士学位论文，北京理工大学，2015 年。
［17］潘志宏：《妈祖文化思想研究》，博士学位论文，中共中央党校，2018 年。

北京迁台文人的"北平怀旧热"与北平记忆[*]

王宇琛[**]

摘　要：20 世纪 50 年代至 80 年代，一批渡海赴台的"老北平"操笔为文，在报纸杂志等公共平台回忆古都北平的点点滴滴，获得社会迁台文人热烈的响应，掀起一场持久且高潮迭起的"北平怀旧热"。本文大致梳理了这个文化现象的发展脉络，分析其主要特点，并略论其中所反映的北平形象的特征。这个"记忆之场"在一定程度上展现了 20 世纪 20 年代至 40 年代北京中上层市民社会的风俗画卷，具有宝贵的资料价值。更重要的是，"北平怀旧热"反映出人们心目中民国北京特有的感性形象：新旧文化交融、环境宜居、人情和美、生活多样包容。在全国文化中心建设的大背景下，如何对这些传统资源进行甄别，为建构新时代的北京形象，提供了重要的文化支撑。

关键词：北京迁台文人；北平怀旧热；集体记忆

北京历史文化底蕴深厚，在 20 世纪 20 年代至 40 年代形成了专属"文化古城"的独特韵味，其醇厚魅力令曾生活其中的人念念不忘。20 世纪 40 年代末，一批文化精英从大陆渡海去台。这些人在大陆度过了他们的盛年，深受中华传统文化浸淫，怀有浓厚的中华民族意识和中华文化认同。台湾虽然长期孤悬海外，但是与大陆在文化、情感和血缘同出一脉，随着时间的推移，人们的

---

[*] 文系中共北京市委党校（北京行政学院）2021 年度学科建设青年项目"迁台文人的集体记忆与北京故都文化"（项目编号：21XQN016）的阶段性研究成果。

[**] 王宇琛，博士，中共北京市委党校（北京行政学院）北京市情研究中心助理研究员，主要研究方向为区域文化研究、历史民俗学。

怀乡之情与日俱增。20世纪50年代至80年代，这些迁台文人操起笔墨，撰写了大量回忆北平生活的文章，在台湾乃至海外华人社会都引起热烈反响。这场"北平怀旧热"在文坛与普通读者之间回环激荡，作者、媒体与受众之间展开了多维的对话与实践，在当时成为颇具影响力的文化现象。

国内外学界曾敏锐地捕捉到这场"北平怀旧热"。王景山关注到台湾作家与北京的密切关系，特别论述了林海音的北京情缘。[①] 王学泰专门撰文向大陆学界介绍夏元瑜幽默健谈的独特文风。[②] 赵珩为陈鸿年在大陆出版的《北平风物》作序，提到了旅台老北京回忆北京的写作现象，认为陈鸿年以纯正的老北京话生动地记述了北京普通百姓的市井生活，其水平堪与金受申、唐鲁孙等大家相颉颃。[③] 梁燕专攻齐如山研究，整理出版了11卷本《齐如山文集》，致力于发掘齐如山在戏剧学、民俗学方面的贡献。[④] 张勃撰文详细介绍了郭立诚的东岳庙研究，认为她在1939年完成的《北平东岳庙调查》有不少见解独到深刻之处，该手稿在她客居台湾后在一定程度上成为故园情思的寄托。[⑤] 至于唐鲁孙和他笔下的旧京风华，是"北平怀旧热"作品引介到大陆后影响最大者，李凝祥考证其家世[⑥]；傅怡静等深入挖掘了唐文的"京味"特征[⑦]；侯磊专门撰文介绍唐鲁孙笔下的饮馔京城[⑧]。遗憾的是，总体说来研究者们立足于各自的视角，分别关注其中一位或几位主要人物，没有继续将其作为一个完整的文化现象联系起来进行全面梳理和论述。哈佛大学教授王德威曾以"北京梦华录"概括这个北平叙事的小传统，以"绝对现代性"带来的威胁解释其深层思想动因。[⑨] 王德威之文微言大义，如果研究者前期对这一文化现象没有充分了解，仍然无从窥见事件全貌。

本文拟从20世纪50年代至80年代台湾"北平怀旧热"的发展脉络、主

---

① 参见王景山《旅人随笔》，首都师范大学出版社1995年版。
② 参见王学泰《往来成古今》，中国青年出版社2011年版。
③ 参见赵珩《陈鸿年与他的〈故都风物〉（代序）》，载陈鸿年《北平风物》，九州出版社2016年版。需要说明的是，陈鸿年有关老北京文化的报刊文章在1970年由台湾正中书局集结出版，题为《故都风物》。2016年九州出版社引进后更名为《北平风物》在大陆出版。本文除关于陈鸿年生平和写作的信息引用正中书局《故都风物》外，其余内容均来自九州出版社《北平风物》。
④ 参见梁燕《齐如山剧学研究》，学苑出版社2008年版；梁燕《齐如山谈老北京文化》，开明出版社2021年版。
⑤ 参见张勃《郭立诚眼中的东岳庙》，《文史知识》2012年第1期。
⑥ 参见李凝祥《满族作家唐鲁孙事略考》，《满族研究》2001年第1期。
⑦ 参见傅怡静、谷曙光《论满族作家唐鲁孙的京味散文》，《民族文学研究》2006年第3期。
⑧ 参见侯磊《唐鲁孙笔下的饮馔京城》，《中外书摘》2019年第12期。
⑨ 参见王德威《北京梦华录：北京人到台湾》，《读书》2004年第1期。

要特点、反映出的北平形象三方面入手，概说这一文化现象的全貌，并略论其价值与意义。2020年4月，北京市发布了《北京推进全国文化中心建设中长期规划（2019年—2035年）》，源远流长的古都文化与特色鲜明的京味文化是"四个文化"基本格局的重要组成部分。如何深入认识、持续挖掘北京古都文化和京味文化，如果本文的工作能够提供些许助益，则又是台湾"北平怀旧热"在新时代北京建设的一次回响。

一　台湾"北平怀旧热"的发展脉络

任何文化现象的出现都有其源头，从20世纪五六十年代开始，已经有文人学者开始撰写有关北平旧事的回忆文章。七八十年代是台湾"北平怀旧热"的全盛时期，在这一阶段，不但怀旧文章精品迭出，报纸、杂志、出版社、广播、电视均参与其中，推动了"北平怀旧热"的传播流布，在台湾社会产生较为广泛的影响，大多数研究者的注意力也多集中在这一阶段。细分下来，70年代和80年代的表现又有所不同，下面试将这场文化热潮的发展脉络分为三个阶段逐一述之。

20世纪五六十年代是"北平怀旧热"的发端时期。国民党退守台湾后，在文化上实行高压政策，强化反共宣传，间接催生出"怀乡"叙事。[①]当时渡海去台的知识分子远望家国，对故乡念念不忘，尚怀重归故里的希冀。在这一时期，写作和阅读回忆家乡的文章成为当时社会的精神寄托。

旧派学者、著名剧学家齐如山在20世纪30年代就开始有意识地整理北平民间文化，抗日战争期间他困居北平，完成了多部记述北平生活的著作。迁居台湾后，社会上弥漫着思乡之情，齐如山的朋友喜听北平旧事，于是他开始专注这方面的写作文字。"最初本想专写关于戏剧的，后因友人多乐听旧事，戏剧之外的事情也极爱听，于是才起意写这些文字，四五年来也写了几十篇。"[②] 1953年他结集出版了《齐如山随笔》。除此以外，在1948—1962年，齐如山还写就《中国馔馐谭》《北平》《北平怀旧》三部著作，前清掌故占了其中一小部分，大部分内容是谈论北平的饮食、建筑、商业、工艺、文化、节令等，颇受时人欢迎。民俗学家郭立诚为排遣乡愁，从1954年陆续开始写作有关北平风土的文章。1958年移家台北后，将这些文章发表在《大华晚报》乡情版，

[①] 关于当时战斗文学与女性怀乡文学的关系，详见刘鹤《遗民情结场下的台湾现代文学叙事研究》，吉林大学出版社2017年版，第四章"台湾20世纪50年代'战斗文学'、'女性文学'的'怀乡'情结"。

[②] 齐如山：《自序》，载梁燕主编《齐如山谈老北京文化》，开明出版社2021年版，第641页。

后在编辑的鼓励下持续写作，以"记取故都风土人情之美。"① 每逢佳节，她都会专门写作追忆北平岁时的文章以应节景。20世纪五六十年代北平怀旧的集大成者是陈鸿年记述北平风物的系列文章。陈鸿年世居北平，他在公务闲暇之余撰写关于京剧的文章，记录描述北平社会生活的文字。这些文章发表在《"中央"日报》等报刊上。② 陈鸿年去世于1965年，他关于"北平风物"的文字内容丰富，极具地方风味，后经人整理为《故都风物》一书，在1970年由台湾正中书局出版。

如果说20世纪五六十年代人们对北平的书写还仅是初现端倪，主要表现为个别对北平风土怀有浓厚兴趣的文人的自我抒发，社会影响力有限；那么70年代的"北平怀旧热"则蔚为一时之风潮，以唐鲁孙、夏元瑜等人为代表的北平书写引发了众多追随者纷纷效仿，形成一个围绕老北京礼仪人情、美食烹饪、岁时节令、消闲娱乐展开的记忆之场。

1972年唐鲁孙在《联合报》副刊发表《吃在北平》一文，是开启20世纪70年代"北平怀旧热"的标志性事件之一。此文对民国时期北平的饮食文化如数家珍，甫经发表便在海内外传诵，引起老北京莼鲈之思。唐鲁孙以"吃"为怀旧主题，兼及历史掌故，直到他谢世，共出版十二部回忆家乡的集子。1975年，夏元瑜在《中国时报》"人间版"开设"古往今来"专栏，约集历史学家苏同炳、版画收藏家孙家骥、京剧评论家丁秉鐩、画家白铁铮、古物专家庄严、民俗文艺专家郭立诚，以及唐鲁孙，包缉庭，再加上他自己共九人，轮流为专栏撰写文章，每周一篇。③ 专栏开办四年，不但产生大量回忆北平风土人情的文章，也培育出一批北平风华的写作者，北平怀旧渐成风气。夏元瑜自己就是一位十分高产的作者，他不但精通北平文史民俗，更能以老北平的教养和心态论说台湾世态、指导人情世故，虽然不见得事事论及北平，却更见谦逊优容的老北平气度。夏元瑜直至1995年逝世，共出版了散文集十余本，十分畅销。这批作者中还有白铁铮的文章结集为《老北平的故古典儿》和《老北平吹耳旁风》两部，由慧龙出版社发行，郭立诚出版了《故都忆往》《还魂纸》《人花铜钱鬼花纸钱》等书。

20世纪80年代，社会氛围逐渐松动，当年渡台的许多人此时已经年华老去，乡愁郁结于心，回乡的愿望尤其强烈，蒋经国晚年顺应民意，做出开放部分人士赴大陆探亲的决定，怀乡与探亲成为80年代台湾社会关注的焦点之一。在这段时间，报纸杂志有意组织抒发思乡感情的稿件，职业作家如林海音、刘

---

① 郭立诚：《自序》，载《故都忆往》，台湾学生书局1975年版，第3页。
② 参见陈鸿年《故都风物》，台湾正中书局1970年版。
③ 参见夏元瑜《人间九老》，载白铁铮《老北平的故古典儿》，百花文艺出版社2010年版。

枋、梁实秋、喜乐和小民夫妇等又掀起一股北平怀旧的潮流。

梁实秋本人以小品文著称,他早年也写过一些描述北平生活的文章,但集中回忆北平的衣食住行还是在迁播台湾以后。20世纪80年代,梁实秋在《联合报》副刊、《"中华"日报》副刊发表了许多专门谈吃的文章,其中很大一部分专谈北平饮食,这些文章后来汇集为《雅舍谈吃》一书。女作家刘枋也喜欢从饮食切入,带动起回忆北平的各项感官。1980年,文艺刊物《文坛》的编辑向刘枋约稿,连载"北平往事"。刘枋持续写作三年多,每月一篇,不但写北平的精美小吃,也写其他一些"只有在北平才有的事事物物。"[①] 虽然以写作小说鸣世,她自己却颇为偏爱这些回忆北平生活的小文,这些文章结集为《故都故事》于1988年经大地出版社发行。林海音更是直陈,开放大陆探亲这一热门话题牵动了她的情感,"使得北京的景色、童年、人物扑面而来,环绕着我,不知回忆哪一桩好了。"[②] 于是她将以前写就的京味儿作品找出来,又补写了一些记忆深刻的北平往事,合为《我的京味儿回忆录》一书。以上这些作者都是文坛宿耆,文字可谓穷形尽相,让人如临其境。但真正做到以画配文,视觉上还原北平风俗的必须提到喜乐、小民夫妇。1982年小民和喜乐在《"中央"日报》副刊上发表了以早年北平生活中的情趣为题材的系列图文,每篇文章均由小民执笔,喜乐配图。这种新颖的形式直观地再现了迁台老北平记忆中的童年情景,极大地满足了人们对故乡的眷念之情,大受海内外华人欢迎。喜乐和小民夫妇在各大报刊连载,先后出了三本专讲北平风物的图文集《故都乡情》《春天的胡同》和《故园梦》,喜乐本人还有彩色图文集《喜乐画北平》问世。

二 "北平怀旧热"的群体性与传播性

"北平怀旧热"不是个别作者以灵光乍现、一枝独秀,而是一场作者、媒体与受众联动达成的群体性传播事件,这三者之间彼此扶持、互相激发,在台湾促成了前后持续30年的北平忆旧实践。

在这场"北平怀旧热"中,业余作者和职业作家之间打破了区隔,他们因"老北平"这一地域身份认同而结识,彼此往来唱和,共同营造了对于故都风华的集体记忆。这些写作者除了梁实秋、林海音和刘枋是职业作家,其余人均另有职业,只是利用业余时间写作。夏元瑜回忆,他与其他几位北平怀旧的写

[①] 刘枋:《我为什么写这本书》,载《故都故事》,台湾大地出版社1988年版,第3页。
[②] 林海音:《我的京味儿回忆录》,台湾游目族文化出版社2000年版,第1—2页。

作者"早年各不相识，谁也想不到现在居然成了好朋友。"[1] 北平怀旧成为一个有感召力的符号，将一批有共同地域身份认同的人聚集成一个密切联系的整体。这些人在生活中过从往来，甚为相得，交往的内容离不开对北平生活的追忆。梁实秋想念北平的美食，齐如山就请他来自己家中品尝儿媳黄媛珊制作的北平小吃[2]。梁实秋论说自己与小民、喜乐夫妇的关系，"我和这二位贤伉俪，同是北平人，同是有乡归不得，怀乡之情不言而喻，偶然相值，班荆道故，所说的辄往往不离我们的家乡。"[3] 这些人由不相识到相谈甚欢，其交往的核心凝聚力来自老北平的文化魅力。对北平的集体记忆成为一个纽带，将这些远离故土的人们联系在一起。情动于中而形于言，日常生活中的交流诉诸笔墨，产生了大量关于古城风华的书面记载。这些写作者或被组织起来服务于特定专栏，例如夏元瑜在《"中国"时报》"人间版"上开设的"古往今来"专栏，将九位北平故旧组织起来进行群体写作。即便不刊登于同一报纸，也能彼此应和，壮大北平怀旧的声势。如果遇到有感而发的主题，他们不拘一格反复书写，达成职业作家和业余写作者的共振。

"北平怀旧热"持续时间久，高潮迭起，不但有写作者群体的贡献，报纸和杂志等媒体平台也起到重要的传播作用，这其中尤其应注意的是各大报纸副刊扮演的角色。台湾的报纸副刊从20世纪50年代至70年代前期，从无足轻重的"报屁股"发展为文艺发表园地，成为许多知识分子的心灵家园。20世纪70年代后期至90年代前期，台湾报业突飞猛进，副刊向公共性和文化性转型，《"中国"时报》"人间"副刊与《联合报》副刊展开激烈竞争，引领了台湾副刊的辉煌时代。[4] 可见，台湾各大报纸的副刊不是一小部分文化精英的自我呓语，其影响力逐步扩大，成为社会大众表达公共议题、了解新思潮的窗口。台湾的"北平怀旧"之所以能热起来，成为一时之风潮，与各大报副刊的培育滋养密不可分。报纸副刊在选题上有主动权，能够以平台优势，捕捉社会心态，聚焦大众关注的公共议题。例如林海音在1953—1963年主编《联合报》副刊，常向齐如山约稿，"约他写有关北京风俗、民间技艺及绕口令等文章，非常受欢迎。"[5] 郭立诚移家台北后在《大华晚报》乡情版发表北京风土的文章，受到主编刘震慰的鼓励。[6] 可以说，各大报纸副刊偏爱"北平怀旧"选题，是对当时社会心态的敏锐感知，

---

[1] 夏元瑜：《人间九老》，载白铁铮《老北平的故古典儿》，百花文艺出版社2010年版，第269页。
[2] 参见梁实秋《酪》，载《雅舍谈吃全集》，天津人民出版社2018年版。
[3] 梁实秋：《序》，载小民、喜乐《春天的胡同》，台湾九歌出版社1985年版，第3页。
[4] 参见刘晓慧《当代台湾报纸副刊的发展与变迁》，《中国报业》2011年第4期。
[5] 夏祖丽：《台北城南旧事》，《光明日报》2017年2月10日。
[6] 郭立诚：《自序》，载《故都忆往》，台湾学生书局1975年版，第2页。

一定程度上集中反映了当时台湾民众心中所思所想。

"北平怀旧热"的文章第一时间均刊登在当时各大报纸副刊以及流行杂志上。当北平故旧的集体记忆从朋友之间的私人对话搬到公共平台，其传播范围和社会影响力无疑得到了极大拓展。台湾《"中央"日报》副刊上先有陈鸿年在"北平风物"发表的专栏文章，后有喜乐、小民夫妇一系列图文并茂的作品。《联合报》副刊在林海音担任主编期间确立了文学副刊模式，不但登载了齐如山50年代北京民俗的文章，1972年唐鲁孙影响极大的《吃在北平》，以及20世纪七八十年代梁实秋许多回忆北平衣食住行的文章均发表在"联副"。70年代《中国时报》的"人间"副刊在主编高信缰的领导下成为公共话题的发声场，"古往今来"专栏下的"人间九老"，以及梁实秋、喜乐、小民等人都是"人间"副刊的常客。此外，《"中华"日报》副刊、《大华晚报》、《文坛月刊》、《皇冠》等报刊杂志均是"北平怀旧热"的发声渠道。

台湾报纸副刊具有"多管道、双向沟通的特殊性质"，能够连接作者、受众与第三方。[①] 以报纸杂志作为传播媒介，北平怀旧的社会影响力进一步扩大的同时，也激发出广大迁台民众的热烈回应，他们的思乡情绪经由传播媒介反馈给写作者群体，给了他们创作的灵感与动力。小民和喜乐在台湾《"中央"日报》副刊文配图的写作形式得到了读者的热情支持。有时是陌生读者，有时是其他写作者，经过报社转去信件和电话，或者"点画"，或者"点文"，提供自己印象深刻、想读想看的老北平题材给他们，由他们写出来画出来，发表在报纸上。"报上见"成为读者和写作者之间达成共享记忆的约定。

可以说，台湾报纸副刊提供了一个生成北平怀旧集体记忆的公共场域，写作者、媒体和受众三方之间，不断对话，相互激荡，以多种形式的实践共同建构起一个在记忆中永远鲜活的古城北平。

三 北京迁台文人集体记忆中的北平形象

记忆是经过主观加工的对于过往的印象，记忆虽然未必能够完全还原历史，却承载了回忆者的所思所想，投射了人的主观情感、个人经历和心理偏好。迁台老北平群体自渡海之后思乡情切，又身处台湾经济高速发展时期，现代性不断扩张，传统逐渐消亡，他们口中笔下的北平形象与其说是历史真实，毋宁说是一种都市想象，不但寄托了"故园梦"，也饱含了传统失落时的隐隐

---

① 参见李颖《从"故都风味"看副刊插画》，载小民、喜乐《故都乡情》，中国友谊出版公司1984年版。

怅惘。

迁台文人心中的北平，是全国乃至世界领先的文化古都。以文化论，北京不但在帝制时代是科举的中心，荟萃天下文人，到了民国时期，更是开时代风气之先河，拥有了一批其他地方难以企及的新式学校。有些稍落后的省份教育资源稀缺，一市有一中学已属难得，这里的大中小学林立，人才济济。大量新式教育和文化机构中的学生和文化人，以及琉璃厂书肆、古玩铺形成一道新旧并行的文化景观，在迁台文人心中挥之不去。齐如山专门撰文《北平为中国文化中心》，历数北平文化教育机关如北平图书馆、故宫博物院、北京大学、北京师范大学、清华大学、燕京大学，至于其他高等、中等、初等教育机关和图书馆、社会教育机构不胜枚举。[1]林海音的先生何凡，以及郭立诚等莫不怀念北平浓郁的文化气息。以古都论，北京历经辽金元明清五代都城，宫殿苑囿、名胜古迹比比皆是。民国时期，北京的皇家宫殿被改造成为公园、博物馆，向广大民众开放，古都的厚重古朴之气感染着居住其中的人们。巍巍城墙、钟鼓楼、孔庙太庙、万寿山、颐和园这些皇家建筑融入人们的日常生活，成为别处难得一见的都市景观，让孤悬宝岛的迁台文人不但感到由衷自豪，也在心中分外惦念。

在迁台文人的记忆中，北平人情和美，礼俗醇厚。陈鸿年认为，北平有敦厚的人情味，"比十里洋场人情味儿厚得多，也温暖得多！"[2]齐如山直言，北平风俗纯朴、规矩，少有机巧奸诈、斗心眼、坑陷人之事。[3]根据邓云乡先生的研究，日军入侵前，北平有大量财政资金流入，且物价低廉，社会贫富差距虽然大，但靠向富人出卖劳动力，即便穷人也可勉强过活，这也是造成北平人情和美的经济原因之一。"当时人情厚道，有怜老惜贫的美德，也有经济力量和睡觉的地方。"[4]故都的厚道人心固然有其特定的历史根基，台湾的迁台文人纷纷将记忆定格在这个形象上，也有相应的现实原因。台湾在20世纪60—90年代开始经济转型，成为"亚洲四小龙"之一。现代工业体系的建立提高了人们的生活水平，整个社会风气讲求速度，人际关系日益冷漠。夏元瑜认为，台湾地狭人稠，竞争激烈，人们忙于"挤"，对旧有文化不屑一顾，对新文化也没有功夫接受。于是他以老北京温良恭俭让的教养，评论台湾世态，建议人们处事之道。[5]可见，老北平们对北平淳朴民风的温情回忆，以及试图以

---

[1] 参见梁燕主编《齐如山谈老北京文化》，开明出版社2021年版。
[2] 陈鸿年：《敦厚的人情味儿》，载《北平风物》，九州出版社2016年版，第5页。
[3] 参见梁燕主编《齐如山谈老北京文化》，开明出版社2021年版。
[4] 邓云乡：《沧桑而后》，载《文化古城旧事》，河北教育出版社2004年版，第441页。
[5] 参见王学泰《老北京的幽默》，载《往来成古今》，中国青年出版社2011年版。

老北平的心态重建礼俗，都可视为一种对于台湾当下现代性的思考与回应。

老北平的生活讲究应时当令，按照不同节令人们的饮馔和外部活动均有一定之规。节令依从自然节律循环往复，经古都蕴藉风流的熏陶，使得老北平的生活习俗透着丰富与讲究。当他们久居宝岛台湾，气候四季如春，不由得要对这份从容多样的古都韵味津津乐道。曾在北京生活26年的台湾作家林海音深谙这里四季分明的北京的饮食之道，回忆起在不同季节的家常菜谱。[①] 民俗学家郭立诚对这种北京特有的文化有精到的总结：

> 北平人过日子，向来讲究事事要"靠盘儿"，什么时候该吃什么穿什么，都有一定的规矩，再配合着北方四季分明的天气，自然形成一套"老谱儿"，有钱的人家尤其讲究"应时当令"。[②]

北京迁台文人们眼中的北平生活，围绕着不同的岁时节令从容铺展。春节、元宵节、端阳节、重阳节、中秋节、寒衣节，每一个节令都是饮食、仪式、服饰、信仰的综合体现，给规矩刻板的古城生活增添了灵动色彩。在节令与节令之间的延长线上，又有丰富的休闲活动予以烘托配合。对于这些节令他们不惜笔墨反复陈说，表达了对故园生活的深深眷恋。

作为明清两朝的都城、皇庭所在，北京历来富户商贾云集，培育出丰富多彩的消闲文化。20世纪50—80年代，两岸关系逐渐缓和，但政治叙述仍然束缚着表达，于是迁台文人将家国眷恋寄托在感官经验的瞬间记忆上。唐鲁孙自述重操笔墨的一个原则，就是"只谈饮食游乐，不及其他。"[③] 不但他将这一原则贯彻始终，其他写作者也不约而同地专注于回顾北平的口腹与声色之娱，反复述说各色吃食、看国剧、逛庙会、赏四时之景，堆叠出一个五光十色的消闲之城。刘枋自述写作故都故事的因由："人常常想到吃，也未免就常常想到从前。我自幼就是个馋嘴娃娃，尤其是在北平的那几年，真是吃了不知道多少那地方的精美小吃儿，一时福至心灵，想到这是可写的题材。"[④] 由吃而引申到对家乡对怀念，思念愈浓，对吃的描述就愈一发不可收拾。春饼、酸梅汤、糖炒栗子、糖葫芦、萝卜赛梨都成为他们反复咏唱的对象。对感官体验的重视也延伸到其他细小的平常事物上，诸如锔碗的、卖扇子的、卖绿盆的、羊肉床

[①] 参见林海音《林海音谈京味儿》，载《我的京味儿回忆录》，台湾游目族文化出版社2000年版。

[②] 参见郭立诚《北平的冷饮》，载《故都忆往》，台湾学生书局1975年版，第24页。

[③] 参见唐鲁孙《何以遣有生之涯》，载《唐鲁孙作品集：唐鲁孙谈吃》卷11，广西师范大学出版社2017年版，第177页。

[④] 参见刘枋《我为什么写这本书》，载《故都故事》，台湾大地出版社1988年版，第2—3页。

子,等等,在老北平眼中无不沾染了古都风华。至于颐和园春游,北海公园泛舟,中山公园来今雨轩吃冰淇淋,什刹海喝茶,长城上烤肉,更成为迁台文人刻骨铭心的消闲雅趣。

四　结语

20世纪90年代至21世纪初,随着这批迁台文人纷纷谢世,"北平怀旧热"在台湾逐渐退潮,但他们努力构造的记忆之城犹自熠熠生辉。21世纪初,陈鸿年、唐鲁孙、夏元瑜等人的著作引进到大陆,在大陆又掀起一股怀旧的小高潮。人们纷纷品鉴这其中浓厚的京腔京韵,但对这些人和事的来龙去脉却所知不多。本文试图略说其中究竟的同时,也在思考一个问题,我们应当如何看待和利用这些历史文化资源?

必须承认的是,这场"北平怀旧热"塑造了迁台文人心目中的北平形象,是北京古都深厚历史积淀与当时台湾政治经济文化状况相互作用的结果。梁实秋敏锐地认识到,人们口中笔下的北平经过了回忆的美化:"多年来北平号称为首善之区,其实有很多令人不敢恭维的地方……这些穷人懒人,都会打发时间,上焉者玩古董字画,次焉者征逐于戏园酒馆,下焉者提笼架鸟赶集逛庙,皆各得其乐,总和起来,形成为北平人特殊的生活方式与乐天知命的保守性格。"[①] 故老们搭建了他们想象中的文化古都,既是为了安慰乡愁,也是为了应对台湾社会转型期弥漫的焦虑情绪。虽然这场北平怀旧热或可视为特定阶层特定心态下的都市想象,但是这个声势浩大的记忆之场保留下20世纪20年代至40年代北京中上层市民社会的风俗画卷,其资料价值不可小觑。尤其是最为迁台文人所珍视的北平独有的品质:新旧文化交融、经济宜居、人情和美、生活多样包容,又可为北京当前的全国文化中心建设提供某种借鉴。

参 考 文 献

[1] 白铁铮:《老北平的故古典儿》,百花文艺出版社2010年版。
[2] 陈鸿年:《故都风物》,正中书局1970年版。
[3] 陈鸿年:《故都风物》,九州出版社2016年版。
[4] 邓云乡:《文化古城旧事》,河北教育出版社2004年版。
[5] 郭立诚:《故都忆往》,台湾学生书局1975年版。
[6] 梁实秋:《雅舍谈吃全集》,天津人民出版社2018年版。

---

① 梁实秋:《序》,载小民、喜乐《春天的胡同》,台湾九歌出版社1985年版,第3—4页。

［7］梁燕：《齐如山剧学研究》，学苑出版社 2021 年版。
［8］梁燕：《齐如山谈老北京文化》，开明出版社 2021 年版。
［9］林海音：《我的京味儿回忆录》，台湾游目族文化出版社 2000 年版。
［10］刘枋：《故都故事》，台湾大地出版社 1988 年版。
［11］刘鹤：《遗民情结场下的台湾现代文学叙事研究：第四章》，吉林大学出版社 2017 年版。
［12］唐鲁孙：《唐鲁孙作品集：卷 11 唐鲁孙谈吃》，广西师范大学出版社 2017 年版。
［13］王德威：《北京梦华录：北京人到台湾》，《读书》2004 年第 1 期。
［14］王景山：《旅人随笔》，首都师范大学出版社 1995 年版。
［15］王学泰：《往来成古今》，中国青年出版社 2011 年版。
［16］夏元瑜：《老盖仙论处世》，广西师范大学出版社 2008 年版。
［17］夏元瑜：《老盖仙说世态》，广西师范大学出版社 2008 年版。
［18］小民、喜乐：《故都乡情》，中国友谊出版公司 1984 年版。
［19］小民、喜乐：《春天的胡同》，台湾九歌出版社 1985 年版。
［20］小民、喜乐：《故园梦》，台湾九歌出版社 1988 年版。
［21］傅怡静、谷曙光：《论满族作家唐鲁孙的京味散文》，《民族文学研究》2006 年第 3 期。
［22］侯磊：《唐鲁孙笔下的饮馔京城》，《中外书摘》2019 年第 12 期。
［23］李凝祥：《满族作家唐鲁孙事略考》，《满族研究》2001 年第 1 期。
［24］刘晓慧：《当代台湾报纸副刊的发展与变迁》，《中国报业》2011 年第 4 期。
［25］张勃：《郭立诚眼中的东岳庙》，《文史知识》2012 年第 1 期。
［26］夏祖丽：《台北城南旧事》，《光明日报》2017 年 2 月 10 日第 13 版。

法源寺文保区有机更新的实践与思考

谢 惠 张晓光*

摘 要：推动北京城市有机更新，是坚决落实习近平总书记"老城不能再拆了"重要的指示精神，也是推动老城保护和复兴的重要措施。法源寺文保区经过几年有机更新，在基础设施改造、整体环境提升、历史文化继承与保护等方面取得了一定成效，但在街区环境治理、历史文化资源挖掘、腾退空间有效利用、便民性科技改造、居民参与度满意度、政策支持力度等方面仍然存在问题。西城区作为首都功能核心区，在老城保护更新过程中，尤其是对于历史文化街区的保护，应该更加自觉地贯彻以人民为中心的发展理念，强化共治意识，突出功能定位，坚持规划引领，深化制度创新，推动科文融合，注重社会参与，探索多种路径，持续推动有机更新，进一步提升街区发展品质，使历史文化街区焕发新的生机与活力。

关键词：法源寺；文保区；有机更新

推动北京城市有机更新，是坚决落实习近平总书记"老城不能再拆了"重要的指示精神，也是实施《北京城市总体规划（2016年—2035年）》和《首都功能核心区控制性详细规划（街区层面）（2018年—2035年）》、推动老城保护和复兴的重要措施。针对法源寺文保区的现状，应该更加自觉地贯彻以人民为中心的发展理念，强化共治意识，突出功能定位，坚持规划引领，深化制度创新，推动科文融合，注重社会参与，探索多种路径，持续推动有机更新，进一步提升街区发

---

* 谢惠，硕士，中共北京市西城区委党校副教授，主要研究方向为区域经济、城市更新；张晓光，中共北京市西城区委党校副教授，主要研究方向为城市更新。

展品质，使历史文化街区焕发新的生机与活力，增强市民的获得感、幸福感。

一 法源寺文保区有机更新实践探索

（一）法源寺文保区的基本情况及特点

法源寺文保区位于北京中心城区西南侧，是北京市第二批历史文化保护区之一，也是北京新版城市总体规划中提出的"宣西—法源寺文化精华区"重要组成部分。其地处北京核心区域，区位优势明显，交通便捷，紧邻地铁4号线、7号线、19号线，地面城市主干道等，交通网密布；历史底蕴深厚，原住民占比较大，京味文化气息浓郁，承载着北京城市空间和城市文化的传承。

法源寺文保区有机更新项目东起菜市口大街，西至法源里胡同、伊斯兰教协会东边界一线，南起南横西街，北至法源寺后街一线，占地约16.16公顷。该区域具有以下四个特点：

（1）文物众多。拥有北京城内现存最古老名刹、全国重点文物保护单位——法源寺；湖南会馆、浏阳会馆、绍兴会馆3处市级文物保护单位；区级文保单位粤东新馆以及江苏会馆等18处会馆遗迹。[1]

（2）是北京市内仅存的几片没有被整体开发的文保区之一。原宣武区政府曾在2007—2009年对该文保区进行过三次腾退，总腾退房屋约400余间[2]，但未形成一处整院。

（3）以居住功能为主，且直管公房占比较高。文保区共有200个平房院，直管公房占比高，除法源寺及部分文物类公房腾退外，其他院落以居住功能为主。

（4）人口密度大、老龄化程度高。街区现有户籍人口8734人，常住人口4703人，人口密度高达2.9万人/平方公里[3]。老年人群体占比69%，且以本地居民为主，6%为流动人口[4]。

（二）法源寺文保区有机更新的主要做法

2017年，北京市西城区发改委批复北京宣房大德置业投资有限公司（以

---

[1] 数据来源：北京大栅栏琉璃厂建设指挥部，《将法源寺街区建设成为文化精华区优秀范例的思考》。
[2] 数据来源：北京大栅栏琉璃厂建设指挥部，《将法源寺街区建设成为文化精华区优秀范例的思考》。
[3] 参见陈庆红、王伟、庄秋溦等《从北京老城大杂院到共生院的探索——以法源寺历史文化街区为例》，《城市建筑》2021年第18卷总第383期。
[4] 参见陈庆红、王伟、庄秋溦等《从北京老城大杂院到共生院的探索——以法源寺历史文化街区为例》，《城市建筑》2021年第18卷总第383期。

下简称"宣房大德公司")作为法源寺文保区保护提升项目的实施主体,负责法源寺文保区市政基础设施改造、架空线入地和景观提升等相关建设工作,并获得工程立项等政策支持和市级补助资金。2018 年,《法源寺历史文化街区核心区保护提升规划》完成。在该规划指导下,宣房大德公司围绕基础设施改善、历史文化传承、智能化治理与服务片区、补足公共设施不足、引入新兴业态、提升居民参与度等方面开展工作,文保区整体环境得到大幅度改善。

1. 加快升级市政基础设施,保障居民基本生活需求

通过集约化利用胡同空间,对老旧隐患管线进行更新改造,新建雨水、污水、电力、电信、燃气等多条管线,实现雨污分流、上水提级改造,架空线入地,在有条件的胡同引入燃气,消除消防隐患,彻底解决文保区内低洼院排水等问题,保障民生设施,满足居民生活需求。

2. 注重传承街区历史文化,延续城市生命力

对主要胡同环境、景观等方面进行设计和改造提升,在保护历史遗存的基础上合理布局文化传承空间,恢复街区古朴的传统风貌;采用符合传统风貌的石材和小青砖铺装街道空间,保持历史街区景观。核实东莞会馆、常熟会馆等五家会馆遗迹,在原址挂牌介绍,对重点会馆遗迹门头进行修缮、立面整饬,恢复历史原貌;拓展历史文化资源展示手段,设计导览标识,对文保区内文物进行指引。探索历史文化遗迹利用有效路径,将江宁郡馆改造成"红色会客厅",打造共生院落。

3. 搭建智慧街区平台,全面提升治理与服务能力

引入 BIM、5G 等创新技术,运用多种智能手段,构建高效、共享的智慧街区管理体系。利用智慧灯杆架设 5G 设备,街区成为西城区第一个 5G 信号全覆盖的文保区。探索物联网智慧化管理,推进各类公共服务设施的互联互通和各类基础设施的信息化、网络化改造,为社区居民提供精准的智慧街区服务。依托酒店管理公司旗下的物业管理板块,为居民提供管家式的物业管理服务。

4. 推进腾退空间再利用,改善居民的生活品质、提升街区活力

积极探索历史文化街区院落改造,采取"小规模、渐进式、可持续"有机更新改造方式,通过腾退、回租、平移等资产整理方式,对腾退院落进行改造提升,改善居民的生活品质、提升文保区活力。将部分腾退空间改作居民厨房、卫生间等设施,有偿改善居民生活条件,补足街区功能短板;植入便民商业及文化服务设施、新兴业态,聚集年轻人,提升街区活力;利用腾退空间打造人才公寓,为街区注入新群体。

5. 建设社区治理体系,开展参与式社区营造

在牛街街道及法源寺社区支持下,街区成立"民意会客厅",在文保区规划、设计、施工等阶段邀请居民参与座谈，引导居民合理使用社区资源、反馈社区治理问题、解决百姓实际需求，增强居民主人翁意识，提高社区治理水平，增强社会凝聚力。

法源寺文保区作为北京国际设计周法源寺街区分会场，借助网络媒体等平台，大力展示、宣传文保区有机更新以来取得的成效，文保区的知名度逐渐提升，吸引大批年轻外来游客踏入这一区域，提升了文保区的生机活力。

二 法源寺文保区有机更新面临的问题

判断城市发展与更新是否有成效，主要是看城市在延续自身历史人文与自然地理基因的同时，能否以最低的生态环境代价，抵御或适应外部扰动，满足生产和生活不断变化的需要，具有充分的舒适性和便利性，充满活力，不断提升市民的幸福感与认同感。[1] 法源寺文保区经过几年有机更新，在基础设施改造、整体环境提升、历史文化继承与保护等方面取得了一定成效，但是与打造一个更有活力的区域、创造更加包容的社会体系和营造可持续的城市环境等目标之间仍有较大差距。

（一）街区环境治理仍存在较大困境

"面子"和"里子"工程差距较大。法源寺文保区已完成重要胡同街面的综合整治和景观节点改造工程，吸引众多游客。但是，大杂院内电线乱飞、公共卫生环境差等问题依然突出，院内违建多，人口密度大，杂院存在安全隐患。杂院内与居民居住生活息息相关的空间所呈现的"破乱差"现状与外部改造整治后形成的干净整洁的景观形成鲜明对比，文保区"面子"工程突出，"里子"工程进展缓慢，巨大的反差引发居民不满。

主要胡同环境治理需进一步加强。文保区内居民老龄化程度高、人口密度大、公共空间有限，胡同环境治理问题较为突出。平房院落居民对"花钱购买服务"认识不到位，物业公司收缴物业费困难，影响了服务街区的积极主动性。街区公共空间有限，由于日常环境治理、维护不到位，主要胡同干道上车辆无序停放现象明显，既影响居民日常出行，也影响胡同整体形象。

街区绿化程度有待进一步提升。作为以居住为主要功能的区域，历史上绿植大多种植在院内，少数胡同两侧有一些树木，其他胡同普遍缺乏绿植。前期改造

---

[1] 参见伍江、沙永杰《历史街道精细化规划研究——上海城市有机更新的探索与实践》，同济大学出版社2019年版。

中也打造过局部绿色景观，由于维护不到位，街区整体绿化程度仍有待提升。

（二）街区历史文化资源有待进一步挖掘利用

各级文物保护单位尚未得到充分保护与合理利用。为弥补辖区学前教育学位不足，湖南会馆被回民幼儿园作为分园使用；江宁郡馆经过改造后变身共生院落；绍兴会馆已实现全部腾退，作为西城区第二批对社会资本开放的文物，正静候社会机构"揭榜挂帅"，但是其建筑尚待维修和展示利用。浏阳会馆、粤东新馆已启动腾退和征收工作，尚未实现完全腾退，其余会馆遗迹大都处于居住状态。由于房屋的自然风化和低水平的抢修加固，部分文物遗迹保存状况较差。

历史文化资源有待进一步发掘。文保区内文化遗产普遍缺乏具有个性化特色的展示，对外开放程度较低。街区唯一一个国家级文保单位——法源寺，对整个街区的带动作用不强。"菜西—法源寺历史文化精华区"联动发展不足。菜西片区和法源寺片区分属两个不同的开发建设主体，两者之间尚未形成较好联动。历史文化精华区丰富的士人文化、红色革命文化、宗教文化、会馆文化等多元文化未得到有效融合，导致整体风貌隐没、文化氛围不足、历史资源虚置，文保区整体历史价值和文化内涵有待进一步发掘、整理、展示和弘扬。

（三）腾退空间有限及利用问题仍需拓宽思路

受社区居民年龄偏大无法贷款、家庭收入不高、周边地区多年前拆迁回迁等攀比心理，以及居民对北京城市总体规划了解不深，对共有产权房、共生院等新生事物接纳程度较低等因素影响，即使街区直管公房数量占比较高，社区居民虽然有强烈改善居住环境的意愿，但真正能够通过申请式退租方式改善住房条件的居民数量十分有限。由于该文保区尚未列入西城区"十四五"规划申请式退租范围，宣房大德公司尝试使用平移试点实现整院腾退，因政策缺乏灵活性，工作进展缓慢。当前文保区腾退空间仍以前期腾退空间为主，处于零散分布状态。

腾退空间利用方面，位于文保区四周与城市主要干道接轨的空间已引进较多新兴业态；街区内部分腾退空间被改成人才公寓，打造成共生院，已完成装修并已交付。文保区内仍有众多小而零散的腾退空间，除作为居民周转房外，大多处于空置状态。空置零散的空间不能为开发公司盈利，还需要派专人进行看管并承担较大维护成本。

（四）科技的超前应用与居民实际需求之间仍有差距

当前片区居民以老年人为主，且部分院落存在安全隐患，依托智慧街区管理体系提供的服务无法让以老年人为主的居民实际感受到科技带来的便捷，与此同时，与居民生活密切相关的民生需求，如电动自行车公共充电桩、晾晒衣服设施等需求不能得到有效满足。在利用科技改造提升街区活力方面，如何在做好长期规划的基础上，同时贴近居民现实迫切需求，利用先进科技为居民提供更为便捷、舒适的公共服务，改善居住环境，仍需进一步探索。

（五）在地居民的参与度、满意度有待提升

文保区居民以本地老人居多，他们比较注重生活环境的改善与提升。由于对文保区以居住功能为主这一特点把握不准，在部分公共空间改造时，没有充分考虑到居民日常生活便利性，影响到居民对改造效果的满意度和参与文保区有机更新的积极性。针对居民老龄化程度高、改善居住环境的意愿强烈，改造工作还需要进一步研究如何建立起便捷、畅通的沟通方式，了解居民需求与意愿，提升居民在文保区有机更新过程中的知情度、参与度、满意度，共同推动文保区有机更新。

（六）需要进一步加大政策支持力度

宣房大德公司作为开发主体，前期获得了政府财政投资作为启动资金。随着街区文保单位腾退，日常运营维护等费用支出加大，平房区物业费收缴困难，街区零散腾退空间利用率偏低等因素影响，企业面临资金的困难，影响企业的可持续发展。街区房屋产权复杂，部分直管公房日常维修仍以区房管局为主，同一片区由多主体共同维修，不利于文保区整体风貌保护。在文物利用方面，虽然是开发主体，具备整合街区资源的优势，但将资源优势转化为工作优势的思路尚待进一步明确。文保区腾退空间利用涉及房屋使用性质转变，也需要政府加大政策支持力度。

三 进一步做好法源寺文保区有机更新工作的思考

新版北京城市总体规划中提出减量提质转型发展的路径，城市发展进入了存量提质改造和增量结构调整并重的新阶段。有效推进城市更新，是贯彻落实习近平总书记对北京重要讲话精神、落实城市总体规划的有力举措，是减量发展背景下激发城市活力的必然要求，也是满足人民群众对美好生活需要的有效途径。法源寺历史文保区作为首都功能核心区的重要组成部分，在注重加大建筑实体、肌理格局等显性物质环境保护力度的同时，更应该尊重其以居住为主的功能定位，充分发挥历史文化资源优势和区位优势，在规划引领下，通过街区更新改造，保护传承好历史文化价值，打造更为宜居的生活空间，实现新老

居民共生，让整个街区焕发出新的活力。

（一）强化以人民为中心的老城保护更新理念，打造宜居生活空间

以人民为中心，是加快推进城市更新的出发点和落脚点。评判城市更新的成效，最终要看是否着力解决人民群众最关心最直接最现实的利益问题，是否有效地提升了人民群众的获得感、幸福感、安全感。平房院落有机更新是一项民生工程，是提升现代化治理效能的具体体现，更要自觉坚持以人民为中心的理念。

法源寺文保区有机更新要更加关注民生，着力保障和改善民生，解决好群众最关心、最直接、最现实的利益问题。在抓好"面子"工程的同时，要深入院内，了解居民需求，按照"一院一策"原则，下足功夫完善"里子"工程。大力培养主人翁意识，充分调动居民参与公共卫生治理主动性，打造安全、和谐、温馨的院落小环境。借鉴"菜西模式"，通过社会力量的注入，在街区内实施平移、置换、换租等方式，疏解人口，逐步恢复传统四合院格局，改善院落整体环境，增强社区居民获得感、幸福感、安全感。

外部公共空间及环境更新要了解居民多元化需求，不断提高公共服务水平，着力弥补人居环境短板，提升居民幸福指数。更新中遇到政策约束等问题，充分借鉴其他文保区的经验做法，因地制宜，推动机制创新。一是继续完善、提升、优化公共基础设施，持续改善人居环境，营造优美、整洁、有序的外部环境。二是针对公共空间绿化程度低问题，结合街区历史、建筑风格等特点，开展多元增绿，进一步丰富景观，提高绿化率。三是加大对主要胡同公共空间治理力度，发动群众参与街区日常治理，做实居民自治，激发内生动能。通过共建共享共治方式，与周边单位联合解决胡同停车难问题，形成长效治理机制。

（二）加强文保区文物保护与活化利用，提升街区文化软实力

推动文物活化利用，彰显文化的基因和浸润作用，实现以文化人、以文立城，最终实现人城共进。法源寺地区历史文化底蕴深厚，要进一步挖掘宗教文化、会馆文化精神。一是加快修缮文保区内的建筑物，实现新与旧的有机结合。二是针对文物被占用情况，通过区级统筹解决。三是对于空置文物，结合街区历史文化禀赋，加快社会化活化利用，传承历史文化价值。四是对于尚未完全腾退的文物遗迹，探索银企合作、"申请式换租"等方法，尽可能实现整院腾退。五是菜西—法源寺历史文化精华区应联动发展，通过资源整合，打造文化探访路线、胡同漫步系统，建立起系统关联，推进文旅融合。坚持区域统

筹、因地制宜、连片更新，提升街区文化内涵，发扬传统文化魅力，提升街区文化软实力，复兴街区文化。

（三）搭建有效平台，引入社会资本盘活腾退空间存量资源

城市更新不仅是物质空间更新，更重要的是建筑功能优化和产业业态升级，为当地带来最具活力的人群，促进居住、办公、商业空间的更新。[①] 针对文保区内零散闲置空间，应在摸清底细的基础上，建立详细台账，制定计划并有序分类施策。部分条件成熟的空间，除了优先用于补齐城市公共服务设施短板外，还应搭建平台，积极探索通过完善融资机制、建立城市更新基金、保障社会资本参与城市更新利益、制定专项财政补贴政策等多种途径，撬动社会资本参与其中，形成多元主体参与更新改造的模式，系统性解决老城有机更新改造中的难题，盘活存量资源。

腾退空间利用引进产业方面，要立足以居住为主的功能定位，注重完善地区公共服务设施，满足社区居民日常生活所需。鼓励腾退空间用于传统文化展示、体验及特色服务，重点引进文创产业、书店等新兴业态，挖掘街区历史文化资源，并注意避免街区过度商业化。

对于街区改造完成后形成的共生院、促整院典范，加大宣传与推广，提升居民对新生事物的接受程度，逐步实现对"小规模、渐进式、可持续"有机更新模式的认可，为后期多途径扩大腾退空间利用争取理解与支持。加快人才公寓的交付与使用，吸引新居民，不断优化人口结构，促进新老居民的融合发展。

（四）推动科技与文化融合发展，依托新技术提升文保区活力

科技创新始终是推动城市更新发展、焕发老城活力的一条主线。加大法源寺文保区科技创新利用，一方面，要运用当代新科技手段，通过拍照留档，建立街区动态数据档案库，用信息化技术为文保区留存历史记忆；在保护历史格局、街巷肌理和传统风貌基础上，注重挖掘文保区内优质文化资源，用创新理念带动创意产业发展，持续焕发街区生机与活力。另一方面，利用科技改善居民生活，贴近居民现实需求，提升平房院落环境品质，提升街区智慧化管理平台普及率及利用率。

（五）强化共建共享意识，调动多元主体参与文保区有机更新

推动文保区有机更新，要创新城市治理模式，调动多元主体参与的积极性、主动性，打造城市治理命运共同体，形成政府、市场、居民共建共享良性

---

① 参见秦虹、苏鑫《城市更新的目标及关键路径》，中国社会科学出版社2020年版，第68页。

发展的新局面。

深入群众，建立起高效便捷顺畅的沟通渠道。一是让居民了解北京市核心区整体保护思路，争取居民的理解与支持。二是注重宣传方式创新，加大宣传力度，深入宣讲与居民腾退相关的共有产权房、共生院、促整院等政策，调整居民心理预期。三是设置有关电话专线，针对居民的不解与疑惑，进行及时答复及政策解释。通过沟通与宣传，与居民建立良好关系，奠定良好的群众基础。

搭建平台，引导更多市场力量、专业力量参与街区有机更新。腾退空间利用方面，广开门路，吸引银行、房地产中介等众多市场主体参与其中，多种途径盘活腾退空间，加快腾退空间合理利用。文物活化利用方面，充分发挥文物专家、责任规划师等专业技术力量。

激发群众参与街区有机更新的内生动力。强化完善公众参与机制，充分保障公众知情权、参与权、表达权和监督权，广开言路、广纳民意，找准所需、理顺矛盾、凝聚共识，更好体现民众所盼、共同所得。

（六）推动体制机制创新，加大对法源寺文保区的政策支持力度

在全区建立统一的申请式退租长效机制。按照"老城不能再拆了"的要求，积极推进全区范围内申请式退租和保护性修缮、恢复性修建工作。打破目前各种项目之间的界限，全区范围内的平房区院落居民均可在每年规定的时间窗口内提出退租申请，统一进行退租资格审核，由区相关部门统一安排退租资金和安置房源。通过建立申请式退租长效机制，实现西城区平房院落居民想退尽退、应退尽退。为法源寺文保区有腾退意愿的居民实现申请式退租提供方便，改善居住条件，降低人口密度，加快文保区更新改造进程。

要给予文保区实施主体宣房大德公司一定自主权，加大政策支持力度。一是街区文物社会化利用方面，考虑到实施主体具有整合区域资源优势，在同等条件下优先考虑宣房大德公司。二是街区建筑物修葺方面，协调宣房大德公司与区房管局等相关单位之间的关系，尽可能由同一主体实施街区更新改造，确保文保区建筑风貌统一。三是文保区进行平移等试点工作方面，给予实施主体一定自主权，加快平移试点工作开展，为整院腾退提供更多空间。四是允许适当变更街区房屋使用性质，便于后期引入文创等相关业态，加快腾退空间利用。

参 考 文 献

[1] 秦虹、苏鑫：《城市更新的目标及关键路径》，中国社会科学出版社2017年版。
[2]《以十九大精神为指导　齐心协力落实好北京城市总体规划》，《前线》2017年第12期。
[3] 李天际：《法源寺街区首批胡同改造后将亮相》，《北京青年报》2019年9月7日。

五 超大城市治理与民生建设

简论北京城市总体规划[*]

尹德挺 古之叶 王 霏[**]

摘 要：随着"十四五"时期《北京城市总体规划（2016年—2035年）》的落实推进，首都城市规划在展现出新时代特征的同时也面临若干挑战。本文包括三个部分，第一，回顾了中华人民共和国成立以来首都城市规划的演进过程，并从中归纳出不同历史阶段的编制特点；第二，从城市发展战略、实施路径和具体环节三个方面出发，剖析了北京城市总体规划落实过程中应把握的关键问题；第三，提出北京未来城市规划应动态把控城市功能的疏解与集聚，注重多元主体参与城市规划，完善城市规划落实的手段和保障机制等建议。

关键词：北京城市总体规划；城市性质；编制特点；关键问题；评估指标

一座北京城，半部中华史。有着3000多年建城史、800多年建都史的古都北京，在西周燕都、隋唐幽州、辽陪都、金中都、元大都、明清北京城的历史发展脉络中，布局严谨、肌理清晰、中轴明显、左右对称的特点在世界城市规划界可谓独树一帜。自中华人民共和国成立以来的70余年时间里，首都北京历经了首都建设、首都经济、首都发展三个阶段，而在此期间的北京城市规划备受关注，且具有全国风向标的作用。本文通过对规划文件或相关

---

[*] 本文系国家社科基金2020年度重点项目"圈层结构理论视角下中心城市人口聚集特征与发展趋势研究"（项目编号：20ARK001）的阶段性研究成果。

[**] 尹德挺，博士，中共北京市委党校（北京行政学院）科研处处长兼学报编辑部主任，教授，主要研究方向为人口学；古之叶，中共北京市委党校（北京行政学院）社会学教研部在读硕士，主要研究方向为社会政策；王霏，中共北京市委党校（北京行政学院）社会学教研部在读硕士，主要研究方向为社会政策。

文献的整理，提炼出不同历史阶段北京城市总体规划的编制特点，并从城市发展战略、实施路径、具体环节三个层面剖析未来北京城市总体规划应把握的关键问题，以促进北京为新时代全国其他城市的规划、建设与管理发挥表率作用。

一 北京城市总体规划的历史变化及阶段性特征

自1949年中华人民共和国成立以来，北京城市总体规划经历了若干次版本的修订，即《改建与扩建北京市规划草案》（1953年）及其修改版（1954年）、《北京城市建设总体规划初步方案》（1957年）及其修改版（1958年）、城市总体规划方案（1973年）、《北京城市建设总体规划方案》（1982年）、《北京城市总体规划（1991年—2010年）》（1992年）、《北京城市总体规划（2004年—2020年）》（2004年）以及《北京城市总体规划（2016年—2035年）》（2017年）等。在此期间，受到时代变迁、城市建设理念更新以及城市规划技术升级等系列因素的综合影响，北京城市总体规划内容自然也随之发生变化。

（一）《改建与扩建北京市规划草案》及其修改版

中华人民共和国建立之初百废俱兴，当时我国的时代任务是恢复与发展国民经济，巩固新生的无产阶级政权。经过三年的恢复期，我国于1953年开启了三大改造与第一个五年计划，而此时的北京则迎来了建设社会主义首都的第一个高潮期。在该时期，北京的建设总方针为"为中央服务，为生产服务，为劳动人民服务"（即"三个服务"），建设目标为"社会主义城市"。[①] 当时认为，社会主义城市最中心、最根本的物质基础就是工业和农业，且工业具有带动作用。[②] 因此，这时的城市规划与建设侧重服务于国家的重工业优先发展战略。

基于上述规划理念，《改建与扩建北京市规划草案》及其修改版中将北京的城市性质界定为：我国政治、经济和文化的中心，我国强大的工业基地和技术科学的中心[③]；认为城市布局必须是紧凑、有机、有中心的整体；提出了

[①] 参见李浩《首都北京第一版城市总体规划的历史考察——1953年〈改建与扩建北京市规划草案〉评述》，《城市规划学刊》2021年第4期。

[②] 参见李东泉、韩光辉《1949年以来北京城市规划与城市发展的关系探析——以1949—2004年间的北京城市总体规划为例》，《北京社会科学》2013年第5期。

[③] 参见李浩《首都北京第一版城市总体规划的历史考察——1953年〈改建与扩建北京市规划草案〉评述》，《城市规划学刊》2021年第4期。

"统一规划,统一设计,综合建设"实施办法。① 然而,其在具体实施时,主要是按"条条"下达、由各建设单位分别建设的方式。这一时期的首都建设取得了一定成果,但也为之后出现的环境污染、人口过度集中、建设"碎片化"等城市问题埋下了伏笔。但无论如何,《改建与扩建北京市规划草案》及其修改版奠定了北京后续建设规划与布局的雏形。

(二)《北京城市建设总体规划初步方案》及其修改版

1955年,北京市成立了城市规划管理局与市规划委员会(亦称专家工作室),为北京城市建设提供了机构支撑。1957年,"一五计划"与"三大改造"宣告完成,实现了国民经济的快速发展,并使社会主义公有制占据国民经济中的主导地位,我国社会主义制度逐步完善起来。但与此同时,北京的城市空间问题已经初见端倪。1957年,经过对之前方案的进一步深化与完善,市规划委员会提出了《北京城市建设总体规划初步方案》,此方案坚持了《改建与扩建北京市规划草案》及其修改版的总方针、建设目标与城市性质,并首次提出了建设"子母城"。1958年,中共八届六中全会通过了建立人民公社的决议后,北京市对《北京城市建设总体规划初步方案》进行了重大修改②。该方案在坚持前几版的建设目标与城市性质的基础上,作为对目前城市问题的回应,在城市规模与空间布局上做出了改变:压缩了市区规模,扩大了市域范围;强调"分散集团式"的空间布局,控制市区的工业发展,发展远郊区。此外,通过对之前规划实施问题的反思,该方案提出了"统一规划,统一设计,统一投资,统一建设,统一分配,统一管理"的实施办法。③ 从建设结果来看,北京城内出现工业,践行了国家提出的"重工业优先发展战略",但能耗用水量过高、交通混乱、首都功能不集中等问题值得关注。

(三)城市总体规划方案

1973年,北京城市规划管理局针对当时北京的城市建设情况,提出了城市总体规划方案,其本质上是对首都建设十余年经验的总结,对当时实际存在的环境、人口与用地规模等问题都进行了反思。虽然最终该方案并未通过审批,但其提出的问题受到了政府的重视。

---

① 参见和朝东、石晓冬、赵峰等《北京城市总体规划演变与总体规划编制创新》,《城市规划》2014年第10期。
② 参见苏峰《从北京七次城市总体规划看首都建设的基本思路》,《北京党史》2008年第2期。
③ 参见和朝东、石晓冬、赵峰等《北京城市总体规划演变与总体规划编制创新》,《城市规划》2014年第10期。

(四)《北京城市建设总体规划方案》

1978年中共十一届三中全会提出,把全党工作的重点转移到社会主义现代化建设上来,并实行改革开放,我国首都的城市建设工作继续往前推进。1980年4月,中共中央书记处分析了首都的特点,总结了历史经验,做出了关于首都建设方针的重要指示(即"四项指示"),指明了首都建设的方向。① 根据"四项指示",北京市城市规划委员会提出了《北京城市建设总体规划方案》。该方案不再提"为生产服务",取而代之的是"为国际国内交往服务";城市性质方面,不再提"经济中心""工业基地"及"技术科学中心";实施办法上,其思路依旧是自上而下的统一建设。

(五)《北京城市总体规划(1991年—2010年)》

中共十四大正式确立了我国经济体制改革的目标——建立社会主义市场经济体制。在此形势之下,为解决首都建设中遇到的问题,促进首都功能在社会主义市场经济体制下的发挥,北京市组织编制了《北京城市总体规划(1991年—2010年)》。该规划的总方针、建设目标、城市性质等方面的内容较之前版本都更加全面,并强调"要适合北京"。具体而言,其在总方针部分新增了"首都为全国经济建设服务"的表述;城市性质中新增了"世界著名古都和现代国际城市"的界定;"城市规模"部分较之前更加精细化与刚性;实施办法方面,对之前自上而下的思路不断调整完善,变为了以政府为主导,通过制定、颁布、修改政策的方式引导多方社会力量参与的方式。

(六)《北京城市总体规划(2004年—2020年)》

1992年至2003年,改革开放的不断深入与社会主义市场经济的发展,为我国经济发展注入了新的活力与动力,也影响到城市社会与经济结构、城市建设方式等多个方面。21世纪初,科学发展观的提出,对首都城市建设提出了更高、更全面的要求。在这样的形势之下,2002年北京市开始组织新的城市总体规划,并于2004年完成编制。该规划的创新点主要体现在三个方面:

第一,规划理念方面。该版在规划文本中增加了"指导思想和原则""发展重要条件"等部分,并在"指导思想和原则"中明确提出"五个统筹"——统筹城乡发展、统筹区域发展、统筹经济与社会发展、统筹人与自然和谐发展、统筹国内发展和对外开放的要求。第二,空间布局方面。将自20世纪50

---

① 参见徐向东《建国后北京城市建设方针的演变》,《北京党史研究》1996年第2期。

年代末就一直坚持的"分散集团式"空间布局改为"两轴—两带—多中心"的城市空间结构。第三，实施办法方面。该版总体规划尝试通过建立一系列相关制度体系的方式实施，包括城市规划法规体系、城乡规划体系、对总体规划实施的实施监控评价机制等，强调了政府监督的作用，试图进一步激发市场与社会的力量。

（七）《北京城市总体规划（2016年—2035年）》

21世纪前10年，在《北京城市总体规划（2004年—2020年）》的统领与指导下，北京的经济社会与城乡发展都取得了一定成就，与此同时，由于市场机制存在的固有问题、政策空缺、规划实施不到位的问题，北京城市建设仍存在许多历史性、深层次的问题。例如，长期以来的人口无序增长、人口资源环境压力过大、中心区功能集聚等，这都需要新的北京城市总体规划予以解决。

2014年以来，习近平总书记对北京一系列重要讲话精神为新时期首都发展以及非首都功能的疏解指明了方向。围绕"建设一个什么样的首都，怎样建设首都"这一重大问题，谋划首都未来可持续发展的新蓝图，北京市编制了新一版城市总体规划[①]，即《北京城市总体规划（2016年—2035年）》。该规划内容上的变化体现在将北京的城市性质界定为"全国政治中心、文化中心、国际交往中心、科技创新中心"，并着重强调规划的可实践性：第一，在实践路径方面，该规划对于每一方面目标的达成都做了实现路径的探究，使该规划更具可操作性。例如，针对"严格控制人口规模，优化人口分布"的目的，该规划提出："调整人口空间布局；优化人口结构；改善人口服务管理；完善人口调控政策机制；转变发展方式，大幅提高劳动生产率"的实现路径。第二，实践保障方面，该规划提出，要坚持总体规划作为政策法规的权威性与严肃性，认真发挥其约束性作用；重视市民对城市规划的知情权、参与权与监督权，要求充分调动各方面的积极性参与和监督规划的实施；建立规划实施及管控体系、城市体检评估机制、监督问责制度与统筹决策机制等。这些举措都增强了该规划的可实践性。

（八）北京历次城市总体规划演进过程总结

通过对北京历次城市总体规划内容的回顾，不难发现，每一版总体规划都带有鲜明的时代特征，并深深地内嵌于国家发展规划之中，体现了规划者对首

[①] 参见李强、张诗雯、李敏等《减量发展回顾与反思》，载《面向高质量发展的空间治理——2020中国城市规划年会论文集》，中国建筑工业出版社2021年版。

都规划理念、功能定位、发展方式与实践方式的阶段性思索。

1. 规划理念

北京作为我国首都，其规划理念与我们党不同时期的社会建设与发展思想关系密切。联系城市规划的理论，本文选择从规划目的、探讨关系、主导理性三个维度，探讨北京历次总体规划的规划理念发展过程。在计划经济的时代背景下，第一版与第二版北京城市总体规划与我国的国民经济五年计划联系紧密，被视为国民经济计划的延续，其最主要的规划目的就是落实经济计划。相应的，总体规划所探讨的关系主要是城市与经济发展之间的关系，在规划过程中，试图通过规划技术的运用，使经济计划在空间上得到落实，强调自上而下地实现城市建设者的合理性目标。随着改革开放的到来，中央对我国首都发展路径的认识有了新的发展，反映到总体规划中，表现为其规划目的转向了全面统筹城市的多个系统，着重探讨城市内各子系统之间的关系，并逐步重视城市的环境乃至可持续发展问题，对之前规划建设中存在的问题给出回应。步入新时代，《北京城市总体规划（2016年—2035年）》在坚持全面统筹城市发展的基础上，由强调要素空间布局阶段过渡到更加充分考虑人、城市与生态环境协调发展的阶段。

2. 功能定位

最初北京城市总体规划中对首都城市功能定位为政治、经济、文化中心、工业基地以及技术科学中心。此后其经历了三次转变：第一次是在《北京城市建设总体规划方案》中，基于对北京城市建设的反思与首都性质的再认识，该方案不再提经济、工业与技术科学方面的功能；第二次在《北京城市总体规划（1991年—2010年）》中，结合北京丰富的历史文化资源与国际交往日益频繁的时代背景，该方案新增了世界著名古都和现代国际城市的功能定位；第三次在《北京城市总体规划（2016年—2035年）》，面向新时代对产业升级、高服务水平等要求，该方案提出全国政治中心、文化中心、国际交往中心、科技创新中心的首都功能定位（详见表1）。

3. 发展方式

城市规划领域内，增量发展是指采用提高人口基数和预测、扩大建设用地规模、发展新城新区的模式，实现城市发展；减量发展以人口、土地、资源环境的承载能力为底线，通过城市功能结构调整优化，实现城市高效、高质量发展。[①] 北京由增量发展向减量发展的转折点为《北京城市总体规划（2016年—2035年）》，该方案明确提出要坚持集约发展，框定总量、限定容量、盘活存

---

① 参见施卫良、邹兵、金忠民等《面对存量和减量的总体规划》，《城市规划》2014年第38期。

量、做优增量、提高质量，以资源环境承载能力为硬约束，确定人口规模、用地规模和平原地区开发强度，切实减重、减负，实施人口规模、建设规模双控，倒逼发展方式转变、产业结构转型升级、城市功能优化调整，实现各项城市发展目标之间协调统一。[①]

4. 实践方式

从整体上看，北京城市总体规划一直都比较注重规划的实施问题，但就其实践方式而言，北京主要经历了三个阶段，即自上而下的政府负责制（"统一建设"），政府通过政策引导多元力量参与的政策导向多方参与制（"政策导向"），以及以建立和完善相关制度体系的方式，保障规划实施的制度保障多方参与制（制度建设），有着两次明显的转变（详见表1）。

表1 北京历次城市总体规划演进过程

规划名称	功能定位	发展方式	实践方式
《改建与扩建北京市规划草案》及其修改版	我国政治、经济和文化的中心；我国强大的工业基地和技术科学的中心	增量发展	统一规划，统一设计，综合建设
《关于北京城市建设总体规划初步方案》及其修改版	我国政治、经济和文化的中心；我国强大的工业基地和技术科学的中心	增量发展	"统一规划，统一设计，统一投资，统一建设，统一分配，统一管理"
城市总体规划方案	—		
《北京城市建设总体规划方案》	政治中心、文化中心	增量发展	"统一建设"
《北京城市总体规划（1991年—2010年）》	全国的政治中心、文化中心，世界著名古都和现代国际城市	增量发展	政策导向
《北京城市总体规划（2004年—2020年）》	全国的政治中心、文化中心，世界著名古都和现代国际城市	增量发展	制度建设
《北京城市总体规划（2016年—2035年）》	全国政治中心、文化中心、国际交往中心、科技创新中心	减量发展	制度建设

数据来源：由笔者根据历次北京城市总体规划文本自行整理而得。

---

① 参见张杨、刘慧敏、吴康等《减量视角下北京与上海的城市总规对比》，《西部人居环境学刊》2018年第3期。

二 纵深推进规划落实过程中的若干关键问题

通过以上对北京城市规划文件的历史梳理可以发现,北京城市规划与管理经历了由粗放发展方式向内涵集约式发展的转变,由分散集团式向多中心结构空间布局的转变,由注重城市要素空间布局向更加注重以人民为中心的可持续发展的转变。因此,在推进北京城市总体规划落实过程中离不开对现阶段城市规划问题的把握,以及对新型城镇化化发展问题的预判。

(一)城市发展战略

1. 持续推动非首都功能的疏解

根据美国城市学者诺瑟姆 1979 年提出的城市化过程曲线可知,我国现阶段已进入城镇化较快发展的中后期,2021 年城镇比率达到 64.7%[①]。作为超大城市之一,北京经历了快速城镇化阶段后,也面临着人地矛盾、大城市病、老龄化突出等问题。为解决一系列城市发展问题,2014 年非首都功能疏解被提出后成为新的城市发展战略,为未来北京城市规划指明方向。

通过对比同一时期发达国家的城市规划后发现,韩国城市首尔曾面临人口总量趋于稳定、经济增长放缓、社会趋于保守、用地面积不足以及城区趋于老龄化等问题。因此,《2030 首尔城市基本规划》紧扣与市民日常生活息息相关的核心主题并配套设施政策,关注点从物质空间建设转向社会治理。[②] 2016 年新版《伦敦规划》确立未来 20 年的发展目标,坚持问题导向,不断优化空间战略规划布局;采取大区域视角,遏制"大城市病";突出中心城区的集聚效应,吸引人才回归伦敦市中心;注重都市圈有机疏解,实现均衡发展;优化都市圈的生态环境,提升城市空间品质。[③]

可见,发达国家首都城市规划通过发展城市圈来遏制"大城市病",并转向社会治理以提升城市的宜居性。《北京城市总体规划(2016 年—2035 年)》在编制上吸取了国内外城市规划的经验,将非首都功能疏解作为重中之重,并辅以京津冀协同发展战略,以回应北京快速城镇化引发的问题。然而,在疏解过程中也出现了实践中的若干问题。例如,京津冀在产业转移分工定位上缺乏统一规划,导致重复竞争、疏解地与承接地之间的政策未达到高度协调、京津

[①] 参见杨保军《城市总体规划改革的回顾和展望》,《中国土地》2018 年第 10 期。
[②] 参见薛原、陆巍、陈圆圆《首尔城市规划转型的启示与经验借鉴》,《城乡规划》2017 年第 2 期。
[③] 参见姚迈新《大伦敦城市规划发展的经验及其对广州的启示探析》,《岭南学刊》2019 年第 1 期。

冀都市圈的创新驱动力和辐射影响力不足等[1]，进而使得部分企业疏解意愿不强、疏解后遗留的土地资源闲置、疏解相关政策亟待细化以及交通功能薄弱等问题。[2] 因此，加快打造京津冀都市圈，建设现代化首都都市圈，对非首都功能的疏解，承接区承接能力的增强以及促进区域协调发展具有重要意义。

2. 警惕未来城市活力丧失

伴随产业和人口的不断外迁，城市功能过度分散化可能降低城市经济的集聚效应，造成区域发展路径单一[3]。因此，城市功能疏解到一定程度时还需要警惕城市活力的丧失。以东京市为例，二战后日本的经济高速发展使人口向东京迅速集聚，产生了交通拥挤、环境污染等客观问题。于是自1958年至1999年期间日本政府进行了五次首都圈规划，逐步引导郊外开发，促进功能分散。直到20世纪90年代后，日本泡沫经济破裂，人口呈现少子化与老龄化特征，人口和新城建设都出现向心回归。因此，东京城市规划导致的人口回流也引发了规划者对北京城市规划未来发展的预判。

当前，推进北京市非首都功能疏解已取得阶段性成效，即增量得到严控，存量有序疏解，北京市副中心和雄安新区在加快建设，经济结构和人口规模得到调整优化，[4] 但在人口结构方面，北京市老年人口占比在上升，劳动年龄人口在下降，大学毕业生留京比重下降，国际人才储备有待加强，这些表明北京市劳动力供给存在潜在风险。[5] 作为城市更新的源泉，人才的流动方向会对未来城市活力产生影响。因此，需要将集聚要素纳入到未来城市规划中，加强城市功能定位对人口结构的需求分析，助推城市高质量发展。

（二）规划实施路径

1. 提升数字化治理

北京城市总体规划的编制、实施和评估都离不开信息化技术的应用。新一版北京城市总体规划强调体制机制创新，其内容涵盖了运用新一代互联网信息技术，打造城市智慧管理平台，并将数字化治理作为手段贯穿于精细化管理、多元化治理和依法治理之中，对城市治理具有较强的促进作用。

当前，城市大数据的治理方式已贯穿于规划实施全过程，但在直面城市规

---

[1] 参见王欣、花红星《京津冀协同发展中北京非首都功能疏解问题对策研究》，《呼伦贝尔学院学报》2018年第6期。

[2] 参见王德利《北京减量发展存在的主要障碍及深化对策》，《农村经济与科技》2021年第17期。

[3] 参见邓仲良《从国际比较和历史视角看城市人口疏解政策》，《齐鲁学刊》2021年第6期。

[4] 参见李佳洺《功能疏解背景下北京产业结构调整的思考》，《智库理论与实践》2019年第6期。

[5] 参见尹德挺等主编《北京人口发展研究报告（2021）》，社会科学文献出版社2021年版。

划落实的时效性和针对性方面还需进一步提升。例如，北京市建设"多规合一"信息平台处于数字化治理模式的探索阶段。通过数据的动态更新展现规划编制要求、正在改造的城市地域结构以及日常监测管理现状的变化。这对于把握各类规划实施落地情况，分析整体区位特征和空间资源发展现状，以及及时传递实施规划并得到反馈的作用显著。数字化治理作为推进城市规划的方式，对于规划综合统筹以及协调多方主体的利益都有意义[①]，还能转变为智慧城市和韧性城市规划，通过海量数据来科学预测城市生活、生产需求并给予快速响应和调配，更好地满足以人为本的需求。

2. 实施城市更新行动

北京市已进入存量发展时期，城市发展建设方式也转变为内涵集约型。但总体上看，北京市存量资源总量大，城市更新任务艰巨。从用地规模和建筑规模上看，核心区与中心城区分别占全市总量的53%和63%。[②] 因此，更新改造城市核心区和中心区成为高质量发展的必然要求。

《中华人民共和国国民经济和社会发展第十四五规划纲要和2035年远景目标纲要》从国家层面也提出"实施城市更新行动"，其作为新型城镇化战略，符合北京市城市总体规划存量更新的规划目标。那么未来要将实施城市更新行动与北京市总体规划相结合，结合内容具体表现为：一是国土空间规划上注重调整盘活低效土地，更新改造老旧城区，以此提升城市空间形态；二是注重北京历史文化名城的保护与利用，助推文化中心建设；三是改善基础设施和公共服务设施，让城市更具宜居性；四是坚持绿色发展，保护和建设好北京市生态涵养区。

（三）具体环节

1. 规划实施环节

当前，城市总体规划实施已进入纵深发展阶段。《北京城市总体规划（2016年—2035年）》实施情况的报告明确表示该阶段的重点任务是要加强对规划实施时序的统筹协调、增强规划实施的协同性、系统性和整体性。目前北京城市总体规划在实施过程中主要有两类问题：一是城市总体规划实施统筹不足，协调社会各要素能力需提升；二是实施保障机制不健全，实施规划的相关配套措施尚待完善。城市规划的实施最终不能仅靠规划部门来进行的，而是由城市社会的各个组成部门具体协商运作的，规划部门担当的只是其中协调和管理的角

---

① 参见邓毛颖《智慧城市与智慧的城市规划》，《华南理工大学学报》（社会科学版）2015年第3期。

② 参见胡洪亮、郭婧、王姗等《国内外城市更新案例和政策机制分析及对北京的启示》，《北京规划建设》2021年第4期。

色，在很多方面需要依靠社会的各个组成要素之间发挥相互协同作用。① 但城市政府对总体规划实施工作的统筹力度不足，会在一定程度上造成政府、市场、市民等各主体对总体规划实施思想不够统一，认识不尽全面，从而使得总体规划与城市发展的实际工作衔接不足。② 此外，总体规划确定的宏大目标、指标在一定程度上缺乏对进一步分解细化的整体控制，缺乏落实到分区规划、控规等下一阶段工作时的要求。③ 所以，优化实施环节才能更好发挥总体规划实施统筹、协调和保障的作用。

2. 规划评估环节

北京城市总体规划仍处于动态调整状态之中，有效的体检评估能够检测规划实施的效果，对下一阶段规划实施具备参考意义。北京城市总体规划已经建立"一年一体检，五年一评估"的常态化定期评估机制并定期向社会公布评估结果，形成了自评估与第三方评估结合的组织形式。④ 但当前规划评估环节仍然存在以下问题：一是公众评估机制尚不完善。北京市体检评估机制只强调了评估结果对公众定期公开，在充分体现公众参与体检评估的全过程上还有完善空间。⑤ 此外，大多数公众参与的评估具体的意见采纳情况公众自身难以知晓，也难以持续监督落实。⑥ 这主要因为一是公众参与评估的方式单一，公众评估结果难以得到有效反馈。二是评估指标体系重视编制，动态优化调整不足。从全国来看，随着各个城市新一版城市总体规划得到批复，各城市在指标体系方面都进行了探索，如广州自2011年起形成了常态化年度评估工作，构建了"1+4"的年度体检体系⑦；上海市通过SDD（城市战略发展数据库）和城市空间基础信息平台等体系的建立，动态监测与评估城市发展与规

---

① 参见孙施文、王富海《城市公共政策与城市规划政策概论——城市总体规划实施政策研究》，《城市规划汇刊》2000年第6期。
② 参见石晓冬、王凯《加快构建城市总体规划实施体系的思考——以北京为例》，《城市规划》2019年第6期。
③ 参见王吉力、杨明、邱红《新版北京城市总体规划实施机制的改革探索》，《城市规划学刊》2018年第2期。
④ 参见伍毅敏、杨明、彭珂等《北京城市体检评估机制的若干创新探索与总结思考》，《城市与区域规划研究》2020年第1期。
⑤ 参见孙立、郑忠齐、李婉璐《基于多城比较分析的公众参与城市体检评估方法探究》，《北京规划建设》2021年第1期。
⑥ 参见王吉力、杨明、邱红《新版北京城市总体规划实施机制的改革探索》，《城市规划学刊》2018年第2期。
⑦ 参见石晓冬、杨明、金忠民等《更有效的城市体检评估》，《城市规划》2020年第3期。

划实施情况[1]。可见，城市规划监测需依托于大数据信息平台，不断优化评估指标体系。

三 关于未来北京城市规划的几点思考

本文通过以上对北京城市总体规划中关键问题的梳理和未来发展问题的预判，得到几点未来推进北京城市总体规划的思考和建议。

（一）动态把控城市功能的疏解与集聚

根据北京的城市化发展特征，当前阶段"非首都功能疏解"的总体策略需要一以贯之[2]。因为解决北京的"大城市病"，需要疏解与首都核心功能关系不密切的部分[3]，促进产业转型升级。同时，随着全球化、信息化等的推进，金融业、创意创新功能、文化媒体等高等级服务业也将更进一步集中在北京等大城市的核心地区，带来新的城市阶层和空间形态。[4]

因此，要充分尊重大城市功能集聚和扩散的基本规律，无论是疏解要素还是再集聚要素都是为实现城市功能的提升服务，需紧密围绕北京城市总体规划的目标展开。在建设首都成为政治中心、文化中心、国际交往中心和科技创新中心的城市功能定位的前提下，向功能承接区疏解产业，完善相关基础设施，引导人口有序流动，向功能核心区有目标性地聚集人才和其他创新要素。让疏解和集聚作为天平两端，始终处于动态调整中，才会既不让首都城市功能过载，又保证城市更新活力的维持，推进更高质量的城市化发展。

（二）注重多元主体参与城市规划行动

规划实施方面，需要各层次实施主体统一规划解读，统一规划实施思想，并反映到统一的政策行动上。城市各级政府部门要以总体规划作为战略性纲要，制定出适宜本部门规划实施的具体工作计划。其他社会各方主体要精准划分事权范围，充分实现规划行动的有效性。规划评估方面，强化公众

---

[1] 参见张依冉、于涛《城市总体规划指标体系演进特征及其趋势研究》，《现代城市研究》2020年第2期。

[2] 参见王吉力、陈科比、张佳怡等《一以贯之和因时制宜："功能疏解"在七版北京城市总体规划中的脉络》，《城市发展研究》2022年第2期。

[3] 参见吴唯佳、于涛方、武廷海等《特大型城市功能演进规律及变革——北京规划战略思考》，《城市与区域规划研究》2015年第3期。

[4] 参见杨烁、于涛方《特大城市功能格局和集聚扩散研究：以北京为例》，《规划师》2018年第9期。

参与评估的环节。可参考东京公众参与城市规划中的经验，即制定提案制度，使市民积极参与提案，政府灵活对待公众提案，同时发挥第三方专家和机构的效用。此外，还需要补充设立其他相关制度，如城市规划审议会、公众参与型预算制度。[1]

（三）完善城市规划落实的手段和保障机制

未来，北京城市总体规划在统筹、实施和调整中不断落实，这离不开有效的手段和保障机制。"多规合一"作为推进总体规划统筹实施的重要手段，需将各类政策性规划与国土空间资源规划相结合，以一张蓝图形成城市规划的空间展示，夯实规划统筹实施的基础。发挥实施统筹的作用要健全规划实施的法制保障机制、经济保障机制和行政保障机制。规划在落实中需通过评估环节得以完善，因此要注重细化城市评估指标，弹性调整评估指标体系，并依据后续规划要求不断优化指标体系，利用数字化技术使评估结果实时有效地反馈到规划落实中。

综上，《北京城市总体规划（2016年—2035年）》的推进落实是国家治理体系和治理能力现代化的重要内容，对于北京市早日实现成为国际一流的和谐宜居之都具有重大意义。

参 考 文 献

[1] 尹德挺等主编：《北京人口发展研究报告（2021）》北京人口蓝皮书，社会科学文献出版社2021年版。
[2] 张敬淦：《北京规划建设50年》第一版，中国书店出版社2001年版。
[3] 中国共产党北京市委员会、北京市人民政府：《北京城市总体规划（2004年—2020年）》第一版，中国建筑工业出版社2019年版。
[4] 邓毛颖：《智慧城市与智慧的城市规划》，《华南理工大学学报》（社会科学版）2015年第17卷第3期。
[5] 邓仲良：《从国际比较和历史视角看城市人口疏解政策》，《齐鲁学刊》2021年第6期。
[6] 关于《北京城市总体规划（2016年—2035年）》实施情况的报告（书面）——2020年11月26日在北京市第十五届人民代表大会常务委员会第二十六次会议上，《北京市人大常委会公报》2020年第6期。
[7] 胡洪亮、郭婧、王姗等：《国内外城市更新案例和政策机制分析及对北京的启示》，《北京规划建设》2021年第4期。

---

① 参见张舒《公众参与在东京城市规划中的制度化实践》，《全球城市研究（中英文）》2021年第2期。

[8] 李东泉、韩光辉：《1949 年以来北京城市规划与城市发展的关系探析——以 1949—2004 年间的北京城市总体规划为例》，《北京社会科学》2013 年第 5 期。

[9] 李浩：《首都北京第一版城市总体规划的历史考察——1953 年〈改建与扩建北京市规划草案〉评述》，《城市规划学刊》2021 年第 4 期。

[10] 李佳洺：《功能疏解背景下北京产业结构调整的思考》，《智库理论与实践》2019 年第 4 卷第 6 期。

[11] 参见李强、张诗雯、李敏等《减量发展回顾与反思》，载《面向高质量发展的空间治理——2020 中国城市规划年会论文集》，中国建筑工业出版社 2021 年版。

[12] 石晓冬、王亮：《加快构建城市总体规划实施体系的思考——以北京为例》，《城市规划》2019 年第 43 卷第 6 期。

[13] 石晓冬、杨明、金忠民等：《更有效的城市体检评估》，《城市规划》2020 年第 44 卷第 3 期。

[14] 苏峰：《从北京七次城市总体规划看首都建设的基本思路》，《北京党史》2008 年第 2 期。

[15] 孙立、郑忠齐、李婉璐：《基于多城比较分析的公众参与城市体检评估方法探究》，《北京规划建设》2021 年第 1 期。

[16] 孙施文、王富海：《城市公共政策与城市规划政策概论——城市总体规划实施政策研究》，《城市规划汇刊》2000 年第 6 期。

[17] 王德利：《北京减量发展存在的主要障碍及深化对策》，《农村经济与科技》2021 年第 32 卷第 17 期。

[18] 王飞、石晓冬、郑皓等：《回答一个核心问题，把握十个关系——〈北京城市总体规划（2016 年—2035 年）〉的转型探索》，《城市规划》2017 年第 41 卷第 11 期。

[19] 王吉力、陈科比、张佳怡等：《一以贯之和因时制宜："功能疏解"在七版北京城市总体规划中的脉络》，《城市发展研究》2022 年第 29 卷第 2 期。

[20] 王吉力、杨明、邱红：《新版北京城市总体规划实施机制的改革探索》，《城市规划学刊》2018 年第 2 期。

[21] 王欣、花红星：《京津冀协同发展中北京非首都功能疏解问题对策研究》，《呼伦贝尔学院学报》2018 年第 26 卷第 6 期。

[22] 魏成林：《关于〈北京城市总体规划（2016 年—2030 年）（草案）〉主要内容的说明——2017 年 3 月 28 日在北京市第十四届人民代表大会常务委员会第三十六次会议上》，《北京市人大常委会公报》2017 年第 2 期。

[23] 吴唯佳、于涛方、武廷海等：《特大型城市功能演进规律及变革——北京规划战略思考》，《城市与区域规划研究》2015 年第 7 卷第 3 期。

[24] 伍毅敏、杨明、彭珂等：《北京城市体检评估机制的若干创新探索与总结思考》，《城市与区域规划研究》2020 年第 12 卷第 1 期。

[25] 徐向东：《建国后北京城市建设方针的演变》，《北京党史研究》1996 年第 2 期。

[26] 薛原、陆巍、陈圆圆：《首尔城市规划转型的启示与经验借鉴》，《城乡规划》2017 年第 2 期。

[27] 杨保军：《城市总体规划改革的回顾和展望》，《中国土地》2018 年第 10 期。

［28］杨烁、于涛方：《特大城市功能格局和集聚扩散研究：以北京为例》，《规划师》2018年第34卷第9期。
［29］姚迈新：《大伦敦城市规划发展的经验及其对广州的启示探析》，《岭南学刊》2019年第1期。
［30］袁晓辉：《关于城市人与规划人互动的理论初探——在我国城乡规划理论中的地位和作用》，《城市规划》2014年第2期。
［31］张舒：《公众参与在东京城市规划中的制度化实践》，《全球城市研究（中英文）》2021年第2卷第2期。
［32］张杨、刘慧敏、吴康等：《减量视角下北京与上海的城市总规对比》，《西部人居环境学刊》2018年第33卷第3期。
［33］张依冉、于涛：《城市总体规划指标体系演进特征及其趋势研究》，《现代城市研究》2020年第2期。

"回天地区"大数据助力基层治理创新研究

李月亮[*]

摘　要：随着社区居民自治意识、服务要求的逐步提高，传统的城市基层治理方式已经难以有效地解决大型居住社区面临的新情况和新问题。将大数据技术与基层治理相结合，在创新基层治理体系、提升基层应急管理能力、促进社区管理模式改革等方面具有积极作用。从"回天地区"大数据治理基层情况来看，在数据融合、场景应用、治理模式、体制机制和人才队伍等方面还存在问题，因此要从理论和实践上对大型居住区数治问题进行研究回应，在推动大数据与基层治理深度融合，完善大数据基层治理体制机制，构建协同高效大数据治理模式，提升大数据应用智能化水平，吸纳培养大数据治理复合型人才等方面探索提升大数据治理效能的可行方法和有效路径。

关键词：回天地区；大数据；基层治理

北京市昌平区回龙观、天通苑地区（简称"回天地区"）总面积63平方公里，常住人口85.1万人，被誉为亚洲最大城市社区，历经二十多年的建设发展，为缓解首都中心城区人口压力做出了巨大贡献。近年来，该地区人口快速聚集，公共服务和基础设施配套不足，导致职住失衡、交通拥堵、环境脏乱等问题日渐凸显，整个区域社会治理任务艰巨，居民群众诉求强烈，成为昌平区乃至全市城市治理的痛点。

当前大数据、人工智能、云计算等数字技术正在广泛、深刻地影响着社会

---

[*] 李月亮，学士，中共北京市昌平区委党校公共管理教研室副主任，副教授，主要研究方向为公共政策、社会治理。

生活的各个方面，运用新兴科技手段提升和创新基层社区治理，构建和谐社会，满足首都市民对美好生活的向往，已经成为现阶段首都城市基层治理的必然要求。数据赋能社区治理作为首都基层治理体系和治理能力现代化的重要场域，昌平区聚焦"回天地区"基层治理现实需求，坚持规划先行精准施策，2018年7月《优化提升回龙观天通苑地区公共服务和基础设施三年行动计划（2018—2020年）》实施以来，"回天地区"基层党组织不断进行探索尝试，着力推动大数据与社区治理深度融合，从实践效果来看，取得了一定经验和成效，但仍然存在一些短板和问题。

一　"回天地区"大数据助力基层治理的主要做法

（一）集约构建"回天大脑"基础框架

按照蔡奇书记做出的"用大数据管理回天地区"的重要批示，昌平区积极利用大数据、人工智能、5G、物联网等新一代信息技术，将数据赋能城市基层治理作为底层逻辑，坚持基层导向、问题导向、效果导向，以服务社区管理、街区治理、区级赋能为目标，构建从城市基础设施、数据底座、"大中小"三屏联动到多场景智能应用的"1＋1＋3＋N"的四级架构贯通体系。第一个"1"是指城市基础设施，包括4/5G网络、物联网络、城市部件以及雪亮工程在内的城市硬件系统；第二个"1"是指数据底座，整合统筹市、区两级政务大数据及平台组建能力，协调融合"回天大脑生态联盟"阿里巴巴、城市象限、京东等企业互联网大数据，整体打造"五清一感"数据底座；"3"是指领导驾驶舱、综合治理平台、移动端应用服务平台"三屏"联动，通过将数据进行模型化、可视化转换，从而达到"大屏观态势""中屏统调度""小屏优处置"的整体效果；"N"是指面向社区管理服务的智能应用体系，包括高空抛物轨迹追踪、消防通道柔性执法、智能垃圾分类等智能应用场景。框架设计在技术和业务上突出开放性和兼容性，实现积木式开放接口化，建成一个可迭代、易升级具有延展性和可持续生产的智慧体。

（二）常态化开展城市运行体检

以往城市社区主要是"头疼医头、脚疼医脚"的被动治理模式，缺少系统性、主动性和前瞻性。"回天地区"通过大数据平台实时监测，定期对辖区公共服务、交通出行、职住通勤、环境品质、管理运维等方面进行深度量化剖析，形成对城市运行状态的科学认知、城市问题的精确诊断。一是通过"数说回天"及时掌握基层治理、实时交通、疫情防控等城市运行动态，定向分析三年行动计划实施前后情况对比，形成城市修补更新报告；二是通过"数据问诊"从"七有""五性"等不同维度扫描城市最新数据，快速形成"街镇画像"和"指标画像"及时掌握各镇街得分排名情况，精细化、穿透式查找辖区存在的风险隐患；三是通过"运营监测"对12345接诉即办、市民投诉涉及的重大风险进行预判。为街镇和社区建设以事件处置为中心的协同工作平台，在实际工作中，强调数据融合和激活，深入挖掘现有硬件设施和数据资源，合理规划建设，通过强化存量数据运营实现增量数据融合导入。

（三）研发创新"两街三域"应用场景

以"回天地区"群众重点关切需求和城市突出问题为主要治理内容，在龙泽园、天北两个街道，聚焦基层治理、交通出行、社区管理三个领域开展融合场景应用试点。基层治理方面，通过大数据分析重点区域、重点领域和重点群体的高频共性问题，提早发现居民诉求、预先化解隐患、靠前处置矛盾，实现"接诉即办"向"未诉先办"转化。针对复杂事项一键联动"吹哨报到"，实现处置闭环，有效提升办事效率和群众满意度。社区管理方面，建立人口、房屋、生活消费等多维度数据分析模型，结合感知体系动态监测，在人口精细化管理、群租房治理和垃圾分类、平安小区等方面提升治理效果。交通出行方面，将道路上的摄像头与信号灯连接，通过城市大脑模型算法优化配时，动态调整车道通行方案，实现"用时间换空间"的交通疏堵治理。建立空闲车位错时共享机制，开展停车资源潜力分析、周边停车动态引导，通过"共享停车"缓解局部停车难问题；与共享单车运营企业连通数据，实时掌握重点区域的车辆动态，联动督促区域车辆精细化调度，在方便居民出行的同时维护良好城市街面秩序。

二 "回天地区"大数据助力基层治理面临的困境

（一）大数据与社区治理融合不够

主要体现为三个方面：一是基础数据利用率不高。市级下沉数据、区级政务数据、基层业务数据和社会专业数据等四类底座数据体量大、类型多、标准不一，数据信息交叉叠加，部分数据趴在云端，无法直接作用于社区治理，大量数据需要深度清洗脱密，经过再加工才能被共享使用。二是多元数据缺少融合创新。单一来源数据能够支持一种应用场景，不同来源数据融合叠加可以产生新数据图层，从而支持社区治理更多细分场景应用，最终达到"1+1大于2"的效果，但目前应用场景多为单一数据业务，不同来源数据缺少融合创新。三是大数据治理覆盖明显不足。"回天地区"大数据治理正处于起步爬升阶段，社区管理、街镇治理、区级赋能的应用体系建设尚不完善，代表应用场景数量较少，不同社区之间大数据治理水平差距较大，治理效果良莠不齐。

（二）应用场景"智能化"程度不高

目前已经投入使用的部分应用场景技术方案尚不成熟，产品功能和用户体验有待进一步提升。一是场景设计和技术支撑需要加强。比如高空抛物轨迹追踪应用，在自然风力较大时，被吹起的树叶或不明物体会引发系统误判，类似情况还有行人通过消防通道，触发占用通道报警，这些问题多涉及后台程序算法和算力等技术问题。二是场景程序操作体验需要提升。安装应用场景程序需要配备专用网络设备，无法在手机端兼容使用，场景程序的页面菜单、操作逻辑、信息处理缺少人性化设计。三是应用场景供需适配度不高。作为超大型居住社区，"回天地区"社会治理问题错综复杂，居民诉求反应强烈，目前应用场景开发仍采用传统架构模式，将数据类服务以紧耦合的方式进行封装形成封闭式应用，产品设计、研发、调试、上架周期较长，迭代升级成本较高，难以适应社区治理需求快速变化。

（三）传统治理模式亟待创新

主要体现为三个方面：一是工作理念不够新。社区治理大多沿用传统治理模式，缺乏大数据治理思维，普遍存在敬业但不专业的问题，社区工作者不能结合自身特点与时俱进，观念、方法不能有效地适应新情况。与此同时，传统的教育管理方式难以较快提升基层工作人员大数据治理的思维和能力。二是多元治理主体现实弱化。由于数据信息在不同治理主体间存在权限差异和共享限制问题，数据信息壁垒容易引发"去多元化"的负面效应，导致基层政府产生技术治理的路径依赖。三是社区共治效果不佳。由于缺少相应的法律制度约束，大数据在管理、共享、利用等方面缺乏管控和监督，社区家庭信息存在安全隐患，导致居民参与意愿和配合度较低。

（四）体制机制有待完善

主要体现为三个方面：一是统筹力度不够。从实际工作情况来看，"回天地区"一体化工作格局尚不完善，"6+1"街镇之间工作相对独立，大数据治理缺乏指导性、规范性的顶层设计，一些已经形成的工作经验和代表应用场景难以大范围复制推广。二是条块分割有碍数据整合。大数据治理涉及多个部门，管理职能分散、条块分割，部门间信息共享受隶属关系、权责关系影响，数据互联互通受到限制。三是尚未形成工作合力。信息化管理部门和街镇属地协调配合不够，工作上存在错位、缺位情况，各自专业工作优势发挥不充分。基层改革部分事项进展缓慢，社区"减负"不够，"增效"还不明显。

（五）大数据治理专业人才匮乏

主要体现在两个方面：一方面是社区大数据治理工作吸引力不足。除少量社会工作专业的学生，大多数年轻人对社区工作认可度不高，目前"回天地区"的社区工作者和基层支部"两委"年龄普遍偏大，知识结构老化，信息化工作能力较低，不足以支撑智慧社区高速运行和发展。另一方面是社区专业人才流失严重。基层社区工作强度大，缺乏激励机制，工作队伍不稳定，极易造成专业性较强的工作缺少传承性。目前大数据治理工作主要依赖于相对年轻的社区工作者，这类人员流动频繁，导致社区缺乏具有长期工作经验的高素质人才。

三 "回天地区"大数据助力基层治理提质增效的对策建议

（一）推动大数据与基层治理深度融合

一是找准大数据与基层治理的契合点，健全数据采集更新机制，实现人、地、事、物、组织等基础数据深度整合，实施"互联网＋设施管理"的智慧管理模式，建立智慧社区数据中心，及时精准地发现基层社会治理和城市管理中的突出问题。二是联合社会治理领域的专家学者共同诊断城市问题，分析群众诉求，把脉民意走向，提出有针对性的解决对策。推动大数据建设和应用成果向基层延伸，通过区域化党建平台实现上游"发现问题"与下游"解决问题"机制地有效衔接，定期与镇街、社区、社会组织发展服务中心开展座谈交流，强化数据分析成果运用，为行政决策及社会心理干预提供依据，提升智能化治理水平。三是打造线上智慧社区平台。以社区营造为目标，重塑人与人的链接，通过打造社区线上平台，为居民提供便利的、持续的文体娱内容与服务，开展社群活动，实现线上线下社群联动，为社区社交提供新的途径。以线上平台为手段，以"业缘、趣缘、地缘"为纽带，推动社会的再组织，构建"新熟人社会"，提升社区公共服务水平。

（二）完善大数据助力基层治理的体制机制

一是强化大数据治理顶层设计。进一步完善"回天地区"大数据治理政策的支持和制度保障，从议事、决策、执行、督促、评价各环节强化统筹协调，将实际工作中发现的具体问题进行系统研究、集中调度，形成可操作的项目清单。在"回天地区"尽快形成可推广、易复制的大数据治理模式，推动实现整个区域数治工作水平不断提升。二是发挥"工作专班"的保障作用。成立包括信息化主管部门、相关业务单位、互联网和通信服务商、本地化科技企业、高校和社会组织共同参与的"工作专班"。围绕"五清一感"的基本要求、部门业务需求和基层反馈意见，通过专项调研、专题研讨、在线会商等方式提升决策管理科学性、系统性。三是加强与市级职能部门的协调配合。根据市区两级财力状况，合理制定工作计划，避免大而求全、急于求成，稳步推进"回天大脑"建设项目升级扩容。积极申请市级数据下沉、管理权限下放，制定相关配套衔接政策，促进各类数据资源协同互补。

（三）构建协同高效的大数据治理模式

一是组建区域性城市大脑应用联盟。以"回天大脑"产业链条为主线，整合产业链上下游资源，共同推进大数据治理相关理论研究、技术研发、数据共享、应用推广。二是依法依规开放"回天大脑"数据。围绕城市大脑中的交通、民生、政务服务、社区治理等创新应用，培育一批属地化服务企业，优化"回天大脑"项目建设和运营生态环境，逐步形成产业聚集效应。三是创新数据平台管理模式。探索实施"统招分签、揭榜挂帅"的制度模式[1]，数据平台建设采用项目化管理运营，规范统一云基础设施、技术参数标准和数据交换共享体系。

（四）提升大数据应用智能化水平

一是整合"五清一感"数据底座。针对实际工作中数据不足的问题，围绕"人数清""地域清""产业清""事务清""组织清"，结合社区群众"有感"应用需求，梳理完善数据底座。通过市区两级数据下沉和应用场景数据反哺，逐步实现"回天地区"大数据的统一管理、有序流转、融合应用。二是完善数据基础设施。借力新一轮"回天行动计划"，打造大、中、小"三屏联动"体系

---

[1] 参见《党的十九届五中全会（建议）学习辅导百问》，学习出版社、党建读物出版社2020年版，第141—142页。

和市、区、街、居"四级协同"机制。设计建设大数据中台，实现社区治理事件全量汇集、自动预警、推送流转和处置反馈闭环式管理，实现社区治理由"被动管"向"主动治"转变。三是加快应用场景迭代升级。推进大数据与信息高效结合，实现社区公共服务供需精准对接，提升应用场景智能化水平，降低人工处置比重，加强大数据在公共安全、人口管理、垃圾分类、群租房治理等领域应用。

（五）吸纳培养大数据治理复合型人才

着力培养具备社区治理经验和大数据应用管理能力的复合型人才。一是强化人才储备。通过政策引进、挂职分配、高校联动等方式，吸引更多高素质、懂治理、有技术的复合型人才服务基层社区。二是完善激励机制。加强正面宣传引导，增强社区工作岗位认同，完善薪酬待遇制度，形成向基层一线倾斜的激励机制，减少人才过度流失。三是建立以需求为导向的培训体系。将基层治理与技术手段相结合，构建街镇与高校联合培养模式，聘请相关领域的部门领导、专家学者和基层先进代表担任师资，鼓励"回天地区"各街镇根据实际情况和工作需要，以社区工作"大讲堂"、干部职工"夜校"等形式开展培训，积极促进现有人才向复合型人才转变。

参 考 文 献

[1]《党的十九届五中全会（建议）学习辅导百问》，学习出版社、党建读物出版社 2020 年版。

大部制背景下延庆街道改革研究

邵 静[*]

摘　要： 延庆以落实《北京市街道办事处条例》为抓手，全面深化街道行政管理体制改革，大力提升街道公共服务能力水平、全面推动综合行政执法事项落到实处、全面提高街道社会治理能力和街道履职保障能力。但延庆街道行政管理体制没有完全理顺、公共服务体系不健全、街道综合执法效能未充分显现、保障能力较弱。新时代，延庆要持续用力，做实街道体制改革"后半篇"文章；精准发力，稳步做好"接诉即办"工作；善于借力，快速提高街道综合执法能力；凝聚合力，全力促进街道保障能力提升。

关键词： 街道改革；大部制；北京市街道办事处条例；延庆

《北京市街道办事处条例》（以下简称《条例》）明确了街道的功能定位、机构职责，强化了街道公共服务、城市管理、社会治理三大使命，做到为街道赋权、撑腰、定责、减负，解决街道办事处职责不清、权责不匹配、统筹协调能力不足等突出问题，为进一步推进新时代首都基层治理体系和治理能力现代化提供了坚实有力的制度保障。延庆高度重视《条例》的落实，以落实《条例》为契机深化街道改革，推进城市精细化治理，为创建全国文明城区打下坚实基础。

一　延庆街道改革实践

延庆于 2009 年 10 月撤销了 1995 年设立的城镇工委、城镇办事处，设立

---

[*] 邵静，硕士，中共北京市延庆区委党校生态与社会教研室副教授，主要研究方向为基层社会治理、红色文化。

了百泉街道、儒林街道和香水园街道三个街道办事处，辖区面积27.91平方公里，下辖33个社区，常住人口总数为11.2万人（根据2020年人口普查结果）。延庆以落实《条例》为抓手，大力推进街道机构改革、全面推动街道综合行政执法落地、优化"街乡吹哨、部门报到"和"接诉即办"机制，推动人财物资源向街道倾斜，有效地解决了制约街道作用发挥的体制机制障碍，提升了街道社会治理能力，推动了延庆街道工作跨越式发展。

（一）全面深化街道行政管理体制改革

延庆按照《条例》要求，严格按照市级相关文件要求做好规定动作。一是改革行政管理体制。延庆按照精简、效能、便民原则，根据责任清单化、内设机构简约化、管理运行扁平化改革思路，积极推进大部制，理顺条块关系，将街道原与上级对应的科室精简为向下对应，内设直接服务居民的"3+1+3"机构，即党群工作和综合办公室、民生保障和社区建设办公室、城市管理和平安建设办公室3个内设机构、1个街道综合执法队、3个街道所属事业单位（窗口类、平台类和活动类）。2021年7月，延庆根据街道编制变化和实际工作情况，将城市管理和平安建设办公室分设为城市管理办公室和平安建设办公室。目前，延庆街道机构设置是"四室一队三中心"。同时，延庆各街道结合工作实际，在政策范围内灵活组建临时性工作专班，承担临时性且跨部门工作，例如"创城专班""防疫工作专班"等，各专班规范运行，有效强化了对工作的统筹协调能力。二是细化街道职责制度。根据《北京市街道党工委和办事处职责规定》，延庆结合实际制定了《北京市街道党工委和办事处职责规定》的实施方案，进一步理顺职责关系，细化街道职能任务、优化街道职责事项清单，为规范和保障街道办事处依法依规履职打下坚实基础。

（二）大力提升街道公共服务能力水平

延庆坚持人民至上，按照"七有""五性"要求，聚焦群众诉求，以"接诉即办""街乡吹哨、部门报到"、政务服务中心建设为重点，切实解决群众急难愁盼问题，提高群众的获得感、幸福感、安全感。一是优化"接诉即办"工作机制，打通服务群众的"最后一公里"。区级层面建立了协调联动、项目推进、提级响应、定期调度、信息报送等10项工作机制，制定下发了《延庆区进一步深化"接诉即办"改革工作措施》和《2021年延庆区"接诉即办"改革工作要点》，为基层开展"接诉即办"工作提供有力政策保障。街乡层面，结合工作实际，细化、落实、创新"接诉即办"机制，持续提升群众幸福感获得感。儒林街道不断深化"五四四四"工作制度，街道党政一把手始终做到

"三亲自"(重要工作亲自部署、重要问题亲自过问、重大事件亲自处置);承办人员努力做到"三见面"(接诉后要见面、办理中要见面、办结后见面)。百泉街道制定落实"双派单""双考核"机制,不断强化办单责任;制定落实"十步工作法",提升工单办理质量和规范化水平。二是建立"吹哨报到"信息化平台,破解基层治理难题。区级层面研发设计"吹哨报到"信息化系统模块,为街乡"吹哨"提供了便捷高效的线上运行平台。系统自2020年4月正式上线运行,涵盖全区18个街乡镇、78个区级职能部门、21家公服企业,充分整合调动区级公共服务资源。通过构建分级哨源、建立多层次响应机制、"吹哨"过程自动留痕等方式,打通属地、部门和公服企业沟通壁垒,紧密对接"接诉即办"平台,方便基层单位将问题诉求即时转为哨源。街乡层面,在《条例》实施前后,"吹哨"数量基本持平,"吹哨"效率和质量有较大提升,统筹协调能力明显增强。如儒林街道,2019年"吹哨"50次,2020年"吹哨"51次,数量基本持平,而"吹哨"的力度和效果有了较大提升,有效地解决了困扰居民多年的煤改电、房产证办理等历史遗留问题。三是深化服务改革,提升街道政务服务中心服务能力。实行"一窗受理、集成服务"改革,推行全程代办服务机制;实行延时和错时服务,延长服务时长;深化政务服务中心改革,提高服务人员专业水平。

(三)全面推动综合行政执法事项落到实处

为着力解决街道权责不匹配,执法力量薄弱问题,延庆按照要求,推动行政执法力量下沉、执法重心下沉。一是稳步扩大街道执法力量。分两批推动全区城管力量下沉,3个街道成立城管执法队;推动司法所下沉街道。各街道主动强化对街道市场监管所、属地派出所、消防救援支队、教育等派驻机构的属地管理。二是细化街道执法事项清单,提高街道事权能力。2020年5月制定下发了《延庆区向街道办事处和乡镇人民政府下放部分行政执法职权并实行综合执法的工作方案》,从统筹协调、完善机制、建立制度、队伍建设和服务保障五个方面确定了16项具体任务,统筹推进相关部门的人、财、事、物向街道乡镇下沉。包括市政管理、园林绿化管理、停车场管理、市容环境卫生管理等方面的433项行政执法职权下放至街道办事处,街道可以实行综合执法。职权下放后,各街道违法行为查处量上升。同时,通过开展综合执法,街道统筹协调能力得到增强。香水园街道2021年上半年,共开展综合执法50余次,其中与区公安分局、区城管委、区生态环境局、区交通局等多次开展联合执法工作,有效提升了辖区环境秩序水平和居民满意度。总体来看,通过扩权赋能,街道综合执法力量增强,有效解决了"看得见的管不了、管得了的看不见"的问题,切实推进了城市基层治理法治化。

(四)全面提高街道社会治理能力

延庆根据《条例》要求,以加强社区建设为重点,统筹社会力量加强基层治理。一是进一步明确街道和社区的关系,促进社区基层自治。按照市社会建设工作领导小组审议通过的《社区工作准入办法(试行)》的要求,制定实施《关于加强社区工作准入管理的实施方案》,对辖区内各社区未在清单范围内的挂牌、填报表格事项、创建活动及信息系统等进行督查检查,针对发现的问题,及时跟踪整改,确保减负工作实效。二是大力推进社区协商议事机制建设,调动居民参与社区建设。开展社区月协商活动,打造湖南社区、康安社区等社区议事厅示范点,涌现出"老杨树议事厅""延庆乡亲议事会"等议事协商品牌。在实践的基础上规范总结社区议事协商流程,明确社区议事议什么、谁来议、议事结果怎么落实,使议事针对性、实效性更强。三是加强社区物业建设。结合《北京市物业管理条例》的落实,大力规范物业管理。通过党建引领物业发展,以奖代补等方式支持物业建设,进一步提升了全区物业管理水平,全区66个住宅小区在全市率先实现"三率"全覆盖。四是以落实重大任务为抓手,切实提高社区动员组织能力。各街道以落实疫情防控、创城攻坚、垃圾分类等工作任务为契机,大力推动党员、民警、保安、协管员等各种力量进社区,为全区所有社区安装智能闸机,建立社区人防、技防机制。五是培育壮大社工力量和社会组织。加大社会工作者人才队伍的招聘和培养力量,提高社区工作者待遇,实施《全能社工培养方案》,有效提升社区工作者综合素质。大力孵化社会组织,加大对社会组织的支持力度,通过评星定级等方式打造了"墨墨祝福"等社会组织品牌,吸引社会组织参与社会治理。

(五)努力提高街道履职保障能力

延庆大力推进人财物下基层,提高街道履职保障能力。2019年,按照全市统一部署,延庆推进街道大部制改革,从区级部门统筹调剂27名行政编制至三个街道。同时对街道在编人员的年终奖,按照人均1万元的额度予以增加。按照2018年印发实施的《关于规范协管员队伍管理建立专职网格员队伍的实施方案》,3个街道168名协管员纳入规范管理,同时从委办局下沉36名协管员至3个街道,由街道统筹管理使用。2018年百泉街道、儒林街道综合经费由130万元提升到230万元,香水园街道综合经费由150万提升到300万元。2019年、2020年三个街道综合经费保持不变。社区办公和服务用房方面,截至2019年底,三个街道下辖的30个城区社区中,社区用房面积在350平方米以上的有26

个，达标率为86.7%。提高了社区自主经费保障水平。从2020年起，城乡基层党组织服务群众经费由每个社区20万元增加到40万元每个社区。

二 延庆街道改革主要问题

延庆落实《条例》力度大、举措实、成效显著，但由于街道工作起步晚、基础弱、底子薄等各方面原因，延庆街道工作与《条例》的要求、与推进基层治理精细化的要求、与人民对美好生活需求相比，还有不小的差距，存在一些问题。

（一）街道行政管理体制没有完全理顺

街道行政管理体制改革完成了上半部分，按照新的要求进行了机构设置，但是机构内部的建设还需要进一步调整加强。一是街道内部机构职责任务需要进一步理清。一些街道设置了"四室一队三中心"，但实际运行还是按照以前的运行方式，只是换名、换领导，没换工作机制，存在事随人走的现象。部分科室工作有交叉，存在职责不清，推诿扯皮现象。二是街道行政和事业科室职责界限不清。街道事业编制多、行政编制少，存在事业编人员借调到行政科室从事行政工作现象，存在混编混岗现象。与此同时，部分内设行政机构和事业科室对同类事项均有相关管理权限。比如，平安建设办公室和市民诉求处置中心都对社会治安综合治理方面事项负责，存在职责不清的情况。有的科室职权过于集中，比如党群工作和综合办公室集中了人财物的管理，不同领导分管，易出现风险。三是街道编制少、干部职数少。延庆街道内设机构数量在生态涵养区中最少，行政科室负责人由街道副职领导担任，中层干部成长受限。事业编科级领导职数由7个减少到3个，事业单位干部晋升空间有限，取消规范管理事业单位后，工资待遇也面临降低的现实，一定程度影响了干部的工作积极性。

（二）街道公共服务体系不健全

延庆在公共服务体系和公共服务能力建设和"接诉即办""吹哨报到"机制建设需要进一步加强。一是街道公共服务体系不健全。一些街道还没有按照《条例》要求，梳理公共服务体系，建立公共服务体系白名单和黑名单，存在一些该管的没有管、管不了，不该管的也管了现象。二是"接诉即办"精准性需提高。各街道建立相对成熟的工作流程和制度，有的能做到未诉先办。但是对一些诉求处理方面还存在界限不清的现象，存在大包大揽的问题，在政治指挥棒下不加区分地投入了大量的人力物力财力解决一些私人问题，消耗了大量行政成本，挤占了公共资源。三是"吹哨报到"的实效性需加强。存在"哨源不准""只报到、不办到"的现象。一些街道对"吹哨"事项把握不准，使"哨源"泛化；有的部门对报到不重视，领导不到现场解决，来的人不表态，表态的人不来。"吹哨报到"的过程中，街道对相关部门的评价也流于形式，街道不敢差评职能部门。

（三）街道综合执法效能未充分显现

延庆按照《条例》的要求，相关部门的执法力量、执法权限和审批服务已经下放到街道，但街道的执法工作机制需要进一步健全。相关部门力量下沉后，不同执法力量到街道后，其相互工作模式和执法程序还需要整合。与此同时，街道的综合执法与部门的专业执法衔接不顺畅，相关职能部门对街道的指导培训力度不够。同时，街道综合执法力量需要加强。街道的执法人员的专业性需要加强，执法人员的专业结构、年龄结构需要改善，执法力量存在人员老化、专业泛化现象，真正懂执法、能执法的中坚骨干力量不足。

（四）街道保障能力较弱

延庆街道成立时间晚、底子薄，人力物力财力相对不足。一是街道使用经费不足。街道没有固定资产和其他收入来源，靠财政转移支付，由于延庆财政能力有限，对街道的投入也不足以满足街道发展的需要。二是街道基础设施建设不够。一些街道社区硬件设施配备不到位，如新兴东社区、温泉馨苑社区、莲花苑社区、温泉西里社区办公和服务用房面积未达到350平方米的标准，香水园街道办公用房面临租赁到期等问题制约了社区治理。三是社工队伍建设不够。延庆区社工队伍的数量与要求相比还存在缺口，同时，社工队伍的待遇也需要进一步改善。

三　推进延庆街道改革的建议

新阶段，延庆要立足实际情况，吸收借鉴其他地区先进的经验和做法，采取有针对性的举措，提高街道统筹协调能力，为推进延庆社会治理体系和治理能力现代化，建设最美冬奥城做出新表达。

（一）持续用力，做实街道改革"后半篇"文章

针对前期改革过程中出现的问题，要按照改革的要求，进一步做实做细三定工作，捋顺工作机制，发挥好改革的正向性作用，有效消减副作用。一是要

进一步细分街道职责。根据《街道党工委和办事处职责清单》对行政职责和事务性工作进行科学切分，把职责事项合理划分到内设科室和事业单位，避免职责交叉。二是要进一步破解街道岗位少、职数少的难题。积极向上争取政策，按照《条例》的要求，将街道机构设置成"六室一队三中心"，解决一些权力过于集中、职责过重的问题。逐步增加街道的行政编制，解决街道行政编制少的问题。三是探索合适的方式解决街道事业单位人员的积极性问题。街道事业单位人数多，承担的任务重，但其发展和工资待遇受到限制，应适当增加街道事业单位编制，畅通事业单位人员向公务员转任的渠道，适当增加事业单位人员的补贴，缩小工资待遇与公务员的差距。四是促进街道内部融合。将街道职能相近的科室集中办公，通过轮岗锻炼、业务交流等方式，促进业务融合和人员交流。

（二）精准发力，稳步做好"接诉即办"工作

以落实《北京市接诉即办工作条例》为契机，进一步完善"接诉即办"工作机制。一是要完善"接诉即办"工作领导机制。强化街道党委的领导作用，发挥好党组织的政治优势和组织优势，充分调动各方资源主动参与接诉即办，参与基层治理工作。二是要完善"接诉即办"工作办理机制。要进一步明确工单的办理流程和时限，明确部门和个人职责，通过建立联动机制，实现"条块协同""块块合作""条块衔接"，提高响应率、解决率、满意率。三是要积极做好"未诉先办"工作。充分利用好大数据，有效地整合"吹哨报到""接诉即办"信息化系统和"网格化"管理系统，实现数据互联、资源共享，提前研究分析共性问题，主动解决百姓关注的热点难点问题。

（三）善于借力，快速提高街道综合执法能力

街道要借助筹办举办人事要事的机遇，在实践中迅速提升综合执法能力。一是建立与相关专业部门的协同和指导工作机制。进一步理顺区城管委、区城管执法局等职能部门与属地街道乡镇的关系，明确职能定位，更好地统筹全区城市管理与城管执法工作。二是建立街道综合执法工作流程和文书制作流程工作机制。通过街道综合执法的具体案例，建立全过程规范性的执法机制，提升基层综合执法规范化水平。三是加强综合执法队伍建设。通过加大社会招录、定期人员交流、加强青年干部培养等多种方式，解决现有执法人员力量不足、年龄结构、知识结构不均衡等问题。

（四）凝聚合力，全力促进街道保障能力提升

按照《条例》要求，进一步加强对街道的人财物支持。一是根据街道工作

实际情况，区委组织部、编办等积极争取政策支持，在街道行政编制、领导职数、事业单位数量方面给予适当倾斜。二是加强对社会工作人员的招聘、培训和考核力度，不断壮大社会工作专业人才队伍，改善社会工作者队伍年龄结构、知识结构、学历结构，提高社会工作者的专业化水平。与此同时，畅通社会工作者发展路径，使社区工作成为有奔头的工作。三是加大对街道和社区的经费投入力度，建立街道社区工作经费逐年递增工作机制，同时，赋予街道更多经费自主使用权，使街道能够根据工作需要合理调配资金，以更好地服务居民。

参 考 文 献

[1] 杨宏山、石晋昕：《城市街道大部门制改革的制度分析——基于北京市东城区的案例研究》，《北京行政学院学报》2019年第2期。

[2] 宋龙艳：《北京为街道赋能》，《投资北京》2019年第4期。

[3] 北京市委社会工委北京市民政局：《以街道体制改革打造首都基层治理新格局——〈北京市街道办事处条例〉解读》，《中国社会工作》2020年第10期。

[4] 谢延智：《北京市街道社区管理体制改革的实践与思考》，《中国机构改革与管理》2015年第7期。

[5] 上海师范大学课题组：《街道体制改革路在何方》，《中国民政》2018年第16期。

[6] 北京市城市管理委员会研究室：《发挥街道的城市管理基础作用 不断提升新时代基层治理水平——〈关于加强新时代街道工作的意〉解读》，《城市管理与科技》2019年第21期。

短视频微观叙事下北京城市形象的感性传播[*]
——以北京冬奥会为例

杨乐怡[**]

摘　要：城市形象蕴含着丰富的感性内涵，但在很长一段时间内都由理性秩序主导。如今，短视频以其个性化、社交性、短平快的感性传播实践激活了城市的多样情绪、丰富情味，重构了市民与城市之间的关系，在北京冬奥会中促成了全民参与的新媒介事件与互动仪式，并通过冬奥意象的碎片拼贴、个人体验的泛在建构、情绪归属的流量导向模式，塑造了赛场内外基于城市认同与情感归属的全民记忆。在新型城市交往语境下，需要通过弱化样板宣传模式、强化市民主体参与、完善情绪调控机制的方式，以微观、感性、互动的话语力量共构北京的新形象、新活力。

关键词：短视频；北京；城市形象；感性

北京城市形象集名城形象、首都形象、中国形象于一体，表现为复杂的感知与传播系统。短视频重塑了以市民为传播主体、以城市日常生活和情感体验为传播内容的城市形象传播方式，将传统城市形象的理性宣传话语颠覆为感性的泛在话语，传递出碎片多元、鲜活生动的北京冬奥故事。

---

[*] 本文系中共北京市委党校（北京行政学院）2021年度学科建设青年项目"短视频与北京城市形象传播研究"（项目编号：21XQN015）的阶段性研究成果。

[**] 杨乐怡，博士，中共北京市委党校（北京行政学院）北京市情研究中心助理研究员，主要研究方向为北京市情研究、网络视听传播。

一 短视频：城市媒介形象的感性传播转向

"城市形象"蕴含着丰富的感性内涵，表征了城市客体反映在市民主体中的整体感知、印象和综合评价，也表征了人与城市之间形成的一种心理关系、感性经验。北京现代城市形象研究所所长居易教授认为，"城市形象的塑造者往往也是城市形象的感受者……城市形象不是一句口号，不是一个活动，也不是一项单一的工程，而是一个涉及城市方方面面的印象和感受系统。"[①] 在媒介技术的作用下，这种印象和感受系统的"切身感受"模式逐渐被"拟态感知"模式替代，体外化的符号成为城市形象的传播载体，城市印象在传播者与受传者的符号化和符号解读的过程中循环往复地生成、建构。

城市形象的媒介传播过程，虽然对于受传者是一种需要调动情感与想象的感性活动，但在传播者方面，由于印刷、电视等传统大众媒介的精英主义理性色彩与公共属性，其很长一段时间内都由理性秩序主导。直到互联网 Web2.0 时代到来后，城市形象传播才从精英主义转向个人主义、从理性操控转向个体分享，市民作为城市运行主体开始拥有话语权，变革为城市形象的传播力量。不过，在互联网图文阶段，传播主体并未延伸至每一个平凡百姓中，精英人士、知识分子和少数年轻群体成为城市形象传播的补充力量。

今天，短视频的全民普及打破视听语言的传播壁垒，逐渐成为日常生活的社交语言，它使每一个个体都享有视听的高度自由权，成为自己生活的导演、城市的代言人和形象传播的主要传播者，建构着城市形象的本真体验、标签印象与社会认同。相较于传统城市形象传播叙事话语，短视频摒弃了部分理性的媒介操守，不再注重长久精心的谋划和公共性的定位，强调即刻体验和个性张扬，偏好短平快和高潮式的叙事，因而体现出强烈的感性特征，"网红城市"也在情绪的叠加传播中迅速出圈。

短视频的感性传播实践激活了城市的多样情绪、丰富情味，也让城市形象充满了立体丰满、真实可感的市井文化和烟火气息；对于北京来说，它解构了长期以"都"为形象的宏大叙事方式，延伸出以"城"为特色的微观叙事方式，揭开北京作为一国之都的神秘面纱，形成了对精英视角理性传播的有益补充。更为关键的是，短视频重构了市民与城市之间的关系，让城市回归了"市民的城市"内涵，让城市形象成为共建共享的全民意象，且不断动态地建构着

[①] 刘传：《城市形象：向左走 向右走——北京现代城市形象研究所所长、居易教授专访》，《公民导刊》2003 年第 2 期。

数字信息与地理图景相融相映的现实城市。

二 冬奥记忆：北京城市形象的感性传播实践

中央政治局常委、中央书记处书记，北京市委原书记蔡奇在中国共产党北京市第十三次代表大会上肯定了冬奥会的工作和价值，指出"北京成为全球首个也是唯一的'双奥之城'，大国首都风范和城市魅力更加彰显"[1]。从 2008 年到 2022 年，北京的双奥盛事见证了城市的文化自信、技术创新、媒介变革、社会变迁。蒂莫·卢姆表示，"2008 年北京奥运会被认为是第一届数字奥运会，持权转播商们第一次大规模使用数字技术向观众转播赛事。而北京 2022 年冬奥会，则在传统媒体与社交媒体之间，形成了很有意义的历史转换，冬奥会转播的小时数达到了历史新高。"[2] 北京冬奥会首次将短视频平台作为官方转播商，极大促成了这场意义非凡的历史转换，使其在冰雪运动基础相对薄弱的中国也能发展为一项全民盛事。在官方转播商"快手"平台，有"24 小时不间断"全程点播的比赛、多种风格的自制 IP 栏目、丰富的 UGC 创作内容和直播活动，端内外冬奥相关作品及话题视频总播放量达 1544.8 亿，为冬奥打 CALL 视频总播放量突破 708 亿[3]。在各个短视频平台上，全民参与的新媒介事件与互动仪式，让这届冰雪盛事不仅留下了赛场上无数令人心潮澎湃的精彩时刻，更留下了赛场外充满市井情趣的全民记忆。

（一）碎片拼贴：双奥之城的集体意象

北京作为历史上首次同时举办夏奥会和冬奥会的城市，承载了无数中国人的奥运记忆和情感归属。短视频碎片拼贴的创作传播方式，让全国人民在短时间内形成了对冬奥会及其主办城市北京的感知、认知、记忆。

1. 在感知方向，体育赛事的高潮化叙事，实现奥运精神的瞬间激活

在注意力经济时代，短视频擅长用短平快、高潮化的叙事传递强烈的感官刺激，将冬奥竞赛的精彩瞬间集中呈现。据易观分析数据显示，超 60% 的用户偏好从短视频平台获取冬奥会信息[4]。人们无须定时定地观看直播，只需利

---

[1] 北京日报：《收藏学习！北京市第十三次党代会报告全文公布》，京报网，https：//baijiahao.baidu.com/s? id=1737374901320371040&wfr=spider&for=pc。

[2] 暨佩娟：《国际奥委会详解北京冬奥会全球关注度》，《环球时报》2022 年 2 月 17 日第 3 版。

[3] 数据来源：《上快手追冬奥，成"墩"精彩》，快手，数据统计时间为 2022 年 1 月 1 日—2022 年 2 月 23 日。

[4] 数据来源：《北京 2022 年冬奥会用户信息获取偏好专题分析》，易观分析，数据统计截止到 2022 年 2 月 28 日。

用碎片化时间场景，打开手机随手一滑尽览冬奥精彩，既有赛场上的夺冠瞬间和遗憾时刻，也有场外花絮和温情时刻。例如，冬奥闭幕后，新华社发布的《2分钟带你回顾北京冬奥会破防瞬间》，用10组人物故事、12张照片拼贴，将竞争之外的理解、友谊、团结展现尽然，让奥运精神在北京和张家口、在中国、在全世界赓续，也赋予了北京这座国际交往中心城市更丰富可感的精神意象，生动诠释着以"包容"为内涵的北京精神。

2. 在认知方面，冬奥知识的浅表化传播，实现城市价值的内化传播

短视频使各个专业领域的知识以通俗易懂、风趣幽默的方式传播，专业的壁垒被打破，抽象的信息变得显性化，系统的知识以充满感染力的视听碎片讲述出去。例如，N小黑财经发布的《双奥之城，全球叹服！》，画面中N哥手捧茶杯，慷慨激昂、图文并茂地讲述了冬奥会的技术含量和中国国民经济从高速增长阶段到高质量发展阶段的转变，并以一首自创押韵诗配以热血沸腾的《铁血丹心》歌曲结尾。整个介绍虽然教授了一些经济学常识和技术概念，但放松的肢体、恰当的配图、高亢的情绪、激昂的语调、澎湃的音乐、网友的互动、动感醒目的字幕和富视觉冲击力的拼贴画面让知识本身实现了生动化"祛魅"，使观者无不沉浸其中并受到情绪感染，强烈的民族自豪感油然而生，北京作为国际科技创新中心的形象深入人心。

3. 在记忆方面，"双奥"瞬间的非线性连接，实现城市记忆的集体认同

伴随2022年北京冬奥会的开幕，中国人民对于2008年北京奥运会的回忆涌上心头，而短视频对"双奥"的非线性传播，跨越时空的鸿沟，串联起全国人民的情感联想和集体记忆。众多短视频创作者从自身专业或情感的角度对比两届奥运会的同与异：有"北大旺仔"从作文题材角度讲述冬奥会火炬传递仪式变化中体现的文化自信，有"杨潘讲艺术"从艺术创作角度讲述两届开幕式从史诗感到诗词感转变的文化魅力，有"新时代中国外交思想库"从大国外交角度用图片演变方式对比呈现出席两次开幕式的外交友人，有前奥运冠军郭晶晶清唱2008年冬奥会主题歌《北京欢迎你》唤醒记忆并致欢迎辞。在无数个"双奥"瞬间的拼贴传播中，国际重大体育赛事赋予了北京独特的城市记忆，使北京与全国所有地域紧紧相连、凝聚为一，不论是北京市民还是非北京市民，都产生了强烈的自我认同感和城市归属感，并饱含自信与自豪地评论出一句："北京欢迎你！"。

（二）泛在建构：个体视角的冬奥体验

过去，电视直播创造了数届奥运会集体性被动观看的"媒介事件"；现在，网络短视频塑造了北京冬奥会全民性互动参与的"新媒介事件"。这历史性的转换，不仅体现在时空传播上从固定化、集中式到碎片化、移动式的转换，而且更重要地体现在国际重大体育赛事从官方媒体报道转向社会个体传播的媒介重构，多元、泛在的个体以自身的冬奥体验共建了集体的冬奥记忆，成就了全民互动互享的拟态体育景观。

1. 核心参与者的生活分享，展现冬奥故事的个体视角，赋予城市形象更深层的价值意蕴

在短视频的传播效应下，2022 年北京冬奥会以运动员本位的感性叙事超越了 2008 年北京奥运会以国家本位的理性叙事，运动员走下神坛，不再是代表国家形象的脸谱话语工具，而是代表个人形象的鲜活话语主体，这也使冬奥故事呈现出更为真实、趣味、轻松的叙事体系，运动员的个人魅力大放异彩。在短视频平台，运动员的入驻及生活分享拉近了民众与运动员的心理距离，增进了民众对冰雪竞技的体育认同，冬奥期间，快手平台运动员总涨粉数达 3800 万以上[1]，抖音平台谷爱凌成为最受欢迎的运动员，视频播放量达 123 亿、点赞量 2.8 亿、热点话题数量 217 个[2]，被网友亲切地称呼为"我的朋友"。谷爱凌作为生于美国的"北京妞儿"形象跃然屏上，地道的北京方言、特色的北京小吃、丰富的北京街景、专属的北京记忆等北京视听文化符号，都在谷爱凌的日常生活短视频中呈现，无形之中传递出现代性与市井性兼具、丰满立体又富有特色的北京城市形象。在名人效应的带动下，谷爱凌的个人形象与北京的城市形象之间产生了一种情感意义上的联结与认同，内化发展为大众对于北京城市的美好意象。

除了中国运动员，国外运动员的日常短视频分享以他者视角延展了北京的城市形象，讲述了鲜活可信的中国故事，成为冬奥会的传播亮点。北京长期以来作为 TikTok 上热度最高的中国城市，在冬奥会举办后相关播放量增幅更是超过 50%，达 8.6 亿次；在♯beijing♯标签下热度最高的前 100 个视频中，内容包括冬奥村餐厅、比赛场馆、运动员高光瞬间、冬奥志愿者等，其中俄罗斯前花滑名将梅德韦杰娃和西班牙冰舞选手奥利维娅·斯玛特参加北京冬奥会的两条日常分享短视频获得了较高关注，播放量分别为 770 万次和 140 万次，点赞量分别为 63 万次和 60 万次[3]。外国运动员的冬奥日常分享，不仅在国外传播了热情、大气、规范、现代、多元的北京城市

---

[1] 数据来源：《上快手追冬奥，成"墩"精彩》，快手，数据统计时间为 2022 年 1 月 1 日—2022 年 2 月 23 日。
[2] 数据来源：《抖音 2022 冰雪运动数据报告》，抖音，数据统计截止到 2022 年 2 月 19 日。
[3] 参见王若溪编《海外短视频平台上的北京冬奥会传播影响力报告：冰墩墩、北京美景海外破圈》，中国旅游新闻网，http://www.ctnews.com.cn/news/content/2022-03-31/content_121446.html。

形象，也在国内激发了广泛的国家认同与民族自豪感，进一步肯定了北京在冬奥会筹办上做出的努力与成就。

与此同时，冬奥会志愿者和工作人员的短视频分享，多角度描绘了北京冬奥会的日常故事，这些"后台"景观满足了大众对于冬奥"内幕"的好奇欲望，没有明星光环的普通身份更加强了城市形象呈现的可信度与亲切感，延伸了北京冬奥会微观深入的传播视角。

2. 普通民众的冰雪体验，展现冬奥运动的全民普及，赋予城市景观更丰富的人文魅力

在冬奥会现场之外，以北京市民为主体的冰雪体验短视频，建构出北京以冰雪运动延展出的城市新景观、新风貌、新印象。

在冬奥会的契机下，北京人民2022年冬季分享冰雪运动体验的短视频数量大大增加，有些市民迎来了初次滑雪、滑冰、冰壶等体验，"晒冰雪享冬奥"成为春节期间的新时尚。其中有日常生活场景的冰雪记录，如市民在室内外运用墩布和铁锅等日常用具模拟冰壶项目体验、冬奥运动员陈虹伊在什刹海冰场花式滑冰；有各式各样的冰雪娱乐场地的体验测评，如大兴区雪都滑雪场、朝阳区温榆河公园等冰雪场地介绍；有冬奥会相关场馆的冰雪体验与展览，如北京经济开发区冬奥展厅、冰立方、首钢滑雪大跳台等冬奥环境体验；有多种冬奥衍生的消费体验场景，如北京市民排长队购买冰墩墩的场景、北京邮政冬奥集章活动场景等……短视频传播了专属于每一个个体的冬奥时刻，这些叙事以日常生活场景为主，既没有紧张严肃的竞技气氛，也没有华丽大气的话语修饰，只有轻松愉悦的感性体验。

此外，冬奥建筑景观也内化为北京人民对于冬奥的独特记忆、对于城市的情感认同和对于体育的精神追求。林奇认为，"景观也充当着一种社会角色。人人都熟悉的有名有姓的环境，成为大家共同的记忆和符号的源泉，人们因此被联合起来，并得以相互交流。为了保存群体的历史的思想，景观充当着一个巨大的记忆系统。"[1] 鸟巢、水立方、奥林匹克森林公园等奥运景观延续了中华民族和北京市民对于2008年奥运会的集体记忆，而今的冰立方、国家短道速滑馆、首钢园、冰墩墩雕塑等冬奥景观又再次将2008年的记忆唤醒并连接起来，汇入新的"双奥"记忆中，不断向过往的人们提示着这份民族共同的体育精神和奥运记忆。景观、记忆和影像的交织，形塑了市民群体基于城市认同的、相互联结的情感能量，北京也将在奥运遗产的空间存续中形成"一起向未来"的城市复兴新地标，迎来新的经济文化发展。

---

[1] ［美］凯文·林奇：《城市意象》，方益萍、何晓军译，华夏出版社有限公司2017年版，第95页。

（三）流量导向：全民狂欢的情绪归属

情绪社会分享学说认为，当情绪事件发生后，人们倾向自愿与他人分享自己的情绪体验；而身处于情绪分享情境之中的个体更容易受到情绪的诱导，激发次级的分享行为，从而实现个体情绪向群体情绪的转变。在短视频平台，具备情绪共鸣点的内容和具备感染力的音乐、特效更容易激活个体传播分享欲望。有学者以内容分析法研究个人用户发布的流量较高的冬奥短视频，在统计的313个样本中约有75%的冬奥短视频使用了配乐，大多表达出了冬奥的积极情绪[1]。

冬奥会期间，短视频平台的"顶流"非冬奥会吉祥物冰墩墩莫属，它的火爆出圈也源于情绪分享的社会动因。冰墩墩文化热潮最初源于日本电视台记者辻岗义堂在新闻直播中向连线主持人介绍证件带上挂满的"冰墩墩"徽章的短视频，这种不报道赛事、却报道吉祥物，对冰墩墩的痴迷毫不掩饰的可爱性情消解了严肃的新闻报道，而辻岗义堂本人在其后"追星"行为中表现出的激动语调、饱满情绪、丰富表情及肢体动作富含个体强烈的情绪体验，加之媒体账号在流量导向下持续进行冰墩墩的情绪输出，个体情绪迅速转化为群体情绪，引发了网友对冰墩墩衍生的二次创作和跟风消费，催生了冰墩墩情绪效应的持续发酵、传播、消费，形成"一墩难求"的消费盛景和花式冰墩墩创作的大众文化现象。

根据抖音数据，冬奥期间冰墩墩视频播放量超过261亿，关注人数超5亿[2]，获赞量排名前50的短视频中有44个由个人用户发布，再次彰显了情绪传播下泛在个体力量的传播建构。在"冰墩墩"现象中，无论是官方媒体的报道，还是网友自发的创作、消费分享，都体现了人们在情绪中互相确认、获得群体归属的心理需求。事实上，2019年9月冰墩墩就已经面世，但特许商店门可罗雀，柜台上的冰墩墩渐积灰尘；随着冬奥会的开展，冰墩墩的形象才在短视频社会情绪的调动下日益动态丰满、受到热捧，并极大带动了线下的炫耀性消费和社交性热潮，北京冬奥会纪念品商店门口凌晨就排起了购买长队，冰墩墩相关景观也成为市民的打卡胜地，凸显了北京城市感性文化消费的巨大潜力。在冰墩墩引发的线上线下城市联动传播中，敦厚、可爱、包容、开放的冰墩墩形象逐渐赋予了北京更丰富可感的文化价值、更时尚多元的消费价值、更灵动活跃的城市生命力。

---

[1] 参见胡岑岑《个体视角下的短视频叙事与国家形象建构——以北京冬奥会中的短视频为例》，《当代电视》2022年第4期。

[2] 数据来源：《抖音2022冰雪运动数据报告》，抖音，数据统计截止到2022年2月19日。

当然，冬奥会呈现的北京不仅是这座城市本身，更是通过其首都形象传播的国家形象。冰墩墩的文化热潮，不仅仅是情绪社交分享、非理性消费传播的产物，更是源于冰墩墩形象本身即是国家形象的情感对应物，其内在价值表征的是对中国形象的情感归属和文化认同。

在冬奥意象的碎片拼贴、个人体验的泛在建构、情绪归属的流量导向中，多元主体以微观的感性话语传播不仅构建了属于自己的个体记忆，也在表达与互动中共创了集体的北京冬奥记忆，并形塑了国家的文化记忆和北京的城市意象。2021年被业界视为"短视频奥运元年"，通过短视频社交媒体平台观看奥运等国际体育赛事正在成为一种新常态。对于2008年北京奥运会，人们留下的集体记忆可能更多的是宏大叙事下的赛场时刻，如运动员夺冠的高能瞬间或刘翔因伤退赛的遗憾情景；对于2022年北京冬奥会，人们留下的集体记忆可能更多的是微观叙事下的情感体验，如"我只是想要一只冰墩墩啊"的全民狂欢、王濛"我的眼睛就是尺"的霸气解说、外国运动员花式体验冬奥村景象的自豪情感等。这些现象正在表征着，我们已处于微观化感性传播的泛在语境中，城市形象的建构方式亦在无形之中发生转变，并需要更加有形的力量去适配如此转变。

三 情感认同：北京城市营销的感性话语路径

"城市是各种社会关系与社会文化流动的空间，它们要凝聚为一个城市的气质与精神"[①]，城市气质与精神的形成源于人的主体性建构。短视频作为一股个性化、感性化、互动化的大众媒介力量，打破了城市形象传播自说自话的理性宣传秩序，提供了更有效的传播渠道和更具市民化的传播范式，建构了城市与市民的拟态交往关系，延展出城市形象的新样态。此时，宏大、严肃、单向的话语体系已经不合时宜，微观、感性、互动的话语力量将迸发出新的价值。

（一）弱化样板宣传模式，释放感性力量

城市的主体和中心是广泛的市民群体，而传统的城市形象普遍是以"宣传"代替"传播"的、宏大视野下的轮廓式和样板化叙事，视政绩宣传、旅游招商为背后诉求，而缺乏对城市生活中的个体生活情感的微观描写。对于北京来说，城市形象传播更是常常深受"首都"特性的影响，国家形象的宏大标签

---

① 周颖：《北京影象：华语电影中的媒介尺度》，载卫军英、范红霞《城市传播的文化空间》，浙江大学出版社2021年版，第216页。

淹没了"城市"的真实感和烟火气,"皇城感"覆盖"日常感"成为城市认同的核心要素。

有学者提出,"理性在城市旅游中没有立足之地。城市规划、城市建设和城市传播,其实都是想方设法激活人的美好情感,并对城市产生某种依恋之情,进而诉诸消费行动——购物、买房,成为该城市的居民"[①]。2021年7月,国务院批准北京等5个城市率先开展国际消费中心城市培育建设,而在冬奥会吉祥物冰墩墩的冷热消费对比中,也能窥见一斑:北京市民在感性驱动下具备强大的文化消费力,同时单一、理性的形象传播已然不合时宜。

随着大众认知图式的感性化、经验化发展,北京城市形象传播也应注入更多的情感基因和生活要素,以感性话语传播理性内容,以微观视角展现宏大叙事,延展形象传播的多元维度。在内容上,深入挖掘北京深厚的文化内涵与大众情感之间的连通性,基于日常生活情境展现城市的风土人情和精神品格,以一花一木式的微观视角观照城市细胞,唤起大众的情绪共鸣和城市认同;在表达上,以情感性、趣味性的故事代替枯燥性、严肃性的说教,以身临其境的演绎代替居高临下的俯瞰,以平实、网感的语言代替抽象、浮华的辞藻,以轻松明快、高辨识度甚至是卡点魔性的流行音乐音效代替气势恢宏、一贯到底的背景音乐,增强城市形象的亲近感和真实感;在技术上,以大数据、人工智能技术为基础,融合AR、VR、MR等新技术手段,更有效地触达特定场景和特定人群,更具象地激活城市形象传播的感性体验。

(二)强化市民主体参与,促进情感对话

一个颇具真实感和"人情味儿"的城市形象,不应仅仅体现为官方话语"自上而下"的观照视角,更应当凸显为市民主体"自下而上"的参与建构,展现充满市民魅力的城市。

著名城市理论家刘易斯·芒福德提出,"当今城市要体现的,已不再是任何君权神授的统治者意志,而要体现市民自己的以及共同的意志,体现他们追求自我认知、自我管理、自我实现的崇高目标和意志……城市本身不过是为日常社会生活中人们自然、自发邂逅、冲突、困局以及相拥相爱,提供一个活跃舞台。"[②] 短视频平台为市民提供了一个自我呈现、情感共通、城市交往的舞台,以市民作为传播主体呈现的柴米油盐、衣食住行,无不潜移默化地影响着北京城市

---

① 邵培仁:《城市形象塑造与传播的灵魂及根本》,载卫军英、范红霞《城市传播的文化空间》,浙江大学出版社2021年版,第2页。

② [美]刘易斯·芒福德:《城市发展史——起源、演变与前景》,宋俊岭、宋一然译,上海三联书店2018年版,第531页。

的空间定义和形象建构，塑造了一个个如"8D魔幻城市"重庆、"电动车之城"南宁等网红城市，凸显了如西安毛笔酥、重庆火锅等城市特色美食。以市民拍摄视角展示的城市生活，是充满市井情趣、喜怒哀乐的城市，内蕴着充分且多元的主体性旨趣，"这种不标准的、不统一的、不流于集体刻板概念与体验输出的城市形象传播才是当下说服力最高的传播形式"[①]，而市民彼此通过影像媒介建立起了交往关系，构建的是一座时空共联、信息共享、情感共通的鲜活城市。

因此，城市形象要鼓励个体力量的参与、强化个体叙事的传播，注重生活在北京城的市民的精神气质、情感体验和文化心理。一方面，要搭建城市不同主体间的交往平台，以话题挑战、创作激励或专业引导的方式激发市民自发地传播城市正向情感、产生拟态城市社交行为，促进城市集体记忆和对话；另一方面，要善用政要、明星、网红等意见领袖的网络影响力，使他们首要地成为城市故事的表述者、城市情感的体验者、城市形象的力挺者，带动粉丝的情绪同步和互动仪式，扩宽城市形象的传播范围、深度与效果。

（三）完善情绪调控机制，规避情绪极化

短视频社交平台塑造了全民狂欢的感性体验，具有碎片传播和情绪传播的特质，这种传播偏向也呈现不定向性和不可控性，在促进城市多元化、亲切化传播的同时，也隐藏着后真相时代城市形象传播的情绪风险。

在面对城市情绪负面发展的事件时，应随时监测、主动作为、积极对话。其一，一般社会民生热点话题容易引发负面情绪化发展，此时应充分发挥主流媒体的议程设置功能，快速、有效、诚恳地回应公众关切，进行信息公开与专业解读，避免不实信息流传和舆论反转，一方面传递理性、客观的权威声音，另一方面以共情、共鸣的感性话语将不良情绪进行分流和转化；其二，完善城市舆情调控机制，及时监测线上线下的社会民意和群体呼声，掌握城市社会热点话题和舆论发展方向，公开、畅通民生反馈渠道，以"疏"代替"堵"，以情感支撑代替刻板宣教；其三，带动市民主体的理性发声和情绪自愈，通过智能算法控制、理性流量引导、意见领袖发声等方式建立思想碰撞和多元文化的交往场域，以市民力量舒缓市民情绪，挖掘互联网的自愈功能，并在碰撞与沟通中进一步强化城市的群体归属和情感认同。

[①] 谭宇菲、刘红梅：《个人视角下短视频拼图式传播对城市形象的构建》，《当代传播》2019年第1期。

四　结语

随着媒介社会的感官化、人性化发展，城市本体也呈现出感性传播的特质。北京作为首都，既往的形象宣传更多体现了国家理性意志和大气庄重之感，缺少了些都市韵味和人文情怀。冬奥会为城市形象的更新与丰富提供了传播契机，短视频在无数碎片的传播凝聚之中，形塑了以市民为中心、以感性为表征，开放多元、鲜活可感且充满人情味儿、烟火气和生命力的北京形象，传递出包容自信、共创未来的北京冬奥精神。冬奥会向世界展现了更加全面、立体、真实的北京，并通过北京的多元微观叙事，塑造着可信、可爱、可敬的中国形象，而北京的未来形象也将不仅仅是中国的北京，更是世界的北京、市民的北京，是既大气雍容、开放包容又真实可感、亲切有趣的北京。

参 考 文 献

[1] [美] 凯文·林奇：《城市意象》，方益萍、何晓军译，华夏出版社有限公司2017年版。

[2] [美] 刘易斯·芒福德：《城市发展史——起源、演变与前景》，宋俊岭、宋一然译，上海三联书店2018年版。

[3] 卫军英、范红霞：《城市传播的文化空间》，浙江大学出版社2021年版。

[4] 潘霁、周海晏、徐笛等：《跳动空间：抖音城市的生成与传播》，复旦大学出版社2021年版。

[5] 刘传：《城市形象：向左走　向右走——北京现代城市形象研究所所长、居易教授专访》，《公民导刊》2003年第2期。

[6] 暨佩娟：《国际奥委会详解北京冬奥会全球关注度》，《环球时报》2022年2月17日第3期。

[7] 谭宇菲、刘红梅：《个人视角下短视频拼图式传播对城市形象的构建》，《当代传播》2019年第1期。

[8] 胡岑岑：《个体视角下的短视频叙事与国家形象建构——以北京冬奥会中的短视频为例》，《当代电视》2022年第4期。

[9] 钟瑛、朱雪：《风险社会中主流媒体调适社会情绪的机制构建》，《内蒙古社会科学》2020年第41卷第4期。

[10] 郑晋：《从2008到2022：奥运媒体大战的两个变和一个不变》，《全媒体探索》2022年第Z1期。

[11] 北京日报：《收藏学习！北京市第十三次党代会报告全文公布》，(2022-07-04)[2022-07-11]，https://baijiahao.baidu.com/s?id=1737374901320371040&wfr=spider&for=pc。

[12] 快手：《成[墩]精彩！快手冬奥战报来了!》，(2022-02-24)[2022-05-08]，ht-

tps：//mp. weixin. qq. com/s/C3W‐lGnMtQlAYtJMXhMAFg。

［13］易观分析：《北京2022年冬奥会用户信息获取偏好专题分析》，(2022‐02‐28)［2022‐05‐24］，https：//www. analysys. cn/article/detail/20020383。

［14］王若溪编：《海外短视频平台上的北京冬奥会传播影响力报告：冰墩墩、北京美景海外破圈》，(2022‐03‐31)［2022‐05‐12］，http：//www. ctnews. com. cn/news/content/2022‐03/31/content_121446. html。

［15］抖音：《冰墩墩如何火爆出圈?〈抖音2022冰雪运动数据报告〉解读来了》，(2022‐02‐24)，［2022‐05‐08］，https：//mp. weixin. qq. com/s/UCLSin_dsxiYYQCDkh-FFnw。

通州与北三县公共服务均等化发展的理论逻辑与实现路径

刘李红[*]

摘　要： 通州—北三县协同发展是京津冀协同发展、北京都市圈构建的重点，其中公共服务均等化发展是协同发展的重要基础与前提。现有关于公共服务均等化发展的研究更多基于供给视角，本文构建了供给—需求—经济—制度四维理论解释框架，提出跨域公共服务均等化发展的三个核心目标是供需匹配化、经济协同化、制度耦合化。基于该理论框架，本文分析了通州—北三县公共服务均等化发展的现状与问题，提出了运输化、数字化、城市化、工业化、多元化、协调化、标准化是促进通州—北三县公共服务均等化发展的基本路径。

关键词： 通州—北三县；公共服务；均等化；理论逻辑；实现路径

一　引言

党的二十大报告进一步提出"以城市群、都市圈为依托构建大中小城市协调发展格局，推进以县城为重要载体的城镇化建设"。通州与北三县协同发展是京津冀协同发展以及北京城市副中心高质量发展的重点内容。2016年发布的《关于全面深化改革提升城市规划建设管理水平的意见》最早提出要推进通州和北三县协同发展。2019年发布的《北京城市副中心控制性详细规划（街

---

[*] 刘李红，博士，中共北京市委党校（北京行政学院）经济学教研部讲师，主要研究方向为城市经济学、宏观经济学。

区层面）（2016年—2035年）》以及2020年发布的《北京市通州区与河北三河、大厂、香河三县市协同发展规划》从顶层设计层面明确了要从统一规划、统一政策、统一标准、统一管控等多方面实现通州—北三县协同发展。此外，政府还出台了多部具体性政策文件，如《关于北三县地区教育发展合作协议》等，为通州和北三县各行业协同发展创造了有利的政策保障。目前，北三县作为北京非首都功能疏解的"第一梯队"，承接了众多北京市产业，第三产业占比得到较大幅度的提升，但主要集中于房地产、租赁商务、批发零售、科学研究和技术服务业等产业，教育、医疗、公共交通等公共服务占比仍较小。在通州—北三县间跨域就医就学人口规模日益庞大背景下，公共服务均等化发展已成为通州—北三县居民共同的民生诉求，公共服务均等化发展对非首都功能疏解、通州—北三县协同发展、京津冀协同发展具有重要的现实意义（陈志国，2018；王宁，2015）。习近平总书记于2019年12月在《求是》期刊发表的《推动形成优势互补高质量发展的区域经济布局》提到区域协调发展的基本要求是实现基本公共服务均等化。

　　公共服务是指政府、公共组织或其他经过公共授权的组织提供的具有共同消费性质的公共物品和服务。本文以通州—北三县空间尺度范围内的社会性公共服务如教育、医疗、社会保障为主要研究对象（房萌萌，2007）。现有关于京津冀公共服务均等化的研究主要集中于以下四方面：公共服务均等化发展的原因、公共服务均等化发展的影响因素、公共服务均等化发展思路、公共服务均等化测度指标四个方面。京津冀公共服务均等化发展的原因包括解决北京市公共服务供给能力超负荷的问题以及实现京津冀高质量城市化等（刘雅青，2015；杨龙、胡世文，2015）。京津冀公共服务均等化影响因素包括财政实力、城镇化程度、经济结构、税收收入、协调机构、转移支付体系等（刘雅青，2015；王宁，2015；陈志国，2018）。京津冀基本公共服务均等化发展思路主要在于构建好合作与协调机制（陈志国，2018；刘雅青，2015；王宁，2015）。京津冀公共服务均等化测度方面，现有学者大多构建了多层次评价指标体系，但是构建标准和评价方法有所差异（许恒周、赵一航、田浩辰，2018；赵子键，2017；王晨苗，2018）。

　　现有相关研究为本文提供了丰富的基础，但关于公共服务均等化发展系统、深入的经济学理论分析较为缺乏。随着北三县经济发展速度不断加快，居民公共服务消费偏好、总量、结构都面临升级，对基本公共服务供给提出了总量和结构性升级要求。通州与北三县公共服务均等化发展的目标导向、理论逻辑以及实现路径是什么？本文将结合经济学理论，以居民公共服务需求特征为导向进行深层次分析，基于公共服务需求、供给效率、经济高质量发展、体制机制保障，构建供给—需求—经济—制度四维理论解释框架并提出公共服务的均等化发展路径。

二 均等化理论框架构建

本文构建了供给—需求—经济—制度的跨域公共服务均等化理论框架，提出跨域公共服务均等化发展的三个核心目标是供需匹配化、经济协同化、制度耦合化。

供需匹配化是跨域公共服务均等化发展的基础目标。随着居民收入水平的提高，对公共服务的需求层次和需求偏好呈现出多样化特征。基于居民的多样化公共服务需求，需要丰富公共服务的供给来源。政府和市场主体在满足居民不同层次公共服务供给过程中具有不同的职能分工，比如政府更倾向于提供普惠性的、基础性的公共服务，市场主体更倾向于满足居民高质化的公共服务需求。供需匹配化是指不同类型居民的公共服务需求都能够得到与之相匹配的公共服务供给。在供需匹配化的过程中，也是政府公共财政和社会资本边际有效产出得到提高、避免资金无效利用的过程。公共服务供需匹配化除包括数量和质量的匹配外，还包括公共服务供给与需求在时间和空间层面的匹配，这就有赖于公共服务的空间分布要在居民公共交通可达的空间范围内，时间层面的匹配促使数字化公共服务发展成为未来的发展趋势。因此，多元化、运输化和数字化是实现供需匹配化的重要路径。

经济协同化是跨域公共服务均等化发展的经济保障。公共服务供给主要依赖于当地的地方财政收入水平，通州与北三县所在的廊坊市目前财政基础差距不大，在非首都功能疏解的过程中，如何同步实现通州与廊坊市的产业协同是两地公共服务均等化发展的关键所在。产业协同需要充分挖掘并创造两地区位、资源和文化所带来的比较优势，承接并发展与其比较优势相适应的产业，产业协同需要城市化作为保障，户籍制度或者居住证互认制度优化以及营商环境优化等，都将会通过提高劳动生产效率以及资本竞争性，加速人力、资本等要素流入，加速两地产业的协同发展。因此，工业化和城市化是实现经济协同化的关键。

制度耦合化是跨域公共服务均等化发展的制度保障。制度耦合是指制度结构内的各项制度安排为了实现其根本目的而有机地组合在一起。在耦合状态下，具体的各项制度安排之间、制度安排与制度结构之间不存在结构性矛盾，能够最大限度地发挥现有制度结构的整体功能（武西锋、袁广林，2019）。跨域公共服务均等化发展有赖于有效跨域合作与协调制度的制定，但是跨域合作与协调制度往往与现行行政考核制度相冲突,如何避免这些冲突,真正实现通州—北三县公共服务协同发展是难点也是重点,跨域合作与协调制度耦合能够缓解市场和政府失灵,降低制度和市场交易成本,进而为跨域公共服务均等化发展提供扎实的制度保障。都市圈治理组织同一化以及公共服务标准化是制度耦合化的重要表现。

总之,跨域通州—北三县公共服务均等化发展的基础和核心目标是供需在数量、质量、时间和空间四个方面的匹配,公共服务供需匹配需要经济协同化、制度耦合化作为经济和制度保障。基于此,本文从多元化、运输化、数字化、城市化、工业化、同一化、标准化这七化角度提出了通州—北三县公共服务均等化发展的基本路径。未来需要进一步构建相应的指标体系,并对通州—北三县公共服务均等化发展情况进行实时动态的评价。

三 均等化发展现状及问题

(一)发展基础与现状

1. 通州区与廊坊市公共服务财力基础相当

通州区与廊坊市经济发展水平与财力基础相当。从人均 GDP 来看,廊坊市 2020 年人均 GDP 为 6.04 万元,通州区 2020 年人均 GDP 为 5.99 万元。从人均公共预算收入看,廊坊市 2020 年人均公共预算收入为 0.65 万元,通州区 2020 年人均公共预算收入为 0.43 万元。通州区与廊坊市在主要公共服务的财政投入水平与优先序上也相当。廊坊市 2019 年教育支出占比为 14%,卫生健康支出为 5.5%,社会保障和就业支出为 8.2%。通州区 2019 年教育支出占比为 13%,卫生健康支出为 7.8%,社会保障和就业支出为 8.5%。

2. 通州区与廊坊市人均公共服务资源数量具有一定差距

2020 年通州区人均公共服务资源供给情况如下:教育方面,通州区每万人拥有普通中学 0.23 所,小学 0.45 所,各类幼儿园 1.23 所。医疗卫生方面,全区每万人拥有医疗卫生机构 3.3 个,其中,医院 0.12 个,社区卫生服务中心 0.48 个,疾病预防控制中心 0.01 个,妇幼保健院 0.01 个。每万人拥有医疗卫生机构床位数 22.58 张,其中,拥有医院床位数 18.67 张。全区每万人拥有卫生技术人员 56.99 个,其中,全区每万人拥有执业医师及执业助理医师 22.08 人,全区每万人拥有注册护士 23.05 人。2020 年廊坊市人均公共服务资源供给情况如下:教育方面,每万人拥有中等职业教育学校 0.06 所,普通高中 0.07 所,初中 0.31 所,小学 1.39 所,各类幼儿园 2.08 所;卫生方面,每万人拥有医疗卫生机构 11.2 个，其中，医院 0.33 个，乡镇卫生院 0.16 个，社区卫生服务中心（站）0.12 个，疾病预防控制中心 0.02 个，妇幼保健院（所、站）0.02 个。每万人拥有医疗卫生机构共有床位 50.05 张，其中，医院拥有 39.74 张，乡镇卫生院拥有 8.02 张。每万人拥有卫生技术人员 67.44 人，其中，执业医师及执业助理医师 31.05 人，注册护士 24.89 人。整体来看，通州区人均教育和医疗资源与廊坊市相比还具有一定差距。

表 1 2020 年通州区和廊坊市人均公共服务资源供给情况

类型			通州区	廊坊市
教育	普通中学	高中	0.23	0.07
		初中		0.31
	小学		0.45	1.39
	幼儿园		1.23	2.08
医疗	医院		0.12	0.33
	社区卫生服务中心		0.48	0.12
	疾病预防控制中心		0.01	0.02
	妇幼保健院		0.01	0.02
	医院床位数		18.67	50.05
	执业医师及执业助理医师		22.08	31.05
	注册护士		23.05	24.89

数据来源：《2021 年北京市区域统计年鉴》和 2020 年廊坊市统计公报。

3. 北京与北三县公共服务协同合作力度将持续加大

"十四五"时期，北京与北三县公共服务协同发展力度将持续加大。教育方面，2020 年底，通州区与三河两地教育部门签署了教育协同发展框架协议，北京通州区教委对口支援香河县、大厂县教育发展，开展送教活动和赴京跟岗研修活动，两地步入相互协作、相互促进、共同提高的新时期（韩梅，2021）。目前，通州区多个学校已与北三县多个学校初步确定了拉手联盟校、合作共建的意向。医疗方面，"十四五"期间，朝阳医院、中日友好医院、安贞医院等多家医院将与北三县相关医疗机构开展合作，协同推进北三县医养结合结构服务能力提升。社会保障方面，2021 年，北京市 179 项政务服务事项在河北省廊坊市北三县实现"跨省通办"，首批"跨省通办"重点解决在北京和北三县之前通勤人员的个人高频事项办理需求，包括教育、医疗、养老、社保等 23 类 179 项与群众生活密切相关的政务服务事项。

（二）存在问题

1. 公共服务供给机制存局限

目前，公共服务供给以地方政府负责制为主，这种严重依赖地方财政的供给机制必然会导致跨域公共服务供给数量和质量的较大差异。此外，地方政府绩效考核机制也决定了核心城市和周边地区竞争有余、合作不足的现状（胡明远、龚璞、陈怀锦、杨竺松，2020）。当前通州与北三县协同发展过程中仍存在"断头路"和"瓶颈路段"未完全消除；城际轨道交通建设明显滞后；公共服务布局缺乏统筹、公共服务资源共享度较低、公共服务供给标准不一等问题。

2. 公共服务标准不统一

通州区与廊坊市在教育、医疗保险、养老等公共服务的标准和要求还有很多方面的不统一，影响基本公共服务均等化的协同推进，比如各项社会保险缴纳标准不统一，影响廊坊市在承接非首都功能和高端人才方面的竞争力，进而影响到廊坊市为提供高质量公共服务所需的地方财政收入。此外，目前通州区与廊坊市在信息化方面各有各的探索，但在顶层架构、标准方面缺乏互通与协调机制，信息系统的跨省对接尤其是在民生领域远跟不上需求。以养老保险为例，养老保险已经实现异地领取，但领保者死亡信息对接不到位不及时，导致养老保险金超期发放现象仍然存在（胡明远、龚璞、陈怀锦等，2020）。

3. 公共服务所需资源基础不一

人才方面，受北京虹吸效应影响，津、冀两地公共服务发展所需人才普遍较为短缺，津、冀两地在开展融京接京工作过程中，希望利用北京优质教育、医疗资源带动本地区教育、医疗事业发展，但在实践过程中人才资源跨域共享仍面临较多难点。以医疗领域医生多点执业为例，现有公立医院采取事业单位的人员编制管理，公立医疗机构本身无推动多点执业的动力，成为多点执业的重要阻碍因素（王伟进，2020）。资金方面，在现有分税制下，需要由地方税收出资提供公共服务，廊坊市在产业引入方面相较通州区存在一定弱势，进而影响到地区税收收入，以及两地公共服务的均等化发展。

4. 公共服务缺乏有效统筹机制

财政方面，公共服务财政支出的地方性与跨域劳动力的职、住地不一将导致地方实际承担的公共服务责任不合理，例如，廊坊市为北京市经济社会发展提供了大量常住人口红利，即廊坊市大量居住人口在北京市工作、纳税，但是许多基本性的公共服务负担却留在了廊坊市。标准方面，目前关于公共服务的供给标准主要集中于数量方面，但关于公共服务质量的衡量标准还有待完善，此外，跨域公共服务供给标准缺乏统筹，这些均导致各地消费者公共服务供需难以得到真正匹配。

四 均等化"七化"实施路径

（一）多元化满足公共服务需求的多样性

在教育和医疗等公共服务供给方面，政府与市场有明确的供给界限，政府所提供的公共服务更加具有普惠性，低收入群体从这种普惠型的公共服务当中获益，它起到缩小市民福利差距的功能。这种普惠公共服务需要地方财政作为保障，需要建立健全与地方财政增长相适应的基本公共服务动态增长机制，构建公共服务跨域成本分担和利益补偿机制，完善基本公共服务领域横向财政转移支付制度，健全"资源（钱）随人走"的基本公共服务资源投入机制。而对于高收入家庭来讲，需要市场提供更高质的、差异化的公共服务供给。这种高质量的公共服务需要加大政府购买公共服务力度，完善政府购买公共服务的定价、内容等机制，进一步放开准入标准，明确退出标准，并出台土地、税收、金融等支持性政策，鼓励国有经济、民营经济以收购、参股等多种形式参与公共服务供给，比如一些房地产开发商在建设楼盘时配建公共服务设施，轨道集团在建设轨道线路时配建公共服务设施，或者居民合资建设公共服务等多种模式。为推进跨域公共服务均等化发展，更需要优化市场供给环境，鼓励优质公共服务供给主体跨域提供同等均质化的公共服务。

（二）运输化提高通州—北三县公共服务供给的可达性

北京优质的教育和医疗主要集中在四环以内，近年来，我市学校、医院也在随着城市拓展疏解到新区去，但是疏解过程中较少考虑到公共服务的可达性问题。日本和新加坡等地区将轨道交通空间布局与公共服务空间布局综合考虑，在轨道交通向都市外围延伸发展的同时，将教育、医疗等公共服务业甚至养老产业布局在外围轨道线附近，再通过外围地区的产城融合，实现中心城市功能的疏解。在建设连通通州—北三县轨道线的过程中，要转变过去以睡城、住宅为核心的外围开发模式，把公共服务业当成吸引核心资源的载体而不是配套，要围绕轨道站点配置公共服务资源，吸引高端人口和优质产业向轨道沿线布局，形成通州—北三县发展的经济次中心。

（三）数字化提高通州—北三县公共服务供给的便利性

数字技术打破时空限制，在便利城乡居民生活、优化公共服务供给能力等方面提供了有力支撑（马兴瑞，2021）。基本公共服务可借助数字化来降低获取门槛和成本，同时，提升供给效率和均等化程度，必须加快公共服务数字化发展，有效创新公共服务数字化提供方式，提升公共服务数字化共享程度，让更多人共享数字化发展成果。教育方面，借助新一代信息技术，逐步建立通州—北三县数字化智慧教育平台，实现教育的数智化发展，快速高效实现优质教育资源的共建共享。医疗方面，逐步搭建通州—北三县在线医疗平台，开展便捷预约就诊、双向转诊、远程医疗服务，创造更多的数字化医疗服务新模式，为广大消费者提供多元化、多层次的医疗健康服务；大力支持通州区内医务人员在北三县执业，放松对公立医院医生在线就诊的限制；促进医疗卫生信息的互联互通，扩大医疗机构检查结果互认范围，提高异地就医的便利性。医疗保险方面，稳妥推进医疗保险在通州—北三县异地使用与直接结算。

（四）城市化强化通州—北三县公共服务需求的稳定性

基于户籍分配公共资源的模式是导致都市圈内中心城市和周边区域难以协同发展的重要原因。基本公共服务均等化的实现，关键要实现公共服务在户籍人口和非户籍流入人口间分配权利的均等化。通州—北三县基本公共服务同常住人口挂钩机制以及以居住证为载体、与居住年限等相挂钩的基本公共服务供给机制优化有利于北三县的城市化，有利于实现其人口的稳定性。建议建立基本公共服务同常住人口挂钩机制，健全以人口流入地为主的基本公共服务供给制度；完善以居住证为载体、与居住年限等相挂钩的基本公共服务便利化提供机制，推动符合条件的未落户常住人口逐步享有与户籍人口同等的基本公共服务（胡明远、龚璞、陈怀锦、杨竺松，2020）；实现居住年限和社保缴纳年限在通州—北三县跨域互认，并大幅提高居住年限和社保缴纳年限在积分落户标准中的权重；创新以跨域通勤人口规模纳税为基准的公共服务财政收入转移支付模式；全面落实支持农业转移人口市民化财政支持政策及动态调整机制，健全异地结算、钱随人走等机制。

（五）工业化促进通州—北三县公共服务供给的均等性

由于公共服务供给资金来源与地方财政收入挂钩机制，短期内需要改革财税制度，明确财政转移支付基准，并进一步优化中央和地方在财税方面的事权和财权。长远来看，公共服务供给的均等性需要以工业化作为保障，要实现通州与北三县工业化的同步发展，需要充分把握非首都功能疏解机遇，基于通州和北三县的区位与资源优势，明确各自功能定位，利用北京科技创新优势和数字经济发展优势，培育通州与北三县的新发展优势，通过区域分工实现错位及协同发展。目前北京中心区经济在辐射通州和北三县方面还有待持续加强。

（六）协调化利于通州—北三县公共服务供给政策的统一性

纽约都市圈在发展过程中，成立了非营利性的区域协调组织，与居民、政府、商业和社区合作，开展纽约都市圈的规划与实施工作；在具体领域，如基础设施领域，纽约都市圈成立了都市圈交通委员会，负责规划、评估并协调区域内整体的交通项目。伦敦都市圈在发展过程中建立了系统性的跨域协同治理机制，在中央政府调控下，成立了都市圈政治领导小组，定期召开相关会议，加强跨域事务的沟通与协调。东京都市圈发展过程中出现了诸如东京都市圈交通规划协议会、七都县首脑会议等地方自发的协议会，确保了处理具体跨域问题的灵活性。具有协调功能的都市圈治理组织有助于缓解都市圈公共服务均等化发展过程中的各种矛盾。建议尽快根据国际大都市圈划定标准，结合大数据技术，动态划定北京大都市圈空间范围，并建立中央政府为主导的北京都市圈协调组织和协调机制。同时，建立包括公共服务在内的具体领域都市圈合作委员会，负责都市圈内公共服务领域具体事项的规划、实施与协调等工作。完善北京都市圈的考核机制，将包括公共服务均等化在内的各项指标与都市圈发展绩效挂钩，将都市圈各领域的发展指标与各地方政府的政绩考核相挂钩。

（七）标准化利于通州—北三县公共服务供给质量的一致性

《国家基本公共服务标准（2021年版）》（以下简称《标准》）从9方面、22大类、80个服务项目明确了现阶段国家提供基本公共服务项目的基础标准，为今后五年实现基本公共服务均等化发展划定了底线、明确了责任，奠定了基础。实现基本公共服务均等化的关键是推进基本公共服务的标准化，以标准化手段优化资源配置、规范服务流程、提升服务质量，确保全体公民都能公平可及地获得大致均等的基本公共服务（方欣月，2019）。标准化内容方面，通过设定基本公共服务的设施建设、设备配备、人员配备和服务管理等软硬件标准，达到补短板、强弱项、提质量的效果（邢伟，2019）。此外，还应该制定公共服务标准化实施质量评价指标体系，对各地公共服务标准化实施效果进行考核，适时调整公共服务标准，确保各地公共服务达到相对均等。具体公共服务事项方面，建议医疗方面逐步实现通州—北三县医疗保险的缴费率、起付线、报销比例的统一等；教育方面主要实现通州—北三县在人均教育资源配套数量、质量、教育升学率等方面标准的统一等。

参 考 文 献

[1] 陈志国：《促进京津冀基本公共服务均等化研究》，《经济研究参考》2018年第15期。
[2] 胡明远、龚璞、陈怀锦、杨竺松：《"十四五"时期我国城市群高质量发展的关键：培育现代化都市圈》，《行政管理改革》2020年第12期。
[3] 马兴瑞：《加快数字化发展》，《求是》2021年第2期。
[4] 王宁：《京津冀基本公共服务均等化：问题与对策》，《管理市窗》2015年第28期。
[5] 王伟进：《长三角一体化：公共服务均等化的维度》，《中国经济报告》2020年第2期。
[6] 武西锋、袁广林：《合宪性审查：宪法实施的中国道路——基于"嵌入"理论的解释》，《前线》2019年第8期。
[7] 许恒周、赵一航、田浩辰：《京津冀城市圈公共服务资源配置与人口城镇化协调效率研究》，《中国人口·资源与环境》2018年第28卷第3期。
[8] 杨龙、胡世文：《大都市区治理背景下的京津冀协同发展》，《中国行政管理》2015年第9期。
[9] 刘雅青：《京津冀新型城镇化体系构建与公共服务均等化建设》，《区位优势与协同创新——京津廊一体化研讨会议（环首都沿渤海第10次论坛）论文集》，2015年。
[10] 韩梅：《"通武廊"10个教育共同体生机勃发》，《北京日报》2021年2月19日。
[11] 邢伟：《以标准化促公共服务均等化》，《经济日报》2019年2月20日。
[12] 房萌萌：《论西方国家公共服务市场化及对中国的启示》，硕士学位论文，西北大学，2007年。
[13] 方欣月：《政府购买基础教育公共服务研究》，硕士学位论文，南京师范大学，2019年。
[14] 王晨苗：《京津冀基本公共教育服务均等化研究》，硕士学位论文，河北大学，2018年。
[15] 赵子键：《京津冀协同发展中基本公共服务均等化问题研究》，硕士学位论文，河北大学，2017年。

北京市失能老人特征及差异性分析

崔书锦　闫　萍[*]

摘　要： 北京市人口高龄化程度日益加深，失能老人规模扩大。本文基于2020年第七次全国人口普查数据中的老年人自评健康数据，以北京市失能老人为研究对象，分析北京市老年人口的失能规模以及失能率等，并从性别、年龄、城乡、地区、婚姻状态等方面对失能老人的基本特征及差异性进行分析。研究发现，北京市老年人口失能率呈现农村高于镇、镇高于城市，女性失能人口规模高于男性，高龄失能老人规模较大等特征。基于此，提出应通过整合农村供给资源、关注女性失能老人群体、强化高龄失能老人的基本保障等措施减轻老龄化带来的各种社会问题。

关键词： 北京市；失能老人；特征；差异性分析

2022年10月16日，习近平总书记代表第十九届中央委员会向大会作了题为《高举中国特色社会主义伟大旗帜　为全面建设社会主义现代化国家而团结奋斗》的报告。在报告中明确指出：实施积极应对人口老龄化国家战略，发展养老事业和养老产业，优化孤寡老人服务，推动实现全体老年人享有基本养老服务[①]。有效应对人口老龄化，事关国家发展全局，事关亿万百姓福祉。

---

[*] 崔书锦，中共北京市委党校（北京行政学院）社会学教研部人口学专业在读硕士；闫萍，中共北京市委党校（北京行政学院）社会学教研部教授。

[①] 参见齐志明、宋豪新、张艺开《社区养老，让老人乐享幸福生活》，《人民日报》2022年11月22日第8版。

一 研究背景

(一) 人口老龄化加速发展

当前我国人口老龄化程度日益加深,按照国际通行标准,当一个国家或者地区65岁及以上人口占比超过7%时,就进入老龄化;达到14%,为深度老龄化社会;超过20%,则进入超老龄化社会。我国在2000年迈入人口老龄化社会以来,人口老龄化进展迅速。根据第七次全国人口普查数据显示,截至2020年年底,我国60岁及以上人口达到2.64亿,占总人口的18.70%,其中,65岁及以上人口为1.90亿,占总人口的13.50%。与2010年第六次全国人口普查相比,我国65岁及以上人口的比重上升4.63个百分点。

北京市自20世纪90年代就开始进入老龄化社会,第七次人口普数据显示,2020年全市60岁及以上常住人口占总人口的比重为19.6%,比2010年比重上升了7.1个百分点,年均增长5.70%。全市65岁及以上常住人口291.2万人,占总人口的比重为13.3%,比2010年比重上升4.6个百分点,人口老龄化程度进一步加深。按照国际通行标准,以北京市常住人口为例,2020年北京市16个区全部进入老龄化阶段。其中,目前进入深度老龄化阶段的区分别是东城、西城、朝阳、丰台、石景山、门头沟、平谷、密云和延庆区;东城和西城的65岁及以上的常住老人占比分别为18.2%,已接近20%,因此这两个区即将步入超级老龄化阶段。(见表1)。

表1 北京市老年人口规模及人口老龄化情况　　　　单位:万人;%

地区	常住人口	60岁及以上规模	60岁及以上比重	65岁及以上规模	65岁及以上比重	老龄化阶段
北京市	2189.0	429.9	19.6	291.2	13.3	老龄化
东城区	70.9	18.8	26.5	12.9	18.2	深度老龄化
西城区	110.6	28.7	25.9	20.1	18.2	深度老龄化
朝阳区	345.1	70.9	20.5	49.3	14.2	深度老龄化
丰台区	201.9	47.9	23.7	32.0	15.8	深度老龄化
石景山区	56.8	13.8	24.3	9.3	16.4	深度老龄化
海淀区	313.2	57.8	18.5	40.9	13.1	老龄化
门头沟区	39.3	8.9	22.6	5.8	14.8	深度老龄化
房山区	131.3	26.0	19.8	17.3	13.2	老龄化
通州区	184.0	31.6	17.2	21.2	11.5	老龄化

续表

地区	常住人口	60岁及以上规模	60岁及以上比重	65岁及以上规模	65岁及以上比重	老龄化阶段
顺义区	132.4	21.9	16.5	14.4	10.8	老龄化
昌平区	226.9	33.9	14.9	22.1	9.7	老龄化
大兴区	199.4	29.9	15.0	19.4	9.7	老龄化
怀柔区	44.1	8.6	19.5	5.6	12.8	老龄化
平谷区	45.7	11.0	24.1	7.5	16.4	深度老龄化
密云区	52.8	12.2	23.1	8.0	15.2	深度老龄化
延庆区	34.6	8.0	23.1	5.4	15.7	深度老龄化

数据来源：根据全国第七次人口普查数据计算得出。

（二）失能老人规模不断增多

失能老年人口就是生活不能自理、在日常生活中丧失活动和生活能力的60岁及以上老年人口[1]。失能老人在老年人口中的比重即为失能率[2]。随着我国老龄化和高龄化水平迅速提高，失能老人增多。"第四次中国城乡老年人生活状况抽样调查"成果显示，2010—2015年，我国失能老年人共增加了约700万，农村失能老年人增量约占其中的53.3%[3]。老龄人口的增加，伴随着的是失能老年人口的规模持续增长，失能比例上升。

二 文献回顾

准确评估失能老人的规模、深入分析失能老人的差异对研究失能老人的养老服务需求和促进未来养老服务发展具有重要意义。目前不同学者在中国老年人口失能率、失能水平、失能老人规模和变化趋势等方面进行了探究与分析，现有的研究主要集中在以下几个方面：

第一是基于人口普查数据或多种来源数据来对老年人健康状况进行分析，并计算老年人失能率、推算失能老人规模。首先，目前使用人口普查数据，以失能老人群体作为单独对象研究的很少，多是根据普查数据进行老年人健康状况的研究。例如，潘金洪（2012）依据2010"六普"长表中"不健康、生活不

---

[1] 参见潘金洪、帅友良、孙唐水等《中国老年人口失能率及失能规模分析——基于第六次全国人口普查数据》，《南京人口管理干部学院学报》2012年第4期。

[2] 参见陈习琼《中国老年人口失能现状及地区差异》，《中国老年学杂志》2022年第5期。

[3] 参见张园、王伟《失能老年人口规模及其照护时间需求预测》，《人口研究》2021年第6期。

能自理"老年人数据,计算了全国及分省区、年龄、性别、城乡的老年人口失能率,并推算其规模[1]。郭秀云(2019)基于2010年人口普查、2015年1%人口抽样调查、2015年中国城乡老年人口生活状况抽样调查、2014年中国老年人健康长寿影响因素调查(CLHLS)等多项数据得出上海市老年人口的失能水平[2]。

第二是对于老年人生活自理能力的状况进行差异分析。例如,方黎明、王婉(2013)基于第六次人口普查长表数据的分析,比较我国不同的年龄段、性别、婚姻状况、城乡及地区的老年人失能状况差异[3];张文娟、王东京(2018)基于2015年全国1%人口抽样调查数据,揭示了当前中国老年人口的健康状况及其城乡和性别差异[4];陆薇(2020)则基于2015年1%人口抽样调查数据对河南省的老年人口失能现状进行分析,并发现河南省老年人口失能率在地区、性别、年龄、城乡方面存在差异[5]。

第三是对于未来的失能老人规模进行预测。例如,黄成礼(2006)根据历次普查数据,假定未来人口增加的预期寿命中失能时间所占比例与原有的失能占预期寿命时间的比例相同,对未来失能情况进行简单预测[6]。王金营、李天然(2020)以2002—2014年中国老年人健康长寿影响因素跟踪调查(CLHLS)数据为基础,预测未来老年人失能规模和结构的状态及发展趋势[7]。张园、王伟(2021)则运用2011年和2014年中国老年人健康长寿影响因素跟踪调查(CLHLS)纵向追踪数据,分城乡预测了失能老年人口规模和照护时间需求[8]。

综上所述,已有研究的研究内容主要包括我国当前老年人的失能率与失能规模、失能现状的差异分析和未来失能老年人规模和结构的预测等。但仍有很多不足:其一是数据来源多元,由此计算出的老年人失能率、失能规模存在一定差异;其二是目前学者对某个省份或城市的老年人失能状况研究较少。本文试图根据第七次人口普查数据以及经过加权处理的2018年北京市"精准帮扶"

---

[1] 参见潘金洪、帅友良、孙唐水等《中国老年人口失能率及失能规模分析——基于第六次全国人口普查数据》,《南京人口管理干部学院学报》2012年第4期。

[2] 参见郭秀云《上海老年人口失能水平与平均照料时间研究——基于多个数据来源的考察》,《南方人口》2019年第3期。

[3] 参见方黎明、王婉《中国老年人生活自理能力的基本状况——基于第六次人口普查长表数据的分析》,《社会福利》(理论版)2013年第7期。

[4] 参见张文娟、王东京《中国老年人口的健康状况及变化趋势》,《人口与经济》2018年第4期。

[5] 参见陆薇《河南省老年人口失能现状及对养老服务体系建设的影响》,《兰州教育学院学报》2020年第1期。

[6] 参见黄成《中国老年人口的健康、负担及家庭照料》,《中国卫生资源》2006年第5期。

[7] 参见王金营、李天然《中国老年失能年龄模式及未来失能人口预测》,《人口学刊》2020年第5期。

[8] 参见张园、王伟《失能老年人口规模及其照护时间需求预测》,《人口研究》2021年第45卷第6期。

需求调查困境老年人的失能老人数据，计算得出北京市失能老人规模，分析相关人口学特征。

三 数据来源与计算方法

本文有两个数据来源，一是2020年第七次全国人口普查数据中的老年人自评健康数据，将"不健康，生活不能自理"老年人数据作为失能老人数据，计算出全国和北京市性别、年龄、城乡的老年人口失能率，测算失能老人规模，并对相关人口学特征进行分析，为制定养老服务设施规划、长期照护保险等方面提供参考。二是2018年北京市"精准帮扶"需求调查困境老年人中的失能老人数据，此数据是在第七次全国人口普查数据的基础上根据加权变量（城乡/区域、年龄、性别）经过加权处理得到的。在本次调查中，困境老人为60岁及以上家庭困难、失能、残疾、失独、失智、独居老年人，以及所有80岁及以上的高龄老人；本文所研究的失能老人根据家庭户问卷中老年人基本日常活动功能得分（ADLs）进行划分：问卷中关于老年人基本日常活动功能包含进食、床椅转移、如厕、洗澡、平地行走、穿脱衣物、着装及修饰个人仪表的能力、上下楼梯、大便控制、小便控制共计10个指标，根据每个指标老人的完成情况分别赋予15分、10分、5分、0分，加总得到老人日常生活活动总分并划分日常生活活动分级。划分为："轻度失能：总分65—95分""中度失能：总分45—60分""重度失能：总分≤40分"三类，进一步得出北京市不同失能程度的老人数据。本文结合不同数据来源对老年人健康状况分类，相关指标的界定如下表所示：

表2 健康状况分类及相关指标的界定

数据来源	健康状况分类	自理能力
2020年第七次全国人口普查	健康 基本健康 不健康但生活能自理	生活能自理
	不健康，生活不能自理	生活不能自理
北京市"精准帮扶"需求调查困境老年人中的失能老人	包含进食、床椅转移、如厕、洗澡、平地行走、穿脱衣物、着装及修饰个人仪表的能力、上下楼梯、大便控制、小便控制共计10个指标	轻度失能：总分65—95分 中度失能：总分45—60分 重度失能：总分≤40分

计算公式如下：

$$失能率 = \frac{60岁及以上老年人口生活不能自理人数}{60岁及以上老年人口数量} \times 100\%$$

四　北京市失能老人人口学特征及差异性分析

本文利用第七次人口普查数据、北京市"精准帮扶"需求调查困境老年人中的失能老人数据对北京市老年人口失能率、失能老人规模、年龄性别差异、城乡、区域、受教育程度、婚姻状况、主要生活来源等进行分析。

（一）老年人口失能率和失能人口数量

北京市老年人口的失能率排在全国的中上位置。全国第七次人口普查的长表数据显示，我国老年人口总失能率为2.34%。分地区看，老年人失能率差距显著。其中，北京市老年人口失能率为2.85%，排名处于中上位置。按照由高到低顺序排列，失能率排在前五名的分别是西藏自治区（4.56%）、新疆（3.32%）、吉林省（3.24%）、青海省（3.19%）和上海市（3.17%），失能率排在最后五名的省份是江西省（1.65%）、福建省（1.72%）、贵州省（1.89%）、广东省和重庆市均为（1.96%）。

北京市失能老人规模排在全国的中下位置。全国第七次人口普查的长表数据推算，我国失能老人为618.7万人，与全国其他省市相比，北京市失能老人规模相对来说较少，约有12.2万，仅占全国失能老人的1.98%，排名处于中下位置。按照由高到低顺序排列，失能老人规模排在前三名的分别是山东省（54.1万人）、河南省（44.1万人）、河北省（43.9万人），失能老人规模排在后三名的省份是西藏（1.4万人）、青海（2.3万人）、宁夏（2.6万人）（见表3）。

表3　各省市老年人口失能率、失能人口规模及分布　　　单位：人；%

地区	60岁及以上人口（长表）	失能老人（长表）	失能率	60岁及以上人口（短表）	失能老人（短表）
合计	25523101	598118	2.34	264018218	6187103
北京	428002	12182	2.85	4298590	122349
天津	276745	6825	2.47	3002688	74051
河北	1441053	42680	2.96	14812048	438692
山西	641115	18675	2.91	6607025	192456
内蒙古	458505	14458	3.15	4757233	150009
辽宁	1053493	22074	2.1	10954467	229531
吉林	508469	16491	3.24	5551165	180039
黑龙江	676647	14250	2.11	7395690	155751
上海	569165	18061	3.17	5815462	184539

续表

地区	60岁及以上人口（长表）	失能老人（长表）	失能率	60岁及以上人口（短表）	失能老人（短表）
江苏	1768129	35097	1.98	18505345	367327
浙江	1176613	24001	2.04	12072684	246263
安徽	1115044	28765	2.58	11469236	295874
福建	635334	10952	1.72	6637869	114425
江西	761001	12564	1.65	7624781	125884
山东	2068666	52777	2.55	21220806	541397
河南	1707479	42001	2.46	17964048	441884
湖北	1181529	23334	1.97	11794995	232939
湖南	1305917	28783	2.2	13211281	291183
广东	1443501	28256	1.96	15565066	304680
广西	794598	20134	2.53	8363779	211926
海南	136158	3336	2.45	1476599	36178
重庆	693072	13610	1.96	7010440	137665
四川	1817836	42645	2.35	18163804	426109
贵州	575342	10896	1.89	5931357	112330
云南	692031	15805	2.28	7038030	160739
西藏	28527	1302	4.56	310984	14194
陕西	714762	14944	2.09	7591202	158714
甘肃	410723	9239	2.25	4260991	95849
青海	69612	2222	3.19	719402	22963
宁夏	96276	2535	2.63	974142	25650
新疆	277757	9224	3.32	2917009	96871

数据来源：失能率根据全国第七次人口普查数据的长表数据计算得出，失能规模根据全国第七次人口普查数据的短表数据以及长表推算的失能率计算得出。

（二）失能老人健康状况及其差异

九成老年人的身体健康状况都较好。第七次人口普查数据显示，90.67%的老年人身体健康状况为健康和基本健康，身体不健康的老年人占9.33%。（见图1）

轻度失能的老人居多，占比八成以上。改为：本文依据进食、床椅转移、如厕、洗澡、平地行走、穿脱衣物、着装及修饰个人仪表的能力、上下楼梯、大便控制、小便控制等10个指标，根据每个指标老人的完成情况分别赋予15

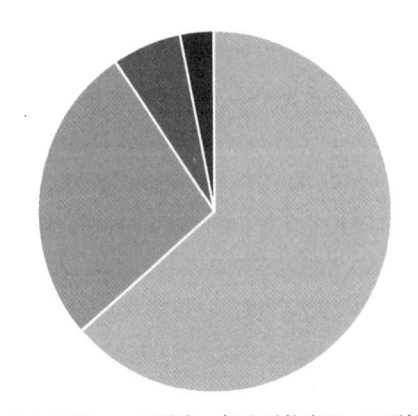

■ 健康　■ 基本健康　■ 不健康，但生活能自理　■ 不健康，生活不能自理

图 1　北京市老年人身体健康状况（单位：%）

数据来源：2020 年第七次全国人口普查。

分、10 分、5 分、0 分，加总得到老人日常生活活动总分并划分日常生活活动分级。划分为："能力完好：总分 100 分""轻度失能：总分 65—95 分"中度失能"总分 45—60 分""重度失能：总分≤40 分"四类。由此得到失能老人数。根据北京市困境老人中的失能老人数据可知：轻度失能老人最多，占比 80.6%；中度失能老人占比为 10.7%；重度失能老人占比最少，为 8.7%。

表 4　北京市失能老人健康状况　　　　　　　　　　　　　　单位：%

失能程度	比重
轻度失能	80.6
中度失能	10.7
重度失能	8.7
总计	100.0

数据来源：根据北京市精准帮扶的困境老人中的失能老人数据计算得到。

（三）北京市失能老人年龄差异

随着年龄的增加，老年人的健康状况呈下降趋势。第七次人口普查数据显示，随着年龄增长，老年人健康状况下降明显。健康和基本健康的老年人所占的比例由 60—64 岁年龄组的 96.4%，降至 85 岁及以上年龄组的 63%，下降了 33.3%。

高龄老人失能率陡增。第七次人口普查数据显示，在 75 岁之前，老年人的身体健康状况普遍较好，不健康人数所占的比例在各年龄组中均不超过 10%；但在 75 岁之后，各年龄组中不健康的比例随着年龄的增长而增加，高龄老人的失能率为 24.8%，其中 85 岁以上不能自理达到 17.28%，推断总数在 5 万人。

随着年龄的增加，失能老人规模呈上升趋势。第七次人口普查数据显示，北京市老年人口规模减少的同时，失能老人的数量在增加，占比在提高。高龄失能老人的规模推算在 7.5 万人，占失能老年人口的 59.1%。

表 5　北京市分年龄组失能老年人口数量和比例　　单位：万人；%

年龄组	老年人口数量	失能老年人口数量	失能率
60—64 岁	138.7	1.0	0.7
65—69 岁	119.5	1.3	1.1
70—74 岁	66.9	1.4	2.0
75—79 岁	41.5	1.5	3.5
80—84 岁	34.9	2.6	7.5
85 岁及以上	28.5	4.9	17.3
总计	429.9	12.7	2.8

数据来源：北京市老年人口根据七普短表数据统计，北京市失能老人数量根据七普长表数据推断得出，总体统计存在合理误差。

（四）北京市失能老人性别差异

女性失能率高于男性。第七次人口普查数据显示，男性老年人口失能率为 2.63%；女性老年人口失能率为 3.04%。总数上不能自理的老年女性比男性多 1.6 万。根据男性老年人口失能率和女性老年人口失能率可计算出北京市男性失能老年人口为 5.3 万，女性失能老年人口有 6.9 万人（见表 6）。

表 6　分性别老年人身体健康状况分布总人数推断表及占比　单位：万人；%

	老年人口合计		健康		基本健康		不健康，但生活能自理		不健康，生活不能自理	
	规模	占比	规模	占比	规模	占比	规模	占比	规模	占比
男	202.1	47.0	129.8	30.2	54.5	12.7	12.5	2.9	5.3	1.2
女	227.7	53.0	136.9	31.9	68.5	15.9	15.9	3.6	6.9	1.6
合计	429.8	100	266.7	62.1	123	28.6	28.4	6.5	12.2	2.8

数据来源：老年人口合计根据七普短表数据统计，失能老人数量根据七普长表数据推断得出，总体统计存在合理误差。

85 岁及以上的失能老人性别比偏低。根据人口普查数据调整后的"北京市'精准帮扶'需求调查"数据可知，在 70 岁以上年龄段，女性老人的失能比例要高于男性，在 60—90 岁、女性失能老人占比小于男性失能老人同年龄组。(见表7)。

表7　北京市分年龄组失能老年人口占比　　　　　单位：人；%

年龄组	失能老人占比 男	失能老人占比 女	性别比
60—64	52.3	47.7	109.6
65—69	50.1	49.9	100.4
70—74	48.9	53/1	88.8
75—79	44.8	55.2	81.2
80—84	44.4	55.6	79.9
85岁及以上	43.6	56.3	77.6
总计	46.2	53.8	85.9

数据来源：根据北京市"精准帮扶"需求调查的困境老人中的失能老人数据计算得到。

(五) 失能老人受教育程度

受教育程度为小学的失能老人占比最多，为36.4%。根据精准帮扶困境老人中失能老人数据可知，北京市大多数失能老人受教育程度为初中及以下，受教育程度为研究生的占比仅为0.2%，大学及以上学历的失能老人占比达到了11.2%。

表8　北京市失能老人受教育程度状况　　　　　单位：%

受教育程度	比重
未上过学	16.1
小学	36.4
初中	24.1
高中/中专	12.2
大学专科	5.6
大学本科	5.5
研究生	0.2
总计	100.0

数据来源：根据北京市"精准帮扶"需求调查的困境老人中的失能老人数据计算得到。

无论什么受教育程度，失能程度处于轻度失能的老人均最高；受教育程度为未上学和研究生的，重度失能老人占比超过中度失能老人占比，大学本科的重度失能老人占比与中度失能老人占比持平。轻度失能老人受教育程度为大学专科的占比最多，为90.2%，并且受教育程度越高，轻度失能的老人占比也较高；中度失能老人和重度失能老人的受教育程度为未上过学占比最高，分别

13.9%和15.2%；中度失能老人受教育程度为大学本科的占比最低，为5.2%；重度失能老人为大学专科的占比最低，为4.4%（见表9）。

表9 不同教育程度的失能老人失能状况　　　　　　　　　单位：%

	轻度失能占比	中度失能占比	重度失能占比
未上过学	70.9	13.9	15.2
小学	78.7	12.3	9.0
初中	83.7	9.9	7.0
高中/大专	86.3	8.0	5.7
大学专科	90.2	5.4	4.4
大学本科	88.6	5.2	5.2
研究生	86.1	5.3	8.7
总计	80.7	10.7	8.7

数据来源：根据北京市"精准帮扶"需求调查的困境老人中的失能老人数据计算得到。

（六）失能老人婚姻状况

失能老人中有61.8%处于有配偶状态。2020年七人普数据显示，有35.4%的失能老人丧偶，离婚和未婚状态的很少，分别为1.4%。

表10 北京市失能老人婚姻状况　　　　　　　　　单位：%

	占比
总计	100.0
未婚	1.4
有配偶	61.8
离婚	1.4
丧偶	35.4
同居	—

数据来源：根据北京市精准帮扶的困境老人中的失能老人数据计算得到。

无论婚姻状况是什么，轻度失能老人占比均最高。根据北京市精准帮扶困境老人中失能老人数据可知，无论什么婚姻状况，轻度失能老人占比均最高，重度失能的占比均最低；轻度失能老人婚姻状况为有配偶的占比最高，为82.5%；中度失能老人婚姻状况为离婚的占比最多，为30.9%；重度失能老人婚姻状况为丧偶的占比最高，为11.3%（见表11）。

表 11 不同婚姻状况的失能老人失能状况分析　　　　　　　　　　单位：%

	轻度失能占比	中度失能占比	重度失能占比
未婚	75.8	16.4	7.8
有配偶	82.5	10.3	7.2
离婚	64.4	30.9	4.7
丧偶	78.3	10.4	11.3
同居	78.3	11.2	10.2
总计	80.7	10.7	9.7

数据来源：根据北京市"精准帮扶"需求调查的困境老人中的失能老人数据计算得到。

（七）失能老人主要生活来源

失能老人更加依赖离退休金和养老金，对自己劳动或工作所得的依赖程度相对较弱。根据北京市"精准帮扶"需求调查困境老人中失能老人数据可知，失能老人主要生活来源为自己劳动或工作所得不足1%；失能老人主要生活来源为离退休金或养老金的比例超过八成；家庭其他成员供养的超过5%，为11.8%。更加值得关注的是政府的补贴（低保）的比例，失能老人高达9.9%（见表12）。

表 12 北京市失能老人最主要生活来源状况　　　　　　　　　　单位：人；%

生活来源	失能老人数量	失能老人占比
离退休金/养老金	566101	80.8
自己劳动或工作所得	5363	0.8
政府的补贴（低保）	69570	9.9
社会资助	536	0.1
以前的积蓄	2853	0.4
房屋、土地等租赁收入	1097	0.2
家庭其他成员供养	51599	7.3
其他	3317	0.5
合计	328655	100.0

数据来源：根据北京市"精准帮扶"需求调查的困境老人中的失能老人数据计算得到。家庭其他成员供养＝配偶的收入＋父母的收入＋子女的资助＋其他亲属的资助。

（八）失能老人城乡和地区差异

60岁及以上老年人口失能率城乡差异明显。第七次人口普查数据显示，城镇老年人口失能率最低（2.6%），乡村老年人口失能率最高（4.1%）；北京市老年人口失能率高于全国老年人口失能率；不管是城市、镇还是乡村，北京市女性老年人口失能率普遍高于男性老年人口失能率（见表13）。

表13 北京市分城乡失能老年人口数量和比例　　　　　单位：人；%

	60岁及以上人口			失能人数			失能率		
	合计	男	女	合计	男	女	合计	男	女
全国	25523101	12312008	13211093	598118	261474	336644	2.3	2.1	2.5
北京	428002	201396	226606	12182	5297	6885	2.9	2.6	3.0
城镇	366139	171030	195109	9668	4205	5463	2.6	2.4	2.8
村	61863	30366	31497	2514	1092	1422	4.1	3.6	4.5

数据来源：根据北京市2020年人口普查长表部分数据推断，总计统计存在合理误差。

海淀区失能老人最多。根据北京市"精准帮扶"需求调查困境老年人中的失能老人数据，海淀区的失能老人最多，占比达到了17.3%，朝阳区的失能老人最少，占比达到了1.5%。进一步根据七人普长表数据推算得出各区的失能老人规模，可知海淀区失能老人数量最多，为1.8万人；失能老人最少的为门头沟区，只有0.2万人（见表14）。

表14 北京市失能老年人口地区分布　　　　　单位：%

区	失能老人占比	失能老人数量
东城区	9.0	1.0
西城区	5.8	0.7
朝阳区	12.3	1.5
丰台区	8.6	1.0
石景山区	3.1	0.4
海淀区	17.0	2.1
门头沟区	1.5	0.2
房山区	6.5	0.8
顺义区	2.4	0.3
通州区	5.6	0.7
昌平区	8.6	1.0
大兴区	8.3	1.0
怀柔区	2.0	0.2
平谷区	4.6	0.6
密云区	2.9	0.4
延庆区	2.7	0.3

续表

区	失能老人占比	失能老人数量
总计	100.0	12.2

数据来源：失能老人占比根据北京市"精准帮扶"需求调查的困境老人中的失能老人数据计算得到，失能老人数量根据北京市第七次人口普查长表部分数据推断，总计统计存在合理误差。

五　结论与政策性建议

基于上述数据来源的分析结果，本文得出以下结论：其一是北京市女性老年人的失能率总体高于男性，男性老年人口失能率为2.63%，女性老年人口失能率为3.04%。其二是北京市老年人口失能率呈现农村（4.1%）高于镇（3.4%）高于城市（2.6）。

基于以上结论，本研究提出以下政策建议：

第一是整合供给资源，满足农村失能老人的多元化需求。首先，建立科学统一的失能老人养老服务需求评估系统，同时因地制宜，根据不同地区的情况，实施不同的评估标准。其次，健全家庭养老支持政策，加快实施农村失能老人照护服务补助机制。对家庭经济困难的照护者给予补贴，充分发挥家庭和社区的功能，让更多的人投入到社区养老服务中去。

第二是加强对女性失能老人群体的关注。《"健康中国2030"规划纲要》提出以妇女儿童、老年人等人群为重点，从疾病的预防和治疗两个层面采取措施，强化覆盖全民的公共卫生服务。由于女性老年人的预期寿命较长，但健康状况明显低于男性，经济收入也低于男性，因此关注女性老年人有助于减轻老龄化带来的各种社会问题。

第三是重点关注高龄失能老人及家庭。第一，要继续推进高龄老人津贴制度，逐步解决高龄失能老人的基本生活困难。第二，结合北京市经济水平，建立长期护理保险。第三，培养专业的高龄失能老人护理人员，为高龄失能老人提供专业服务。

参 考 文 献

[1] 潘金洪、帅友良、孙唐水等：《中国老年人口失能率及失能规模分析——基于第六次全国人口普查数据》，《南京人口管理干部学院学报》2012年第28卷第4期。

[2] 陈习琼：《中国老年人口失能现状及地区差异》，《中国老年学杂志》2022年第5期。

[3] 张园、王伟：《失能老年人口规模及其照护时间需求预测》，《人口研究》2021年第6期。

[4] 黄成礼：《中国老年人口的健康、负担及家庭照料》，《中国卫生资源》2006年第5期。

[5] 方黎明、王琬：《中国老年人生活自理能力的基本状况——基于第六次人口普查长表数据的分析》，《社会福利》（理论版）2013年第7期。
[6] 张文娟、王东京：《中国老年人口的健康状况及变化趋势》，《人口与经济》2018年第4期。
[7] 陆薇：《河南省老年人口失能现状及对养老服务体系建设的影响》，《兰州教育学院学报》2020年第1期。
[8] 王金营、李天然：《中国老年失能年龄模式及未来失能人口预测》，《人口学刊》2020年第5期。
[9] 张园、王伟：《失能老年人口规模及其照护时间需求预测》，《人口研究》2021年第6期。
[10] 郭秀云：《上海老年人口失能水平与平均照料时间研究——基于多个数据来源的考察》，《南方人口》2019年第3期。

北京智慧养老的实践与思考*

郑 澜**

摘　要：人口老龄化快速发展已成为北京的新常态，随着新兴技术的蓬勃发展，智慧养老成为积极应对人口老龄化的新型模式。北京是我国首批开展智慧养老建设的城市之一，近十年的探索与实践取得了显著成效，形成了智慧养老服务的北京样本，但也面临着智慧养老相关政策体系不完善、多元主体难协调、核心技术与人才不足、推广普及有难度等问题。为此，北京要抓住新时代首都发展的新机遇，强化智慧养老顶层设计、加强信息资源统筹协调、加大产品研发与人才培育、积极消除"数字鸿沟"，实现北京智慧养老的高质量发展。

关键词：北京；智慧养老；养老政策；养老服务

伴随着经济和社会的高速发展，我国面临着百年未有之人口大变局，人口老龄化形势日趋严峻。北京作为我国首都，是最早进入人口老龄化的城市之一，同时也是人口老龄化程度最高的城市之一，人口老龄化已成为基本市情。第七次人口普查数据显示，2020年北京市60岁及以上常住人口占比为19.6%，超过全国人口老龄化水平（18.7%）和联合国标准（10%）。预计到"十四五"时期末，人口老龄化水平将达到24%，从轻度老龄化迈入中度老龄化。与之相伴随的是家庭和社会养老压力的增大，数据显示，北京市老年抚养比从2010年的10.5%上升为2020年的17.8%，并且高龄老人、空巢老人、

---

* 本文系中共北京市委党校（北京行政学院）2021年度学科建设青年项目"积极应对人口老龄化背景下的智慧养老研究"（项目编号：21XQN011）的阶段性研究成果。

** 郑澜，硕士，中共北京市委党校（北京行政学院）北京市情研究中心助理研究员，主要研究方向为人口与社会发展。

失能失智老人也在持续增加，老年人的身体健康、生活照护等问题日益突出。传统的养老模式已经难以满足老年人日益多元化、个性化的需求，如何养老成为新发展阶段社会关注的热点所在。

近年来，大数据、人工智能、物联网、区块链、云计算等新兴科技的蓬勃发展，为解决传统养老难以为继的问题带来了曙光。在数字经济发展的背景下，数字技术正不断重塑组织形态和服务方式，驱动老龄事业和产业发生模式转型与变革，智慧养老由此应运而生。智慧养老（Smart Senior Care）指的是以老年人为中心，利用先进的科学技术及管理手段，为老年人提供实时、高效、便捷、全方位、智能化的养老服务。它被认为能够促进信息沟通、精准对接需求、整合社会资源、减轻人力负担，为老年人打造健康、幸福、有尊严、有价值的晚年生活。北京是我国首批开展智慧养老建设的城市之一，在智慧养老服务方面率先开始探索与实践，从而积累了丰富的经验，也迎来了新的发展。本文通过分析北京市智慧养老服务的相关政策与应用实践，了解智慧养老的发展状况及困境障碍，为新时代北京智慧养老发展提供新思考。

一 北京智慧养老的政策发展

智慧养老的发展离不开政策的支持和推动。北京市积极响应国家提出的"智慧养老"理念，在国家智慧养老的顶层规划和政策引导下，结合北京养老服务体系特点和养老市场情况，制定了一系列相关政策。北京智慧养老服务是围绕实现社区居家养老服务发展起来的。2011年，《北京市"十二五"时期老龄事业发展规划》提出"构建社区养老服务信息网络，为社区居家老年人提供便捷高效的生活照料、紧急救助、信息咨询等服务"的主要任务，养老服务"智慧"初现。2013年，北京市人民政府发布的《关于加快推进养老服务业发展的意见》中明确提出了"推进养老服务科技创新，建设居家养老（助残）管理服务平台"，为搭建首个全市范围内的养老服务信息平台提供了政策支持。2015年，全国第一个针对居家养老服务的地方性法规《北京市居家养老服务条例》颁布，首次提出要"建立社区养老服务平台"。

2016年以后，在国家政策的指导下，北京市委市政府明确了首都养老服务事业发展的智能化和信息化方向，在《北京市"十三五"时期老龄事业发展规划》《关于加强老年人照顾服务完善养老体系的实施意见》等文件中多次提到创新发展"互联网+养老服务"，要求"开展智慧型养老社区建设，推进智能养老产业发展"。2019年《北京市促进养老领域消费工作方案》《关于金融支持养老服务业发展的实施意见》给予了智慧养老产业更多的市场空间。2021

年,《北京市养老服务专项规划（2021年—2035年）》《北京市"十四五"时期老龄事业发展规划》提出"打造养老产业科技创新中心"的目标,加快发展智慧养老。北京市多部门联合探索养老服务新模式,将"智慧"融入养老服务时间银行、"物业服务＋养老服务"、养老助餐服务、养老家庭照护床位、街乡镇养老服务联合体建设的政策文件中,为形成具有北京特色的智慧养老服务模式提供政策性支持。

二 北京智慧养老的应用实践

北京是首批进入国家智慧健康养老试点示范名单的城市,截至2021年国家第五批智慧健康养老试点示范公布,五年内北京市共有16家单位进入试点示范名单,包括12家示范企业和4家示范街道。经过多方试点和示范,北京市智慧养老实践开拓了养老服务市场,优化了养老服务供给,满足了更多老年人个性化的养老服务需求,形成了独具特色的智慧养老服务模式。按照应用场所进行划分,大致分为以下五种主要模式。

（一）城市级智慧养老模式——"北京通"模式

城市级智慧养老模式,指的是将智慧养老服务列入城市设施和公共服务内容,基于全市范围实现高度智能化、智慧化和效率化。

2013年,北京市构建了全市范围内"96156小帮手"养老综合服务信息平台,为基于城市范围的智慧养老服务打下了基础。2018年以来,"北京通"模式迅速发展成为北京市智慧养老的主要模式之一。"北京通"模式是数据和工具结合的城市级智慧养老模式,其中,数据指的是通过北京通养老助残卡获取数据,工具指的是以养老助残卡数据为基础,面向三类客户群体的工具化客户端,包括面向个人的"北京通e"个人App、面向企业的居家养老服务一体机、面向政府的数据管理中心,从而达到为老年人提供一站式的消费体验,为企业提供获取市场的途径,为政府提供数据支持、决策和监管渠道,实现智慧养老"三赢"模式。"北京通"模式所依托的养老助残卡是集个人信息、政府补贴、购买服务和支付方式等多功能于一体的IC卡,北京市60周岁及以上老年人均可免费申领,因其便捷性、普惠性等特点受到老年人的欢迎和使用。近年来,"北京通"养老助残卡与健康宝实现互通,并积极开发推广"微孝付"功能,在"智慧助老"的基础上融入"智慧孝老"的理念。

（二）智慧养老的居家模式

智慧养老的居家模式,指的是以老年人住所为基础,依托智能设备和现代信息技术，实现老年人在家便可享受点餐送餐、家政服务、代购缴费、医疗健康等养老服务。

1. "无介入照护"模式

北京怡凯智能技术有限公司推出了"无介入照护"的智慧居家养老看护模式，该模式以智能传感器为基础，以无人工介入的形式为老年人提供照护和预警服务，发生异常及时通知老人监护人，并在线下为老人派出服务人员提供帮助，这种不需要老人配合参与、不干扰老人生活、不侵犯老人隐私的适老化设计是该模式最大的特色。

2. "一键呼"模式

2019年以来，北京市在多区向居家养老的老年人推广"一键呼"项目。其中，朝阳区"一键呼"智慧养老模式较为成熟，服务面向60岁以上失能、失智、失独、独居、残疾老年人以及80岁以上高龄老年人，通过给老人家中安装智能服务终端，终端连通着999急救中心、社区卫生服务中心、养老照料中心，实现应急救助、健康管理和居家养老服务"一键呼叫"，在疫情防控期间解决了老年人健康养老的"急难愁盼"问题，实现了居家老年人的需求与养老服务的快速精准对接。

3. "家庭养老床位"模式

"家庭养老床位"是通过家庭适老化改造、信息化管理、专业化服务，将养老机构的床位服务搬到老人家中，解决居家老人的养老难题的一种新型居家养老模式。北京市西城区积极探索家庭养老床位的智慧实践，以照护床位为中心，实施适老化和智能化改造，开发家庭养老照护床位大数据平台，安装智能健康监测、生命体征监测等设备，对居家老年人进行实时监测和动态管理，并利用智能物联网技术提升养老服务机构辐射居家的能力，为居家老年人提供专业的机构式照护服务。

（三）智慧养老的街区模式

智慧养老的街区模式，强调街区职能，既包括对家庭、社区、养老机构等各类养老资源有机融合、信息共享，还包括社区养老驿站、养老照料中心等街区内机构的智慧化运营，为老年人提供全方位的生活服务，打通养老最后一公里。

1. 石景山"老街坊"模式

石景山区的八角街道被评为国家级智慧健康养老示范街道，街道在2015年率先打造出了"老街坊"养老品牌。"老街坊"养老模式通过为老服务呼叫中心平台，整合社区服务商、养老服务志愿者、养老驿站等分散的服务体系，对接石景山"老街坊"养老产业促进会和八角街道社区养老服务驿站的服务资源，将家政、医疗卫生、精神文化等多种养老服务辐射到社区，让辖区内老人生活不离社区、感情不离街坊，在家门口就能享受到周到、便捷、高效的养老服务。

2."智慧社区＋养老驿站"模式

随着北京"智慧社区"建设发展，扎根社区的养老驿站实现智慧化转型。顺义区石园北区利都智慧养老服务驿站是北京市首家智慧养老示范驿站，驿站由原物业管理中心改造而成，除提供六项基本驿站服务外，通过物管 App 联结大数据平台为社区老年人提供上门服务，帮助家庭适老化改造和搭建可实现远程监护的智慧居家养老环境。海淀区西三旗街道"i家园智慧社区服务驿站"智能养老驿站利用 O2O 的服务形式，将线下体验与线上服务结合起来，老年居民可以通过网络平台预约家庭医生、接受精神慰藉、慢病管理、营养指导、义诊讲座等健康服务，同时平台以"政府＋社会组织＋专业社工＋居民"模式为老年人提供助餐、助浴、助洁、助医、助急等专业居家养老服务。

3. 智慧养老的机构模式

智慧养老的机构模式，指的是居住在专业养老机构的老年人通过机构提供的各种智能设备和无障碍设施，享受综合性、专业及时的集中养老服务。

2012 年我国首个智能老年公寓昌平区汇晨老年公寓，与日本电气股份有限公司（NEC）合作开发了智能老年公寓管理系统，机构智慧养老服务由此拉开序幕。近几年不少涉老企业，如"泰康之家"、阿里巴巴"智能养老院"等引入美国 CCRC 持续照护模式，为入住的老年人提供精准服务。房山区长阳随园养老中心采用智慧养老管理系统（V-Care 系统），实现档案数据化和呼叫移动化，使老年人的需求第一时间得到响应，同时家属可远程访问实时查看老人的健康数据、各项护理行为、智能化门禁等，在疫情期间发挥了重要作用。

（五）"互联网+ 医养结合"模式

"互联网＋医养结合"是通过互联网技术来高效整合医院、社区、养老机构的医养护资源，有效打破医养结合信息壁垒，突破时间、空间限制，实现信息共享，为老年人提供专业化、智能化、个性化的康养照护服务。

1."互联网＋护理服务"模式

"金牌护士"是国家级智慧健康养老示范企业北京美鑫科技有限公司旗下的互联网护理服务品牌，以"护士上门"为服务特色，旨在打造以疾病护理为主、康复服务为辅、医疗服务、养老服务为补充的"医护康养"一体化综合上门服务平台，老人在"金牌护士"App 上可按需选择护士上门护理、居家康复、就医陪诊、中医理疗等服务，在家就能轻松获得专业的护理服务。

2. 医养结合的"甘家口"模式

海淀区甘家口街道是北京市老年健康服务示范基地，采用"1＋1＋N"模式，即由甘家口社区卫生服务中心和第三方专业养老服务公司合作，建立一个社区卫生服务中心、一个地区医养结合服务中心、多个医养结合服务站，共同构建起区域性医养结合服务体系。该模式下建立了"医养康"平台、组建了16支家医团队，开通了养老驿站医疗巡诊服务，形成了甘家口地区15分钟医疗圈，老人不出社区、不出家，就能享受科学养老、健康养老。

除以上五种模式外，近年来"互联网＋社会服务"等新型场景应用模式不断涌现，北京市正加快探索"党建＋""物业＋""时间银行"等多方力量参与的智慧养老服务实践。而在众多模式的探索过程中，不同模式之间的界限也逐渐被打破、趋向融合，逐步形成居家、社区、机构"三位一体"医养结合的全方位、多层次的智慧养老服务体系。

三 北京智慧养老面临的问题与挑战

经过近十年的探索，北京市智慧养老服务已卓有成效。然而，与国内其他城市相比，北京市智慧养老实践存在"试点早、示范少"的现象，在2017—2021年五批国家智慧健康养老试点示范名单中，北京市示范项目在全国552个入选试点示范项目中占比仅为2.9%，示范项目总量排在全国29个参与示范省份中的第12名。基于对智慧养老产业和服务的调研，本文认为目前北京市智慧养老面临以下四个方面的问题和挑战。

（一）政策体系待完善，行业标准未统一

一是智慧养老相关的政策体系发展相对滞后。当前，浙江、安徽等省份已相继出台智慧养老的专项政策和实施方案，而北京市智慧养老的相关支持条例多出现在居家养老政策文件与规划中。并且与智慧养老相关的政策内容多为纲领性、指导性的建议，缺乏详细具体的执行标准和配套细则。二是统一的行业标准体系尚未建立。北京市没有建立智慧养老的地方标准，相关产品和服务进入市场的条件不明确、规则不清晰、标准不一致，不利于行业健康可持续发展。三是监督管理体系存在空白地带。当前数据隐私相关法律和监管体系尚不完善，部分企业一方面违规过度收集老年人隐私数据，另一方面不重视数据信息的保护，存在数据泄露风险。智慧养老产品使用和提供服务过程中出现的纠纷也常常难以得到及时有效解决。

（二）多元主体难协调，资源合力待形成

一是"条块分割"导致碎片化管理。智慧养老工作的推进不仅涉及民政局、卫健委、财政局、商务局、科委等众多单位部门，而且呈现出明显的属地化管理格局，北京市各城区、各街道智慧养老系统庞杂、功能重叠，亟需建立规范统一的智慧养老管理体系。二是各类社会主体的参与度不高。北京市智慧养老实践多采用"供方对需方"（Provider to Demander，P to D）参与模式，政府起到主导作用，决定着产品和服务购买内容和程序，企业在整个过程中的选择权和决策权相对弱化，导致当前智慧养老产业市场化程度较低。再加上当前的扶持政策尚不完善，民间资本和社会组织参与智慧养老的积极性较低。三是不同主体之间缺乏沟通合作的长效机制。政府部门之间、政府与企业之间的数据共享程度不高，数据开放流通不够顺畅，"数据孤岛"导致难以实现数据的高效挖掘、开发和利用，不利于智慧养老产品和服务的优化升级。

（三）核心技术受限制，专业人才存缺口

一是关键核心技术落后制约着产品研发。当前的养老智能设备多为初级技术产品，智能芯片、高精度定位、高灵敏生物传感等先进技术依然落后于国外企业，养老产品低智慧化、同质化问题严重，既"接地气"又高智能化的养老产品供给能力不足。二是专业性、复合型和高层次人才严重匮乏。智慧养老涉及信息技术、医护卫生、公共管理等众多学科专业，贯穿智慧养老事业和产业发展的全流程，能够全面了解相关领域的人才少之又少，往往是"懂技术的不懂养老、懂养老的不懂技术"，造成产品和服务的供给与老年人实际需求出现断裂与错位。三是服务人员的技能素养有待提升。当前社区和机构的养老服务人员普遍年龄较大、学历较低，随着智慧养老产品和服务的应用日益增多，部分服务人员难以熟练操作和使用相关智能设备，无法满足工作的实际需要。

（四）数字鸿沟成障碍，推广普及有难度

一是老年人对智慧养老的接受程度普遍较低。由于生理和心理特征的变化，老年群体对智能产品和服务的适应往往需要较长时间，当前部分产品使用门槛过高，便携化、无感化和适老化的智能产品相对缺乏，降低了老年人使用相关产品的积极性。二是缺乏推广宣传和体验，供给与需求存在偏差。智慧养老企业在产品生产和服务供给的过程中，往往存在"重供给、轻需求，重技术、轻体验，重研发、轻推广"的现象，使得产品与具体生活场景的结合不紧密，难以形成较强的用户黏性。三是智慧养老资源分配不均衡。目前智慧养老

推广实践多在北京市城六区，对于部分远郊区及经济困难的老年人家庭，由于缺乏必要的信息化设施和服务，无法使用到智慧养老的产品和服务，使得覆盖区域和受益人群较少。

四 新时代北京智慧养老发展机遇与建议

党的二十大报告指出，实施积极应对人口老龄化国家战略，发展养老事业和养老产业，优化孤寡老人服务，推动实现全体老年人享有基本养老服务。"十四五"时期是北京积极应对人口老龄化的"窗口期"，《北京市"十四五"时期老龄事业发展规划》明确提出要"强化积极应对人口老龄化的科技支撑，加快发展智慧养老"。面对当前智慧养老发展过程中存在的问题与挑战，北京市要以建设全球数字经济标杆城市为契机，依托国际科技创新中心建设和高水平人才高地建设，按照《智慧助老行动三年计划》与《智慧健康养老产业发展行动计划》进行工作部署，强化顶层设计，加强统筹协调，加大投入力度，消除数字鸿沟，促进智慧养老与居家、社区、机构养老服务深度融合，实现新时代北京智慧养老高质量发展。

（一）出台智慧养老专项行动方案，完善行业标准与监管机制

一是出台智慧养老专项行动方案。可借鉴浙江省、安徽省等地方性政策经验，立足北京市智慧养老的现状与发展趋势，及时完善各项配套性和延展性的政策，对智慧养老的市场规范、服务标准、产业监督、考核评估等方面做出具体明晰可操作的规范，保障智慧养老工作的有序开展。二是建立规范统一的行业标准体系。推行智慧养老服务标准目录，分类制定精准的服务流程和套餐标准。学习上海市物联网协会建立的《智慧健康养老标准体系建设指南》，制定智慧养老信息化平台技术标准，统一数据标准和统计标准，对数据的获取、分析和开发等全过程进行严格规范。三是健全监督管理和评估考核体系。加快制定智慧养老相关监管政策，通过明确市场准入标准、建立行业负面清单等方式实现动态监督和规范管理。建立智慧养老质量评价考核体系，对产品供应商和服务运营商进行绩效考核，并定期通过互联网信息平台收集养老人群的诉求，以此评价养老产品或服务的质量标准、服务水平等，推动市场良性竞争和有序发展。

（二）融入全球新型智慧城市建设，实现资源整合与服务升级

一是建立和完善北京市级智慧养老综合服务大数据平台。利用北京建设全

球新型智慧城市的契机，积极融入城市大脑整体规划，通过整合北京市政府、企业和养老机构的数据资源，建设标准统一、互联互通、动态发展的市级智慧养老信息共享系统，为智慧养老的规划制定、产业发展和监督考核提供动态及时的数据支撑。二是提高在京民营企业和社会组织参与智慧养老的积极性。学习浙江乌镇"O2O"智慧养老模式设计，灵活智慧养老参与方式，激发各类养老参与主体的积极性。在政府主导下逐步引入市场竞争机制，通过税收减免、财政补贴、专项基金等途径引导实力雄厚的民营企业和新兴企业参与智慧养老，积极培育龙头企业、形成产业集聚。同时发挥社会组织的资源动员优势和专业服务优势，拓宽智慧养老产品和服务的供给渠道。

（三）加快国际科技创新中心建设，促进产品研发与人才培养

一是加快智慧养老产品核心技术的研发、转化和应用。日本护理机器人的生产技术处于世界领先水平，很大程度上得益于日本政府将三分之一的预算用于开发护理机器人，被选中参与研发的企业会获得高达研发成本三分之二的财政补贴。北京市应瞄准国际一流，借鉴日本等国家科技创新战略布局经验，加大对智能交互、可穿戴芯片、高精度传感器、操作系统等关键核心技术的经费支持和人员投入，成立智慧养老信息化专家团队，加快科技创新成果在智慧养老场景中的集成转化和融合应用。二是加强智慧养老专业人才队伍建设。北京集聚了近百所高校、1000多家科研院所和2万多家高新企业，具有极大的人才资源优势。应抓住北京高水平人才高地建设契机，大力推进数字健康、智慧养老等多学科跨专业融合发展，采用院校培养、校企合作等多种模式，定向培养一批同时掌握信息技术、医护健康和公共管理等学科的高素质复合型人才。提高智慧养老服务从业人员的薪资待遇水平，吸引更多专业人员进入行业，通过岗前培训、定期培训等方式提高从业人员专业技能素养，提高技术的使用效率和服务质量，优化智慧养老服务人才队伍结构。

（四）消除数字鸿沟，推动普惠型智慧养老发展

一是提高老年人对智慧养老的认知度和接受度。大力宣传智慧养老特点和优势，学习上海、杭州等地建立智慧养老体验"样板间"、招募"银龄体验官"，多次开展场景体验和免费试用活动，让更多老年人有机会接触到相关产品和服务，从心理上接受并享受智慧养老服务。二是提高老年群体的数字技术应用能力。依托北京各区"智慧助老"行动，开展智能技术到基层活动，深入农村、社区和养老机构为老年人提供辅导和培训，帮助老年人快速学习掌握智能设备及终端平台的服务内容与操作流程，提升老年人参与智慧养老的信心和

能力。三是加快普惠型智慧养老平台建设。鼓励企业开发适合农村场景的智能产品,加强网络设施和基础设施的适老化改造,提高农村地区智慧养老覆盖率,缩小城乡之间、区域之间的数字鸿沟和智慧养老差距。

参 考 文 献

[1] 左美云:《智慧养老:内涵与模式》,清华大学出版社2018年版。

[2] 杜春林、臧璐衡:《从"碎片化运作"到"整体性治理":智慧养老服务供给的路径创新研究》,《学习与实践》2020年第7期。

[3] 纪竞垚:《强化应对人口老龄化的科技创新支撑》,《老龄科学研究》2022年第2期。

[4] 谭日辉、宋梅、李金娟主编:《北京蓝皮书:中国社区发展报告(2018—2019)》,社会科学文献出版社2019年版。

[5] 李薇:《创新就近养老模式 探索首都功能核心区养老服务》,《中国社会报》2021年11月11日第4版。

[6] 秦洪卫、董菁:《推动我国智慧养老产业高质量发展》,《中国信息界》2022年第1期。

[7] 王晓慧、向运华:《智慧养老发展实践与反思》,《广西社会科学》2019年第7期。

[8] 张雷、韩永乐:《当前我国智慧养老的主要模式、存在问题与对策》,《社会保障研究》2017年第2期。

[9] 李四平、陈建领、唐军等主编:《社会建设蓝皮书:2021年北京社会建设分析报告》,社会科学文献出版社2022年版。

[10] 朱晓芬、李志红:《我国智慧养老模式的比较研究——以北京、上海和浙江乌镇三地为例》,《科技促进发展》2021年第9期。

六 生态文明建设

"双碳"目标下京津冀城市群低碳社会建设研究

陆小成[*]

摘　要： 为加快实现碳达峰、碳中和目标，破解京津冀城市群生态恶化、环境污染和雾霾频现等难题，应贯彻新发展理念，推动京津冀城市低碳社会建设。本文认为，能源消耗和碳排放强度过大，低碳技术创新不足，低碳经济发展滞后，缺乏低碳消费理念、低碳社会配套设施建设薄弱因素等成为制约京津冀城市群低碳社会建设的重要难题。为推动"双碳"目标实现，京津冀低碳社会建设应加强顶层设计，推进低碳技术创新，发展低碳能源，培育低碳产业，倡导低碳消费，加强生态环境治理。

关键词： 碳达峰；碳中和；低碳社会；京津冀城市群

一 "双碳"目标下京津冀城市群低碳社会建设的提出

全球气候变暖已经成为不争的事实。人类经济社会发展带来资源能源消耗、碳排放强度居高不下，导致温室效应日益严重，严重威胁着资源能源安全、生态安全、公共卫生安全。全球气候变暖直接威胁到人类生存和发展[①]。应对全球气候变化，降低碳排放，采取有效行动推进碳达峰碳中和，保护人类共同的地球家园，成为世界各国行动的基本共识。中国作为发展中大国，面对

---

[*] 陆小成，博士，北京市社会科学院城市问题研究所所长、研究员，中共北京市委党校（北京行政学院）北京市情研究中心特约研究员，主要研究方向为生态文明、低碳经济、城市群发展。

① 参见斯德斌《我国低碳社会的发展模式和实践途径》，《河南科技》2013年第5期。

自身经济发展和节能减排的多重任务，主动承诺采取自主行动，加快推进生态文明建设与绿色低碳发展。习近平总书记在第七十五届联合国大会上提出了力争 2030 年前实现碳达峰、2060 年前实现碳中和的"双碳"目标，有序推进碳达峰、碳中和目标的实现，彰显了中国的大国责任与使命担当。中央经济工作会议强调 2022 年经济工作要稳字当头、稳中求进，实现碳达峰、碳中和是推动高质量发展的内在要求。习近平总书记在党的二十大报告中指出，积极稳妥推进碳达峰、碳中和实现碳达峰、碳中和。应坚决贯彻新发展理念，构建新发展格局，加快传统高碳产业转型升级，发展绿色低碳产业，选择绿色低碳的高质量发展道路，推动低碳社会建设。中国承诺实现的从碳达峰到碳中和所需时间远远短于发达国家，中国经济和能源结构需要以前所未有的力度向低碳化无碳化深度调整，需要政府、企业、社会组织、社会公众的共同努力。加快推动低碳社会建设与低碳高质量发展，加快推动人与自然和谐共生的现代化建设。

何谓低碳社会？有研究指出，低碳社会是为适应全球气候变化，能够有效降低碳排放、为低碳经济提供保障的一种社会发展模式[1]。低碳社会是广义上的大社会概念，低碳社会包括低碳政治、低碳文化、低碳经济、低碳环境等多个领域。也有研究认为，低碳社会是指应对全球气候变化、能够有效降低碳排放的一种新的社会整体形态，以人与自然的和谐为出发点[2]。低碳社会作为一种新型社会形态，以生命为中心、以追求生境幸福为社会目标[3]。综合以上观点，所谓低碳社会，是指以经济社会全面绿色转型与低碳发展为目标，加强政府、企业、社会组织、社会公众等多方协同与合作，改变传统经济社会的高碳增长模式，构建低能耗、低污染、低碳化、高效益、生态宜居的社会发展模式。低碳社会建设是应对全球气候变化、推进生态文明建设、实现绿色低碳发展、建设人类命运共同体的关键举措和必然选择。

京津冀城市群在我国经济社会发展中具有重要的战略地位。2014 年 2 月，习近平总书记视察北京，明确提出要加快京津冀协同发展。京津冀是中国三大城市群之一，经过多年的生态治理与环境保护，该城市群的生态环境质量不断提升，生态文明建设取得明显成效。但是因多方面的原因存在，该城市群还存在经济发展与生态环境保护的双重困境。一方面存在着发展不平衡与不充分的问题，京津冀三地还存在不少的区域差距和城乡差距，京津冀城市群的社会建设任重道远。环京津贫困带的存在就是经济发展不平衡的重要表现。另一方面该城市群基于地理条件和资源环境因素，还存在雾霾频现、资源环境超载严

---

[1] 参见程淑《构建我国低碳社会的建设路径研究》，《商》2016 年第 7 期。
[2] 参见斯德斌《我国低碳社会的发展模式和实践途径》，《河南科技》2013 年第 5 期。
[3] 参见袁茵《建设低碳社会的价值导向与制度保障》，《理论探讨》2019 年第 5 期。

重、生态恶化等诸多"难啃的硬骨头",存在高碳排放、污染严重等现实困境,京津冀城市群的低碳发展问题迫切需要解决。针对京津冀环境污染等诸多难题,习近平总书记提出要实现京津冀协同发展,大力推进生态文明建设和低碳发展。京津冀面向生态文明建设、环境污染治理的诸多挑战,加快京津冀城市群低碳社会建设,有利于推动京津冀城市群的生态文明建设与绿色低碳发展,加快构建国际一流的生态宜居的世界级城市群。

二 京津冀低碳社会建设存在的主要难题

京津冀城市群是我国重要的政治中心、文化中心、也是重要的北方经济中心,是我国生态文明建设和低碳社会建设的首善之区。京津冀城市群地缘相近、交通相邻、文化相似,不少区域在历史上有的时期同属一地,长期以来形成紧密的经济联系与文化交融。加强京津冀低碳社会建设意义重大,近些年来京津冀协同发展推进成效显著。但对于京津冀城市群而言,高碳排放、雾霾频现、生态恶化、环境污染等问题是困扰该地区经济社会持续发展的"硬骨头"。由于历史原因和工业占主导的产业结构、传统石化能源为主的能源结构制约,工业污染、生态退化等现象还没有得到根治,环境污染问题依然存在,建设低碳社会任重道远。鉴于当代中国所面临的环境和生态问题的紧迫性,特别是京津冀等区域环境污染难题和生态环境保护的滞后性,从能源、产业、社会、文化、生态等多个维度分析,京津冀城市群低碳社会建设存在诸多难题,主要表现在以下几个方面:

(一)传统化石能源占主导,高碳排放制约低碳社会建设

京津冀城市群人口和产业相对密集,能源消费需求大,资源能源与环境的承载力严重不足。在能源结构上,京津冀能源对外依存度较高,北京、天津、河北等省市主要依靠外部传统能源供应,外输能源保障压力大。能源结构以传统化石能源如煤炭、石油等为主,能源利用方式粗放[①]。近些年来,北京等地区采取以电代煤、以气代煤等退煤化行动,效果明显,但煤炭、石油等一次能源消费在京津冀城市群能源结构的比重依然较高,燃煤、燃油集中排放也是京津冀地区大气污染的重要原因。根据北京市2021年统计年鉴数据显示,近10年来,北京能源消费总量持续攀升,如表1所示,从2010年的6359.49万吨标准煤上升到2019年的7360.32万吨标准煤,2020年有所减少,为6762.10

---

① 参见刘晓慧《优化京津冀能源结构需要综合施策》,《中国矿业报》2017年3月6日。

万吨标准煤,煤炭占能源消费总量的比重持续下降,但2020年煤炭、石油、天然气等三大传统能源分别占能源消费总量的1.50%、29.27%、37.16%,三大传统能源占能源消费总量的67.93%。

表1 北京能源消费总量及构成情况(2010—2020年)

年份	能源消费总量（万吨标准煤）	占能源消费总量的比重（%）						非化石能源占能源消费总量的比重（%）
^	^	煤炭	石油	天然气	一次电力	电力净调入(+)、调出(-)量	其他能源	^
2010	6359.49	29.59	30.94	14.58	0.45	24.35	0.09	
2011	6397.30	26.66	32.92	14.02	0.45	25.62	0.33	
2012	6564.10	25.22	31.61	17.11	0.42	25.38	0.26	
2013	6723.90	23.31	32.19	18.20	0.35	24.99	0.96	
2014	6831.23	20.37	32.56	21.09	0.41	24.03	1.54	
2015	6802.79	13.05	33.79	29.18	0.40	21.71	1.88	
2016	6916.72	9.22	33.14	31.88	0.66	23.37	1.73	4.60
2017	7088.33	5.06	34.00	32.00	0.65	26.15	2.14	7.20
2018	7269.76	2.77	34.14	34.17	0.61	25.68	2.63	7.80
2019	7360.32	1.81	34.55	34.01	0.67	25.79	3.17	7.90
2020	6762.10	1.50	29.27	37.16	0.84	26.96	4.26	10.40

数据来源:北京统计年鉴(2021),http://nj.tjj.beijing.gov.cn/nj/main/2021-tjnj/zk/indexch.htm,2022-5-5。

如表2所示,天津能源消耗从2015年的8319.38万吨标准煤逐渐下降到2020年的8104.60万吨标准煤,其中工业耗能从2015年的5681.52万吨标准煤逐渐下降到2020年的5199.31万吨标准煤,总体来看,其中工业能耗占天津市能源消耗的主导地位。

表2 天津能源消耗基本情况(2015—2020年)

年份	能源消耗（万吨标准煤）	工业	电力消耗（亿千瓦小时）	工业
2015	8319.38	5681.52	851.13	592.45
2016	8078.28	5359.73	861.60	585.73
2017	7831.72	5033.38	857.00	557.94
2018	7973.29	5111.58	939.23	620.16
2019	8240.70	5304.75	964.30	628.90
2020	8104.60	5199.31	972.76	625.67

数据来源:天津统计年鉴(2021),http://stats.tj.gov.cn/nianjian/2021nj/zk/indexce.htm,2022-5-5。

从河北来看，河北省的产业结构本来偏重钢铁、建材、石化、电力等行业，能源结构不尽合理，能源消费居全国第二位，单位 GDP 能耗比全国水平高近 60%[①]。近些年来，河北省加快能源结构转型升级，但传统能源依然占主导，制约了京津冀地区的能源消费转型与低碳社会建设。尽管京津冀三地的新能源等低碳产业有一定的基础和规模，但加强低碳领域合作的体制机制还不够完善，没有形成抱团协同的创新合力。如保定的光伏产业的产品在北京应用较少，北京具有较好的光照强度，但使用太阳能设备的领域非常少。北京优势的高科技人才对天津、河北的服务力度不够。京津冀地区与这些地区的交通联系方便，低碳产品和服务有着广阔的市场空间。但由于新能源发电成本高，尤其是光电，在国内的应用还存在大的障碍。

（二）高碳产业占重要地位，低碳产业占比不高

2021 年，京津冀地区产业升级有序推进，三次产业构成比由 2013 年的 6.2∶35.7∶58.1 变化为 2021 年的 4.5∶30.6∶64.9。其中第三产业发展较快，但第二产业仍占 30%以上的比重，高碳产业仍占重要位置。河北、天津等省市长期以来以重化工业为重要支撑的高碳产业结构，碳排放强度居高不下。北京、天津已经实现了产业结构优化升级，形成了以第三产业为主的经济结构，特别是北京三次产业结构不断优化，如表 3 所示，2020 年的第三产业占 GDP 比重 83.52%。

表 3　北京地区生产总值构成（2010—2020 年）

年份	地区生产总值（%）	按产业分			按行业分	
		第一产业（%）	第二产业（%）	第三产业（%）	#工业（%）	#建筑业（%）
2010	100.0	0.8	21.6	77.6	17.4	4.4
2011	100.0	0.8	20.7	78.5	16.6	4.3
2012	100.0	0.8	20.3	79.0	16.2	4.2
2013	100.0	0.8	19.7	79.5	15.8	4.1
2014	100.0	0.7	19.3	80.0	15.4	4.2
2015	100.0	0.6	17.8	81.6	14.0	4.0
2016	100.0	0.5	17.3	82.3	13.0	4.0
2017	100.0	0.4	16.9	82.7	13.0	4.1
2018	100.0	0.4	16.5	83.1	12.5	4.2

---

① 参见刘俊卿、苗正卿《河北重化工之重》，《中国经济和信息化》2013 年第 19 期。

续表

年份	地区生产总值（%）	按产业分			按行业分	
		第一产业（%）	第二产业（%）	第三产业（%）	#工业（%）	#建筑业（%）
2019	100.0	0.3	16.0	83.7	12.0	4.2
2020	100.0	0.4	15.8	83.8	11.7	4.3

数据来源：北京统计年鉴（2021），http：//nj.tjj.beijing.gov.cn/nj/main/2021-tjnj/zk/indexch.htm。

河北尽管这些年来加快产业结构调整，但第二产业占GDP比重38.74%。从河北省来看，在计划经济体制年代，河北基于一定的矿产资源和地理区位综合优势，大力发展电力、钢铁、建材、石化等重化工业。以钢铁为例，河北省的产量就从2000年的1230.10万吨飙升到2012年的18048.4万吨，每年的粗钢产量占全世界产量的1/5。国家统计局公布2020年31省市自治区粗钢产量数据。数据显示，2020年，河北省粗钢产量24976.95万吨，位居第一。河北作为工业大省，偏重于以钢铁行业为代表的重工业，高新技术发展滞后，导致对自然资源的依赖程度较高，污染严重，导致经济发展质量和效益比较低，直接或间接制约了京津冀低碳社会建设。

（三）区域发展不平衡，低碳社会转型滞后

低碳社会建设涉及整个社会公众消费文化、消费心理以及消费行为的选择。缺乏低碳消费理念、低碳文化不够浓郁的地方，很难建构真正意义上的低碳社会。低碳消费是引领低碳发展的"风向标"和"指示器"[1]。对于京津冀城市群而言，因资源能源相对匮乏，行政分割和地方壁垒等现象存在，区域发展不充分不平衡的现象比较突出。发展落后的区域以及迫于生计而采取的耗竭资源、污染环境为代价的发展模式，显然制约着低碳社会的建构。京津冀三地之间的区域差距、城乡差距一定程度上客观存在，这直接影响三地的区域协调发展、财富分配与相对公平均衡的社会建设。折射在绿色低碳社会建设领域，部分地区或居民难免会存在为了经济收入不择手段，甚至以破坏生态、污染环境为代价来谋取经济的短期繁荣和就业的相对稳定，转变发展模式和消费理念不是一句话的事情，其难度是可想而知的。在传统消费文化和高碳消费理念的思维惯性支撑下，节能减排、绿色低碳并不被所有人认识或接受，相反部分人还认为高污染、高能耗、高排放是社会发展的必然选择及其结果，很难从心理、文化、习惯等方面加快传统高碳行为的改变。此外，低碳社会建构离不开社会组织的推力作用，绿色低碳环保领域的社会组织力量式微，绿色低碳社会

---

[1] 李秀芹：《公众低碳消费行为影响因素分析及建议》，《经济师》2020年第7期。

组织少、开展低碳社会活动少、社会影响不强以及社会志愿者参与少等，均在一定程度上制约了低碳社会的建构与发展。

（四）污染物排放强度大，生态文明建设任重道远

京津冀城市群在长期发展过程中，受地形和地理环境等影响，导致污染物排放与扩散不利于自我净化，与此同时，部分地区对生态环境的治理与保护相对滞后或者重视不够，引发一定时期的大气污染、水土污染等系列问题，城市资源能源耗竭和生态环境污染降低了城市资源环境承载力。因京津冀城市群人口持续增多，大量农村和农业用地转化为城市用地，过度开发资源、砍伐森林、开垦土地、低效能燃煤的使用、机动车尾气污染、工业高污染高排放等，这些行为降低了城市环境承载力，城市绿色空间受到严重压缩，制约低碳社会建设与发展。如下表4所示，从京津冀三地废气中主要污染物排放情况来看，2020年三地的二氧化硫、氮氧化物、颗粒物三项指标中河北省也为最高。比如，在二氧化硫指标中，京津冀三地分别为0.18万吨、1.02万吨、16.17万吨，河北省大大高于北京和天津。在氮氧化物指标中，京津冀三地分别为8.67万吨、11.70万吨、76.97万吨，河北省大大高于北京和天津。在颗粒物指标中，京津冀三地分别为0.94万吨、1.56万吨、37.07万吨，也是河北省最高。

表4 京津冀地区废气中主要污染物排放情况（2020年）

地区	二氧化硫（万吨）	氮氧化物（万吨）	颗粒物（万吨）
北京	0.18	8.67	0.94
天津	1.02	11.70	1.56
河北	16.17	76.97	37.07

数据来源：《中国统计年鉴（2021）》，http://www.stats.gov.cn/tjsj/ndsj/2021/indexch.htm。

京津冀三地环境污染治理与生态文明建设需加快协同治理。在生态补偿、生态协同等方面加快完善体制机制。比如，从京津冀地区生态补偿来看，为了给京津阻风沙、护水源，承德市多年来实施了退耕还林、京津风沙源治理等生态建设重点工程。近年来，尽管河北省承德市与北京、天津探索开展跨区域碳排放交易、滦河跨界流域补偿等横向补偿机制取得一定成效，但生态补偿多以支持和补助一些项目来体现，临时性政策诸多，缺乏稳定的长效的生态补偿机制。有的生态补偿收益太低难以支撑自身发展。目前生态补偿标准不科学，没有充分考虑生态系统恢复或保护需要的各类成本，补偿标准偏低，投入资金与实际成本差距较大。低碳社会建设迫切需要在大气污染联防联控、河流污染治理、土壤污染治理、生态修复与国土绿化等方面下大力气，京津冀地区特别是

河北省环境污染治理、生态环境保护、生态修复、植树造林等方面相对滞后，与绿色低碳、生态宜居的现代化城市群还有差距，与人民群众对美好的低碳社会、良好的生态环境期待与需求还有一定距离。

三 "双碳"目标下京津冀城市群低碳社会建设的路径选择

党的二十大报告指出，实现碳达峰和碳中和是一场广泛而深刻的经济社会系统性变革。低碳社会建设作为一项长期的系统工程，涉及战略规划、政策、能源、技术、产业、消费、环境治理、生态保护等多个方面和领域。加快实现碳达峰碳中和目标，加快京津冀城市群低碳社会建设，必须坚持以习近平生态文明思想为指引，树立绿水青山就是金山银山的发展思想，推动经济社会发展全面绿色转型，形成人与自然和谐发展现代化建设新格局。针对低碳社会建设存在的诸多难题，京津冀城市群低碳社会建设应选择以下几个方面的发展路径：

（一）贯彻新发展理念，强化低碳顶层设计

日本政府重视低碳社会建设，从顶层设计上加强战略规划，推动富裕的可持续发展。2007年5月，日本首相安倍晋三提出，将低碳社会作为日本未来的发展方向，提出到2050年全球温室气体排放量在当前水平上减半的目标，制定建立低碳社会的长期战略计划。我们应借鉴日本经验，加快低碳社会建设的顶层设计与规划。新发展理念包括创新、绿色、协调、开发、共享等五大理念，其中绿色与低碳社会建设直接相关，或者在目标上是完全一致的，而创新、协调、开放、共享也密切关系到低碳社会的建构。因此，实现碳达峰碳中和目标背景下，加快京津冀城市群低碳社会建设，要完整、准确、全面贯彻新发展理念，必须将新发展理念融入低碳社会建设的各项工作、各个环节，强化低碳发展的顶层设计。从国家层面已经建立京津冀协同发展领导小组，下设生态文明建设小组专门负责京津冀生态文明建设与低碳社会建设，建议生态文明建设小组应重视京津冀城市群的低碳社会建设问题，从战略、规划等层面赋予低碳社会建设的更多实际性内容，在促进低碳能源、低碳产业、低碳技术、低碳生活、低碳消费等方面制定详细规划和明确内容。比如加快低碳能源、低碳产业的战略布局，助推低碳社会建设，加强低碳消费政策的制定与完善，引导三地加快形成低碳消费习惯和低碳文化氛围，促进低碳社会建设。加快形成有利于低碳社会建设的市场环境，构建面向绿色低碳发展的新型政绩考核体系，

推进京津冀城市群低碳社会建设。

（二）加快低碳技术创新，构建低碳能源结构

能源结构在很大程度上影响低碳社会建设，高能耗、高碳排放的传统能源体系是阻碍低碳社会建设的拦路虎。实现碳达峰碳中和目标，加快能源结构转型，构建低碳能源结构，从能源消耗源头上减少碳排放，是京津冀城市群推进生态文明建设、建设低碳社会的根本出路。而构建低碳能源结构的关键引擎是发展低碳技术，加快低碳技术创新，依靠技术创新提高能效水平，特别是推动光伏发电、风力发电等绿色新能源技术发展，提高绿色低碳能源的开发与利用水平，从根本上改变京津冀地区以化石能源为主导的传统能源结构。比如，加快京津冀三地在光伏发电、风力发电、地热能、生物质能等绿色低碳能源领域的开发利用合作，提高绿色低碳能源比重。

（三）加快产业转型升级，打造低碳产业集群

"双碳"目标的制定为低碳产业投资及其发展提供了良好机遇。碳中和将引导大量社会资本转向投资低碳产业，从而涌现出更多的新技术、新模式、新业态[①]。京津冀协同发展已经成为国家重大战略，实现碳达峰碳中和目标，应以北京疏解非首都功能为契机，加快京津冀三地产业转型升级与产业合作。一方面，要立足新技术、新模式、新业态，加强对传统的高能耗、高排放、高污染产业的技术改造、技术升级，依托新能源技术、绿色低碳技术及其工艺流程改造，从源头上减少传统产业的能耗和碳排放强度，推动传统产业的绿色低碳转型。从这一点来看，京津冀地区布局在二三线城市的传统产业并不一定都被要搬迁、淘汰或者被疏解，有的产业关系到当地的就业和经济收入来源，自身具有几十年甚至上百年的发展历史，可以通过技术改造和升级，降低其能耗和碳排放强度，使其转型为现代低碳产业，这既有利于保障当地的经济和就业稳定，也有利于提升当地产业结构和技术水平，为低碳社会建设提供坚实的经济基础和社会稳定基石。另一方面，要加快引进和培育技术密集型、知识密集型的现代低碳产业，比如大力发展节能环保产业、光伏产业、风电产业等，打造京津冀低碳产业集群。此外，面向低碳社会建设，要加强京津冀三地的低碳产业联动发展，发挥京津冀城市群的资源要素集聚优势，推动各级政府部门、企业、社会组织、科研院所等加强产学研联盟，加强京津冀城市群低碳产业链价值链构建，推动三地产业升级与低碳社会建设。

---

① 参见雷英杰《碳中和将引导大量社会资本转向低碳产业》，《环境经济》2021年第7期。

（四）鼓励低碳消费生活，培育低碳社会氛围

习近平总书记在党的二十大报告中指出，倡导绿色消费，推动形成绿色低碳的生产方式和生活方式。实现碳达峰碳中和目标涉及生产生活方式的低碳化[①]。京津冀城市群在推动国家生态文明建设、绿色低碳发展、构建新发展格局中具有重要的战略地位，应发挥示范引领作用，加快转变生活方式，引导绿色低碳生活，鼓励绿色低碳消费。低碳消费表现在许多方面，比如购买低碳产品，选择低碳建筑材料，选择低碳出行等，在生活中重视节约，不浪费，节约用水电，少开空调，积极参与植树造林活动等。倡导绿色低碳发展，鼓励京津冀地区企业、社会组织、社会公众积极参与到绿色生产、绿色生活中来，积极投资绿色产业项目。同时，要鼓励更多的社会组织、社会群众积极参与低碳消费活动，培育低碳社会的文化氛围，推动人与自然和谐共生的中国式现代化建设。

（五）加快污染联防联控，完善生态补偿机制

加强跨省市、跨流域协同治理，积极推进大气污染联防联控，在体制机制、政策引导、社会动员等方面，形成京津冀三地环境污染防控的合力，加强污染排放的监督与治理，加强能源与产业结构转型，切实从源头上减少排放和污染，切实改善区域生态环境，扩大环境容量，拓展生态空间，实现经济、社会和环境协调发展。加快京津冀地区生态空间拓展，积极加快低碳城市、低碳建筑、低碳交通、低碳社区等建设。探索京津冀生态共同保护制度，建立京津冀区域生态补偿专项资金，用于补偿区域水资源使用权损失、生态林业用地使用权损失等费用，提高京津两市对河北地区在植树造林、水资源输送、"稻改旱"工程等方面的补偿标准，帮扶发展绿色低碳产业，增强当地的自我造血功能，建立生态补偿的长效机制。要加快构建社会化、市场化的京津冀城市群生态补偿机制，加大财政转移支付力度，吸引社会资本、社会组织参与生态补偿，提高生态补偿标准和规模，引入绿色低碳发展机制，消除环京津贫困带，加快构建绿色低碳的京津冀世界级城市群。

参 考 文 献

[1] 郭红燕、贾如：《碳中和目标下如何推动低碳消费》，《可持续发展经济导刊》2021 年

---

① 参见郭红燕、贾如《碳中和目标下如何推动低碳消费》，《可持续发展经济导刊》2021 年第 5 期。

第5期。
［2］雷英杰：《碳中和将引导大量社会资本转向低碳产业》，《环境经济》2021年第7期。
［3］尉峰：《碳排放特质分析与低碳社会的路径选择》，《学术交流》2012年第4期。
［4］袁茵：《建设低碳社会的价值导向与制度保障》，《理论探讨》2019年第5期。
［5］刘晓慧：《优化京津冀能源结构需要综合施策》，《中国矿业报》2017年3月6日。

北京"双碳行动"的形势、意义和路径研究

黎 皓[*]

摘 要： 二氧化碳占据温室气体排放的最大部分，已经成为绿色北京战略必须解决问题的重中之重。在北京已经率先确认实现碳达峰的背景下，更应继续推进"双碳行动"，即"碳中和与碳清零行动"。因此，本文梳理了北京实施"双碳行动"的有利与不利因素，并简要论述北京采取"双碳行动"所带来的重大积极影响，最后提出通往碳中和、碳清零的七条行动路径，希望以此助推绿色北京战略的持续深化。

关键词： 北京；双碳行动；形势；意义；具体路径

引 言

党的二十大报告明确指出："积极稳妥推进碳达峰碳中和。"[①] 如今站在新的历史起点上，深化大国首都地位的绿色北京战略，把生态环境保护作为经济增长的新动能，进而推动习近平生态文明思想正在京华大地上形成生动实践。北京已经成为中国第一个宣布实现二氧化碳达到峰值的城市，接下来还要谋划能否率先取得"双碳行动"的更大生态成果。因此，本文首先盘点了北京实现碳中和、碳清零所面临的形势和现状，其次简要概括了北京成功

---

[*] 黎皓，硕士，中共中国铁路北京局集团有限公司委员会党校讲师，主要研究方向为环境保护、铁路历史、外国哲学。

[①] 《高举中国特色社会主义伟大旗帜 为全面建设社会主义现代化国家而团结奋斗——在中国共产党第二十次全国代表大会上的报告》，人民出版社2022年版，第51页。

实现这一目标的重大意义所在,最后再详细论述一下北京应当采取的具体行动路径。

一 实现碳中和、碳清零的当下形势

2021年7月17日,北京市地方金融监督管理局党组书记、局长霍学文在"2021中国货币经济论坛"上表示:"北京已经实现了碳达峰,下一步将会不断地实现碳中和。"① 这是官方权威人士首次确认了北京的碳达峰成果。此外根据"中国碳核算数据库"网站自1997年至2019年之间的统计分析,北京市已于2010年实现了碳达峰,峰值大约在1.05亿吨;而直到2019年为止,碳排放总量已经下降到大约8815万吨,如图1所示。

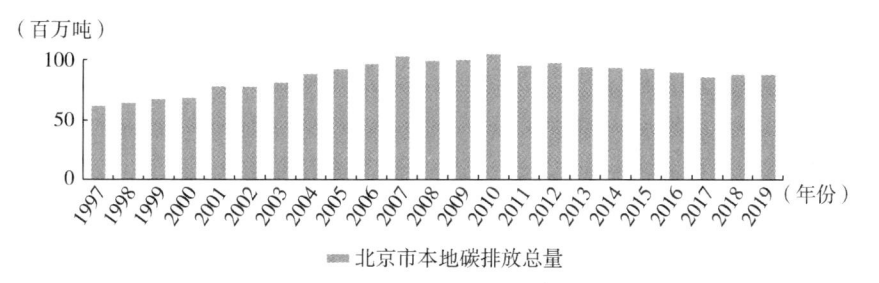

图1 1997—2019年北京市本地碳排放的总量趋势

2021年11月9日,《人民日报》在其头版的一篇文章中指出:"监测数据显示:2012年北京碳排放已达峰值,此后呈稳步下降趋势。"② 由此可见,尽管在统计口径上还有差别,但是根据来自不同方面的计算结果和政府表态显示,北京已经成为全国各个省市区当中率先实现碳达峰的城市,时间节点大致在2010—2012年。所以在此基础上,北京完全能够进一步谋划关于碳中和、碳清零的更高目标,从而开始认清自身优势以及当下面临的一些困难。

(一)有利条件

第一,已顺利实现碳达峰,近两年来开局良好。和中国其他地区相比,北京在碳达峰领域独占鳌头,而且在2020年、2021年的空气质量比2019年还

---

① 姜樊:《霍学文:北京已实现碳达峰 下一步将逐步实现碳中和》,新浪财经_新浪网,http://finance.sina.com.cn/china/gncj/2021-07-17/doc-ikqcfnca7418453.shtml。

② 朱竞若、王昊男:《北京:城市治理取得标志性成果,绿色发展动力不断增强》,《人民日报》2021年11月9日第1版。

要好。第二，科技优势能量巨大，绿色成果效应可期。北京的国际科技创新地位和高精尖产业潜力将会得到巩固发挥，未来的碳减排有望加速兑现。第三，产业结构不断优化，得以持续轻装上阵。由于北京自身的总体规模较小、产业结构愈发合理，对于绿色经济而言也将是继续繁荣的动力。第四，作为祖国的首都，得到周边大力支持。北京将会继续和兄弟省市区加深绿色合作，也就更有理由做到在碳中和、碳清零领域的接续领跑。第五，密集出台官方规划，具备强大的政治动能。北京近年来已经规划了有关碳达峰、碳中和的不少具体内容，未来也会更新推出一系列碳达峰碳中和的政策文件。

（二）不利因素

第一，排放速度下降较慢，中和清零任重道远。北京碳排放的总量仍然庞大，未来碰到的硬骨头也将越来越多，一些结构源头问题远未被化解。第二，能源无法自给自足，高度依赖外部供应。北京非常倚重外调能源特别是热电的持续输入，进而造成了能源供应地本身的大量排放。第三，化石燃料权重过大，绿色能量占比太小。北京使用的化石能源占比仍然过重，而且对本地新能源和可再生能源的开发力度也较为薄弱。第四，限于自身地域条件，难以进行规模开发。由于北京面积比较狭小、自然资源非常有限，难以有较多集中地点来大量发展新能源和可再生能源。第五，社会要求越来越高，减排任务非常紧迫。由于温室气体所导致的生态环境问题将会更加严重，北京市承载的绿色政治责任也会越来越大。

二 北京采取"双碳行动"的影响和意义

由于北京自身举足轻重的独特地位，能否实现碳中和、碳清零不仅意味着首都的空气污染减少、气候更加宜人，而且还将会对未来各个方面形成更加重要的意义，产生愈发深远的启示。因此接下来，我想从五个方面简要论述一下北京采取"双碳行动"所带来的重大积极影响。

（一）开启绿色战略崭新起点，生态之城方位更加巩固

对于北京来说，成功实现碳中和、碳清零不过是绿色北京战略中一个崭新开始的奋斗起点，还要由此乘势而上带动其他温室气体的同步减排、同步中和、同步清零。所以北京必须共同推动大气排放、空气污染和整个自然生态系统的全面彻底好转，率先实现从以经济建设为中心到以生态建设为中心的历史性、方位性转变，进而成就万年首都大计。党的十八大以来，中国在空气质量

改善方面已经铸就了举世公认的"北京奇迹";党的二十大之后,我们将会更加夯实巩固首善生态家园建设、确立全方位的北京绿色治理标准,从而将大国首都塑造成为全球效仿的"北京常态"。

(二)实现京津冀绿色一体化,内外打通实现深度融合

由于河北省、天津市的碳达峰任务远未完成,空气污染本身还比较严重。所以,北京的"双碳行动"还要引领整个京津冀地区,进而帮助津冀两地提早实现碳达峰、碳中和、碳清零。首先要将科技革命、产业革命、能源革命、数字革命等一系列新时代成果进行转移输出,实现三地绿色共享;其次要支持雄安新区千年大计,高起点建设无烟新城典范、争取率先实现碳中和、碳清零;而且还要积极分享首都绿色治理经验,实现区域协同,最终达到京津冀地区生态环境的良性循环、相互交汇、深度融合,从而再去创造一个属于大气排放和空气污染治理的"京津冀奇迹"。

(三)把握千载难逢历史机遇,助推中国迈向绿色时代

习近平总书记在第七十六届联合国大会一般性辩论上再次承诺:"中国将力争2030年前实现碳达峰、2060年前实现碳中和,这需要付出艰苦努力,但我们会全力以赴。"[①] 站在大国首都的位置上看,北京的"双碳行动"完成得越快越好,就越能够从全国的鼎力相助转为回馈绿色正能量,进而带动更多城市早日实现相同的目标;还可由此积极撬动百万亿元级别的碳减排市场机遇,释放巨大的绿色经济增长动能,促使整个中国更早地实现碳达峰、碳中和甚至碳清零,让中国以更大的信心、更高的质量和更快的速度创造出属于生态环境和自然资源领域的绿色新奇迹。

(四)提供北京方案中国智慧,加快修复全球生态环境

对于北京和国家而言,接下来还要逐渐降低整个温室气体的浓度含量,进而实现最为稳定的大气均衡与良性循环。未来一旦成功实现真正意义上的绿色软着陆,中国作为超大规模经济体定会在全世界树立可供效仿的道路标准,而彼时的首都北京也必将成为关键一环。中国极力倡导的"绿色一带一路"正在让世界紧紧连成一体,今后的北京也会成为具有全球影响力的一流绿色之都,进而形成可长可久的生态之路。总之,绿色北京战略、美丽中国智慧更要引领绿色革命,提供全方位解决生态环境危机的方案,最终实现自然资源和生态环

[①] 《习近平谈治国理政》第四卷,外文出版社2022年版,第469页。

(五)引导人类实现自我拯救,做到优质生存永续发展

鉴于各个国家的经济增长无法摆脱对资源环境的消耗破坏,北京和中国的低碳零碳负碳行动也就具备了更加深远的意义,即真正解答这个时代之问、复兴之问和人类之问。人类今后必须把这场生存危机转变成为共创双赢的发展契机,实现高质量发展和高水平保护的共生共荣,不断向永无止境的更高峰攀登。如今在新一轮科技革命的巨大浪潮鼓舞下,中国和北京将要继续探索先行之路,源源不断提供绿色财富和公共产品、真正实现生态增长,进而奏响一部经济发达、环境优美与人类和谐的世界大同交响曲,如此才能让我们的子孙万代生存、发展和壮大下去。

三 实现碳中和、碳清零的七大具体路径

接下来的三四十年对于北京的碳中和、碳清零目标来说至关重要,更是绿色北京战略能否取得决定性胜利的最后窗口期和绝佳机遇期。一旦取得圆满成功、甚至提前高质量完成,我们相信最大的受益者绝不仅仅是北京,这些宝贵的经验一定还会辐射全中国、泽被全世界。也正是在如此美好的未来愿景之下,作为伟大祖国首都的北京更应制定详细周密计划、采取一切可能甚至超常规方式,发挥引领作用、实现华丽转身。所以在此,本文就集中讨论一下北京实现"双碳目标"的七个重要行动。

(一)研究制定时间表路线图,规划"双碳行动"关键节点

中国的"双碳战略"是碳达峰、碳中和,而北京的"双碳行动"则是碳中和、碳清零,作为首都必须先行一步、责无旁贷。从上分析可知,关于北京二氧化碳排放总量的计算存在两种标准:一是本地发生的总量,二是把外地能源供应北京消费所产生的排放也计算进来。因此按照第一个标准,北京在2010年已经达峰;如果按照第二个标准,北京在2012年也已达峰。所以按照最大值计算,北京在2019年的碳排放达到了1.5亿多吨,而接下来的"双碳目标"便将致力于解决这些问题。

第一,规划总体时间表的最后期限。如果根据自身潜力和未来前景进行估测,北京至少需要设计三种可能情况:最保守的期限为2050年实现碳中和、2060年实现碳清零,最乐观的估计是2040年实现碳中和、2050年实现碳清零,但当下比较可行的规划应为2045年实现碳中和、2055年实现碳清零。第

二，确定各自区域行业的时间表。在设定最后节点的前提下，北京必须开始进行任务的层层分解，可以率先研究各个区域的双碳时间表，特别是生态涵养区、城市副中心和新建开发区、科技城有望更早完成。与此同时，还要做好能源、产业、交通、建筑等重点领域的减排时间表。第三，详细规划整个进程的路线图。首先要做到本地2035年比2019年减排接近一半、降低到4500万吨左右，其次是在2045年再次下降大约一半，变为2000多万吨，进而稳定实现本地碳中和。最后北京还需乘胜追击，尽快到2055年将剩下的二氧化碳全部加速清零，而对于来自外部的碳排放源也要同步完成。

（二）深入研发数字智能技术，大力提高能源利用效率

2020年，全球气候行动峰会发布的研究报告显示："数字技术在能源、制造业、农业、土地、建筑、服务、交通和交通管理等领域的解决方案，已经可以帮助全球减少15%的碳排放。"[1] 当前，北京市的高精尖产业发展规划把以数字智能为核心的新一代信息技术与绿色能源和节能环保领域进行深度融合，从而为成功实现"双碳目标"提供了极为强大的加速动力。接下来，北京将会把各类信息通信技术应用到碳中和、碳清零行动当中去，在降低能耗碳排方面一定大有可为。

第一，通过城市大脑增强智能监控。北京要充分利用移动互联网、物联网、大数据、云计算等智能前沿技术，在城市的各个角落安装传感监测器设备，进而做到同步动态追踪首都的二氧化碳等温室气体排放数据，力求掌握第一手的最精准信息，成为精细化治理的城市大管家。第二，通过数字技术优化决策效果。在精确掌握碳排放数据的基础上，政府可以尝试对于未来的碳中和、碳清零前景进行可能性预测，并且做出最有利于碳减排的相关规划，实现对症下药。与此同时，北京城市的各个经济社会主体也可利用这些数字工具，在微观层面上做到同步推进。第三，通过信息革命提升能源效率。如今的地理信息、车路协同、智能网联、智能电网、北斗导航、人工智能、产业和工业互联网等关键技术在提升能源利用含金量、节约能源方面发挥着越来越大的作用，北京也将会在自动驾驶、智能工厂、电力储能等方面表现得更加突出。

（三）减少化石燃料生产活动，大量增加绿色能源供应

2022年2月22日，《北京市"十四五"时期能源发展规划》显示："2020年，全市可再生能源开发利用折合703.3万吨标准煤，占能源消费比重由2015

---

[1] 龙海波：《推进碳达峰碳中和　数字经济大有可为》，《每日经济新闻》2021年9月7日第1版。

年的6.6%提高到10.4%,超过'十三五'规划8%的目标。"① 由此可见,首都绿色能源占比仍然过小,化石能源则同比达到68.3%,成为北京市二氧化碳的最大排放源头。所以今后必须加紧发展本地的新能源和可再生能源,不仅力争实现对于化石燃料的绿色更替,而且还要做到步步为营、稳扎稳打,争取达至首都能源消费总量的一半左右。

第一,大力削减化石能源直至清零。尽管对于首都而言,未来的化石燃料使用还将会持续二三十年,但是我们已经看到了希望的曙光:大致应当先停煤、再断油、最后止气。北京提出在2035年全市基本实现无煤化,其实还存在可以提前的空间,而且更要把天然气定性为非清洁能源。第二,重点发展风、光可再生能源。相比其他资源,风能和光能是最为安全清洁、潜力巨大的天然绿色财富,但是今后还需确保稳定供应、突破技术瓶颈。在自身地域面积较小的条件限制下,北京要积极研究和发展分布式、多中心的风光微能源设备装置,变小河小流为大江大海。第三,还要创新发展其他绿色能源。作为天然气供热的替代选择,北京可大力开发本身极为丰富的地热资源和地源热泵系统,并且逐渐挖掘生物质能源的发电潜力;还要深化推广二次合成能源的开发应用,特别是氢能、氨能、硅能、电能、储能等非常有助于实现消费终端的碳清零。

(四)深度削减交通碳排放量,争取在最短时间内清零

按照2019年的调查统计显示,北京市在交通领域的二氧化碳排放占据了总量的30%之多,基本都是由于燃油导致的终端消费。如果北京能够在减少甚至取消化石燃料动力方面取得突破性进展,不仅可能使首都彻底摆脱石油依赖,还将更大幅度地同步减少本地细颗粒物等严重污染气体,可谓一举多得、影响深远。有报道显示,北京已规划在"2025年城市交通力争实现碳达峰,2050年城市交通力争实现近零排放"②。尽管在交通领域清零更有难度,但首都很有可能于2050年前即可完成这项任务。

第一,大规模开发新能源运载设备。北京在公路汽车领域的减排优势巨大,特别是锂电动汽车和氢燃料电池汽车的发展前景最为美好;同时还要积极研发氨能、太阳能等绿色能源汽车,不断丰富装备品种;此外将作为排放大户的重型卡车逐渐绿色化、商用化,做好充电配套建设。第二,尽快削减退出化石燃料动力。随着新能源动力逐渐占据主流,北京必须规划限制和禁止销售、

---

① 北京市人民政府:《北京市人民政府关于印发〈北京市"十四五"时期能源发展规划〉的通知》,首都之窗_北京市人民政府门户网站,http://www.beijing.gov.cn/zhengce/zhengcefagui/202204/t20220401_2646626.html。

② 裴剑飞:《北京城市交通4年后力争实现碳达峰》,《新京报》2021年10月15日第5版。

开行燃油车辆的时间表与路线图，而且还要逐步停止在本地生产制造燃油汽车，并通过联合交流执法手段禁止污染汽车驶入首都。天然气动力作为过渡性能源，最后也要实现清零。第三，集中进行公共交通建设运营。北京必须持续将轨道交通、市郊铁路、国有铁道等优势项目发扬光大，不断吸纳来自客运车辆的终端污染，让进京物资运输尽量使用铁路而非公路。同时还要集中力量研发"民航去煤油化"这个最大难点，考虑电池动力、氢能源等替代性清零方式。

（五）挖掘潜力丰富碳汇总量，争取提前实现中和目标

2022年3月3日，《北京市"十四五"时期重大基础设施发展规划》预测："到2025年，林地绿地年碳汇量达到1000万吨，逐步构建生态节能、节约型的园林绿化生态系统。"[①] 尽管就绝对总量而言1000万吨已非常可观，但还是远远无法满足首都早日实现碳中和的行动目标。预计北京继续增加自然碳汇量的空间比较有限，最多也难以突破2000万吨的水平。所以今后必须深入研究人工碳汇手段、争取达到和自然吸碳相当的同等水平，未来的理想状态是总量达3000多万吨、最好接近4000万吨。

第一，继续挖掘自然界的固碳能力。在国土空间规划中尽快确定生态控制区的范围，抓紧在空白之处、腾退地区加大生态建设、绿色修复，再扩充自然碳汇量接近1000万吨。要在每一棵树木、每一片草丛、每一处湿地、每一块土壤上精打细算、深耕细作，做到巩固存量、拓展增量。第二，深入研发人工碳汇量的潜力。要大力投入对于碳捕集与封存利用等负碳技术的研究开发，最终目的是要在空气中移除和隔离二氧化碳。积极引荐示范项目在北京的制造、电力、建筑、交通等行业领域安家落户，进一步探索规模化的千万吨级别商业应用潜能，懂得变废为宝。第三，树立碳中和城市的绿色典范。人工和自然碳汇增长越快、总量越大，就越能够早日实现和碳排放总量之间的黄金交叉、进而做到逆转赶超。北京必须最大限度地将碳汇功能发挥到极致，助力首都提前5—10年实现碳中和，才能为接下来的碳清零争取到更多时间。

（六）加大绿色投资融资力度，加速实现本地排放清零

研究显示："零碳中国将催生再生资源利用、能效提升、终端消费电气化、零碳发电技术、储能、氢能和数字化七大投资领域，撬动70万亿元绿色产业投资机会。到2050年，这七大领域当年的市场规模将达到近15万亿元，并为

[①] 北京市人民政府：《北京市人民政府关于印发〈北京市"十四五"时期重大基础设施发展规划〉的通知》，首都之窗_北京市人民政府门户网站，http://www.beijing.gov.cn/gongkai/guihua/wngh/sjzdzxgh/202203/t20220303_2621094.html。

中国实现零碳排放贡献累计减排量的80%创新经济方式。"[1] 作为全国科技创新中心的北京，更应借此历史性机遇充分释放绿色数字生产力，不仅要彻底解决供应安全问题、减轻国家能源负担，还要采取超常规超一流举措、率先实现首都碳清零。

第一，将绿色信贷用于碳减排研发。尽管"双碳产品"是大势所趋，但往往起初就存在着研发经费不足、成本过高和盈利受阻的问题。北京必须通过建立绿色交易所、专门绿色银行、减碳发展基金等金融机构，在起步阶段就要发挥行业孵化作用、解决绿色产业的融资难问题。第二，将绿色信贷用于碳中和研发。在北京的碳排放总量里，占比最大的领域分别为能源、交通、建筑、制造业、农业等领域，进而成为影响碳中和实现的最大阻碍。接下来的绿色金融设计也需做到精准定位、切忌"大水漫灌"，首先就要致力于将这些产业中的减碳亮点做强做大。第三，将绿色信贷用于碳清零研发。北京要想最后实现超高难度的深度脱碳、全面清零，就必须具备颠覆性的、充满想象空间的科技力量。未来金融也必须具备前瞻勇气，将更多的资源投入到清洁发电、电能替代、先进输电、储能氢能、碳捕集封存利用和负排放技术领域之中。

（七）全面绿化覆盖调入能源，将外部碳排放彻底清除

最后一块难啃的骨头就是外调电力的碳排放。据统计显示，北京在2019年还有40%左右的二氧化碳来自外部电力，隐形排放接近7000万吨，占比较高，对于异地煤电的依赖仍然居高不下。鉴于自身地域面积较小、电力消费总量还远未达到峰值，北京在未来的几十年内也不太可能完全实现能源的自给自足。所以，北京今后必须积极利用首都优势，争取将外调的能源供应全面绿色化，如此才能做到真正彻底、不留后患的碳中和、碳清零，最终为这项"双碳行动"划上一个完美的句号。

第一，充分利用自身地理地缘优势。北京位于华北，周边的可再生能源、新能源开发潜力极其巨大。特别是位于河北、山西、陕西、内蒙古等地的光能和风能资源前景无限，作为首都完全可以就近取材、为己所用，进而能够找到大规模、大容量的绿色能源集中供应地。第二，重点建设绿色电力输送通道。由于北京高度依赖来自北方的煤电供应，因此未来必须积极摆脱煤炭电网，从而建成若干条通往西北的能源互联网、直接联结绿色发电站，最好是来自北方若干大型基地的多向输入。外调绿电的线路设施要坚定可持续，从而确保实现

---

[1] 周子勋：《【两会聚焦】"碳达峰""碳中和"来了 万亿级市场红利令人期待》，中国能源网，http://www.cnenergynews.cn/huanbao/2021/03/08/detail_2021030892574.html。

高度兼容。第三，细心做好专项合作规划共赢。北京必须主动和周边省市区进行结对帮扶，认真做好《2021—2035年外调绿色电力专项规划》。同时还要坚决地走出去，可采取大量异地投资、占股或完全控制的方式，大力参与新能源开发建设，积极助力外地和北京一起做到双重减排、实现多方共赢。

结　语

作为绿色北京战略的重要组成部分，北京力争达至"2045年左右实现碳中和、最晚不超过2050年，2055年左右实现碳清零、最晚不超过2060年"的最优目标，无论对于首都、中国还是全世界都具有非常重大的意义。北京所取得的成功越是辉煌，就越是能够把绿色金名片播撒到全球各地，进而积极推广引领中国式现代化、不断彰显自身的政治制度优势和治理水平优越，最终将会开启一个属于北京之治和中国盛世的生态觉醒、绿色崛起新境界。作为见证民族复兴的伟大首都，北京一定要具备历史耐心和未来信心，从而不断书写出践行人类命运共同体理念的责任与担当。

参 考 文 献

［1］《高举中国特色社会主义伟大旗帜　为全面建设社会主义现代化国家而团结奋斗——在中国共产党第二十次全国代表大会上的报告》，人民出版社2022年版。

［2］《习近平谈治国理政》第四卷，外文出版社2022年版。

［3］龙海波：《推进碳达峰碳中和　数字经济大有可为》，《每日经济新闻》2021年第1期。

［4］裴剑飞：《北京城市交通4年后力争实现碳达峰》，《新京报》2021年10月15日第5版。

［5］朱竞若、王昊男：《北京：城市治理取得标志性成果，绿色发展动力不断增强》，《人民日报》2021年11月9日第1版。

［6］北京市人民政府：《北京市人民政府关于印发〈北京市"十四五"时期重大基础设施发展规划〉的通知》，（2022－03－03）［2022－11－11］，http：//www.beijing.gov.cn/gongkai/guihua/wngh/sjzdzxgh/202203/t20220303_2621094.html。

［7］北京市人民政府：《北京市人民政府关于印发〈北京市"十四五"时期能源发展规划〉的通知》，（2022－04－01）［2022－11－11］，http：//www.beijing.gov.cn/zhengce/zhengcefagui/202204/t20220401_2646626.html。

［8］姜樊、霍学文：《北京已实现碳达峰　下一步将逐步实现碳中和》，（2021－07－17）［2022－11－11］，http：//finance.sina.com.cn/china/gncj/2021－07－17/doc－ikqcfnca7418453.shtml。

［9］周子勋：《【两会聚焦】"碳达峰""碳中和"来了　万亿级市场红利令人期待》，（2021－03－08）［2022－11－11］，http：//www.cnenergynews.cn/huanbao/2021/03/08/detail_2021030892574.html。

北京市环保产业发展的影响因素研究

孟　帆　洪佳豪[*]

摘　要： 环保产业的发展是北京市绿色发展战略中的重要一环，是改善首都环境质量的重要突破口。近些年来北京市环保产业发展迅速，但依然面临融资难、创新成果转化率低的问题，急需聚焦深层原理、分析主要内外部因素的影响作用。本文通过选取经济发展水平、环境质量水平、政府环境规制强度、技术创新投入水平和公众环保意识五项影响因素进行分析，得出北京市的经济发展水平、政府环境规制强度、技术创新投入水平和公众环保意识均与北京市环保产业的发展呈正相关关系，且其中影响最大的因素为经济发展水平和技术创新投入水平。最后，本文依据分析结果，从资金、技术创新、顶层设计和宣传上，为北京市环保产业的发展提供了政策方面的建议。

关键词： 北京市；环保产业；影响因素

改革开放以来，伴随着我国经济的腾飞，作为首都的北京也取得了瞩目的发展成就。经济的高速发展给生态环境带来沉重压力，北京出现了"大城市病"，比如交通拥堵、大气污染、资源紧缺，2018年北京被列入全球前200个污染最严重的城市，北京的雾霾也频上头条，成为困扰首都人民生活的一大问题。环境问题的逐步凸显，成为制约北京市社会经济发展的关键因素。在此形势下，北京市印发了一系列政策文件，现行有效的地方生态环境标准达到70项，其中42项为强制性标准，改善生态环境已成为北京市的重要议题。为从

---

[*] 孟帆，博士，中共北京市委党校（北京行政学院）经济学教研部讲师，主要研究方向为环境修复与环境经济；洪佳豪，中国人民大学环境学院在读学生。

源头上逆转生态环境恶化的趋势，同时保证经济高质量发展，环保产业的壮大是一个关键性的突破口。环保产业也被国务院定为七大战略性新兴产业之首，环保产业的发展对北京市高质量发展起到重要的作用，也可成为全国各城市的绿色发展战略的参考样本。

北京市是我国环保产业最早兴起的地区之一，开始于1973年。在发展历程的前20年基本完成了初期积累，1998年北京市环保企事业单位达到389家；到2002年，北京市环保产业保持着较为平稳的发展趋势，在册的环保企事业单位增加到了800余家；党的十八大以来，生态文明建设的战略地位上升到了前所未有的高度，财政和民间资本投入的增加让北京市环保产业的发展达到了新高度，截至2019年，北京环保企事业单位达到2283家，产业规模预计达到1980亿元。北京市环保产业规模的持续增长说明其良好且稳定的发展状态，也说明其市场还没有达到饱和。

北京市环保产业有发展基础、政治资源、资本、科研资源和国际化合作上的明显优势，但是面临着融资、配套政策和法律体系、市场秩序和创新成果转化率低的问题。北京市环保产业的长足发展，需要聚焦深层原理进行分析，尤其是重要内外部因素对产业发展的影响作用。

一 文献综述

各国和组织对环保产业的定义有一定的差别。美国的环保产业是指环境服务、环境设备生产以及资源开发和保护；日本将环保产业定义为一切有利于环境保护的生产过程，包括清洁能源以及清洁产品的生产，又按照企业依托对象的不同将环保产业分为工业技术类和人文类；经济合作与发展组织（OCED）将环保产业定义为水、大气、噪声、固废、环境污染事故的治理，环境服务的提供，能源的供给以及城市舒适性的保障，并将环保产业分为资源管理、污染管理和清洁产品和技术生产。联合国将环保产业简单概括为一切环境保护活动和服务。关于环保产业发展状态的研究，美国的环保产业的发展速度呈现出下降的趋势，市场呈现出过饱和的特征。美国环保产业的外部影响因素会随着产业自身的发展情况动态地变化，对于产业初期和发展期，主要因素是企业的支付意愿、公众的环保意识和环境的规制强度，而到了产业成熟期，环境法规的力度对产业发展的影响逐渐降低。日本环保产业发展的最基础影响因素是环境法规的制定，严格的环境法规对于环保企业的生产具有激励作用，同时，严格的环境法规也刺激了技术研发投资，通过激励技术来刺激环保产业的发展。Scott Barrett等提出，环境法规的强度将对环保产业的进出口产生影响，适当提高环境法规强度有助于环保产业走上良性循环。研究还发现投资机构的专业性、股权激励和创新能力与环保产业的发展呈正相关关系。

我国学者对环保产业的定义一般都以2004年国家环保总局的明确定位为基准，即以满足人们生活环境需求为前提，控制环境污染，保护生态环境，有效利用资源，提供产品和服务支持，为我国社会和经济的可持续发展做出贡献的产业。在此基础上，王珺红将环保产业的定义划分为狭义和广义，认为狭义的环保产业包括传统的污染控制、治理和排放的削减，广义的环保产业则是在狭义的基础上增加了节能产品和环境无害化产品的生产行业以及具有绿色环保意识的设计行业。王晓刚等将环保产业视为一个保护资源、防止污染、改善环境的产业链。司琪也从流程的视角定义了环保产业。王永超和吴文清对环保产业的分类和特性进行了分析，指出环保产业是公共物品的生产者，具有正外部性、渗透性、边界模糊性以及产业关联性，环保产业必须随着经济和环境质量的变化而动态地发展。滕静等和逯元堂等评估了我国环保产业发展的状态，认为我国环保产业发展发展势头良好。之后，研究者们开始发现环保产业影响因素的重要性。徐仁进指出我国环保产业的影响动力来源于内外部。赵英民指出我国环保产业的发展受到了执法力度不够强、市场机制不够完善、相关产业政策支持力度不足的制约。连志东研究表明经济水平对环保产业的发展有着基础性的影响。牛婷研究表明环保产业的发展与环保投资的主体、方式、渠道、效率和结构等指标相关。葛晋和赵丽娅得出廊坊市环保产业市场集中程度自2000年起呈下降趋势，并认为垄断与竞争并存的机制若能达到最优的配置点，将能极大推动环保产业的发展。张嫄发现环保企业规模水平和环保科学技术水平是限制我国东北三省环保产业发展的主要原因。吴文清通过总结相关理论和研究综述，认为我国环保产业的主要影响因素为经济发展水平、环境污染程度、科技发展水平、政府规制程度和公众环保意识。夏溶矫等选取了经济发展水平、环境技术水平、劳动力投入和环境状况、环保法律法规、公众环保意识作为四川省环保产业发展的影响因素进行建模分析，得出该省环保产业的发展主要与经济发展水平以及环境法规制定的严格程度相关，且均为正相关关系。陶金指出我国节能环保产业的影响因素主要有节能环保投融资水平、专项人才和环保技术科研投入水平、外部技术环境、环保产业政策的制定、经济发展水平和结构、环保产业市场化程度、环保产业聚集程度、国际贸易与合作等。

综上，国内外对于环保产业的研究很多，研究主题从初期的强调环保产业重要性，到从多个角度深入研究环保产业发展状态和针对各地区进行具体分析。但是近几年欠缺针对北京市环保产业的研究尤其是产业发展影响因素，急需研究者针对该问题进行研究，因为北京市最近几年在绿色发展方面推出了多个方面的举措，这些举措显著影响了环保产业的发展。

二 北京市环保产业发展影响因素的分析

（一）数据与变量

本文选取北京市经济发展水平、环境质量水平、政府环境规制强度、技术创新投入水平和公众环保意识五个宏观指标作为自变量，利用2000年至2016年北京市环保产业发展的数据，验证其对北京市环保产业发展的影响以及影响的程度，并进行深入的剖析。由于2017年北京发布了新版总规，对环保产业发展的分析有一定的影响，本研究数据只采集到2016年。北京市污染治理投资额、空气达标天数、污染费和环境信访件数的数据来源于《中国环境统计年鉴》和《北京市环境质量公报》，北京专利申请受理数、地区R&D内部经费支出的数据来源于《中国科技统计年鉴》，北京工业企业工业销售产值数据来源于《中国工业经济统计年鉴》。

1. 环保产业发展水平

根据北京市环保产业发展的数据，北京市环保产业市场还远远没有达到饱和，环保投资将对环保产业的产值起到决定性的作用。就北京市环保产业发展的背景而言，环保投资与北京市环保产业的发展水平有较强的线性关系，本研究认为环保投资与环保产业产值的线性模型适用于对北京市环保产业发展水平的评估。

假设北京环保产业的发展水平为y，北京环保投资为EI，由环保投资与环保产业产值的线性模型可得：

$$y = a * EI + b \ (a > 0)$$

假设原环保产业发展影响因素线性模型为

$y = f\ (X1, X2, X3, X4, X5)$　　（X1—X5为发展的影响因素）

联立两个线性模型后，变化得

$$EI = \frac{1}{a} * f\ (X1, X2, X3, X4, X5) - \frac{b}{a}$$

由于本研究最终的结论分析所需要的仅为X1至X5这五个自变量系数的正负性以及自变量系数绝对值之间的大小关系，因此，在官方年鉴上没有披露具体省市环保产业的总产值的情况下，采用环保投资来代表环保产业的发展水平，尽管环保投资与环保产业发展线性模型中的斜率和截距项会引起本研究中自变量系数的同倍数变化以及截距项的变化，但并不会引起最终分析的自变量系数正负性以及自变量系数绝对值之间的大小关系的改变，本文不涉及对于环保产业发展影响因素在模型中系数的具体值的分析，故不会对最终的结果分析产生影响，故可认为采用北京市用于环保的总投资费作为北京市环保产业发展水平的指标是可行性的。

2. 经济发展水平

本文采用北京市 2000 年至 2016 年的 GDP 来代表经济发展水平，同时考虑到后续贴现处理的需要，以 2000 年为基期计算出北京 2000 年至 2016 年的实际 GDP 以及 GDP 平减指数。

3. 环境质量水平

空气质量达标天数是一个综合性指标，比起单一的选取某污染物的年排放量或者平均浓度更能体现出一个地区环境质量情况。2012 年北京市空气质量达标天数是官方没有披露的数据，仅查得北京市 2012 年 AQI 平均值为 77.72，标准差为 43.17，在此基础上假设 2012 年 AQI 值基本符合正态分布，估算得北京 2012 年空气质量达标天数为 255 天。

4. 政府环境规制强度

排污费可以体现出一个地区政府的环境规制水平，同时考虑到近些年北京的非首都功能在疏解，大量工业迁移的特殊情况，故引入工业销售产值在全国的占比这一指标来代表北京工业生产的密集程度，通过排污费除以工业生产的密集程度来体现北京政府环境规制的相对强度。

5. 技术创新投入水平

对技术研发的投资是技术创新的基础，能够直接体现地区对于技术创新的重视程度。本研究用北京 R&D 经费内部支出代表技术创新投入水平。

6. 公众环保意识

本研究选用北京市环境信访件数来代表公众的环保意识。其中，2014 年由于"越级上访"等一系列不可抗力因素，全国对于信访数量的统计出现了严重的疏漏，2014 年的官方数据并不能反映出真实的北京民众对于环保的参与热情和环保意识，故对该年数据进行估算处理。

（二）模型构建

建立关于北京环保产业发展的回归模型：

$$EI = a + b * G + c * En + d * Gov + e * Tec + f * Awa \tag{1}$$

（1）式中，EI 代表北京市污染治理投资额；G 代表北京市 GDP；En 代表北京市空气代表天数；Gov 代表北京政府环境规制强度；Tec 代表北京 R&D 经费内部支出；Awa 代表北京环境信访数。

为了排除通货膨胀对于样本数据的影响，以 2000 年为基年，对排污治理投资额、GDP、排污费和 R&D 经费内部支出进行了贴现处理，为了消除量纲不同对系数的影响以及可能存在的异方差性，对数据进行了取对数处理（如表 1 所示），同时得到（2）式：

$$lnEI = a + b*lnG + c*lnEn + d*lnGov + e*lnTec + f*lnAwa \quad (2)$$

表 1　数据处理结果

年份	lnEI	lnG	lnEn	lnGov	lnTec	lnAwa
2000	1.609	3.500	2.248	1.495	2.237	4.039
2001	1.888	3.535	2.267	1.688	2.318	4.000
2002	1.918	3.572	2.307	1.809	2.471	4.105
2003	1.922	3.614	2.350	1.619	2.572	4.094
2004	1.913	3.656	2.360	1.638	2.693	4.152
2005	1.864	3.702	2.356	1.715	2.806	4.272
2006	2.146	3.754	2.382	1.569	2.896	4.386
2007	2.172	3.812	2.391	1.410	2.989	4.390
2008	2.059	3.852	2.438	1.152	3.031	4.465
2009	2.170	3.891	2.455	1.018	3.159	4.318
2010	2.185	3.935	2.456	1.057	3.262	4.194
2011	2.114	3.974	2.456	1.084	3.318	4.213
2012	2.312	4.007	2.407	1.074	3.395	4.251
2013	2.410	4.040	2.246	1.058	3.465	4.682
2014	2.559	4.071	2.236	1.985	3.522	4.652
2015	2.378	4.100	2.270	1.977	3.588	4.618
2016	2.587	4.128	2.297	2.359	3.642	4.656

（三）实证结果

运用 Stata 14 对数据进行回归运算，结果如表 2 所示，得到模型

$$EI = -0.70 + 0.47*lnG - 0.23*lnEn + 0.075*lnGov + 0.27*lnTec + 0.15*lnAwa$$

其中，F=20.61，P=0.0000，回归模型拟合程度较好，从 F 和 P 值来看通过显著性检验。结果说明，北京市环保产业发展与北京市的经济发展水平、政府规制强度、技术创新投入、公众环保意识正相关，与环境质量水平负相关。

表 2　Stata 运算结果

	系数
lnG	0.47
lnEn	-0.23
lnGov	0.075
lnTec	0.27
lnAwa	0.15
截距项	-0.70
模型指标	值
观察值	17
F（5，11）	20.61
Prob＞F	0.000
R^2	0.9035
Adj R^2	0.8597

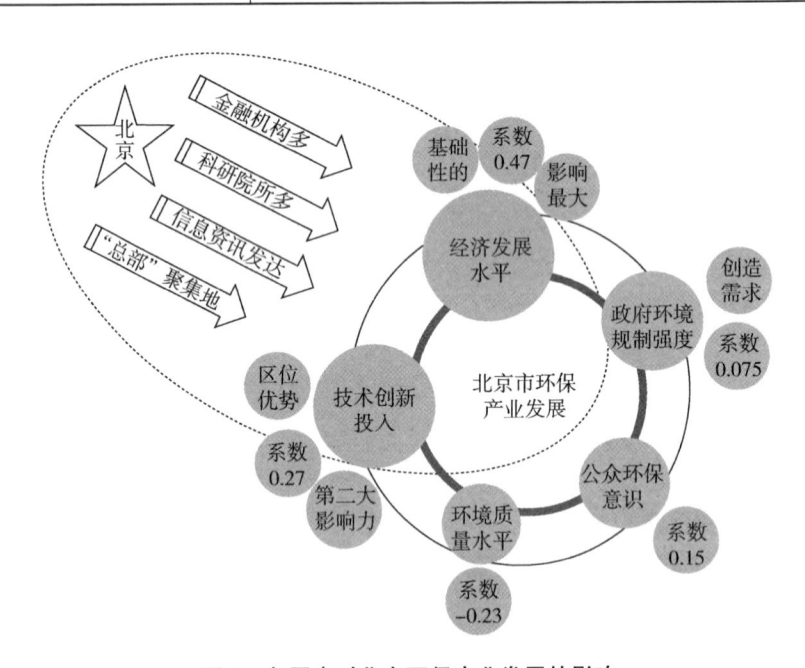

图 1　各因素对北京环保产业发展的影响

在正相关的指标中，经济发展水平的系数最大，说明其对北京环保产业发展的影响最大。经济发展水平对于环保产业发展的影响是基础性的，因为政府财政拨款是环保产业的重要资金来源，而政府财政收入会随着经济发展而增长，从而可为环保产业分配资金，是环保产业发展的"发动机"。

技术创新投入的系数仅小于经济发展水平的系数，说明技术创新投入能够大力推进环保产业的发展。科学技术是第一生产力，创新是引领发展的第一动力。北京的科技环保投资在经过贴现处理后，依然呈现出逐渐增长的趋势。从专利申请数看，从 2000 年年申请数 10344 个增长到 2016 年年申请数 189129 个，且专利申请数的增长速度在 2010 年后显著提升，说明北京市对技术创新的投入收到了一定的成效。北京市环保产业的技术创新投入，依靠政府鼓励环境类技术的科研创新，通过政策及财政投入予以引导，也应充分利用好北京市的科研资源，利用区位优势积极寻求合作。北京市环保产业发展应该追求更多更先进的科研成果落地，提高科研成果的转化率，攻克核心技术，摆脱环保核心技术对于国外的依赖。

政府环境规制强度的系数也较小，该结果与指标的选取有关。本研究以排污费为基础代表环境规制强度，而北京近些年向外搬迁工业的举措使工业减少，基数减少削减了该项指标对因变量的影响程度。尽管在本研究模型中环境规制强度系数的绝对值比较小，但是政府的环境规制强度也是一个能起到决定性作用的重要因素，因为高环境规制强度可以创造环保市场的需求。2011 年环保部首次将 PM2.5 列为评价因子，之后大气治理产业飞速发展；同年环保电价政策在部分省份试点，并在 2013 年推广至全国，实施一段时间之后，由于技术进步，减排成本已低于环保电价。政府环境规制强度对于推动产业发展的强力作用是显而易见的。

环境质量水平的系数为负数，说明差的环境质量能够带动环保产业的发展。该结果同时说明北京市的环保产业发展尚未进入成熟期，因为成熟期的产业可以在逐年改善环境质量的同时，自身也能保证缓慢稳定的发展，两者形成一种类似于正反馈机制的关系，呈现出微弱的正相关性。

北京公众环保意识指标的系数是正的，但是较小，说明公众环保意识水平可推动环保产业发展，这也是显而易见的社会现象。整体上北京市的公众环境保护意识是显著增强的，但到最近的 2013 年到 2016 年这段时间里上升缓慢，基本停滞。2013 年以前，沙尘暴、雾霾等环境问题备受关注，北京公众的环保意识有了明显的提升，2013 年之后，由于缺乏更进一步的详尽具体的环境教育和引导，使得北京民众的环保意识基本停留在之前的认知水平，以至于限制了公众环保意识对于环保产业发展的推动。

北京市作为科研院所、金融机构、中外企业的总部和研发中心的聚集地，信息资讯和科研技术发达，市场条件优越，对于实现环保产业的发展壮大具有得天独厚的优势。

三 结论分析与政策建议

本文结合前人研究和北京市环保产业发展的实际情况，探讨了经济发展水平、环境质量水平、政府环境规制强度、技术创新投入水平和公众环保意识等五个宏观因素对于北京市环保产业发展的影响，结果表明，2000年到2016年，影响北京市环保产业发展最重要的两个因素依次为经济发展水平和技术创新投入水平，且两因素都是积极影响。正如环境—库兹涅佐曲线所表明的，只有经济的底子发展起来，更多资本才能在政策的引导下流入环保市场来推动环保产业的发展。技术创新投入是第二重要的影响因素，技术创新是产业发展的提速器和催化剂。政府环境规制强度和公众环保意识是建立良好产业市场平台的基础，需从顶层设计的角度进行着手。政府环境规制强度高能够为环保市场创造需求，这一点能大力推进环保产业的发展。

基于本文的分析，为北京市环保产业的发展提出以下建议：

（一）切实保障资金对于环保产业发展的支撑作用。在经历了中美贸易战和新冠疫情的风波后，保证环保企业的正常运转是头等问题，建议扩大财政支出以保障北京市的环保企业的生存空间。同时发挥政府的引导作用，吸引社会资本融入环保市场，拓宽融资渠道；适当放宽环保企业商业贷款的门槛，对于环境效益较高和创新能力强的环保企业可适当降低贷款利率；细化政策，明确补贴标准和奖励额度，提升政策的可操作性和透明度。

（二）政府环境规制需严需高，以创造环保市场的发展空间。加强产业发展的顶层设计，完善法律法规体系，规范排污费收取，推动排污权交易市场的发展，完善环境保护监督问责机制，营造良好的市场条件。

（三）充分利用北京市的科研资源，通过建立科研基金等手段鼓励环保产业技术和产品的创新；优化技术创新成果的转化机制，鼓励企业与高校和科研院所进行产学研合作，提高创新成果的转化率。

（四）为公众提供更与时俱进和扎实有效的环保宣传和教育，如公民环境监督权、知情权和事务参与权的行使，垃圾分类的奖惩办法等，提高公众的环境保护意识，为北京市环保产业的长远发展营造良好的群众和舆论基础。

参 考 文 献

[1] 逯元堂、吴舜泽、赵云皓等：《基于环保投入的区域环保产业发展空间均衡性分析——以2004—2011年为例》，《中国环境科学》2015年第5期。

[2] 葛晋、赵丽娅：《廊坊节能环保产业发展现状分析》，《经济论坛》2010年第6期。

[3] 连志东:《环保产业发展影响因素的理论分析与实证研究》,《环境科学研究》2009 年第 5 期。

[4] 马中、蒋姝睿、马本等:《中国环境保护相关电价政策效应与资金机制》,《中国环境科学》2020 年第 40 期。

[5] 牛婷:《我国环保产业发展及其优化升级分析——基于 1988—2008 年相关数据的分析》,《西安财经学院学报》2010 年第 23 期。

[6] 司琪:《京津冀地区环保产业融资研究》,硕士学位论文,首都经济贸易大学,2016 年。

[7] 滕静、李宝娟:《"十一五"期间我国环保产业市场发展状况》,《中国环保产业》2010 年第 3 期。

[8] 夏溶矫、马玉洁、刘新民等:《四川省环保产业发展的影响因素研究》,《四川环境》2015 年第 34 期。

[9] 徐仁进:《中美贸易战对我国环保产业发展的影响》,《中国环保产业》2019 年第 12 期。

[10] 王珺红:《中国环保产业投融资机制及效应研究》,硕士学位论文,中国海洋大学,2008 年。

[11] 陶金:《我国节能环保产业影响因素研究》,硕士学位论文,安徽财经大学,2015 年。

[12] 王晓刚、陈浩、屈志光:《我国环保产业发展问题研究:环境资本运营的视角》,《生态经济》2013 年第 2 期。

[13] 王永超、穆怀中、陈洋:《环保产业分阶效应及发展趋势研究》,《中国软科学》2017 年第 3 期。

[14] 吴文清:《我国环保产业发展的影响因素研究》,硕士学位论文,北京林业大学,2014 年。

[15] 仲上健一:《地球环保政策与环境产业—展望中国的环境产业》,《东北财经大学学报》2002 年第 4 期。

[16] 张嫄:《东北三省培育发展节能环保产业的评价研究》,《建筑与文化》2013 年第 4 期。

[17] 赵英民、赵景柱、丁丁等:《我国环保产业面临的挑战和对策》,《宏观经济研究》2003 年第 4 期。

[18] Barrett, S., "Strategic Environmental Policy and International Trade", *Journal of Public Economics*, 1994 (54): 325–338.

[19] Berkowitz, JB., Environmental Industry in USA Becoming Mature, *OECD Environmental Industry Experts Conference Proceedings*, 1996.

[20] David R. Breg, Grarnt ferrier, *The U. S. Environmental Industry*, U. S Department of Commerce Office Techology Policy, 1998.

[21] Xu, Z., Ren, Y., Zhao, P., et al., "The Factors Affecting the Performance of Marine Environmental Protection Enterprises", *Journal of Coastal Research*, 2019 (94): 40.

首都生态涵养区乡村振兴路径研究
——以北京市怀柔区为例

张英洪　刘　雯[*]

摘　要：本研究紧密结合首都"四个中心"城市战略定位，以怀柔区为例展开首都生态涵养区的乡村振兴路径研究，分析了怀柔区推进具有首都特点乡村振兴的优势、基础与面临的挑战。最后，本文提出以科学城建设为统领，推动形成科学城建设与乡村振兴协同发展新格局；以国际会都建设为依托，促进乡村主动承接国家政务活动和国际交往中心建设功能；以中国影都建设为引擎，推动京郊传统乡村文化与现代影视文化交相辉映；以生态涵养保护为核心，构建绿水青山就是金山银山的政策体系；以实现共同富裕为目标，加快构建城乡融合发展的体制机制和政策体系等五大乡村振兴实施路径。

关键词：怀柔；生态涵养区；乡村振兴；路径

北京市生态涵养区面积约1.1万平方公里，约占全市面积的69%；涉及乡镇92个，约占全市乡镇总数的61%；涉及村庄1826个，约占全市村庄总数的47%；涉及农业人口105万，约占全市农业人口47%。生态涵养区人均可支配收入总体偏低，全市低段收入农户绝大多数分布在这一区域，其既是首都重要的生态屏障和水源保护地，也是城乡融合发展的敏感区域，更是推进乡村振兴的重难点区域。怀柔作为北京生态涵养区和首都功能重要承载地，在落实首都"四个中心"功能建设中也承担重要职责。本报告围绕落实北京城市战

---

[*] 张英洪，博士，北京市农村经济研究中心副主任，研究员，主要研究方向为新型城镇化、"三农"问题；刘雯，博士，北京市农村经济研究中心机关党委专职副书记，助理研究员，主要研究方向为农业经济、流通经济。

略定位，以怀柔区为例深入研究首都生态涵养区如何发挥自身优势，推进具有首都特点的乡村振兴。

一 怀柔区推进具有首都特点乡村振兴的优势与基础

（一）生态涵养成效显著

怀柔区总面积2122.8平方公里，山区面积1889.1平方公里，森林面积1642.4平方公里，是北京市区域面积第二大区、山区面积第一大区、森林面积第一大区，是首都名副其实最大的后花园和北京乡村振兴最迷人的乡愁地。怀柔地处首都饮用水源保护区，生态环境优良，具有林水交融的自然特性。森林覆盖率77.38%，林木绿化率85.02%，均居全市首位；河流密布，境内有四级以上河流17条，大小水库22座，年水资源总量8.6亿立方米，占全市水资源总量的1/5[1]；地表水质量达到国家二级标准，空气质量率先达到国家二级标准。"十三五"期间，怀柔区生态环境状况指数始终保持全市第1，连续5年获评"首都环境建设示范区"[2]，成功创建国家"两山"实践创新基地、国家生态文明建设示范区、国家全域旅游示范区。

（二）科学城统领城乡发展

2017年5月北京怀柔综合性国家科学中心建设方案获批，29个装置设施平台全部开工建设；2021年7月国家实验室挂牌组建，怀柔科学城成为国家科技创新体系和北京国际科技创新中心建设的重要支撑。随着科学装置和设施平台陆续建成投用，怀柔科学城全面进入建设与运行并重的新阶段，科技创新集聚效应和溢出效应逐步显现，以科学城为统领，以生态涵养为核心，以科技创新、会议休闲、影视文化为支撑的融合发展新格局加快形成。以科学城为统领的乡村振兴建设为加快农业农村现代化步伐带来了新引擎、新动能，乡村则为科学城建设提供了新空间、新资源，逐渐成为科技创新的战略腹地。

（三）国际会都成金名片

怀柔雁栖湖国际会都（简称"国际会都"）是首都全流程主场外交活动核

---

[1] 参见谢花林、李波、刘黎明等《北京山区景观功能评价——以北京市怀柔为例》，《山地学报》2004年第6期。

[2] 张佳琪：《展翅腾飞看怀柔》，《北京日报》2022年6月6日。

心承载区,承担着服务国家总体外交大局和北京国际交往中心建设的重要任务。近年来,圆满完成了APEC(亚太经合组织)会议、两届"一带一路"国际合作高峰论坛、接待冬奥会外国领导人等重大服务保障任务,成功举办世界心血管大会、首届雁栖人才论坛。5年来,国际会都累计举办各类会议、会展活动2.8万余场次,成为首都承办国家重要活动的"金名片"。国际会都建设与怀柔科学城紧密联动,在保障国家政务活动功能的同时,促进高层次国际交往、科学创新、文化交流、商务休闲等功能的融合互通,进一步拓展了怀柔乡村振兴的国际视野和产业空间。

(四)中国影都影响突显

中国(怀柔)影视产业示范区(简称"中国影都")规划面积6.99平方公里,拥有国家中影数字制作基地等全国影视产业发展的核心资源,产业链条不断完善,已经成为首都全国文化中心建设的重要承载地和中国影视产业发展新的"增长极"。借助中国影都发展契机,怀柔的空间资源、自然资源、土地资源、文化资源、旅游资源可以与中国影都消费中心、网红打卡地、周末经济、创意活动、游戏体验、公寓住宅、餐饮购物、教育培训、文化娱乐等产业链条深度融合,有利于构筑城乡产业融合、文化发展的新范本。

二 怀柔区推进具有首都特点乡村振兴面临的重大挑战

(一)城乡融合发展的体制机制和政策体系尚未形成

在全市减量发展的背景下,为确保怀柔新城、"一城两都"等核心区域和重点项目的发展用地需求,乡村成为建设用地减量的重点区域。乡村产业发展需求与用地供给矛盾突出,规划管理和实施机制没有完全做到城乡融合,导致在适应新的规划管理体制中遇到很多体制机制障碍。调研发现,不少乡村干部对于管辖范围内地块的性质不了解、不清楚,不知道经营性建设用地有多少、具体位置在哪里,这导致不少乡村不敢搞建设、搞项目,担心新建项目成为违建。很多村庄在申请建设公共服务设施上,都遇到了规划审批难题。在公共资源配置上,城乡基础设施与公共服务还存在差距。如农村安全饮用水、生活污水治理的短板依然突出,全区284个行政村中仍有101个村没有实现污水治理。农村中生产流通型基础设施建设严重滞后,农业商品化处理能力较弱,总体来看农业经营方式仍处于靠天长、靠地头卖的阶段,很难支撑起农业高质量发展。

（二）生态涵养区生态保护与绿色发展的关系有待理顺

根据《怀柔分区规划（2017年—2035年）》，全区分为生态控制区、集中建设区和限制建设区，分别占全区面积的93.5%、3.5%和3%。生态控制区范围内，特别是生态保护红线内必须严格服从生态涵养区的定位与产业政策，严格落实生态保护红线管理制度、水源保护规定，原则上按照禁止开发区域的要求管理，严禁不符合主体功能定位的各类开发活动[①]。因此处在生态控制区内的乡村，大都面临着绿色发展难题。生态保护与绿色发展的关系尚未理顺，保护生态环境被作为第一要务，生态旅游、精品民宿、森林康养、农村电商、智慧物流等适宜生态涵养区的新兴业态发展受到严重制约，老百姓的生产生活受到严格限制，农民增收乏力。如根据《北京市水污染防治条例》规定，一级保护区内禁止新建、改建、扩建与供水设施和保护水源无关的建设项目[②]，位于怀柔水库一级保护区内的9个村2000多户、5000多人，其产业发展受到严重限制，2021年以前均为区级低收入村。再如有些处于怀柔水库二级保护区的村庄，受环保等规定限制，办不了民俗户营业执照，严重制约了村庄发展乡村旅游等产业。2021年6月施行的《北京市生态涵养区生态保护和绿色发展条例》对生态保护和绿色发展都有明确的规定，但建立在生态保护基础上的绿色发展政策体系尚未形成。

（三）集体经济组织建设和集体经济发展较薄弱

截至2021年年底，怀柔区284个村集体经济组织中尚有10个村集体经济组织未完成集体经济产权改革任务，14个乡镇、2个街道未开展乡镇级集体产权制度改革。乡镇集体经济组织存在"有牌子、没组织"问题，14个乡镇的集体资产、账目等并入政府账目，没有经营性资产，原账目已封存，其相关管理工作纳入乡镇政府有关科室统一管理，乡域经济增长以注册经济为主，村镇集体经济增长内生动力不足。截至2021年年底，怀柔区农村集体经营性资产56亿元，在全市14个涉农区中排名靠后。2021年，怀柔区村级集体经济组织总收入为85377.5万元，其中主营业务收入为216.4万元，占总收入的0.25%，村级集体经济组织主导产业空心化严重，发展后劲严重不足，其主要收入来源于征地拆迁补偿款、地上物补贴和专项工程款等各种财政资金以及少量的租金

[①] 《怀柔区分区规划（国土空间规划）（2017年—2035年）》，百度文库，https://wenku.baidu.com/view/42499348cd22bcd126fff705cc17552706225e3b.html。

[②] 《北京市水污染防治条例》，北京市人民政府，http://www.beijing.gov.cn/zhengce/dfxfg/202008/t20200805_1974783.html。

收入。全区 284 个村级集体经济组织中，村集体经营性收入在 10 万元（含 10 万元）以下的有 22 个，占村级集体经济组织总数的 7.7%；村集体经营性收入在 10 万元至 50 万元（含 50 万元）的有 133 个村，占村级集体经济组织总数的 46.8%。

三 怀柔区推进具有首都特点乡村振兴的路径思考

（一）以科学城建设为统领，推动形成科学城建设与乡村振兴协同发展的新格局

坚持以科学城建设引领乡村振兴、在乡村振兴中助推科学城建设的基本思路和要求，为北京加快形成国际科技创新中心探索新模式。

1. 以科学城建设为农业现代化发展提供现代科技要素

推动科学城建设与深化农业供给侧结构性改革有机结合，重点围绕"科技＋农业"融合发展创新体制机制，一方面，通过科学城建设为农业现代化插上科技的翅膀；另一方面，在推进农业现代化中为科学城建设夯实现代农业的底色。结合科学城建设，实施农业科技创新专项工程，重点突破生物育种、农机装备、智能农业、生态环保、林下经济等重点领域的关键技术，鼓励更多有能力的农业科技公司落户怀柔科学城，开展适应怀柔林果特色产品供给的新品种研究以及重点产品农业全产业链的研发储存、加工等非生产环节的新技术与新设备研发，引导资金、技术、人才等各类创新要素向新主体集聚，营造有利于市场主体创新的宏观环境。建设以新型农业经营主体为核心的推广体系，培育壮大专业服务公司、专业技术协会、农民经纪人等各类社会化服务主体，提升农技服务水平，促进科技成果转化和推广应用。

2. 以科学城建设为农村现代化注入现代动力要素

促进科学城建设与农村现代化建设深度融合，重点围绕"科学＋乡村"，突出以美丽乡村建设为基础，走城乡等值、城乡互促、共同繁荣的发展道路，协同推进科学城建设与美丽乡村建设，强化村庄人居环境整治、土地整理、乡村旅游、基础设施建设、乡村景观和环境保护等工作，率先实现城乡基本公共服务均等化、便利化，在保持乡村原有社会结构的同时，加大农村基础设施的建设和教育医疗养老等基本公共服务的供给，在城乡生活水准等值的前提下加强城乡之间、区域之间的有益互补互促。围绕落实"科学＋城＋乡村"融合发展，充分利用科学城北区、东区、南区周边村庄的原始自然风貌与特色文化资源，承接国际人才、科学家与科研人员的生活居住功能，让乡村成为科学家的

实验场、工作室、会客厅、减压区、休闲园和幸福之家，充分利用乡村的清洁空气、绿色环境、风土人情、和谐氛围和生态化食品，为科学家、科研人员提供有益于促进脑力工作者身心平衡、补充精神能量的人性化服务，配套建设乡村减压中心、乡村身心调节中心、乡村失眠理疗中心、乡村绿色治愈中心等优质特色服务，吸引更多高端创新资源落户科学城。规划建设科学小镇、科学之村、科学之家，营造有利于身心健康的怀柔慢生活之都、慢生活之城、慢生活之乡、慢生活之村，让怀柔农村成为安居乐业的美丽家园。

3. 以科学城建设为农民现代化培育现代科学文明精神

实现科学城建设与农民现代化发展相得益彰，促进人的全面发展和乡村社会的全面进步，重点以科学家居住地乡村化为重要突破口，实现科学城建设、美丽乡村建设、城乡融合发展良性互动。将科学城建设与科学精神的弘扬与传播结合起来，围绕"科学家＋农家"融合发展，让科学家走进农家，弘扬科学精神；让农家对接科学家，夯实农本基石。促进城乡居民的混合居住和乡村的共建共治，实现优势互补，既为农民培育现代民主与科学精神，也为科学家提供农耕文明体验和乡村民俗文化底蕴。通过科学城建设，带动农民既富"口袋"，又富"脑袋"，在建设山青水秀自然环境的同时，着力建设风清气正的人文环境，切实提高公共服务水平和能力，带动科学家和农民思想观念与道德文化水平的共同提升，推动科学城建设方式与农民生产生活方式的共同变革，加快促进农民自由而全面发展，让怀柔农民成为有吸引力的职业。

（二）以国际会都建设为依托，促进乡村主动承接国家政务活动和国际交往中心建设功能

坚持国际会都建设与开辟"乡村外交""乡村国际交往"建设相统一，提升怀柔乡村振兴的全球格局和大国品位，为北京全国政治中心建设和国际交往中心建设创造新样板，使怀柔乡村成为首都北京面向世界展示乡村振兴伟大成就和特色魅力的重要窗口。

1. 建设京郊国际交往高端配套功能区

将国际会都建设与怀柔实施乡村振兴战略结合起来，提高怀柔乡村振兴的政治站位，拓展怀柔乡村振兴的国际视野，以"怀柔天下"的胸怀和气度，为泱泱大国的全球政治和国际交往提供宽广而迷人的田园新天地、乡村大舞台。在新的基础上将怀柔乡村地区建设成为承担国家政务活动的重要场所和国际交往中心的核心区域。怀柔乡村在参与国际会都建设上，可以扩充提升传统雁栖湖国际会都规划区，选取1—2个易于安防、功能互补、环境优美、特色突出的乡村区域，谋划建设中国式的"安纳伯格庄园"，提供个性化、私密性外交

活动提供田园牧歌式的交流活动新空间，与制式化、标准化、流程化的城市广场公共政务活动空间形成差异化互补。在雁栖湖周围打造若干特色小镇，如休闲旅游小镇、高端商务小镇、购物消费小镇、科技交流小镇，使之成为承接国际高端商务、科技交流活动的国际交往高端配套空间。

2. 建设京郊国际级的康养配套及会议会展配套功能区

深度融合怀柔科学城、中国影都建设，深化农村结构性改革，建立社会资本与农村集体经济组织的利益连接机制与收分配机制，盘活利用乡村低效建设用地和闲置厂房等集体资源，规划和发展乡村大健康产业，推动医疗保健、养老养生、休闲旅游、会议会展等多业态深度融合发展，提高非会期间的产业活跃度，加强农村公共卫生事业建设，扩大医疗健康产品供给，将医养健康产业与乡村会议会展一道培育成国际会都周边乡村的重要支柱产业，完善观光休闲、文化商业设施，加快实现国际会都从旅游目的地向商务目的地拓展。

3. 建设具有北方本地特色民俗文化与旅游休闲配套功能区

提升"不夜谷"旅游业态，发展高端会议及休闲产业。高质量发展集体农庄、合作农场、高端民宿等新业态组织，为大国首都的国际交往提供更多田园牧歌式的怀柔乡村场地，使怀柔的美丽乡村与民俗文化成为世界了解中国改革开放和乡村振兴成果的一扇美丽窗口。

（三）以中国影都建设为引擎，推动京郊传统乡村文化与现代影视文化交相辉映

坚持以中国影都建设为引擎，打造传统乡村文化与现代影视文化交相辉映的乡村"影视+"文化休闲产业，为北京全国文化中心建设树立新标杆。

1. 规划设计"影视+"休闲娱乐新路线

将中国影都所在的核心区与周边乡村进行串联，统筹规划能够满足"吃、住、行、游、购、娱"等旅游要素的影都周末休闲娱乐路线。以中影拍摄基地等影都核心区域为主体，满足消费者来影都过周末的"游、行"需求；以京沈客专怀柔南站TOD（怀柔南站周边一体化开发项目）前广场项目为核心，满足消费者来影都过周末的"购、娱"需求；规划引导周边有条件的乡村以影视IP（产权和品牌的结合体）为线索发展差异化、规模化的主题民宿、主题餐厅、主题小吃、主题咖啡馆、主题酒吧、主题文创、主题剧本杀等"影视文化+乡村环境+现代生活"片区，满足消费者来影都过周末的"吃、住、娱"等需求。让消费者既能享受城市生活的繁华，也能享受了乡村生活的宁静；既能享受现代影视拍摄的场景与技术体验，也能享受乡村传统文化的古朴魅力。

2. 以村庄为单位打造国际消费城市"微中心"

借鉴陕西省袁家村经验，选取怀柔区杨宋镇耿辛庄村为试点，以村集体经

济组织为投资建设主体，打造年接待量500万人次、年销售额20亿元规模的全域化乡村度假旅游综合体，使其成为国际消费城市新的乡村地标。

3. 加快完善中国影都的生活居住配套服务

通过村庄整治，在地理位置优越、交通便捷的村庄布局提供富有艺术气息和乡村特色的影视人才工作室、专家公寓、青年公寓，既降低居住的土地开发成本，又能盘活乡村闲置资源，提升村庄存量建设用地使用效益。尤其重要的是，在中国影都建设中，要体现全国文化中心建设的导向要求和格局品位，既创造全国文化中心建设的精品文化，又推动和实现乡村文化的全面振兴，特别是加快构建体现京味京韵特点的乡村文化事业和特色文化产业共同发展新格局。

（四）以生态涵养保护为核心，构建绿水青山就是金山银山的政策体系

构建绿水青山就是金山银山的政策体系，力争在生产发展、生活富裕、生态良好的文明发展道路上走在全市前列。

1. 在怀柔区率先开展全域GEP（生态系统生产总值）核算工作

生态系统生产总值也就是生态系统服务价值，是指生态系统为人类福祉和经济社会可持续发展提供的最终产品与服务价值的总和，包括物质产品价值、调节服务价值和文化服务价值。借鉴深圳市在全国率先建立生态系统生产总值核算体系的经验，对全区森林、草地、林地、耕地、河流、湖泊等自然生态系统提供的产品与服务的使用价值进行系统化、专业化核算研究，为评估怀柔区生态保护成效和生态文明建设进展提供指标依据，为率先探索实现生态产品价值实现机制提供数据支撑。

2. 率先探索建立市场化、多元化生态保护机制

加快建立统一的自然资源资产产权确权登记系统和权责明确的产权体系，主动探索增加生态产品交易种类、健全市场交易机制，促进生态资源资产化、可量化、可经营[①]。继续优化完善怀柔区生态补偿机制，推动生态保护投入保障由政府"一家扛"转为政府、企业和社会"多家抬"，促进生态文明制度建设，推行"谁开发谁保护、谁受益谁补偿"理念，积极探索运用碳汇交易、排污权交易、水权交易、生态产品服务标志等市场化补偿方式，拓宽资金渠道，实现多元主体共建共治共享，为健全北京市生态保护补偿机制提供怀柔经验。

3. 加强生态涵养区产业发展规划的精细化精准化管理

立足生态涵养区生态保护和绿色发展，主动对接市级规划和自然资源、生

---

① 参见中共北京市委、北京市人民政府印发《关于推动生态涵养区生态保护和绿色发展的实施意见》，北京日报客户端，https：//baijiahao.baidu.com/s？id=16163354452868552166&wfr=spider&for=pc。

态环境、水务、农业农村、园林绿化等部门，组织对生态涵养区的资源环境承载能力和国土空间开发适宜性进行评价，并根据评价结果，争取精准放宽生态涵养区产业准入限制，推动生态涵养区产业政策的精细化精准化管理，做到科学有度有序开发，促进人口、经济、资源环境协调发展，建立健全生态涵养区产业发展的政策体系，扭转对生态涵养区内生态控制区"一刀切"式的产业限制发展局面。

（五）以实现共同富裕为目标，加快构建城乡融合发展的体制机制和政策体系

坚持城乡融合发展，合力推进新型城镇化战略与实施乡村振兴战略双轮驱动，切实增加农民收入，加快缩小城乡居民收入差距，率先实现城乡共同富裕。

1. 在主动谋划和承接中心城区疏解的适宜功能和产业中加快实现城乡融合发展

怀柔区有条件率先将乡村振兴与疏解北京非首都功能有效对接起来，与北京的逆城镇化发展趋势有机结合起来，融入京津冀城市群和首都都市圈的建设与发展，在积极适应疏解北京非首都功能和逆城镇化发展趋势中，主动谋划与承接北京中心城区疏解的适宜的功能和产业，强化与中心城区的快速交通连接，完善区级市政设施体系、强化区级公共服务供给、提升怀柔区城区人居环境，推进怀柔区城区基础设施、公共服务向乡镇延伸，促进农业转移人口在怀柔城区的市民化，加快形成怀柔区、乡镇、乡村功能衔接互补、城乡融合发展的新格局，带动怀柔区乡村振兴和农民增收。

2. 在以科学城为统领的"1＋3"融合发展新格局中率先实现城乡融合发展

怀柔科学城建设的统领作用，不仅体现在怀柔的科技创新中心建设和"1＋3"融合发展的统领上，也体现在怀柔区城乡融合发展的统领上。怀柔"1＋3"融合发展新格局，也不只是体现在以生态涵养为核心基础上的科技创新、会议休闲、影视文化三方面的融合发展上，也体现在怀柔区城乡融合发展上。怀柔区应主动顺应这种城乡融合式发展需求，重新认识和发掘乡村独特的功能与价值，结合"一城两都"发展给予乡村更大的产业发展空间，允许市场按照需求配置乡村资源与要素，显化乡村价值，带动乡村产业发展，发展集体经济，增加农民收入。

3. 切实提高农村居民收入水平，在实现城乡共同富裕道路上走在前列

2021年怀柔区城乡居民收入比为1.65∶1，既小于同期全国城乡居民收入比2.56∶1的水平，也小于同期全市2.45∶1的水平，这为怀柔区继续缩小城乡居民收入差距、实现城乡共同富裕奠定了良好的基础。在此基础上，关键是

要在以科学城为统领的"1+3"融合发展格局中,将乡村振兴全面融入其中,形成重大项目建设与乡村振兴融合发展、共建共荣的新局面,实现农民增收。其政策重点,首先是要在规划管理上注重城乡融合发展,确保乡村发展在符合乡村特点的规划轨道上合法合规;其次要在基础设施与公共服务提供上注重城乡融合发展,率先实现城乡基本公共服务均等化,让城乡居民平等享有基本公共服务;最后要突出促进低收入农户增收这个重点,加大政策扶持力度,加强新型集体经济组织建设,发展壮大新型集体经济,实施低收入农户增收倍增计划,促进共同富裕。

参 考 文 献

[1] 杨富文:《北京怀柔创新发展与乡村振兴探析》,中国农业出版社 2020 年版。
[2] 张光连:《北京乡村振兴研究报告(2020)》,中国言实出版社 2021 年版。
[3] 朱启九、钱静、刘莹:《北京农村生态服务供给问题研究》,中国农业出版社 2014 年版。
[4] 刘守英、王宝锦、程果:《农业要素组合与农业供给侧结构性改革》,《社会科学战线》2021 年第 10 期。
[5] 于江:《乡村振兴的德国经验》,《群众》2017 年第 24 期。
[6] 张英洪、刘雯、缐佳鑫等:《北京市怀柔区发展壮大农村集体经济路径研究》,《农村经营管理》2021 年第 2 期。
[7] 张英洪、刘雯、刘妮娜:《北京市怀柔区农村集体经济组织建设研究》,《北京农业职业学院学报》2021 年第 5 期。
[8] 张英洪:《紧扣首都特点推进超大城市乡村振兴》,《上海农村经济》2022 年第 2 期。

北京城市副中心加强移动源污染防治的探究与思考

郭 玮[*]

摘 要：加强大气污染防治是推动绿色发展、提升环境质量的首要环节。现有监测数据和研究分析结果均表明，移动源对各种大气污染物排放的贡献率最大，移动源污染防治的重要性正日益凸显。通州作为北京城市副中心，在大气污染防治方面已经取得一定成效，但依然存在大气污染治理底子薄、任务重、移动源污染排放占比高等现状。本文分析了通州副中心在移动源污染防治方面存在的主要问题与困难，给出了强化机动车总量动态控制、强化非道路移动机械监管、加大对"生产和运输型企业"油品质量的监管、优化调整道路与交通规划、构建综合执法平台、加强区域协同联动治理等一系列对策建议，希望通过精准科学施策，进一步提升通州移动源污染防治的治理水平。

关键词：北京城市副中心；移动源污染；防治

党的十八大以来，以习近平同志为核心的党中央高度重视社会主义生态文明建设，推动绿色发展。党的二十大报告明确提出要坚持精准治污、科学治污、依法治污，持续深入打好蓝天保卫战。北京作为我国的首都，更应该在生态文明建设方面下大力气、攻坚克难。通州作为北京城市副中心的新战略定位，必然要求在提升环境质量上更高标准、更严要求。本文将结合相关调查研究和分析结果，对副中心做好移动源污染防治工作的现状、问题和困难进行梳理并提出针对性建议，以期能对北京城市副中心打好污染防治攻坚战，推动实现绿色北京发展提供有益的借鉴与参考。

---

[*] 郭玮，硕士，中共北京市通州区委党校讲师，主要研究方向为公共管理、法律。

2020年，北京全市PM2.5平均浓度为38微克/立方米，同比下降9.5%；通州区PM2.5平均浓度为37微克/立方米，同比下降19.6%，并首次低于全市平均值。[①] 同时我们也清醒地认识到，按照国家最新空气质量标准，北京及周边区域性大气污染问题仍然突出。在北京市积极调整能源结构和产业结构后，移动源的污染排放占比达到46%。2021年北京市生态环境局第三轮PM2.5源解析数据显示，移动源污染占比46%，生活源占比16%，扬尘源占比11%，工业源占比10%，燃煤源占比3%，农业及自然本底等其他源占比14%。由此可见，"移动源"已经成为影响我市空气质量的主要污染物。并且，从大气污染防治趋势看，随着对工业锅炉等"固定源"的全面治理，到"十四五"时期，移动源排放的PM2.5占比可能将会更高。因此，针对移动源污染做好防治工作是推动实现绿色北京发展的重点所在。

一 副中心移动源污染防治工作现状

作为北京城市副中心，通州区近年来牢固树立绿色发展定位、认真落实《北京市打赢蓝天保卫战三年行动计划》，在大气污染防治方面积极作为、主动探索，取得了一定成效。2020年通州区全年PM2.5浓度均值为37微克/立方米，首次低于全市38微克/立方米的平均浓度值，但到2021年11月，我区PM2.5年度均值又在全市排名第17名，PM2.5浓度绝对值全市最高。[②] 通州区大气污染防治工作整体呈现底子薄、任务重的特点，特别是移动污染源的排放占比较高、移动污染源防治工作难度大。因此，如何针对移动源精准科学施策，提升治理水平，对于副中心打赢蓝天保卫战具有重要意义。

（一）移动污染源的主要构成与排放情况

按照路源特点，可以将移动污染源分为道路源和非道路源两种。其中道路源主要是指汽车、摩托车、三轮车等；非道路源主要包括非道路移动机械（叉车、挖掘机、农业机械等）、船舶、铁路内燃机车、飞机等。按照使用燃料类型，又可以将移动污染源分为使用汽油、柴油、液化石油气、天然气、混合动力等不同的移动源。本次研究的重点主要是副中心辖区内使用汽、柴油作为燃料，污染占比较高的机动车和建筑工地常用的非道路移动机械等移动污染源。这其中，柴油车颗粒物排放占移动源排放90%以上，其中排放的氮氧化合物占60%以上。因此，

[①] 数据来源：北京市生态环境局2020年北京市环境空气质量统计表。
[②] 数据来源：北京市生态环境局2021年各区主要污染物累计浓度和变化统计表。

治理柴油车辆尾气排放和非道路柴油机械排放是加强移动源污染防治的关键。

近年来,北京市生态环境局发布的本市多轮污染源解析数据表明:移动源污染占比逐渐凸显,特别是自2014年至2021年,本地排放源中移动源占比由31.1%增加至46%。第三轮细颗粒物PM2.5源解析结果表明,大气污染的主要来源类型保持不变,但移动源占比略有增加,尤其本地排放中移动源占比较大,达到46%,高居首位。同时,因排放基数大,移动源在不同时段和空间范围内均是本地大气PM2.5第一大来源。这一点,与世界发达城市大气污染特征相似,表明了城市发展所面临的发展与环境治理中的共同难题。同时,由于副中心所处的独特地理位置,与河北廊坊、天津武清接壤,多条高速穿境而过,车流量大、排放基数大使得移动源排放污染物成为影响我区大气污染的重点因素。

(二)移动污染源的主要特点

1. 污染物传播具有区域性特点

PM2.5是区域性污染物,在大气环境中存在时间长、输送距离远、污染范围广。从常年来看,北京周边地区对本市PM2.5污染的分担率在30%左右。在重污染等特殊时期,夏季偏南风或冬季偏北风会导致污染传输加剧,分担率更是高达50%以上。

2. 移动污染源保有量大

大气污染物主要包括一氧化碳(CO)、碳氢化合物(HC)、氮氧化物(NOx)、二氧化硫(SO_2)、颗粒物(PM)等有害物质。副中心目前的机动车保有量约50多万辆,但目前辖区内行驶的车辆中有一半以上车辆未注册在我区,同时还有大量外地号牌车辆,累计每天上路行驶车辆大约60—70万辆。特别是城市副中心大规模建设过程中,每天在工地上使用的非道路柴油机械在4000—5000台次以上(目前在我辖区登记信息编码的非道路移动机械1.5万台,2021年在区生态环境局提交尾气排放检测报告备案的达2万多台次)。全区氮氧化物排放中移动源排放就占到了50%以上。这些污染物达到一定浓度便会产生不同程度的光化学、酸雨、雾霾等严重环境污染问题,对人体呼吸系统、农业植被、水体和城市建筑都有很大污染。因而移动污染源保有量大,会对城市环境产生持续不良影响。

(三)近年来移动源污染防治的主要措施

1. 全面落实"环保检测、公安处罚"执法模式,严把重型柴油车尾气排放检测关

聚焦9个进京路口,开展重型柴油车执法检查,提升执法检查力度。建成"1+7"机动车排放遥感网络,在主要进京通道对高排放车辆进行筛查,大幅提升路检工作效率。同时，对物流园、工业园等重点场所开展精准入户、"双随机"执法及专项执法，在重点路段、重点时段开展路检夜查执法，近3年累计抽查各类柴油车151万辆，环保检测超标车并移交交管部门处罚12.51万辆。重柴检查量、筛查超标量、立案处罚量保持全市前列。累计淘汰老旧柴油车16038辆，淘汰数量居全市前列。

2. 建立非道路机械登记管理制度，加强高排放车管控

在非道路机械管理方面，通州区在全市率先划定非道路移动机械低排区，率先实行非道路移动机械二维码登记管理，环保信息采集平台中累计登记1.4万件，逐步实现一机一码。并严格执行国三排放标准柴油载货汽车区域限行政策，做好政策宣传和解读，累计检查非道路移动机械14976台次，超标撤场清退578台次，处罚超标、无编码机械888台次。

3. 严格油气油品监管

对油气油品的监管重点是检查油气回收装置运行情况，实现非甲烷总烃排放浓度监测全覆盖。目前已完成区内71家加油站油气回收在线监控改造，充分利用在线监控系统开展比对监测。通过在全区提倡错峰卸油、错峰加油来有效降低高温时段挥发性有机物污染，并定期开展油品清洁性专项执法检查，保障车用油品质量。全面落实新车国六（B）排放标准，实施机动车排放检验与维护制度，建立排放检测和维修治理信息共享机制，加强网络数据监控及分析。通州区不断加大对销售不合格油品经营主体的处罚力度，已连续五年全年抽检汽柴油200组以上，办理不合格油品案件6件，罚没款合计224万元。且从2019年起截至目前，未发现和处理成品油不合格情况，油气油品监管成效明显。[①]

二 移动源污染防治存在的主要问题与困难

（一）整体气象环境不利，城市发展与环境治理矛盾凸显

大气污染的形成与治理取决于多种因素，其中，气象环境与条件是重要因素之一。我国北方城市冬季容易形成"逆温层"，平均日照时间短，使得大气环境垂直交换缓慢，容易造成城市空气污染物的堆积，导致空气污染加重，不利于污染物的扩散。通州位于北京东南部地区，处于下风向，则更容易出现污染物持续积累、有害物质扩散慢和空气污染持续加重的不利局面。同时，随着

---

① 数据提供单位：通州区生态环境局、通州区市场监督管理局。

近年来城市副中心建设的不断推进，截止2021年底，区域内的各类重点工程多达近600项，总建筑面积约11673万平米，全区建筑工地施工机械、渣土、原材料运输量大增，全年办理渣土消纳手续的土方量约130万吨、混凝土车运量20万车次，[①] 导致严重的汽车尾气排放和道路扬尘污染等问题，城市发展与环境治理矛盾凸显。

（二）区域内多条主干路交织，交通污染问题较为突出

通州区境内拥有密集的公路路网、便捷的轨道交通和重要的铁路大动脉。既有京哈、京沈、京津塘高速等5条高速路穿境而过，又有5条连接北京中心城区的干线通道和1条直接连接首都机场3号航站楼的快速路。多条道路的交织使得大量的机动车活跃在通州城区及周边，交通污染问题很难在短时间得到有效缓解。特别是在夜间，过境大型货车、渣土车车流量较大，在逆温气象条件下，污染物更难以扩散，对通州城区PM2.5值影响较大。

（三）外埠过境车辆排放标准及油品质量尚存问题

油品质量是确保移动源排放标准达标的先决条件和重要保障。但在我国，各地成品油标准不一致且差距巨大。如北京的成品油标准一直高于全国水平，目前施行的是在2017年正式上市的京六标准，京六标准在烯烃芳烃、蒸气压等环保方面提出了史上最严格的要求。并且，从2021年12月1日起已实施更为严格的京六B标准，将为改善空气质量、实现PM2.5的减排发挥更加重要的作用。但是，2019年7月河北才全面实施国六燃油，其标准仅基本达到京六燃油标准。而天津目前在用的是乙醇汽油，相对更加环保。此外，除中石化、中石油以外，一些社会加油站的油品质量一直是监管重点，特别是通州区与天津、河北接壤的地区社会加油站较多，靠价格优势促销油品，油品存在一定的质量隐患。

（四）非道路移动机械尾气排放问题突出

根据区生态环境局指挥调度中心数据源解析分析，我区大气污染主要污染物来源移动源占比超过50%，这其中，除了每天上路行驶的机动车尾气排放外，目前副中心大面积的施工现场所使用的非道路移动机械尾气排放也不容忽视。非道路移动机械具有流动性强、工作周期短、使用场所和工作时间无规律、排放量高等特点，对环境污染较为严重。虽然，非道路机械总数不如机动

---

① 数据提供单位：通州区住房和城乡建设委员会。

车总量大，但其排污总量大，加之大多数非道路机械使用油品来源渠道不规范，氮氧化物和颗粒物排放总量占比较高，对区域环境空气质量影响不容忽视。截至 2020 年底，区生态环境局统计备案登记非道路移动柴油机械 3781 台。其中挖掘机占总量 57.4%，占比最高。① 根据相关资料显示，一台挖掘机工作一小时的 PM2.5 排放量相当于同等规模欧Ⅳ卡车 63 辆的排放总量，其污染物排放水平远高于小客车污染排放。鉴于当前辖区工地多、开复工面积大的特点，加之我区地理位置特点，移动污染源排放防治已成为我区大气污染防治的重要措施，非道路移动柴油机械污染排放已成为移动源污染减排的挖潜对象，是未来移动源监管的主要方向。

（五）《大气污染防治法》在实际运用中存在不足

现行的《中华人民共和国大气污染防治法》是 2015 年修订后在 2016 年正式施行，是我国目前针对大气污染防治工作制定的最严格的法律。结合执法部门的落实情况，仍存在一些不足。例如：第六十五、六十六条和一百零三条规定"禁止生产、进口、销售不符合标准的机动车船、非道路移动机械用燃料"。但执法实践中，生产和流通环节的油品监管比较成熟，但使用环节大型物流基地、建筑工地的油品质量缺乏长期有效的监测。具体由哪个部门承担监管职责并无明确的法律依据。此外，单纯的依据"货值金额"进行处罚无法对经营者的违法经营行为形成有效的震慑。比如：氮氧化物还原剂（车用尿素），一桶售价大约 50—100 元不等，而其对环境的污染影响巨大，与其商品本身的价格无法对等，这就给执法部门有效打击污染违法行为带来很大困难。

（六）区域协同监管机制有待完善

机动车和非道路移动机械是流动的，需要整个区域协同控制，因此，副中心大气污染治理工作需要在京津冀协同发展的背景下进行。一方面，我们在区域协同治理的范围和深度还远远不够，还仅停留在联席会的制定、加强执法以及被动的末端治理。另一方面，区域经济发展不平衡使得环保支付能力不匹配。从京津冀城市群来看，据各省市统计年鉴显示，2021 年，北京、天津、河北的常住人口城镇化率分别为 87.5%、84.88%、61.14%；人均地区生产总值分别为 18.4 万元、11.37 万元、5.42 万元。由此可见，河北、天津、北京三地在经济投入能力和环保支付能力等方面存在很大的差距，这也给三地协同发展造成了一定的障碍。

---

① 数据提供单位：通州区生态环境局。

三 移动源污染防治的相关对策及建议

(一) 强化机动车动态总量的控制

尽管通过许多努力减排成效明显,但由于机动车保有量和使用量居高不下,副中心的移动源污染防治压力依然巨大。因此,控制机动车动态总量是做好移动源污染防治的基础性工作。根据目前副中心的机动车动态总量和实际交通状况,应着力抓好以下两方面:

1. 进一步严格执行限购政策,积极弥补政策漏洞

通过限购和摇号政策,将机动车数量的增长控制在合理范围。对于皮卡等货运车不受上牌限制,不需要摇号的车辆上路行驶等情况,要利用科技手段加大执法和处罚力度,杜绝市场行为刺激更多此类车辆行驶。

2. 政策制定需逐步与中心城区接轨,设定合理的限行区域

积极制定出台副中心机动车尾号限行措施、外地号牌限行措施等。根据我区目前的实际交通拥堵状况,且公众对于城市交通管理的标准和要求也不断提升,应该说实施机动车尾号限行、制定严格的外地车限号措施时机已经成熟。

(二) 多措并举强化非道路移动机械监管

与机动车相比,非道路移动机械的流动性和使用强度较大,而且多使用柴油,对环境污染更为严重。因此,加强移动源污染的防治,必须对非道路移动机械精准监管,减少其污染排放,至少做好以下三点:

1. 加强政策法规的宣传落实,提高针对性、有效性

通过加强政策法规的宣传落实,让政策执行主体更好领会理解政策具体内容,帮助其更为有效执行政策。例如针对《北京市机动车和非道路移动机械排放污染防治条例》,在做好法规精神宣传的同时,要在实践中督促企业签订环保达标承诺书,知晓其可能承担的环保责任,促使企业加快淘汰高排放老旧非道路施工机械,更换达标机械或使用清洁能源车型,确保企业在用的非道路移动机械排放达标。并可在今后的日常检查中,将是否签订环保达标承诺书作为日常检查的一项。

2. 继续扎实推进非道路移动机械编码及二维码备案登记工作

目前在我区实行的二维码备案登记工作其流程具体包括:施工单位及个人首先委托有资质的公司给机械做尾气检测,然后上报平台完成机械信息登记,并提交尾气检测报告、机械信息台账等相关材料。执法人员对照提交的纸质材料审核通过后，发放有效期为一年的二维码，机械主凭二维码才能进入施工工地。执法人员在日常检查中，扫描二维码即可查询该机械信息。这相当于给机械做年检，一年后该机械要重新做尾气检测才能进入工地使用。建议继续推进非道路移动机械二维码备案登记工作，并在全市范围加以推广。通过编码登记工作及二维码登记工作的有效关联，既能摸清本区非道路移动机械的底数和排放水平，做到机械类型、数量全覆盖，又能促使企业及机械所有人使用尾气排放合格的机械。执法人员依托监管平台，也可建立并完善动态管理台账。

3. 充分利用科技手段，提高非道路移动机械精细化监管水平

随着5G技术和云时代的到来，通过电子围栏、电子标签等科技手段，加强对非道路移动机械使用的监管。例如，可在机械出厂或已出厂使用时安装车载智能硬件，通过云端平台精准统计区域内机械的工作时长、实时状态，智能分析机械尾气排放变化及排放曲线。再如，可通过电子围栏等设置报警信息，并定义报警范围及区间。如在低排区，功率大于37千瓦的机械排气烟度限值如果高于0.5时，系统自动报警等。同时，可以通过可视化管理平台，在PC端管理系统和移动端管理系统设置大数据可视化看板，执法人员可以一目了然掌握情况。还可以在监管尾气排放的基础上，增加数据分析功能，通过电子标签智能分析出的机械尾气排放变化，精准掌握各排放阶段的机械尾气排放水平。建议此办法可先在低排区试点使用，之后扩展至非低排区、全区乃至全市使用。

（三）加大对"生产和运输型企业"油品质量的监管

油品质量直接决定移动源污染排放状况。其中，大型施工地、物流企业等"生产和运输型企业"使用的油品应该引起关注。为此应做到：

1. 明确权限，各司其职

要明确各执法主体的职责权限，市场监管部门应当集中于对企业主体资格的审查和客体油品质量的监管，公安、交通、城管、环保等部门要积极加强对大型物流基地、建筑工地使用油品的监管。

2. 充分调动各主体的积极性，实现社会共管

油品质量监管不能仅仅依靠政府部门，还要通过企业的自律和社会公众的共同参与。如建立成品油企业信用信息平台，社会公众可以通过平台查询黑名单企业，避免加到劣质油。同时也可以通过平台举报存在问题的企业，实现有效监督。

3. 鼓励更多第三方的检测机构参与油品质量抽检

目前，市场上具有成品油检测资质的企业很多是石油、石化所属的内部检测机构，下一步需要通过政策的激励措施，鼓励更多第三方企业参与到油品质量的检测中来，提高检测的权威性和公信力。

（四）进一步优化调整道路与交通规划

进一步优化调整道路与交通规划，从宏观上加强对移动源污染的防治与控制。为此，建议做好以下两个方面：

1. 做好对全区车流量的全面调查工作

对全区车流量进行全面调查，针对时间和区域特点，对于道路网中可能出现交通堵塞的路口进行专门的设计，以减少路口可能存在的交通堵塞隐患。

2. 大力发展公共交通

近几年，副中心的公共交通发展迅速，已初步形成了以公交、地铁为主要方式的交通运行模式。公共交通越发达、越便捷、越舒适，人们就更倾向于选择社会化的公共交通工具，从而减少私人汽车的使用。当前通州区拥有的地铁线路还不能涵盖全部区域，特别是中心区域。因此，需要进一步优先发展地铁线路，扩大覆盖面。同时通州南北道路单一，极易拥堵，南北线路的城市轻轨或者小火车也应该纳入设计规划。

（五）以"吹哨报到"机制为支撑，构建综合执法平台

生态环保、市场监管、交通、公安等职能部门应加大联合执法力度，联勤联动做好副中心移动源监管执法。

1. 探索构建综合执法平台的有效路径

进一步应用好"街巷吹哨，部门报到"工作机制，打破"条块"监管机制壁垒，整合属地和职能部门的优势力量，营造综合执法氛围，通过互联网技术探索构建综合执法平台的有效路径。

2. 加快建立机动车信息数据库的互联互通

具体包括统一城市精细化监管的网格划分标准；机动车超标排放数据共享；机动车全流程监管数据互联等。通过信息数据的互联互通，从技术上支撑综合执法平台的建立。

3. 依靠社会力量，弥补执法短板

单方面依靠政府力量从严、从重、从快地治理大气污染，效率虽高，但手段措施科学性、经济性不足，成本居高不下。美国治理洛杉矶光化学烟雾的历程就证明了大气污染防治中科学与技术的重要性，成分发挥科学与技术的手段才是最经济、有效的方法。这就要求我们引入第三方的环保监督机制，完善社会参与决策，引导企业、大众利用"互联网＋"技术破解监管难题。

（六）打破京津冀大气治理各自为政状态，加强区域协同联动治理

机动车和非道路移动机械都是流动的，尤其需要整个区域协同控制。应着力抓好以下两方面：

1. 加强协同联动治理的顶层设计

北京应当与天津、河北及周边地区建立联合防治协调机制，按照统一规划、统一标准、统一监测、统一防治措施的要求，开展联合防治，落实大气污染防止目标责任。例如，统一编制区域空气质量规划是加强联动的基础和前提。京津冀地区治理雾霾进行区域联防联控需要一定的依据与保障，而区域空气质量规划就是京津冀地区进行区域大气污染联防联控工作最有效的依据与保障。实践中还应统一区域的具体环保标准。比如成品油的标准，通州与河北、天津紧邻，但三地成品油标准差别很大；生产企业的挥发性有机物 VOC 排放标准方面，北京施行更严格的地方标准，河北、天津仍是较早时期的国家标准，二者之间差距较大，不利于协同治理。

2. 推进部门联合执法行动常态化、制度化

2020 年，京津冀三地人大通过了《机动车和非道路移动机械排放污染防治条例》，于 2020 年 5 月 1 日开始实施。但需要进一步完善三地的大气污染防治联合执法工作，并在严格执法的同时，统一行政处罚自由裁量标准，不断加大联合打击力度，同时不断细化具体举措。同时，移动源污染防治不仅要建立区域协同机制，还应建立部门协同机制，尤其是在加强非道路移动机械违法行为的整治上，应建立包括三地生态环境、住房和城乡建设、交通、城市管理、市场监督管理等多部门的联合执法长效机制，完善执法布控，落实监管责任，充分发挥各部门职能，推动常态化的长效管理机制。

参 考 文 献

[1] 李昆生、白文杰：《〈北京市机动车和非道路移动机械排放污染防治条例〉解读》，《环境保护》2020 年第 4 期。

[2] 周扬胜、肖灵、闫静：《基于大气污染排放清单的北京市污染物减排分析》，《环境与可持续发展》2019 年第 2 期。

[3] 朱佳霖、丁问薇：《北京市大气污染治理成效及"十四五"防治措施》，《中华环境》2021 年第 4 期。

[4] 《中共北京市委关于制定北京市国民经济和社会发展第十四个五年规划和二〇三五年远景目标的建议》，《北京日报》2020 年 12 月 7 日第 1 版。

[5] 首都之窗：北京市政府信息公开专栏《北京市 2013—2017 年清洁空气行动计划》，ht-

tp：//www. beijing. gov. cn。

［6］北京市生态环境局：《北京市环境状况公报》（2017年、2018年、2019年、2020年），http：//www. bjepb. gov. cn。

［7］北京市统计局：《北京市统计年鉴》（2017年版、2018年版、2019年版、2020年版），http：//www. bjstats. gov. cn。

后　　记

2022年是中国共产党的二十大召开之年，是北京冬奥之年，也是实施"十四五"规划承上启下的重要一年。《北京市情研究文辑》坚持以习近平新时代中国特色社会主义思想为指导，以习近平总书记对北京一系列重要讲话精神为根本遵循，为全面贯彻落实党的十九大和十九届历次全会及中央经济工作会议精神，弘扬伟大建党精神，深入学习落实北京市第十三次党代会精神，北京市情研究中心启动了《北京市情研究文辑》（第四辑）的编写出版工作。

本书由分管日常工作的副校（院）长朱柏成任总编，副校（院）长袁吉富、校委委员刘红雷任副总编，马小红任主编，潘志宏任执行主编，李学俭、于书平任副主编。北京市情研究中心研究人员、校内外专家学者和基层党校老师近50人参与了本书的编写，收录32篇文章，共计44.5万字。

《北京市情研究文辑》（第四辑）编委会的分工情况为："党的建设""经济高质量发展"由潘志宏编辑；"法治建设""全国文化中心建设"由杨乐怡编辑；"超大城市治理与民生建设""生态文明建设"由王宇琛编辑。全书的征文、统稿、出版工作由潘志宏完成，审稿工作由马小红、李学俭、于书平完成。

随着第一个三年的结束，《北京市情研究文辑》已经迈入第二个三年。三年是一个轮回的周期，既是终结，亦是肇始。今年出版的《北京市情研究文辑》（第四辑），在前三辑的经验与基础上，再次进行了调整与创新，主要体现在：对栏目名称进行了全面更新，突出市情研究的北京特色，全书稿件要求进一步提高，聚焦新时代首都发展。

《北京市情研究文辑》（第四辑）仍然围绕北京市经济社会发展的热点、重点问题进行研究，在栏目设计上延续了前三辑的特点，根据北京市第十三次党代会精神，与时俱进地更新为"党的建设""经济高质量发展""法治建设""全国文化中心建设""超大城市治理与民生建设""生态文明建设"6个栏目，重点反映北京市各领域最新发展与研究现状、问题不足及对策建议，为政府官员、专家学者和各界读者了解北京、研究北京提供参考。

本书于2022年1月启动编写策划工作，3月进行了广泛征文，5月底共收到征文70余篇，征文稿件数量再创新高。6月份，我们对征文稿件进行初审、组织专家评审。根据专家评审结果和编委会集体讨论，确定了入选的30余篇文章，并完成了查重、修改、校对、编辑、统稿、排版等详细工作，在7月初完成本书的定稿，交付出版社进入出版流程。作为迎接党的二十大召开的献礼，《北京市情研究文辑》（第四辑）完成了从策划到出版发行的全部工作，历时近1年，最终顺利交到读者手中。

本书邀请校内外知名专家学者撰写专稿，并保持与中国社会科学出版社的合作，以继续提升《北京市情研究文辑》的品牌知名度与综合影响力。北京市人大常委会预算工委副主任张亚亮（中共北京市委党校北京市第71期处级正职公务员任职培训班学员），北京市农村经济研究中心副主任张英洪研究员（中共北京市委党校北京市第6期正处级公务员进修班学员），北京市社会科学院城市问题研究所所长陆小成研究员，经开区党校常务副校长康井泉，朝阳区委党校副校长白如冰，以及中共北京市委党校金国坤、赵莉、尹德挺、闫萍、刁琳琳、李铁牛、杨云成等专家学者，为本书的编写工作给予了大力支持。

本书的编写得到了中共北京市委党校（北京行政学院）分管日常工作的副校（院）长朱柏成、副校（院）长袁吉富的指导与帮助。各位作者为本书所撰写的高质量文章，丰富了本书的层次和内涵；评审专家对本书稿件提出了宝贵的评审意见，提升了稿件的质量和水平；中共北京市委党校（北京行政学院）基层党校工作处薛念处长、宋晓波老师为本书征文活动给予了很多帮助；中国社会科学出版社陈肖静、张玥编辑在本书编校出版中展现出专业、严谨与细致的态度；编委会同仁们为本书倾注了大量心血与精力；以及为《北京市情研究文辑》（第四辑）做出了贡献的其他专家学者老师们，在此一并致以最衷心的感谢！

回顾2019年，《北京市情研究文辑》（第一辑）诞生之时，如同蹒跚学步的婴孩。同年初，笔者刚到市委党校工作不到一年，就接到了将《北京市经济社会发展重大成果汇编》改版为《北京市情研究文辑》学术论文集的出版任务，要突出学术研究的特点，并计划每年出版一部，这对于毫无出版经验的笔者来说是一个艰巨的任务。在领导的指导和帮助下，我们启动了《北京市情研

后　　记

究文辑》（第一辑）的各项工作。由于第一辑还没有对社会征文，因此稿件数量很有限。于是，从约稿、撰稿、外审，到联系出版社、签合同、执行预算，再到统稿、审稿、校稿等，事无巨细，都需要从头做起。在这一系列相关工作中，不得不克服诸多困难和挑战，最终在国家行政学院出版社成功出版了《北京市情研究文辑》（第一辑），内容包括"综合篇""党的党建篇""经济建设篇""政治建设篇""文化建设篇""社会建设篇""生态文明建设篇"7个栏目，共收录18篇文章，总计36.7万字。

2020年，恰逢中共北京市委党校建校70周年，《北京市情研究文辑》（第二辑）在国家行政管理出版社（原国家行政学院出版社）出版。与第一辑相比，第二辑首次对社会征文，特别是北京市基层党校系统踊跃投稿，共收到征文60余篇，稿源获得极大丰富。在第一辑的栏目结构和经验基础上，第二辑的文章数量与层次均得到了大幅提升，邀请到了更多校内外专家学者赐稿，并作为首届北京市情论坛的会议论文，发放到参会人员手中，使《北京市情研究文辑》的影响力迅速扩大，内容包括"综合篇""党的党建篇""经济建设篇""政治建设篇""文化建设篇""社会建设篇""生态文明建设篇"7个栏目，共收录30篇文章，总计40.7万字。

2021年，作为庆祝中国共产党成立100周年的献礼，《北京市情研究文辑》（第三辑）在中国社会科学出版社出版。相较于前两辑，第三辑最大的特色是邀请到更多的校内外知名专家学者撰写专稿，并选择与中国社会科学出版社进行合作，以期提升《北京市情研究文辑》的品牌知名度与综合影响力，标志着北京市情研究中心逐渐发展并走向成熟。在栏目结构上，第三辑整合为"党史党建篇""经济建设篇""政治建设篇""文化建设篇""社会建设篇""生态文明建设篇"6个栏目，共收录33篇文章，总计45.8万字，同时作为第二届北京市情论坛的会议论文，构成《北京市情研究文辑》与"北京市情论坛"未来发展的基本框架。

"回首向来萧瑟处，归去，也无风雨也无晴"。这四年来，在摸爬滚打中，笔者与《北京市情研究文辑》共同成长、从懵懂逐渐迈向成熟。在本书即将付梓之际，作为连续四年参与《北京市情研究文辑》编写工作的编者，感慨万千。编辑工作不易，复杂烦琐，周期漫长，且不受重视，但对于做学术研究来讲，却是一项很好的基本功，有助于培养良好的科学研究习惯与编辑写作能力。经历四年光阴，愈发体会人生无常，要努力珍惜当下。唯有积善成德，不断提升心性修养与道德境界，才能真正改变自己、改变未来。

《北京市情研究文辑》（第四辑）是北京市情研究中心编著的第四部公开出版学术成果，虽然取得了一定的成绩和进步，但是仍然存在着一些不足和遗憾，诚挚欢迎各界专家与诸位读者慷慨赐教、批评斧正。前路虽难，我们将不负韶华，砥砺前行，"长风破浪会有时，直挂云帆济沧海"。

执行主编　潘志宏
于水心斋
2022 年 7 月 11 日